编委会

主　编：刘海霞　鄂文艳

副主编：洪　霞　张　雁　孙明杰　韩　军　殷兆颖　徐　磊

编　委（按姓氏笔画排序）：

于佳琦　马　艳　王　琰　王德智　甘洁莉　冯梦璐
任玥僮　刘　琳　杨　杨　吴　林　宋姗姗　张　玥
张晓帆　姜　茜　黄　荣　曹馨宁　温　馨　谢　华
赛庆霞　薛　艳　霍凯华

视频书

GAOSUZHI JIAOSHI ZHUANYE FAZHAN
XIAOBEN PEIXUN SHIJIAN YANJIU

高素质教师专业发展
校本培训实践研究

北京师范大学实验华夏女子中学◎编著
刘海霞　鄂文艳◎主编

人民出版社

◆ 校园

◆ 华夏少女

◆ 华夏少女

BRITISH COUNCIL
未来菁媖中国
Inspiring Women

未来菁媖
BRITISH COUNCIL
未来菁媖

◆ 菁媖讲坛

◆ 菁媖讲坛

◆ 对外交流

阳光下成长
庆祝中国共产党成立100周年
二十四届学生艺术节合唱
主办单位：北京市教育委员会

◆ 合唱社团

北京师范大学附属实验中学
THE EXPERIMENTAL HIGH SCHOOL ATTACHED TO BEIJING NORMAL UNIVERSITY

北京师范大学附属实验中学
THE EXPERIMENTAL HIGH SCHOOL ATTACHED TO BEIJING NORMAL UNIVERSITY
舞蹈《竞艳》
良师益友
教授业

◆ 舞蹈社团

◆ 排球社团

◆ 书法课程

◆ 茶艺课程

◆ 集体照

序　　言

学校的主要目标是育人，教师作为育人者是教育活动的主体与主导者，是教育行为的实践者与变革者，建设一支高素质专业化的教师团队是学校发展的关键。

北京师范大学实验华夏女子中学（以下简称“华夏女中”）是北京市唯一一所女子中学，于2015年加入北京师范大学附属实验中学（以下简称“实验中学”）教育集团，由实验中学承办。随着集团化办学的开展，学校办学品质也受到政府、社会、家长和学生的关注与期待，要想实现华夏女中办学质量的快速提升，打造一所北京市优质特色学校，师资团队的发展与提升成为关键所在。如何能快速有效地促进并提升教师团队的专业能力是所有参与集团化办学的成员校都会面临的共性问题。华夏女中经过了六年的实践探索，得益于市区主管部门支持、集团化办学引领，积累了大量值得借鉴的实践经验，实现了教师和学校的共同成长。这其中离不开校长领导力的引领、骨干团队的谋划，也离不开科研团队的助推。学校于2016年申报开展了“教师专业成长培养项目”，以课题引领、学校主导、全员参与的方式持续开展教师专业成长项目工作。2021年底此项目完成结题之际，学校全面梳理总结成书，这既是对六年专项工作的圆满总结，也是在基础教育“双减”等教育形势变革背景下学校进一步发展的新起点。

回首六年的实践探索，华夏女中教师校本培训不仅满足了教师自身发展的迫切需求、有效激发了教师的学习兴趣，而且还精准回应了社会和家庭对于集团化办学中的成员校提升办学品质最关注的问题。希望华夏女中在开展校本培训实践探索过程中形成的“名师全方位引领，同伴互助互激励”，“三个学习共同体，共生共享共成长”等具有操作性和推广性的培训行动能为同处改革中的兄弟学校提供可借鉴的经验。

2022 年 7 月

目　录

第一章　教师专业发展校本培训的定位和价值追求

校本培训是指在教育行政部门、教师培训机构的规划指导下，由中小学校长组织领导，教师任职学校自主开展，紧密结合学校工作实践，以提高学校教学质量和办学效益、促进教师专业发展和职业修养为目的的教师在职培训形式。① 对于教师来说，校本培训的一大任务即提高教师的专业水平和学科素养，从而促使教师教育教学水平有所发展。

我国的教师校本培训自晚清便已有之，国外的教师校本培训也有一百余年历史，有丰富的历史传统、完善且各具特色的政府保障和较为健全的培训经验体系。我国的教师校本培训在吸取国外经验的同时，结合国家政策、学校学情等状况，如今已逐渐形成百花齐放的发展态势。

基于我国当前教师专业发展校本培训的价值追求和经验启示，华夏女中对教师教学育人目标进行了路径选择和整体布局，形成了具有学校特色的教师专业发展校本培训目标和系统的理论经验。

一、学校育人目标和发展定位

北京市华夏女子中学始建于 1996 年，是改革开放以后北京市唯一的一所公办女子中学。应该说，女子学校的诞生是教育改革的产物，而女子中学的发展也深深烙上了教育改革的印记。2015 年，华夏女子中学加入实验中

① 熊焰：《试论教师专业化与校本培训》，《课程・教材・教法》2002 年第 7 期。

学教育集团（以下简称“实验集团”），并正式更名为北京师范大学实验华夏女子中学（以下简称“华夏女中”）。自1996年作为一所特色校诞生至2021年发展为实验集团中富有特色的一员，如何确立符合学生成长需要的学校育人目标，如何培训教师使学校育人目标落到实处，始终是华夏女中在教育实践中持续探索、思考和研究的问题。

（一）育人目标的生成完善

人成长的过程和接受教育的阶段需要有目标，教育作用于人的时候更需要有适合而明确的目标，育人目标恰恰是对人的发展和教育功能的整合。在办学实践中，每一所学校都要依据国家的培养目标，针对学校实际状况确立具体的、便于在实践中落实的、能切实引领学生发展的学校育人目标。学校育人目标越是清晰具体，越切合要求，越容易落实。确立学校育人目标的过程也是教育者对教育深入思考、加深认识的过程。

1.“全面发展，四自精神”育人目标的生成

华夏女中建立之初，曾经就学校的办学理念、育人目标和校训等做过广泛征集和深入研究。女子中学首先是一所中学，其次才是女子中学，“全面发展”这一国家对人才的培养目标是学校必须重视的，也是人的健康发展应具备的要素。同时，新时代对女性的要求和女性对自身的要求，都需要具备“自尊、自信、自立、自强”的“四自”精神。因此，作为女子中学，培养全面发展，具有“自尊、自信、自立、自强”精神的现代女性就成为学校最先关注的核心育人目标。

“四自”的提出始于1983年中国妇女第五次全国代表大会上题为《奋发自强，开创妇女运动新局面》的工作报告，康克清在谈到此后五年我国妇女的光荣任务时说：“我们要‘自尊、自爱、自重、自强’，勇敢地捍卫法律赋予自己的神圣权利。”1988年中国妇女第六次全国代表大会上，张帼英在题为《自尊、自信、自立、自强，为争取改革攻坚阶段的胜利建功立业》的报告中对“五大”提出的“四自”内容进行了系统阐述：自尊，就是尊重自己的人格，维护自己的尊严，反对自轻自贱；自信，就是相信自己的力量，坚定自己的信念，反对妄自菲薄；自立，就是树立独立意识，体现自己的社会价值，反对依附顺从；自强，就是顽强拼搏，奋发进取，反对自卑自弱。

1990年江泽民在纪念三八国际劳动妇女节八十周年大会上的讲话中倡导“四自”，鼓励发扬“四自”精神。1992年第七届全国人民代表大会第五次会议通过了《中华人民共和国妇女权益保障法》。该法在“总则”中规定：“国家鼓励妇女自尊、自信、自立、自强”。从此，“四自”教育成为妇女工作的一个重要内容和奋发前进的动力。

1996年，华夏女中成立，这所在教育改革中诞生的女子中学，顺应新时代发展对女性的要求、尊重女学生成长规律，参考了教师、学生、家长的意愿和期待，明确提出以坚持“全面发展、因性施教、优化个性”为办学理念，以“博学、博爱”为校训，以“培养全面发展、具备自尊、自信、自立、自强精神的现代女性”为育人目标。学校不断汲取世界女子教育研究的新成果，尊重教育规律，探索成长规律，践行育人目标，逐渐形成了具有鲜明女校特质的学校文化，并取得了一定的办学成绩和社会认可度。

2.“求真向善，秀外慧中”育人目标的演进

2007年开始，为顺应教育改革的发展，华夏女中由公助民办校转制为公办学校，招生、寄宿等方面政策的改革，带来生源等一系列改变，教师的构成开始发生变化，学生以及家长的结构和素质也逐年发生变化，原有的女校文化也随之悄然改变。尽管有着诸多变化，全面发展仍是学校育人的基本要求，“四自”精神仍是女孩需要具备的品质。

鉴于当时学生的总体水平和基本特征，2010年，学校倡导“做儒雅教师，育优雅学生”，将“博学博爱”具体化，提出“求真向善，秀外慧中①”的育人追求，旨在倡导和培养女性对真善美的辨别能力和矢志不渝的追求意愿；倡导和培养女性塑造优美外形、锻造优雅气质的能力；倡导和培养女性终身学习的意识和能力，通过学习涵养会生活、会处事、会做人的聪明智慧。

对学校而言，质量就是生命，特色就是活力。生命是活力的载体，有了生命才有可能产生活力。为此，学校提出办学目标——“以质量求生存、以特色促发展、以科研达水平”。在这一办学思想的指导下，华夏女中在生源水平并不理想的情况下，从女生成长与女性教育的共同需要出发，认真钻研

---

① 秀外慧中，指外表秀丽，内心聪明，出自唐代韩愈的《送李愿归盘谷序》：“才畯满前，道古今而誉盛德，入耳而不烦。曲眉丰颊，清声而便体，秀外而慧中”。

女中学生的学习和成长规律，让孩子们在学业上获得最大的发展，尽学校所能把学生们托举到更高的发展空间。

学校先后进行了几十项专题研究，推广基于女孩子生理、心理特点的教育教学方法。学校教育教学活动因为多了一个“性别视角”而更具针对性，有效促进了女中学生全面而富有个性地发展，在很大程度上、很广范围内实现了“求真向善，秀外慧中”育人目标，并积累了宝贵的女子中学办学经验，初步形成办学特色，为现代女中的建设与发展打下了比较坚实的基础。

3.“全面发展，睿智女生”育人目标的完善

2015 年，华夏女中加入实验集团，面对教育改革深化、教育生存环境竞争激烈的形势，华夏女中准确把握创新驱动发展战略对教育事业的新要求，找准学校发展的新坐标，满足社会对新型女性人才培养的需要，依然坚持特色招生政策，借助实验集团的优质资源和强大力量，集中专家智慧对学校工作给予强有力的支持与指导，大大提高了办学水平。

在融入实验集团的过程中，办学理念的移植和融合就成为首要任务。为了保持华夏女中二十年的办学成果，也为了传承和发展，将办学理念确定为：坚持实验集团“做真教育、真做教育”的办学理念，继续秉承“全面发展、因性施教、优化个性”的女校办学理念。同时，对学校创始人、历任校领导、全体教职员工、全体在校学生和家长、部分毕业生进行访谈和问卷调查，了解新时代对女性的要求和女孩生命发展的需求，将育人目标修改确定为“培养全面发展、独立自信、智慧优雅的现代女中学生”。

育人目标核心词“智慧（W—Wisdom）”、“独立（I—Independence）”、“自信（S—Self-confidence）”、“优雅（E—Elegance）”的英文首字母结合——“WISE”，即培养“睿智女生”，这也成为华夏女中育人目标的简称。

让育人目标真正成为引领学校发展、学生成长的宗旨和纲领。本着继承和发展的原则，保留原有对女性培养的基本精神、女校原本在女生成长过程及女生家长对女孩成长记忆中最为关注的“独立、自信”。深入研究女校二十年的教育历程，“独立、自信”也是女校教育最成功之处，而这种成功恰恰是对女性的生命成长最为重要的。“智慧、优雅”既是对“四自”精神的浓缩，又是“秀外慧中”更贴切的表达。“自信”以自尊为基础，又是自立、自强的前提和保障。而优雅是艺术的产物，法国时尚界泰斗德阿里奥在

其代表作《优雅》中这样定义“优雅”：从文化的陶冶中产生，也在文化的陶冶中发展。因此“智慧、优雅”既包含了“四自”精神，又囊括了“秀外慧中”，成为更符合女生发展需求、社会对女性要求的表达。“睿智”亦作“睿知”，意为聪慧、明智、有远见，多用于形容一个人极富智慧，出自《孔子家语·三恕》：“聪明睿智，守之以愚。”华夏女中的育人目标是“培养全面发展、独立自信、智慧优雅的现代女中学生”，简称为“睿智女生”（“WISE Girl”）。“睿智”成为学校各项工作的引领，也逐渐成为评价体系和机制的核心。

（二）学校教师的发展定位

1. 学校的发展定位

（1）坚持立德树人，始终坚持按教育规律办事

以德育为先导，以教学为核心，促进学生正确的、优秀的价值观的形成。在教育教学活动中，始终以学生的发展为出发点，遵循女生成长规律。认真研究学生，充分了解学生的个性特点和发展潜质，为每个学生提供适合其健康快乐成长的平台，为每个学生的可持续发展奠定基础。

（2）保障规模，坚持特色，强化学校核心要素的内涵发展

依托实验集团教育优势，争取市区两级政府的支持，探索适合女校的招生途径和方法，稳定生源数量和质量，保障学校发展规模，保持女校发展特色，促进女生健康成长。

进一步研发和完善适合女生健康自主成长的特色鲜明的课程体系、课堂教学模式、教育教学组织形式、学生指导和服务体系以及学生自主参与体验式活动体系，促进学生快乐而富有特色的成长。

围绕女校特色课程的开发和国家课程校本化实施，依托实验集团教育资源和教师专业成长项目平台，打造一支有思想、有激情、善合作、专业能力强、执行力强的干部队伍；建设一支师德高尚、有职业追求、业务精良、结构合理、团结务实、适应女校教育教学需要的教师队伍；形成一支有较高专业素养、服务意识强、踏实肯干的后勤和职员服务保障队伍。

（3）坚持质量立校，扩大女子中学的社会影响力

认真研究不同学段女生的生理心理特点和不同学科在女生学业发展中的

作用，探索促进女生学科学习的方法，实现教学质量的迅速提升，为高中和大学输送优秀的、合格的毕业生，赢得良好的社会评价，扩大女子中学的社会影响力。

（4）坚持持续改进和创新发展，实现学校跨越式发展

学校具有二十多年办女校的经验与积累，同时教育集团化办学及教育考试招生改革的变革也都为学校新的跨越式发展提供了基础和机遇。学校本着“持续改进”的原则，鼓励不断创新内部管理机制及管理模式、德育工作方式、教学组织形式和课程体系：通过创新发展形成学校新的优势，提升办学质量，实现跨越式发展。

2. 落实学校发展目标的关键要素是教师

学校一切是为了学生的，办好学校要紧紧依靠教师。无论是传统的教育学还是现代教育学，都认为教师在教育教学活动中处于非常重要的地位。

（1）学校发展，教师第一

学校的力量，首先来自教师。一所学校只有拥有高质量的教师队伍才能够培养出高质量的学生，可见，教师的高质量发展是关键。教育是塑造人的事业。要“培养全面发展、独立自信、智慧优雅的现代女中学生（睿智女生）”，只能通过教师来完成。“教师是立校之本，只有赢得教师，才能赢得教育。”只有在学校的办学目标实现过程中把教师放在第一位，充分调动教师的主动性、积极性，才能将教育理想通过教师这一教育过程的主要实施者落地生根，开花结果；才能真正达到以“学生为本”，以“学生为中心”，以“学生为主体”。

（2）用幸福才能塑造幸福

任何关爱，通过人的传递，才显得真切、动人。一位教师，在校园里、在课堂上，举手投足间潜移默化地影响着学生。因此，教育管理者只有把教师放在第一位，致力于培养教师的职业幸福感，才能促使教师用幸福传递并塑造幸福，使教师也把学生放到第一位，从而实现“学生第一”，促进学生主体的发展。

（3）教师的专业发展是学校办学理念有效实施的保证

教师是学校育人目标的实施者、校本课程的研发者、教育教学的变革者，也是实现学校办学理念的主体力量。以教师的发展为前提、以学生的发

展为目的、以学校的发展为保障，才可能使学生、教师、学校实现共同协调发展、可持续发展。

3. 教师专业成长的发展定位

（1）以人为本、需求为先

教师专业发展校本培训中首先要“以人为本”，关注教师需求，提供个性化的培训适应教师专业发展的需要。学校教师专业发展需要一个成就事业的平台，能够充分展示自己的才华；需要有一份比较好的收入，能够过上体面的生活；需要一份情感寄托和归属，能够体验到快乐和温馨。为此学校强调从事业、待遇和情感三个方面调动教职工的积极性。

第一，加强教师校本培训并形成培训体系，为教师专业发展注入动力。借助教师专业成长项目平台，打造具有高尚师德、精湛技艺的骨干教师队伍。

第二，通过校本培训系统化的学习和实践，提升全体教师的教学科研意识和能力，提升骨干教师的科研水平，帮助更多成熟教师从“教书匠型”转为“专家型”教师，从“经验型”转为“科研型”教师，促进女中教学质量的提高和女生的健康快乐成长。

第三，建立多维度评价制度，形成奖惩机制。结合教师各方面工作，建立多维度评价制度，包括学生评价、同组评价、同班评价、领导评价、自我评价等多方面，对教师工作效果进行立体评价，以此促进教师在专业能力、敬业精神、团结协作、师德师风等各方面的发展。

（2）实践性是促进教师专业发展的关键

立足岗位实践，在实际工作中提高教师的专业知识和专业技能，获得教师专业发展是教师校本培训的主要形式。为培养造就出具有专业化水准的师资队伍，教师专业发展校本培训内容必须精心设计、合理安排，既要体现出系统的完整性，又要注意有灵活的针对性。

在培训模式上，采用“线下模式”、“线上模式”和“线上线下混合培训模式”三类模式。其中，线上线下混合培训是保证教师培训持续高效的重要途径。这样既能保留传统教师培训的现场感，又能保证更灵活、便捷的互动与学习，同时也是应对新冠肺炎疫情、保证校本培训持续进行的重要方式。

在模式转变方面，由“行为主义模式”向“人本主义模式”，由“理性知识模式”向“实践知识模式”，由“专业技能模式”向“生命成长模式”转变，将教师个人的生命价值实现与教师职业生涯发展联系起来。

关注教师专业全面成长，而不仅仅局限于专业知识和专业技能。教师培训要从生命主体的实践高度审视教师发展的本质和整体意义，构建以关注教师职业生涯的全过程、激发教师成长内在动力以及培育教师精神、幸福和尊严的生命成长模式。

（3）追求教师的专业化发展和卓越发展

一名老师的内在专业结构包括专业精神、专业知识、专业能力、专业技能、专业态度，等等。

作为实验集团的成员校，坚持实验集团“做真教育、真做教育”的办学理念”，“坚持实验、持续改进、追求发展、追求卓越”也是华夏女中办学的永恒主题。

卓越发展就是高质量的发展，用先进的教育思想和教育教学方法开展教育工作，将学校办成北京市特色鲜明、质量优良、环境优美，有一定知名度和影响力的首都教育窗口式的女子中学。做到这一点，需要教师必须树立创新发展、追求卓越的理念，在思想观念、行为方式、教育教学等方面有批判质疑精神、勇于变革创新，做有思想有创生能力的教师。

（三）校本培训的实践探索

教师的综合素质和能力的高低是实现学校乃至教育可持续发展的关键所在。教师专业要具有“独特性”，教师工作才具有“不可替代性”；素养和能力就是决定教师的“独特性”和“不可替代性”的关键因素。因此，立足国情校情，借鉴已有经验，采取有针对性的具体举措，定向发力，促进教师专业发展，建设教师队伍；创新培训机制，激活教师内驱力；高效实现校本培训，促进教师专业水平整体持续提升成为当务之急。

在深化教育改革的背景下，国家、社会对教育的认识和需求发生着变化，教师必须随之发生变化，才能适应更高的期待和要求，在保证公平的基础上满足社会对优质教育的急迫要求。通过教师校本培训，为教师专业发展提供个性化服务，从而实现自主创新型校本培训，提供助力学校和教师专业发展的校本培训模式，满足学校和教师的持续高质量发展需要，促进学生的健康成长。

2016年，学校聘请实验中学原校长助理、教科室主任鄂文艳作为项目主持人，指导华夏女中教科室主任殷兆颖申报的“北师大实验华夏女中教师专业成长项目”（以下简称“成长项目”）作为西城区教育教学创新发展项目经审批立项了。学校组建了由校长、教科室主任、北京市知名特级和高级教师（指导教师）、全校各教研组（受助教师）组成的“教师专业成长项目团队”并将其打造为学习团队，大家达成了共识：课堂是教学的主阵地，努力打造优质课堂是提高学校教学质量的关键，也是教师专业成长的重要途径。

自2016年起，华夏女中进行了四种教师专业成长的校本培训模式的探索与实践，分别是“以‘理论 + 课例研究’为载体的备课组浸润式培训”、“以‘课例研究 + 方法论提升’为载体的项目组导师制培训”、“以‘课题研究 + 课例研究 + 方法论提升’为载体的项目组导师制培训”和“以‘课题研究 + 课例研究 + 方法论提升 + 成果提炼转化’为载体的项目组导师制培训”。以点带面的培训方式激发了教师专业发展的潜力，激活了教师专业进取的动力，全面助推了教师的专业成长。

六年来，成长项目培训从最初的6个学科、17人（具有5年以上教龄且年龄在45岁以下）发展至现在的8个学科、学校教师全员参与，成为促进学校教师专业水平提升和教研组建设的常态化校本培训。而培训提出的“聚焦课堂”理念促进了教师在新的课程改革中能够走在前列，大胆而有序地进行着“以生为本”的课堂教学改革实践，促进了师生的共同发展。培训的“名师引领”方式，把北京市各学科的名师请进来，他们引领、参与教学和考试评价改革的经历和丰富的教学经验使教师们在新一轮改革中抢占了先机，在一个高起点上投身改革，顺应变化、推进改革，得到学生、家长、同行和社会的一致好评。作为教师校本培训的系统工程，整体促进了学校教师的全面发展。

随着教育改革的不断深入和社会教育水平的整体提高，学校、教师、学生、家长都发生着迅速的变化，很多优秀学生慕名而来，在更多的关注和变化中，在教师持续发展的需求中，由殷兆颖老师牵头申报的课题“高质量发展背景下促进教师专业发展校本培训实践模式研究”获批2021年北京市规划立项课题[①]，旨在高质量发展背景下，真正关注教师需求并对此进行动态科学有效的分析，从而有针对性地进行有效校本培训；基于教师专业发展的框架重点进行能力建设的实践探索，以期形成促进教师专业素养和能力提升发展的校本培训模式。与已有研究相比，华夏女中教师专业发展校本培训的研究方法和思路具有创新性、实践性、可推广性，旨在培养现代化的全能型教师，促进学校和师生的持续发展，并为改革中的学校提供完整的经验借鉴。

二、国内教师培训研究的历史与现状

我国中小学教师培训是伴随其培养制度的不断完善和中小学师资水平的逐步提高而产生的，其发展大致经历了三个阶段：一是新中国成立前的起步阶段；二是新中国成立后至改革开放前趋于正规化阶段；三是改革开放至今步入规范化与法制化阶段。

（一）新中国成立前的起步阶段

1904 年，癸卯学制颁布，与官学、私学、书院等几千年来旧教育形式截然不同的新的教育形式如雨后春笋般涌现出来。然而，新学校的产生并不意味着旧学校的消亡，其间必然经历一系列对旧教育的改造过程。塾师改良便是其重要的组成部分。早在 1896 年，梁启超就发出了“非尽取天下之学究而再教不可”的呼声。

1. 教师培训的主要形式

（1）塾师改良培训

塾师改良可以说是我国教师培训的最早形式。1905 年，《上海私塾改良总会章程》提出设立师范讲习所、改良塾师知识结构的设想。同年，江苏武阳“专为各私塾之有志教育者”设立了高等小学附属师范传习所。

① 本书第一、二章及结语为北京市规划课题成果（课题批准号：CFDB21257），未公开发表过。

1935年6月，国民政府教育部《实施义务教育暂行办法大纲施行细则》第4章第18条规定：“各省市应在县市立初级中学或县市立师范学校，或规模较大之县市小学内设置塾师训练班，招收私塾教师，予以短期之训练，传授短期小学课程之教材及教学方法。训练期满，考查及格，给以证明书，准其充当改良私塾教师。”1937年6月，教育部颁布《改良私塾办法》，规定主管机关应于寒暑假或适当时期，举行塾师训练班或讲习班。其训练或讲习总时期至少为3个月。

（2）质量提高培训

为满足兴学对中小学师资的应急需求，各地纷纷创设简易师范、短期师资训练班等。这些短期师资训练在一定程度上缓解了普及教育过程中存在的师资数量不足的矛盾，但也带来了严重的师资质量问题。为此，各级教育行政部门纷纷制定师资培训办法。1912年，南京临时政府将清末的临时及单级两种小学教员养成所改为小学教员讲习所，1915年又将它们改为师范讲习所。1923年10月，第九届全国教育会联合大会有关促进全国义务教育计划方案中，有“于师范学校设立研究教育之暑期学校”的议案。自此，各地相继举办暑期师资培训班。为了鼓励在职教员通过进修提高自身业务水平，1936年国民政府教育部颁布的《修正小学规程》规定：“小学教员进修确有成绩者，应予加俸或其他奖励。”

国民教育推行后，1944年教育部颁布了《各省市中心国民学校及国民学校教员进修办法大纲》，通令各省市遵照规定，按当时实际情形拟订实施方法，举办下列业务：进修刊物；巡回辅导；进修班及函授学校；教员假期训练。教育部于1943年颁布《师范学校附设中心学校及国民学校教员进修班暨函授学校办法》，指定国立师范学校办理进修班，并令湘、粤、桂、赣等省选派优良小学教员入班进修；指令中央大学、浙江大学、中山大学、国立西北师范学院办理函授。1941年5月，国民政府教育部颁布《各省市小学教员假期训练实施办法》，1945年5月又颁布了《各省市小学教员假期训练实施计划》。

2. 教师培训特点

从培训的层次来看，培训层次较低，大都属于应急性培训，培训的目的是为了使在职中小学教师能够胜任教学之所需。

从培训制度的特点来看：①法律效力等级较低，基本上是行政性规章，大都以章程、实施细则、办法、大纲等形式下发，法律效力较弱。②稳定性不强，没有形成体系。这与当时的中国社会处在一个动荡不安的历史时期，师资培训忙于应付数量不足，师资水平参差不齐等因素有一定关系。③培训制度的形式不规范。例如，无论是行政性法规还是规章，用的大都是通知、办法、细则、大纲等名称。④保障措施不得力。由于政局不稳，培训制度缺乏应有的保障机制，各地落实情况差异较大，许多制度未能得到真正落实。

（二）新中国成立后至改革开放前趋于正规化阶段

1. 教育部的规定

1949 年 12 月 23 日，教育部在北京召开第一次全国教育工作会议，提出加强教师轮训和在职学习、培养大批称职教师的工作目标。1952 年 9 月，教育部又要求各地加强中小学教师在职进修，筹办教师进修学院、函授师范学校和教师业余学校。1953 年，《政务院关于整顿和改进小学教育的指示》进一步指出，提高小学教师质量，要求必须有计划地组织在职教师进行学习，以提高他们的政治、文化、业务水平。1954 年，教育部指示各地举办小学教师轮训班。1957 年 11 月，教育部发出通知，试行《关于函授师范学校（师范学校函授部）、业余师范学校若干问题的规定（草案）》，对小学教师在职学习做了进一步的规定。

2. 教师培训的特点

这一阶段中小学教师培训同 1949 年前一样，也经历了一个从数量扩张到质量提高的过程。但与前一阶段相比又具有以下特点：

一是培训对象趋于全员化。培训的对象已不再局限于那些未达到任职资格标准的教师，而是开始对所有中小学教师进行有计划、有组织的轮流培训。

二是既有对学历不合格教师的学历补偿培训，又有对学历合格教师的政治与业务培训。

三是成立了专门的中小学教师培训机构，形成了省、地（市）、县三级培训网络。

3. 教师培训的不足之处

中小学教师培训的制度建设虽然有所发展，但基本上还是属于行政性规章。从形式上看不够规范，大都是以办法、通知、批示等形式出现。

缺乏长远性，大部分属于应急性措施。当然，这与新中国成立初期百废待兴，教育事业刚刚经过改造，处于起步阶段，各方面的法规制度还不健全，一切都在试探和尝试之中的时代背景有着直接的关系。

（三）改革开放至今步入规范化与法制化阶段

1. 教育部颁发一系列指导文件

1977 年 8 月，邓小平提出《关于科学和教育工作的几点意见》，指出教育工作"要研究如何提高教师的水平"，"要加强师资培训工作"①。同年 10 月，教育部在北京召开师资培训座谈会，提出要采取多种形式，提高现有教师的水平，争取三五年内，经过培训，使现有水平较低的教师，绝大多数达到合格程度；要尽快地建立和健全省、地、县、公社和学校师资培训机构；高等和中等师范学校都要承担培训在职中小学教师的任务；各级教育行政部门和学校要做好师资培训规划。同年 12 月 2 日，教育部向各地下发了《关于加强在职教师培训工作的意见》。

为了尽快恢复和建设中小学教师培训机构，1978 年 4 月，经国务院批准，教育部发出《关于恢复或建立教育学院或教师进修学院报批手续的通知》。随后，全国各地陆续恢复或建立了教师培训机构。到 1980 年，全国已初步形成了省、地（市）、县、社、校在职中小学教师培训网，同时构建了一支专兼结合的培训师队伍，制定了各项规章制度，编写了大量教材和学习资料。中小学教师在职培训进入稳步发展阶段。

为了尽快提高中小学教师队伍质量，以适应国家建设迅速发展的需要，1980 年 8 月，教育部印发了《关于进一步加强中小学在职教师培训工作的意见》。1986 年 2 月，国家教委印发了《关于加强在职中小学教师培训工作的意见》，对师资培训的任务和要求、渠道和形式、质量、办学条件以及师资培训工作的领导做了全面的规划和要求，是"七五"期间中小学教师培训

① 《邓小平文选》第二卷，人民出版社 1994 年版，第 55 页。

的纲领性文件。

20 世纪 90 年代，中小学教师培训制度建设开始走上规范化和法制化轨道。1991 年 12 月，国家教委印发了《关于开展小学教师继续教育的意见》，提出在今后十年，在有计划地提高小学教师学历层次的同时，要大力开展小学教师继续教育，有步骤地将中小学教师培训工作重点从学历达标转移到开展继续教育上来。新教师见习期培训、教师职务培训和骨干教师培训等培训形式使教师的政治和业务素质不断提高，从中成长出一批教育教学骨干。为了开展好这项工作，1993 年，国家教委印发了《关于加强小学骨干教师培训工作的意见》,1994 年又印发了《关于开展小学新教师试用期培训的意见》。为尽快提高中学教师的学历达标率，1992 年 5 月，国家教委印发了《关于加快中学教师学历培训步伐的意见》，要求建立函授、卫星电视教育、自学考试“三沟通”的培训方式，最大限度地把不具备合格学历但能参加自学的教师组织起来，按照分类指导的原则，分期分批进行培训。

1993 年 2 月 13 日，中共中央国务院颁布了《中国教育改革和发展纲要》，明确指出“振兴民族的希望在教育，振兴教育的希望在教师”。1993 年 10 月 31 日，中华人民共和国第十五号主席令公布，自 1994 年 1 月 1 日起实施《中华人民共和国教师法》。《教师法》规定：“参加进修或者其他方式的培训”是教师享有的权利，“各级教师进修学校承担培训中小学教师的任务”，“各级人民政府教育行政部门、学校主管部门和学校应当制定教师培训规划，对教师进行多种形式的思想政治、业务培训”。

1995 年 3 月 18 日，中华人民共和国第四十五号主席令公布，自 1995 年 9 月 1 日起实行《中华人民共和国教育法》。明确规定要建立和完善终身教育体系，使社会各界对教师培训的重要性达成了共识，也使在职教师“一次性教育”的传统观念转变为接受“终身教育”的思想。

1999 年 6 月 13 日，中共中央国务院发布了《关于深化教育改革全面推进素质教育的决定》，提出“把提高教师实施素质教育的能力和水平作为师资培养、培训的重点”，“开展以培训全体教师为目标、骨干教师为重点的继续教育，使中小学教师整体素质明显提高”。

为贯彻《决定》精神，根据《中华人民共和国教育法》和《中华人民共和国教师法》,1999 年 9 月 13 日，教育部发布了《中小学教师继续教育规定》，对中小学教师继续教育的内容、类别、组织管理、条件保障、考核与奖惩做了具体规定。这是我国出台的一部较完整的有关中小学教师继续教育的行政法规，它对中小学教师的继续教育工作产生了很大的指导作用。

2011 年 1 月 4 日，为贯彻落实全国教育工作会议精神和教育规划纲要，建设高素质专业化教师队伍，教育部颁布《关于大力加强中小学教师培训工作的意见》，从六个方面提出了 24 条要求。

为加强教师队伍管理和建设，培养和造就德才兼备、适应社会进步和时代发展要求的高素质教师队伍，促进教育事业快速发展，2012 年 2 月，教育部颁布了《小学教师专业标准（试行）》和《中学教师专业标准（试行）》，提出了对教师专业的基本要求。为进一步激发教师参训动力，促进教师终身学习，不断提升教师能力素质，大力推行中小学校教师培训学分管理。2016 年 12 月 13 日，教育部又颁布《关于大力推行中小学教师培训学分管理的指导意见》，从八个方面作出明确规定，要求各级教育行政部门依据国家制定的教师专业标准、教师教育课程标准和教师培训课程标准等相关规定，结合本地中小学教育教学实际需要和教师专业发展需求，分层、分类、分科建立教师培训课程体系，确保所有教师能够得到有效的培训，拓宽教师终身学习通道，推进学习型社会建设。

2016 年 9 月，教育部正式公布了我国学生的核心素养框架。虽然是从学生层面提出的指导要求，但学生核心素养的落实必将成为新一轮基础教育课程与教学改革的重要任务，而改革的成功离不开教师专业素养的不断提升。基于学生核心素养的课堂教学必然要求教师转变传统的知识结构，构建与学生核心素养的培育和发展相一致的新教师素养。因此，探讨提升教师核心素养，从而推动学生核心素养的落实就迫在眉睫。

2. 教师培训特点

纵观这一时期中小学教师培训，制度建设走向规范化，可归纳为以下几点：

（1）培训对象全员化。中小学教师参加在职培训成为每一位中小学教师的权利和义务，在职中小学教师在规定的年限内必须参加规定时数的继续教育。

（2）培训模式多样化。教育部师范司总结了我国中小学教师培训的工作经验，把培训模式分成教学模式和组织模式两种。其中，教学模式有十种：示范—模仿、情境体验、现场诊断、案例教学、参与—分享、合作交流、任务驱动、问题探究、主题组合、自主学习；组织模式有五种：校本培训、研训一体、协同组合培训、巡回流动培训、远程培训。

（3）培训层次多样化。既有非学历培训又有学历培训，非学历培训又包括新任教师培训、教师岗位培训、骨干教师培训等；学历培训又分专科、本科、研究生三个层次。建立了函授、电大、自学考试、“三沟通”、高师自考等多种形式的培训渠道。培训工作的重点从学历达标转移到了继续教育上来，中小学教师继续教育趋于终身化。

（4）培训研究目标在深化。关于教师培训的目标取向和基本模式以及评价标准：一些学者指出，教师培训的目的应该是使教师的内在世界发生变化，促使他们在内心反思自己的所作所为，获得一种内在的自我反思和批判的能力；也有学者认为，教师培训的目标定位在“强化教师的持续发展能力”，包括自我学习能力、教育科研能力、实践创新能力。这些意见说明在教师培训目标等问题上，研究在不断深化。

3. 教师培训的不足之处

虽然我国中小学教师培训制度不断完善，但在落实过程中也存在着许多不足。

（1）政出多门，管理不顺

不少省市存在人事部门与教育行政部门同时管理教师继续教育的现象。有些内容不同的部门重复培训且互不相通，致使中小学教师感到无所适从，在一定程度上挫伤了教师参训的积极性。

（2）认识不到位，主动性不强

社会各界对开展中小学教师继续教育的必要性、重要性、紧迫性认识不够，一些地方的继续教育工作还存在“上面刮阵风，下面动一动”，搞形式、走过场等问题。

（3）培训质量差，缺乏实效性

有些培训，对于提高中小学教师的教育教学水平效果不明显。其原因如下：

①理论与实际、实践脱节。地方师范院校承担中小学教师培训的优势主

要在于它在当地有较为集中的师资力量和深厚的文化氛围，可以为中小学教育教学实践提供先进的理论指导。然而在当前的地方院校培训中，总体来说，理论性培训内容较多，实践性培训内容偏少，理论不能很好地结合和指导中小学教育教学和参训者的工作实际。教师培训倡导的理论大多是理论层面的，缺少明确、具体的可转化为操作层面的策略、方法，难以满足中小学教师的工作实际需要。

②师资培训者缺少实操经验。培训者本身缺乏实践层面的操作经验，又很少能深入教师个体的经验之中，培训仍是大众化的，满足不了教师个体的差异化需求，导致针对性、实效性较差。

③培训与受训间缺乏互动合作。培训中受训教师参与少，常处于被动地位。原因在于教师培训机构与学校教师之间缺少一种可以将两者联系在一起共同对话的中间环节，这种环节应是教师实践中的问题或是任务；更缺少把师资培训机构的培训放入学校情境中去的校本培训，因而存在形式缺乏创新、内容缺少实践指导、忽视教师个性品质培养等问题。

④培训内容较少关注乡村教育，难以满足乡村教师的需要。由于我国新课程改革的经验主要来自发达地区和城市学校，承担培训教学任务的教师也主要来自高校或高校周边城镇中的学校或教研机构，因此无论是在培训内容的设计上，在培训教材教参的选择上，还是教师在培训教学中对内容的取舍上，主要的材料都来自城镇学校、针对城镇学校。因而培训内容在很大程度上不能针对广大乡村的教育教学环境和工作实际，难以满足乡村教师的需求。

（4）培训经费缺乏或得不到落实，投入不足

当前中小学教师培训工作的不足，与经费缺乏或落实不到位不无关系。此外，中小学教师培训在关于评价、督导、激励等保障制度的建设方面还需要加强，以确保各项培训制度能够落到实处。

（四）国内教师培训研究的启示

我国在职教师培训研究从 20 世纪 50 年代初就已经开始，大量研究集中在 20 世纪 80 年代，多数是关于培训的意义、途径和方法的探讨。20 世纪 90 年代以后，除一般理论性的探讨外，集中于培训的制度化，继续教育

的方法、内容和形式的研究方面。随着应试教育向素质教育转轨，对教师某一方面能力（如科研能力、创新能力）培养的探索逐渐增加。21 世纪以后，我国教师素质研究的重点是确定教师素质的概念、结构及成因分析。

但是对教师各种素质因素之间的关系及教师素质与教师行为、教育效果、学生学习关系的探讨，在市场经济条件下、信息技术高速发展形势下对教师素质要求的分析，以及对诸多方面进行实证性研究还不够。

21 世纪初，各国教师培训都已开始强调教师专业化发展。所谓教师专业化发展是指教师作为社会职业人的专业成长。随着信息化和知识经济的发展，各国际组织和国家从不同的价值取向出发对教师的核心素养作出了新的要求，提出了相应的培养模式。例如，欧盟提出以共同标准为指导的教师素养发展模式，美国、澳大利亚提出以关键技能为重点的素养训练模式，新加坡提出以价值核心为主导的素养演绎模式，但都没能回应教师专业发展最迫切的个性需求，都不能真正立足实践、体现理论与实践相结合以促进教师专业素养的提升。因此，都不具有更多可借鉴的教师校本培训经验及相应的模式。

梳理以往的国内教师培训研究情况，不仅很有必要，还很有价值。它给学校关于高素质教师专业发展的启示是：

1. 与学校目标契合的“一体化”培训模式

一体化培训模式的特点是：

（1）突出培训对象的主体性。“一体化”师资培训模式是按照教师培训的特点和规律，运用模式研究方法，从吸引学员主体参与、培训多方能力提高的指导思想出发，按照“学习、理念、验证、提升”的学习理论规律，采用“理论引领、实践提升、注重交流”的培训设计。因此，这种培训模式所追求的不仅是提升学员的教学能力，还要促进学员自身全面、健康发展的人本化目标的实现；强调学员从培训中获取的经验不仅要促进教师教学质量的提高，更应促进学员自身的发展。这种人本化的目标定位，引发了教师培训内容和方式的变革，可以有效激发教师内在的学习动机和创造性，使教师在培训中成为一个主动的探索者和创造者。

（2）培训内容的多向开拓，即教师的核心教学理念和教学技能以及实际的教学行为都获得了提升。

(3) 通过现代信息技术的支持建立教师培训网络，降低培训成本、提高培训效率。

(4) 关注问题解决、参与性学习和走向教学实践。“一体化”的师资培训模式会将课堂教学、学校管理的实践活动结合起来。培训者与学员发展成为一个共同体，深入管理和教学现场，共同研究、解决存在的问题。一方面，培训者要有丰富的、与时俱进的理论知识，在筛选教学问题时，向学员们介绍有关理论，引导学员形成问题意识，在学员反思、参与研讨、分享教学实践中的经验和教训时，向他们提供有关的理论材料和操作框架。另一方面，学校将对培训师资进行整合，建设由高校教师、教育行政官员、教研员、优秀骨干教师、校长组成的师资队伍。“一体化”的师资培训模式的实施，将会有大批对教学实践有全面了解，能够真正指导、帮助学员改造教学实践的教师参加。

2. 与学校需求相适合的校本培训形式

校本培训是指在教育行政部门、教师培训机构的规划指导下，由中小学校长组织领导，教师任职学校自主开展，紧密结合学校工作实践，以提高学校教学质量和办学效益、促进教师专业发展和职业修养提升为目的的教师在职培训形式。校本培训可以采用“学校为本—工作整合机制、合作开发—专家助学机制、分类分层—自主自培机制”以保障校本培训的质量。“由于教师在学校中工作和生活，所以容易对本校教师的专业发展阶段作出恰当的判断，这使得校本教师培训活动能够按教师专业发展水平来进行。”所以，校本培训正是与学校需求相适应的最佳形式。

3. 与学校工作相融合的研究化、课题化

推动学校各项工作研究化、课题化，通过课题研究，教师经常系统地反思、研究自己的教育教学工作，探究和解决工作中所遇到的问题，以研促教，以科研手段提高学校的工作效益，提高教学质量，提高教师综合素质。

4. 与培训提效相关联的有效性策略

影响师资培训有效性的因素主要有教师培训过程中的效能、效率和参与度三个方面。据此，有学者提出提升师资培训有效性的策略——采用目标驱动、重视需求分析、学研实践三位一体，以问题为突破口，强化学习者的参与度，借助现代信息网络的支持，建构培训评价反馈系统，等等。

教师的有效培训，是指对培训活动结果和预期培训目标的吻合度的评价。有效率，就是指对培训产出（效果）与培训投入的比率的评价；有效益，就是指培训活动收益和培训活动价值的实现，即对培训目标和特定的社会和个人的教育需求吻合程度的评价。有效培训的表征有五个方面：培训目标有效、培训内容有效、培训管理有效、培训方式有效、培训评价有效。

通过对国内外教育培训的梳理，学校更加坚定地认识到：让培训与学校的目标、需求相和相配，与学校的各项工作相融相促，通过有效性的策略让培训提速增效，高素质教师专业发展校本培训目标可期！

三、国外教师培训的历史梳理

师资培训是中小学教师的职后教育。据资料显示，国外在职教师培训可追溯到 160 多年前，但是对于在职教师的培养、培训的研究则集中在 20 世纪六七十年代，开始是以学历培训为主，逐渐才转向教师资格培训。

自 1965 年法国教育家保罗·朗格郎（Paul Lengrand）在联合国教科文组织的“成人教育促进会议”上正式明确“终身教育”的概念以来，终身教育思想越来越受到各国的普遍重视，终身学习思潮逐渐在终身教育和学习型社会的基础上发展起来。终身学习能力既是社会发展对人的要求，也是教育变革对教师职业角色提出的要求。

受终身教育思潮的影响,20 世纪 70 年代，教师教育把“职前培养”与“在职培训”统一起来，两者的发展体现出一体化趋势。中小学师资培训成为教师专业成长的重要途径，成为人力资源优化的重要手段，国内外也对中小学教师培训开展了大量研究。

教师在职教育，是培养和提高各级教师业务水平的重要方式。1978 年，普林斯顿大学对教师在职培训做了广义和狭义两种定义。广义的定义是指：“教师的整个职业生涯的本身即可被视为在职培训和教育的过程，它包括资格的获取和在职的全部内容”；狭义的定义是指：“为在职教师设计的，有目的的教育活动，这种活动在教育系统中产生”。由于教师对人才的培养起着举足轻重的作用，当前世界各国都非常注重以教师专业化来提高教师教育质量的改革措施。各国共同的特点是强调实践对在职教师培训的重要作用。

由于认识到教师在职教育的重要性及与中小学校改革发展的密切关系，欧美国家不断增加对教师在职教育的投入，并建立了相应的在职教师教育制度。美国在20世纪中期提出教师专业化发展的口号，以提高公共教育的质量，推动教学成为真正的专业。美国教师专业化发展运动对国际社会特别是西方社会产生了较大影响，欧洲一些国家采取了一系列促进教师专业训练的举措，教师个人发展与各中小学校的改革和发展实现了一体化。这就意味着在职教育的重心由教师个人转移到整个学校，即增加了以中小学为焦点的“校本位”教师在职教育。

（一）国外教师培训的特点

1. 在职教师培训目标专业化

（1）教师培训目标既是培训工作的出发点，也是归宿点

教师培训目标是根据一定历史阶段社会发展需求、教师职业发展需要及可能性提出来的。这一目标的提出决定了课程的设置、培养模式的选择以及培训质量的评估，因而在教师培训工作中具有重要的导向功能。综观世界主要国家在职教师培训的目标体系，可以发现它正从单一化走向复杂化，从学历化走向专业化。

（2）在职教师培训目标层次提高

自20世纪中叶起，教师培训的目标主要是帮助教师实现学历达标，当代教师培训的目标已有了实质性的改变，它已经扩展到作为专业人员的教师的所有方面，这一点在20世纪80年代教师专业化形成世界性潮流后表现得更为明显。即教师培养与培训目标已由帮助教师胜任教学工作的达标方向，转为进一步帮助教师获得专业发展。

（3）在职教师培训推动了教师专业化进程

教师专业化是指教师在整个职业生涯中，通过专门训练和终身学习，逐步习得教育专业的知识与技能并在教育专业实践中不断提高自身的从教素质，不断更新、演进和丰富并达到专业水准的专业成长过程。伴随教师专业化的进程，教师培训的目标逐渐与教师的专业发展相统一，对此各国都提出

了看似不同但实际内涵相似的培训目标。由此不难看出：把促进教师专业发展作为教师培训的目标已成为各国共识，这一变革不仅提升了教师培训的层次，也大大推动了教师专业化的进程。

2. 教师培训内容系统化

与教师培训目标专业化相适应，教师培训的内容结构、体系更趋合理，经历了从单一学科专业知识培训到融学科知识、教育学知识和一般知识于一体的综合性培训；从“缺什么补什么”的零散培训到培训内容系统化、序列化，从重视知识的培训到重视以计算机为核心的现代教育技术手段的培训；从重视学科进修到重视学科进修与科学研究相统一。

为培养造就出具有专业化水准的师资，培训内容必须精心设计、合理安排，既要体现出系统的完整性，又要注意有灵活的针对性。培训的目的大致可分为两种：一是为了取得资格或学位；二是旨在提高学校教学质量。与此相适应，培训的内容也有不同，前者偏重于理论性，而后者立足于实用性。从培训内容的覆盖范围来看，涉及普通文化学科、执教学科和教育学科三个方面。

3. 培训机构多元化，培训模式、类型和形式多样化

伴随教师培训目标的专业化以及培训内容的系统化，教师培训机构呈现多元化，培训模式、培训类型和培训形式也更加多样化。

（1）中小学教师职后培训机构可分为五大类：①大学或师资培养机构，主要呈现以下形态：大学兼顾中小学教师培养、培训两大职能。②专门的培训机构，各国各地区都设有专门机构（尽管名称不同、举办单位不同）负责教师的职后培训。③教师专业团体，在地方分权型、中央地方协调型国家，教师专业团体对教师的职后培训表现出较大的兴趣。④广播电视或函授教育机构，是校内和教育研修基地等专业教师培训场所之外的补充，也是负责教师职后培训的机构之一。⑤教师在职的中小学，尽管有的国家是针对新任教师开展入职培训，有的国家是针对所有在职教师开展培训，教师在职的中小学都越来越发挥着重要作用。

（2）培训模式是使培训目标落到实处的具体组织形式。各国在实施中小学教师职后培训中，为满足不同层次教师的多元化需求，创造出了多样化的培训模式，概括起来主要有以下几种：

①“课程本位”模式

该模式是以大学或师资培养机构为主、以教师系统进修高一级学位课程为目的的培训，开设教育学士、硕士以至博士学位课程。这种培训对象主要针对未达到国家规定的本科或硕士学位的在职中小学教师，引导他们通过参加课程进修，达到一定的学历或学位水平，取得相应证书，目的是为了提高中小学教师的理论水平和学历层次，但较难顾及参加培训的教师各自工作岗位的特殊需要。

②“教师本位”模式

该模式是以大学、专门的培训机构（如各地区在职教师培训中心）和教师专业团体为主。教师进修的主要目的是解决知识更新问题和掌握新的教学方法和教材内容。该模式为教师提供“菜单式”的课程内容和相关的场所、信息资料与教学设备，创设灵活多样的机会，体现了教师的自我需要和学习的自主性。

“教师本位”的培训模式兴起于 20 世纪，是针对一个地区所有的中小学存在的问题进行培训，培训计划紧密结合学校实际制定，允许学校和教师直接参与，培训效果好，改变了传统的教师在职培训模式，把培训渗透到教师真实的教学情境和过程之中，使教师培训基层化、全程化、全员化，这充分体现了以教师为中心的培训特点。

这种培训会根据每个教师的个人需求量身定制特别培训课程，满足不同需求。

③“学校本位”模式

该模式由教师任职的中小学自主制定培训计划、自主组织培训活动，其特点是以教师个人教学能力发展需要为出发点，旨在满足学校每个教师的专业发展需求。

这种培训模式贴近中小学的教育教学实际，针对性强，能提高培训的时效性。但它也有明显的局限性，主要表现在它只适用于学校规模较大，师资、设备等条件比较好的学校，而学校规模小、力量不足时就难以推行。

④“研训一体”培训模式

这是把教育科研和培训一体化，从而促进教师素质提高的一种培训模式，这种模式针对性强，体现按需施教，注重能力提高，且形式灵活多样，在各国的教师培训中都受到普遍关注。

这类以教学为中心的培训，目的是提高教学质量，针对教学，切合实际，针对性强，具有时代感，效率高。它以地区性的教师在职培训中心为组织领导机构，在本地区中小学各年级实行统一的中小学教师在职培训。

⑤以教学法为中心的中小学教师在职培训模式

该模式由大学和学区联合建立“教学法中心”，由大学教师把工作范围延伸到“中心”，在“中心”里形成一种合作关系，共同商讨教育教学实践中遇到的各种各样的问题，研究对策和解决办法，从而提高进修教师解决各种实际问题的能力和教学能力。这种培训模式实际是在大学和中小学之间发挥着桥梁和纽带作用，负责各项协调组织工作，以保证在职培训的顺利进行，是一种效果好并受进修教师欢迎的形式。

⑥协作式培训模式

这是中小学与大学等培训机构协作进行教师培训的一种模式，特点是充分调动大学、专门的培训机构、教师专业团体和中小学等各方面的积极性，使理论和实践得以有机结合。它被有些国家视为“最有希望”的教师培训模式，有效地克服了单纯由中小学或大学进行培训带来的负面影响。

⑦网络模式

这种模式包括逐级培训网络模式和远距离培训模式等。以远程培训为主的中小学教师在职培训模式是 21 世纪教师培训的发展方向，它打破了时空的局限，使全国各地的教师都能分享到优质的教育资源，得到即时的个性化的教育，使在职培训达到共享性、全国化甚至全球化。

（3）培训类型和培训形式的灵活多样。除上述已归纳总结出的培训模式（类型）外，还可以根据教师的层级、学科、目的等进行分类，从而使培训类型和培训形式呈现出灵活多样的特点。例如：初任教师培训、以单一学科为主的培训、资格培训和资格提升培训。

在培训形式上，各国采用培训班、研修班和课题研究、自学、学术报告、教学活动、教研活动、社会考察等形式，通过教师自我进修或以学校为基地进行研修等途径，实施时间长短不一、形式多样的教师在职培训，以满足不同层次教师参加培训的要求。

灵活多样的培训形式最大限度地满足了不同层次、不同学科、不同地区、不同目的的中小学教师参加培训的要求，是保证广大中小学教师积极参加培训，能够全员参加培训的基本前提。随着教师培训的规范化、制度化、经常化，各种有利于促进教师获得专业发展的培训形式必将随之产生，尤其是一些符合各国国情、具有地方特色的培训形式将备受关注。

4. 职前培养与职后培训一体化

当今世界各国在大力推广在职教师进修的同时，也在努力延长教师职前专业训练的年限，由仅仅注重教学实践转向更为广泛的学校经验，使教师职业成为学术水平较高并接受长时间专门训练的职业，使职前教育与职后教育紧密联系。

各国通过立法、制定在职和培训的专业指标、研究教师培训评价理论和评价指标、明确职能部门和相应职责以及资金投入和使用监管等手段，促使职前培养与职后培训一体化。

有学者认为，国外教师继续教育的特征是：政府高度重视；教育教学实际能力受到重视；加强高校和中小学合作，充分发挥中小学校在教师继续教育中的作用；加强与职前培养的沟通，谋求职前培养和职后教育一体化。

（二）国外教师培训的保障和发展趋势

1. 中小学教师在职培训管理法制化、制度化，加大经费投入

发达国家的中小学教师在职培训是以立法的形式确保教师在职培训制度得以建立、完善和实施，使教师在职培训工作在具体操作中有法可依。法律既规范了教师的行为，又保证了教师的权利和义务，使教师在职培训从盲从转向有计划的科学发展阶段，对提高现有教师素质有十分重要的作用。

法国是世界上第一个进行教师在职培训立法的国家[①]，后续很多国家都相继就教师在职培训进行立法，以保障教师这一权益。法国于 1972 年在国家《继续教育立法》中对教师在职培训作出规定；英国于 1972 年发布教育《白皮书》，1976 年又发布了教育《绿皮书》，分别对教师培训作出相应规定和修改；美国绝大多数州都实行了教师任职许可证制度。

---

① 刘慧芳：《国外中小学教师在职教育和培训的比较与启示》，《教育探索》2001 年第 11 期。

一系列法律法规的颁布实施，有力地推动了教师培训的法制化进程，为教师培训管理的制度化、规范化提供了重要的法律保障。

同时，从20世纪末开始，各国政府普遍加大中小学教师在职培训经费投入力度，并把教师参加在职进修与其切身利益紧密结合在一起，督促和激励中小学教师参加在职进修培训。

2. 教师培训结果奖惩化

20世纪末，世界各主要国家为了促进教师在职培训均采取了一系列奖惩措施，将中小学教师在职培训与待遇、考核挂钩，这在“进修培训”尚未成为教师生活第一需要的时代是极为必要的。各国的主要措施包括：

（1）获取学位，加薪晋级

在许多国家，教师的工资待遇是与其学位高低和是否参加了培训直接挂钩的。

（2）更新证书，取得资格

在一些国家，教师资格证书不是终身制，而是定期更新，其基本条件就是要参加培训。有的国家规定了教师证书的有效期限，证书到期后必须通过培训获取学分或取得高一级学位后才能更新；有的国家在推进中小学教师继续教育过程中提出把教师参加继续教育列入教师考核的内容，作为教师职务聘任的必要条件，充分调动了教师参加继续教育的积极性和自觉性。

（3）带薪培训与休假培训

许多国家都明确规定教师参加培训期间享受公差待遇，可以领取交通、膳食等补助。

对教师未按规定参加培训各国也制定了一些惩罚措施，包括不能更新证书、不能评聘教师职务、批评教育等。

目前，世界各国一般都将教师的在职培训与待遇、地位的变化相联系，并与对教师的考核和评估工作结合起来，形成相应制度，而不是仅仅把在职培训视为一种孤立的学习活动。

3. 教师培训对象全员化

世界各主要国家在制定教师培训的法律法规时都强调了培训对象的全员化，不论大、中、小学学校的教师，只要从事教师工作，都必须接受时间长短不等的培训，任何人都不能例外，这既是教师专业发展的需要，也是当代教育发展对教师提出的必然要求。

为保证教师参加培训的全员化，各国都普遍采取了一些行之有效的措施，主要包括以下几项：(1) 用法律作为保障；(2) 免费或给予培训经费补贴；(3) 采取灵活多样的培训形式，送教上门；(4) 培训结果与个人切身利益直接挂钩；(5) 培训内容具有较强的针对性和实效性，突出按需施教、学用结合的原则。

由于措施得力，各国中小学教师参加培训的比例持续攀升。

4. 教师培训时间终身化

自从法国著名成人教育家保罗·朗格郎提出终身教育的主张后，终身教育思想迅速成为遍及全球的势不可挡的教育思潮。1971 年，英国的詹姆斯从终身教育思想出发，提出了著名的“师资三段培训法”。即将师资培训分为三个阶段：第一阶段是个人教育阶段，即高中毕业后，在相应的大学或师范学院学习 2—3 年，这是培养教师的基础阶段；第二阶段是准备教育阶段，这是担任教师后的试用阶段；第三阶段是在职教育阶段，这是被录用为正式教师后的继续教育阶段。其中第一、第二阶段的教育是培养教师的基础，而第三阶段则是提高在职教师业务水平的关键。

对教师而言，要想获得专业发展，一次性终结型的师范教育已难以奏效，必须依靠多次回归型的教师继续教育，这样就必然要求教师在职培训终身化。对此，世界各主要国家都出台了相关的政策。

（三）国外教师培训的经验

1. 转变教师的教学使命

教师教学使命的转变表现在传授知识过程中注重培养学生独立观察、分析客观事物、总结规律的能力，在知识海洋中抓住并掌握自己所需要的知识的能力，以及对知识进行整理、储备、运用于创造性解决问题的能力。这就必须通过在职培训改变教师的教学思想，改进教师的教学方法，培养教师的教学技能，提高教学效果。经过一段时间的学历提升之后，在职培训也必然要以帮助教师改进教学方法、培养教学技能为主，培训模式也要随之改变。这就要求在职教师培训机构互相配合，以学校为基地，大专院校为辅助，在地区教育行政部门领导下，规划、组织、推动本地区中小学教师的在职培训工作。

2. 充实和健全在职教师培训中心

各国在职培训中心有各种不同的名称，各种不同的组织形式。培训中心的组织机构必须适应在职培训的目的和要求。当前在职教师培训多采用“以学校为中心的培训”模式，帮助教师改进教学方法、培养教学技能，在培训中心设立教研室，聘请教学研究人员面向学校，开展教学研究工作。

3. 发挥中小学教师自我定向学习和自主改革教学的积极性

因为改革教学、提高教学质量是一个漫长的过程，主要靠教师结合日常教学工作不断探索和试验，这就需要为教师创造良好的教学条件和教学环境。因此，必须改进学校工作。在职培训要特别重视学校校长和骨干教师的培训，要使校长具有现代教育思想，掌握现代教育科学理论和教学的原则、方法，提高他们管理学校、领导教学的能力，使骨干教师起到带头作用，使教研组对教学改革发挥集体力量。

4. 在职培训工作注重理论联系实际

当今中小学教学改革，不仅要求教师通过在职进修及时更新知识结构，而且能用最适宜的教学方法传授这些知识，尤其重要的是能启发学生的积极思维，培养学生独立获取知识的能力。这就要求在职培训能够帮助教师改进教学方法，在组织教学研究活动时必须做到理论和实践相结合。

5. 重视在职培训的调查研究

为了有针对性地开展中小学教师在职培训工作，国外很重视对中小学教师在职培训的调查研究工作。例如，从 20 世纪 60 年代末到 70 年代，英国对教师在职进修情况进行过数次全国性调查，还发布了一系列重要报告和计划，这种调查研究的目的是使教师在职培训工作更有计划性、针对性，更经济、更有效。

6. 教师在职培训工作需要获得相关部门支持

相关部门参与教师在职培训工作具有一举多得的好处。因为，争得这些部门的参与，既可开拓经费来源，又可促进他们对教育的理解和支持，还可以帮助教师了解社会，有助于他们改进教学方法。

7. 注重在职教师培训师资的聘用条件

中小学教师在职培训效果的好坏，一个很关键的因素是培训师资的水平和能力能否适应培训的需要。因此，在中小学教师在职培训工作中，各国都很重视培训师资的水平，十分注重聘用那些既有教育科学理论知识，又有丰富教学经验的教师和教法专家担任培训教师。

各国对培训师资的选聘都有严格的标准和条件要求，以此保证培训工作的质量和效果。这是根据进修教师的需求反馈所采取的举措。

四、教师专业发展校本培训的价值追求

教师校本培训在国外已有长久的发展历史和丰富的经验积累，我国教师专业校本培训的快速发展始于20世纪末。在国内已有经验和国外理论指导的基础之上，我国探索了多种教师校本培训模式，总结教师校本培训特点，并设立目标对校本培训工作加以领导，最终实现以深度、多元、形式丰富、体系完整的教师专业发展校本培训促进教师专业发展，形成教师专业发展共同体，突破教师教育生活的文化困境，提升教师发展的文化使命的目标。

（一）教师校本培训的产生和发展

20世纪70年代中期，基于教师的专业能力主要是在教学实践岗位中逐步形成并发展的，而教师任职的学校是其专业成长的主要环境等认识，英、美等国最先开始教师校本培训。随后，逐渐形成了以中小学校为中心的教师在职培训模式。

有研究者指出：在某种程度上可以说，英国是教师校本培训的摇篮，早在1972年，《詹姆斯报告》就建议“教师的在职进修应从中小学开始，因为一切教与学的活动都是在学校发生的”。

在美国，20世纪80年代中期以来，在詹姆斯小组的倡导下，成立了一种新型教师培训机构——专业发展学校。这种培训学校强调将理论研究引入教学实践，以教学实践渗透研究，形成一种在教学实践过程中自主探究、解决教学实际问题的学术导向，从而使学校教育改革与教师专业发展紧密结合。

1996年在日内瓦召开了第45届国际教育大会，会议强调了教师校本培

训的价值，提出教师必须通过有适当监督的校内实践经验获得教学技能，同时还要进行行动研究。

1. 教师校本培训的本质

1989 年，欧洲教育协会将校本培训界定为：源于学校课程和整体规划的需要，由学校发起组织，旨在满足个体教师的工作需求的校内培训活动。

在我国，对教师校本培训的本质认识，目前尚不统一。

无论在西方还是在我国，以校为本的教师培训都是相对于以高等教育机构为本的教师培训而言的，都强调以教师任职学校为基本培训单位，以提高教师教育教学能力为主要目标。国内外学者对教师校本培训本质的争论主要集中在学校与上级行政部门、有关业务部门和高等教育机构的关系处理以及操作模式安排上。由于传统教师培训是以高等教育机构为基地的，完全在大学或教育学院进行，存在许多弊端，所以从学校的需要出发，以学校为基地培训教师的校本培训是教师培训重心下移的表现。这种培训，简单地说，有三个方面的含义：第一，为了学校和教师；第二，在学校中；第三，基于学校。

2. 教师校本培训的模式

在国内，有学者根据教师成长的需要，归纳出不同阶段教师的校本培训模式为：技能型、实践型、评价型、理论型和研究型，等等。还有学者从调动教师的学习热情、激活已有经验、发展潜能方面，提出参与式教师培训模式。

国外在校本培训模式方面曾先后出现以下几种模式：“知识论”模式、“能力”模式、“情感论”模式、“建构论”模式、“批判论”模式、“反思论”模式。

美国学者瓦利总结了反思型教师培养的五种模式：技术性反思、行动中和行动后反思、缜密性反思、人格性反思和批判性反思。

英国中小学采用了“回顾—计划—实施—评价”的方式来设计培训活动和开发校本培训课程。

3. 教师校本培训的特点

国内学者对此研究的较多，认为教师校本培训具有如下特点：(1) 目标的直接指向性；(2) 内容的现实针对性；(3) 方式的灵活多样性；(4) 组织管理的自我主体性；(5) 支持系统的共同协作性；(6) 培养质量的有效评价性。

校本培训的最大特点是教师学习与工作有机统一，是终身学习的生存理念在学校展开的生动体现。

4. 教师校本培训的目标

在国内，有研究者指出，我国当前的校本培训的目标应该直接指向两个方面：一是指向学校的实际，学校的需要；二是直接指向全体教师，着力激发教师的主动性和参与热情。目标所指的这两个方面是相辅相成、密不可分的。

在国外，也有研究者指出，教师专业化运动改变了中小学教师校本培训的方向：从传统的强调由外界决定教师的需要，转变为由教师自己界定的在职培训的需要；从完全意义上把提供给个体教师的服务，转变为实质上是提供给整个学校或团体的服务；从单一的校外进修，转变为整合整个学校规划、评价和教师专业发展。

可见，国内外教师校本培训在目标上具有许多相同之处，即都强调以学校为基础，注重培训过程中教师经验的总结与提升，重视个体需要和自我教育，以此提高教师教育教学实际水平和教育科研的兴趣和能力。

5. 教师校本培训的内容

关于中小学教师培训内容，国内目前有两种不同的观点取向：一种观点认为，目前中小学教师的培训是补充式的；另一种观点认为，目前中小学教师的培训是转型式的。总之，校本培训力图使教育理论的学习成为教师希望解决实际教学问题的内在需要和自觉行为。

在美国，教师校本培训的内容集中于教师胜任教学甚至是革新教学的各种能力，而国家的教育立法和教育规划工作所倡导的重点内容更是该时期中小学教师校本培训的重要内容。英国学校还特别强调教师校本培训的内容要考虑到学科教学、国家统一考试、校本课程开发、与家长和社区的关系等方面的需要。另外，教师校本培训内容也重视教师知识和技能的扩充，以及教师专业研究能力的发展。

6. 教师校本培训的方式

目前我国在实践探索中采取的校本培训方式主要有以下几种：课题带动法、集体充电法、师徒结对法、观摩听课法、个人自修法、校际交流法。有研究者指出，反思总结法是校本培训的基本方法，将其归纳为优秀教师负责型、培训机构负责型、培训基地自建型、自培小组负责型、教育技术辅助型。

在美国，教师发展学校为教师校本培训提供了多种形式。

7. 教师校本培训的原则

教师校本培训原则是学校在对教师进行培训过程中所遵循的基本要求和行为准则，它在学校工作中具有重要的潜在价值：它有利于培训目标的达成，有利于培训内容的安排，有利于培训方法的选择，有利于学校培训管理制度的确定，有利于培训过程的有序运行。所以，这方面都为国内外教师校本培训的理论研究与实践探索所重视。

在我国，根据学校具体情况，一般坚持以下原则：(1) 上级继续教育培训与校本培训相结合的原则；(2) 学校集中培训与自主学习相结合的原则；(3) 普及与提高相结合的原则；(4) 学习、研究与应用相结合的原则；(5) 结果与聘任相结合的原则。

在英国，中小学在设计培训任务时还特别强调要处理好以下三者间的关系：(1) 学校整体的培训计划与程序，学校的年度与学期培训计划，教师的具体培训活动与课程；(2) 在设计活动时强调要综合考虑三个层次的需要——学校教师整体的需要，学校内各工作小组或职能性组织（如教研组、年级组）的需要，教师个人的需要；(3) 充分考虑和利用校内外的一切可利用的资源，尤其是在人力资源方面。

8. 教师校本培训的保障

我国有关教师校本培训的保障措施，在具体实践中主要表现在：(1) 在组织建设方面，强调建立一支以校长为中心的校本培训领导、指导和实施队伍；(2) 充分发挥包括大学院校、教育行政部门和各种师资培训部门在内的机构引导和协调的作用；(3) 学校有资金支持；(4) 有时间保证；(5) 要对效果进行评价；(6) 有的学校还引入了社区和家庭参与。

在英国，中小学教师校本培训的计划、内容与组织虽然大都由各自所在的学校负责，但是学校必须按照国家的有关政策及地方教育当局的指导方针制定计划和组织实施。其保障措施主要表现在：(1) 由法律保障经费；(2) 任命“专业指导教师”；(3) 组建校本专业发展委员会；(4) 建立与大学的伙伴关系；(5) 提供时间保证；(6) 制定评估、管理政策和标准提高教学效果；(7) 对具体标准进行严格评估，以确保培训有效；(8) 对参与培训的教师进行严格管理与记录，保证培训质量有效。

（二）教师专业发展校本培训的价值

1. 教师专业发展校本培训有力地促进了教师专业发展

校本培训在各地中小学受到普遍重视，成为提升教师专业能力的重要方式。校本培训制度的一个重要背景是《国家中长期教育改革和发展规划纲要(2010—2020年)》的出台，它强调了教师队伍专业化的重要，确定了努力造就一支师德高尚、业务精湛、结构合理、充满活力的高素质专业化教师队伍的重要目标，使教师教育进入“协同培养”的阶段。各级政府对如何建设一支高素质专业化的教师队伍进行了整体规划，对全体教师实行以校本培训为主要形式的专业技能提升培训成为更多人的共识。

（1）教师专业发展校本培训着眼于建立教师专业发展共同体

校本培训在中小学教师队伍建设方面有四个特点：①着眼教师群体的大多数。②着眼教师的专业化成长。校本培训聚焦教师的专业发展，核心是教师成长。教师专业发展校本培训强调修养修为，其目的是把解决教育教学问题和学校教师发展有机统一起来。教师专业发展校本培训以学校工作实际问题为抓手，以参与问题解决来促进教师专业发展，把问题解决的过程变成教师专业发展的过程。③着眼教师教学的常态化。校本培训的基础是以校为本，培训的问题要基于学校，针对学校教育生活的现象提出问题。培训是为了学校，从学校发展和教育质量提升出发，解决课堂教学、学校管理、育人活动等校本问题；培训发生在学校之中，培训中所要开发和利用的资源也来自学校。④着眼教师发展的共同体，基于同伴互助的培训方式。

校本培训的重要意义是发展基础教育的教研制度，成为具有中国特色的制度创新，保障了基础教育质量的不断提升。另外，坚持基层的教育问题必须靠基层的人来解决，把解决具体问题与教师专业成长结合起来，打造高素质教师队伍，为发展中国特色、世界水平的现代教育探索路径。

（2）深化教师专业发展校本培训能够突破教育生活的文化困境

学校真正的生命力就在于文化的积淀和文化的力量。校本培训开启教师专业化成长的新风气，核心是构建一种教师成长文化，让教师在教师专业成长校本培训文化的浸染中，过上充满激情、自我超越的教育生活。学校制度建设、课程改革要求校本培训建立有效的工作机制，使校本培训常规化、常态化，成为教师的职业生态，成为一种学校文化，将校本培训变成教师普遍认同的成长之路和共同愿景，为教师专业成长注入不竭动力。

（3）提升教师专业发展校本培训能够促进学校文化的变革

校本培训逐渐脱离浅层次的活动，走向有效促进教师专业发展之路，这是一个非常复杂的学校文化环境的变革。

校本培训要形成自我更新、自我成长的学习文化，让教师主动在教师专业发展校本培训中不断超越自我、提升自我。

校本培训从制度演变成文化，至少应该具备两种文化内核：一种是教学即研究的文化，要求强化教师作为教育者的身份感，理解教育生活。教师要把学校内外的一切元素都作为教育资源，把当下作为教育的目的去认识、去反思、去改进，这是一名合格教师必须具备的教育生活。另一种是终身学习的文化，要求实现教师的专业化成长。中共中央、国务院颁布的《关于全面深化新时代教师队伍建设改革的意见》明确指出，开展中小学教师全员培训，促进教师终身学习和专业发展。关键是终身学习，落脚点是专业发展。教师必须随着时代发展，改变靠已有的系统知识适应未来教育的观念，过一种学习化的生活。

2. 教师专业发展校本培训能够促进学校特色的形成与彰显

各个学校的发展特色以及这个特色的形成过程、形成以后的继续升华，都离不开校本培训。学校形成特色也应该是教师校本培训的一个指导思想。因为强调校本培训是每位教师自我教育的主要途径，也是每位教师不可放弃的人生权利，是终身学习体制的重要组成部分。今天的教师至少应该具有终生学习、教育科研、自我反思、创新、开发课程资源、实施心理教育、现代信息技术和教学整合的能力，交流与合作的能力，参与的能力，等等。持续的校本培训和由此激发和养成的终身学习的意识和能力，都能够帮助教师越来越专业，从容适应岗位要求。

只有教师从容地适应岗位要求，才能渐渐发现、强化并形成自己的教学特色；只有教师特色鲜明，学科组建设才能够拥有自己的优势和特色；只有教师队伍形成自己的风格和特色，课程建设才能够显现特色。当教师成为学校的特色，那么富有特色的教育就能够培养出有特色的学生，最终彰显学校的特色。

教师专业发展校本培训对于形成和彰显学校特色，形成特色学校有着非常重要的价值和意义。

（三）对校本培训工作的启示

1. 对培训目标及内容进行深化拓展

（1）在教师培养目标的制定上，应考虑教师的教学能力以及文化水平。要以提高教师的综合素质与文化广博度、提升教师教学水平等为目标。

（2）在对目标进行准确定位后，对教师在职培训的内容进行深化调整，对培训内容进行多元化拓展，使教师在职培训在整体结构上发生转变。以提升教师的个人素养为首要前提的教师在职培训是提升教师自身教学质量的基础，让教师在学习新的教学方法的同时能够拓宽知识面，使其知识结构多元化，个人素质得到全面发展。

2. 对教师的培训模式进行多元化拓展

为使培训能更加深入展开，应根据学校教学需要、教师的不同层次和需求对培训模式进行适当的设计划分，以适合学校的发展、适应学校的实际情况、适应教师的教学需要。除依托于校外培训外，也应在此基础上重点加强校内培训，充分利用校内资源；适时在校外聘请优秀教师对本校培训进行强化指导，为校内教师成长搭建沟通交流的平台，在学校内部形成良好的相互学习氛围，以便教师们可以自由交流教学经验和教学方法。

3. 丰富培训方式和网络资源

网络具有信息量大、更新快、互动、灵活机动的特点，充分利用网络资源已经成为教师培训发展的新趋势。对工作比较繁忙的中小学教师而言，网络学习不失为一种很好的学习方式。要建立更多资源丰富、有价值的中小学教师培训“网络”和“线上学习”形式，让教师可以更加灵活机动地选择学习。

此外，教师校本培训工作也应该设立主管“机构”，制定教师校本培训计划和方案，加强校本培训的统筹设计，及时进行监督管理和审核考核，以保证培训的计划性，培训内容的科学性、系统性、合理性和有效性。

第二章　教师专业发展校本培训体系的建构

明确定位、探寻方法、搭建结构、建立体系，最终付诸实践，这是华夏女中教师专业发展校本培训体系探索之路的几个阶段。在做到定位清晰、目标明确的基础上，华夏女中形成了由校长牵头、教科室主任协调、知名专家指导、学校教师全面参与的发展思路，以教师课堂为主要阵地，以项目组导师制为基本方法，以课题研究和论文撰写为总结提升，积极探索教师专业发展校本培训的体系和经验，激发教师专业发展潜力和专业进步动力，全面推进教师的专业成长。

一、教师专业发展的定位和路径

明确教师专业发展的目标和路径是建构教师专业发展校本培训体系的基础工作。以专业化作为“好老师”的评判标准，以教师专业发展的核心理念和角色定位为深度目标，以提升教师人文情怀、稳固教师学科素养、借助新型技术手段为路径，才能形成合理的教师专业发展定位，推动教师专业发展工作的顺利进行。

（一）教师专业发展的含义

1. 职业与专业

（1）职业的含义及基本特征

《中华人民共和国职业分类大典》中指出，职业是指从业人员为获取主要生活来源而从事的社会工作类别。职业须同时具备：目的性、社会性、稳定性、规范性、群体性。职业的基本特征是：产业性、行业性、职位性、组群性、时代性。

（2）专业的含义及基本特征

一般认为，专业是指一群人经过专门教育或训练、具有较高和独特的专门知识与技术、按照一定专业标准进行专门化的处理活动，从而解决人生和社会问题，促进社会进步并获得相应报酬和社会地位的专门职业。

专业的特征主要表现为：第一，具有不可或缺的社会功能；第二，具有完善的专业理论和成熟的专业技能；第三，具有高度的专业自主权和权威性的专业组织；第四，专业人员需经过长期、严格的专业培养和发展。

2. 专业化

专业化是一个社会学概念，简单地说就是职业专门化。一种职业要真正成为专业，需经历一个专业化过程。其主要条件包括：形成一套专门知识和技能体系，实施专业教育和专业资格认证制度，规范职业伦理，建立专业组织等。那些被社会认可为专业的职业群体一方面对社会有不可或缺的功能，从业人员被赋予极大的责任并提出了很高要求；另一方面，从业人员在掌握专业知识和技能、履行社会职责过程中要花费更多的社会必要劳动时间，专业群体拥有更多的社会地位和资源。因此，对于一些新兴职业来说，其专业化的过程就是提升职业群体社会地位的过程。

3. 教师专业化

教师专业化是指教师个体和教师群体的专业化水平提高以及教师职业的专业地位的确立和提升的过程。具体包括三个层次：一是指教师个体的专业水平提高的过程；二是指教师群体的专业水平提高的过程；三是指教师职业的专业地位的确立和提升的过程。三个层次紧密联系、相互促进，忽视任何一个方面，都会阻碍教师专业化的进程。

教师专业化的特点主要有：丰富性、多样性、发展性、多主体性。

4. 教师专业化的标准

所谓专业标准，包括以下三点：第一，其成员的业务实践有系统的理论做依据，有专门的技能做保证，有不断的研究做支持；第二，其成员把服务对象的利益放在首位，有严格的职业道德规范；第三，其成员的行为不受外力的限制，有专业性的自主权。

1989年，美国卡耐基基金会的改革委员会组织的“全美教师专业标准委员会”（National Board for Professional Teaching Standards）制定的《教师专业标准大纲》堪称当时最能够明确表达教师专业化标准的文件。它主要包括五个方面的要求：第一，教师接受社会的委托负责教育学生，照料他们的学习；第二，教师了解学科内容与学科的教学方法；第三，教师负有管理学生的学习并作出建议的责任；第四，教师系统地反思自身的实践并从自身的经验中学到知识；第五，教师是学习共同体成员。这五项标准，概括起来就是：学生、知识、管理、反思和合作。

2012年2月10日，教育部下发“关于印发《幼儿园教师专业标准（试行）》《小学教师专业标准（试行）》和《中学教师专业标准（试行）》的通知”。其中，《中学教师专业标准（试行）》将专业标准分为专业理念与师德、专业知识、专业能力三个维度，内含14个领域、63条基本要求。

教师专业标准从教师的专业理念与师德方面规定了基本的专业伦理内涵，从教师的专业知识和专业能力方面规定了教师的专业内容。其实，教师专业标准就是“好教师”的基本标准，其中蕴含了教师应该有的专业素养。教师专业标准的出台，反映了教育界为教师职业寻找真正的专业形象，也反映出社会对教师素养的科学界定，相当于给教师量身定做了一套职业装，也相当于给教师的专业发展勾画了一个立体的坐标，让每一个教师，以更加标准的姿态和专业素养，为学生（幼儿）的健康成长保驾护航，并引领教师以此为标准，践行完善自己，做学生健康成长路上合格的引路人。

（二）教师专业发展的定位

1. 教师专业发展的关键要素

如何深度理解教师专业标准的三个维度和十四个领域的核心内容，从而建立起教师核心素养的立体模型？仅以《中学教师专业标准（试行）》为例。

（1）“专业理念与师德”部分，从职业理解与认识、对学生的态度与行为、教育教学的态度行为、个人修养行为四个领域对教师的专业理念与师德提出具体要求。

（2）“专业知识”部分，从教育理论与研究知识、学科知识、学科教学

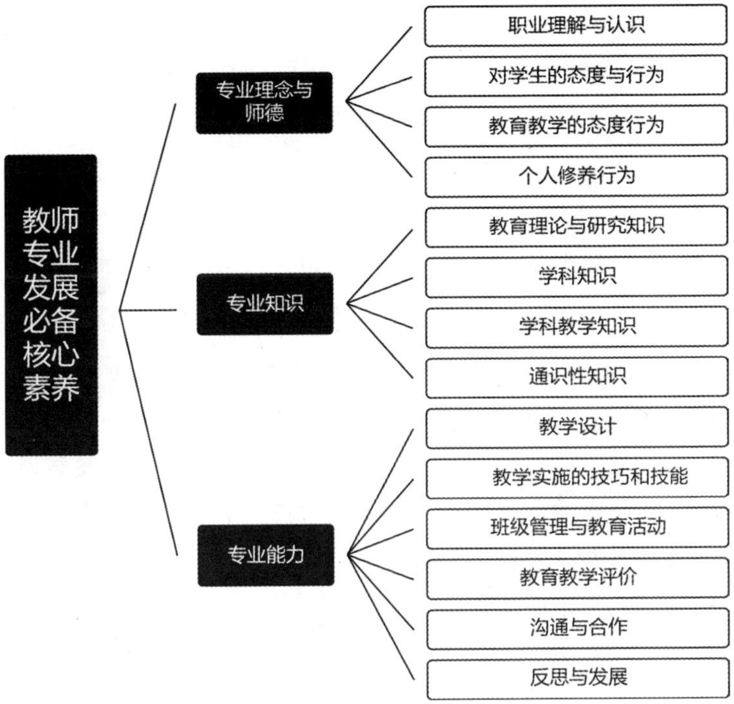

图 2–1　教师专业发展必备核心素养

知识、通识性知识四个领域对中学教师的专业知识提出具体要求。

(3)“专业能力”部分，从教学设计、教学实施的技巧和技能、班级管理与教育活动、教育教学评价、沟通与合作、反思与发展（反思和问题解决的意识和能力）等六个领域对中学教师的专业能力提出具体要求。

一个好教师的品行是三个维度融为一体、无法割裂的。最好的教师，是让学生忘记了教师的存在，而“于无声处听惊雷”，是润物无声的。好教师具有潜移默化的影响，能够为学生带来人格的熏染，在一种平静的状态里传递着精神的力量，传递着真善美的感情。真正的教育是一种潜教育，好的教育方式是无为而无所不为。正如法国著名思想家卢梭所言：“最好的教育就是学生看不到教育的发生，却实实在在地影响着人的心灵，帮助人发挥了潜能。”

2. 教师专业发展的核心理念

（1）为师之魂，师德为先

从古至今，关于“师”的言论俯拾皆是，从韩愈的“师者，所以传道授业解惑也”，到张继“为天地立心、为生民立命、为往圣继绝学、为万世开太平”，再到陶行知的“学高为师，身正为范”，师者应该是什么样，已经被千秋万代的仁人志士谈透了。可见，师者，身正为第一要务，是为师者必备的素质。

真正的教师，优秀的教师，应该是学生的“精神领袖”，注意外在形象、气质，时时保持儒雅的风度；以渊博的学识、过人的智慧与能力激发学生的进取心；处理学生问题得心应手、不偏不倚，公平公正对待每一名学生；了解班级每一名学生的心理状况，根据学生的需求做事，有振臂一呼、遥相呼应的“人格磁场”。

教师也是普通人，虽然不能要求教师必须“崇高”，但是教师作为教育人，必须坚守职业底线，在职责与现实、尊严与人情之间，留一方净土、撑一片蓝天，为孩子们排除世俗的侵扰。

（2）教育之本，学生为本

没有尊重，就没有教育。作为教师专业素养的核心理念，“学生为本”放在首要地位，向我们昭示了一个强烈的信号——教育教学的理念由师本教育转为生本教育，折射出的是人的生命质量、人的生命体验、人的生命过程、人的生命幸福、人的生命价值实现的问题。

一名具有生本观念的教师，首要的是保障学生在学校的生命安全。其次，教育呼唤民主平等，对每一个孩子负责，就是基本的底线。教师要用欣赏的心理、期待的眼神、赞美的语调、宽容的心境、平和的话语，告诉每一个学生：你们都是独特的一个；不论未来如何，只要你们能信守善良、果敢、勇气、责任、悲悯、担当……我们将永远为你们感到骄傲。

要培养学生对生活的热爱、对人的尊重、对宇宙的敬畏，而这其中最基本的就是尊重生命的存在，知晓生命的不可重复性。所以，教育应该是目中有“人”的教育，是充满人性、人情和人道的教育，是为了一切人全面发展的教育，是充满民主精神、散发科学芬芳、闪烁个性光芒的教育。

（3）为师之道，能力为重

教师专业素养的核心是专业能力。优秀教师一定要有高超的课堂教学驾驭能力，高屋建瓴、化繁为简、拨云见日。在这样的教师的组织下，课堂不仅仅是学习文化知识的载体，更是理解未知世界、探究科学体系、增长社会阅历的舞台。这样的教师要有解天说地的分析能力、洞若观火的观察能力、聚沙为峰的凝聚亲和能力；这样的教师要有激情，视教学为艺术追求，视上课为精神享受；这样的教师要有魅力，靠知识的吸引不是言语的督促，靠人格的影响而不是威严的挤压；这样的教师要有灵性，让学生由衷地钦佩，用智慧启迪智慧，用思想解放思想；这样的教师要有创意，适应喜新厌旧的人性需求，追求鲜活灵动的课堂。学生在这样的教师的启蒙引导下，如饮甘饴、如坐春风、如游大海，快乐激昂地高歌前行。这一切，都要源于教师专业能力的修炼和提升。

（4）为师之恒，终身学习

终身学习是当代社会的重要特征，教师更要把终身学习当作自己生活的一种习惯。一名真正的优秀教师要有丰厚、扎实的专业素养(包括法律法规、政策制度、教育学、心理学、社会学、学科专业等方面)。尊重、敬畏教育规律和教育价值，就要通晓教育学、心理学及哲学，只有这样，才能在理解教育的基础上树立自己的教育理想，有自己的教育信条和教育关键词。现代社会不能也不会要求一名优秀教师做到每个学科样样精通，这是不现实的。但是，优秀教师的学识必须渊博，阅历必须丰富，兴趣必须广泛，虽不要求是学富五车的专家，但也需要是满腹经纶的学者。正所谓“资之深，则取之左右逢其源”。

3. 教师专业发展的角色定位

随着大数据、人工智能、区块链等在教育中的运用，传统的由教师、学生、课程构成的三维结构教育方式必然随之发生根本性变革，转而向学生、数字化学习环境、交互式学习资源、智能化教学支持服务体系等构成的多维教育方式过渡，教师的角色也将被赋予新的特征，教师专业发展的角色定位有了新的内涵。

（1）自主学习的促进者

学生应该是自身知识的主动建构者和参与者，学习的自主性得到了应有的重视。教师的主要职责是根据学生特点甚至学生的发展空间，思考怎样促进学生相互学习，而不再局限于仅仅完成自己的教学任务。这样，教师能够成为学生自主学习的促进者，这意味着教师提供知识信息的方式和教育学生的内容发生了根本性的变化。在经济社会和网络时代，信息存在的形式和来源也更加丰富多元，教师要从传统的既定知识信息的提供者、传递者，向信息源的发现者与传播途径的开拓者转变。

（2）学习资源的开发者

信息技术潜移默化地重塑着教师的角色。现在，教师一方面是学习资源的开发者，在各种信息整合下对课程素材的识别、积累、选择和利用等方面起着决定性作用，并且将接触到的各种思想观念、相关知识等具有高价值负载的信息整合到课程内容中，不断丰富课程资源；另一方面，教师也将作为学习资源系统管理者，通过强大的信息搜索手段，将各种课程资源整合起来，形成一个资源系统，不断优化资源结构，从而全方位地支持学习者自主化、个性化、定制化的学习。

（3）学习活动的参与者

随着认知科学和人工智能的高度融合，混合式学习环境正在成为教学的主流，它能够无缝整合教师、学生、家庭成员等教育活动参与者，提升学校教育功能的辐射力，使学校成为整个社会的学习中心。显然，作为相应环境的教师，不仅要承担学习指导者、个人教育顾问等角色，甚至还需要运用信息技术，承担教育测评设计师、教学规划师等角色，成为学习活动的支持者和服务者。

（4）学习过程的领航者

在“互联网 +”的新时代背景下，真实和虚拟的世界都将是学生学习的场景。疫情已经迫使教师像虚拟学习代理人一样，把远程交互和面对面交互按照多种方式结合起来，承担起学习过程领航者的角色。作为领航者，教师根据自身的实施经验和学生的个性化学习需求，自动更新学习的计划和内容，与学生形成学习共同体，激活影响教与学的各种因素，共同围绕学习任务，实现定制化的教学目标；作为领航者，教师对学生学习的参与是全方位的，无论线上还是线下，都需要全程参与学生的学习过程，最大化地发挥非认知因素的功能。

（5）个体学习的指导者

传统教学模式虽然有利于学科知识的系统传授，但因教学方式程序化和模式化，不利于培养学生自主学习的能力和形成个性化发展的学习习惯。在教育形态随着互联网的发展悄然发生变化的新时代，教师必须激发学生的自主学习动力，使他们适应未来社会的精细化需求。而且，在人工智能、“互联网 +”等技术的支持下，各种知识信息资源的平台已经初步形成，学生个性化的选择也已经成为现实。因此需要充分发挥信息化、网络化技术在教育系统中的功能，教师可以对所掌握的学生个性学习知识和知识增长的数据进行科学有效的分析，形成对学生的客观评价，为真正实现因材施教提供客观依据。

（6）学生情感的呵护者

教育是人与人之间灵魂的交流，尤其是对未成年学生。可以预见的是，智能化、数字化的社会将更加凸显“爱是教育的灵魂，没有爱就没有教育”的价值。教育者要作为学生心理和情感发展的呵护者，教师要在充满爱的教育中，为实现良好教学和学生健康成长作出更大贡献，用真诚和热爱赢得更多的社会尊重。

（三）教师专业发展的路径

当前，知识淘汰的速度加快，知识积累的速度也超过历史上任何一个时期。这些都凸显了教师终身学习和专业成长的必要性与紧迫性，客观上为教师的成长带来了充足的机会，也带来了新的挑战。提升教师专业发展素养，明确教师专业发展的路径大致如下：

1. 以育人为本作为指引，激发教师的人文情怀

教师的职业一直强调教育对社会的工具性价值，而育人为本的价值理念没有得到很好的体现。当前，教师的育人导向显得更加重要，其社会价值或理性价值的实现将愈发明显。教师将目光更多地转向提升自身专业素养和精神品质上来，注重人文情怀培养，不断丰富内在的世界。

教师作为教育活动的主体之一，是教学人文环境的主要塑造者和受益者。虽然高科技的应用更加广泛，但教育中传递爱的活动或者在爱的氛围中传授知识的本质永远不会改变。而人文环境的塑造需要教师超越技术主义的藩篱，跨入人文主义的领域，培养教书育人的高尚心境、情趣和胸怀，自觉提升自身的人文素养，培育在教育活动中传递爱的能力，并将此作为职业成长中的重要课题。进而在教育目标的要求下，既能够高质量地传授知识，又有文化自觉，以高尚的人格实现对学生的价值引领，在教育奉献中成就

自我。

2. 以核心素养作为基础，提升教师的课程能力

现代教育的培养内容除了学科知识本身外，还包含学会学习、健康生活、责任担当、实践创新等更加丰富的内涵。在核心素养的理念指引之下，各学科、各学段有效衔接和融合的能力，就成为教师需要学习掌握的重要能力。

教师要提高课程能力，关键在于课程内容的整合和跨界思维的融合。首先，要准确把握核心素养的内涵，突破传统教学思维模式的束缚，在选择、甄别、整合中跨界思考，开发新的课程资源和丰富课程内容，逐步培养和提升自身的课程整合能力。其次，教师需要结合校本实际，多角度审视课程方案，进行系统的、全方位的课程融合。最后，运用普遍联系的思维，研发“多关联性”的课程。

3. 以“互联网 +”作为平台，构建教师学习共同体

基于“互联网 +”的教师学习共同体是一个基于教师群体共有的专业背景、专业情感及专业意识构建的学习团体。基于“互联网 +”的教师学习方式，充分利用网络的开放性和共享性，推进教师的教育信息化和教学能力提升。学校要充分利用大数据、人工智能等新技术，结合教师成长的新特点，促进教师加速成长。首先，学校领导要由教师成长中的管理者向助学者转变。搭建交流协作平台，组织教育辅导专家和网络信息技术专家，建立跨学校、跨领域的教学团队，为教师学习提供学术性支持、技术性支持和组织性支持，提升整体培育质量。其次，以互联网为媒介，激发和挖掘教师学习的主观能动性，增强专业素质发展的内驱力，激发追求新知的欲望和兴趣。

4. 以信息技术作为方法，改善教师信息素养

互联网为社会提供了信息的海洋，大数据使教师的可持续、个性化成长有了更优良的环境。教师要能够以信息技术作为方法，根据大数据的分析作出判断、提出方案，选出最有效的私人定制化教学方案。

要改善教师的信息素养，促进教师成长，关键在于信息资源与教学实践的深度融合。教师也要积极收集各种有益于自身成长的信息资源，在获取信息后，能够通过一定的活动形式，评估各种信息的价值。教师要有捕获信息的敏感性，也要有筛选信息的果断性。改善教师的信息素养，目的是要服务

于教师素养和教学水平的双重提升。教师要能够对信息资源进行筛选和整合，并结合自身学习和教学实际的需要，为自身成长保驾护航，为教学活动提供有效支撑。

二、教师专业发展的框架和结构

校本培训是促进教师专业发展的必由之路，建构教师专业发展的结构和框架是华夏女中在探索教师专业发展校本培训实践研究过程中的最初发现和成果。

华夏女中教师们在贯彻“生本观念”“融合观念”的人文主义教学观的同时，主动开发教学资源，注重学生个性化的、全面的发展，在不断摸索中，逐渐搭建起能够激活教师全面发展内驱力、聚焦教师课堂授课水平提升、有大师名家风范浸润、能激励教师之间互帮互助持久发展的教师专业发展结构框架，该结构框架的搭建促进了教师教学能力和研究能力的全面提升，也为教师的个性化发展提供了有力支持。

（一）促进教师专业发展，校本培训是必由之路

西城区是首都教育高地，有着优质和丰富的区域教师培训资源，可以在一定程度上服务教师专业发展所需。在“地利”基础上，接受有针对性的、与工作实践结合的培训，会更加快速和有效地提升教师的专业素养和能力。经过多种尝试，学校更加坚定地走上校本培训之路。

华夏女中为教师专业发展搭建平台，认真研究、大胆探索基于女校实际需求的校本培训的途径、模式，在促进教师专业发展的校本培训实践探索中，以“在课堂中成长”为基本理念，以“专家引领、聚焦课堂、以研促教”为核心，立足课堂教学实践，开展全方位全员参与的教师专业发展校本培训，促进学校不同水平层次的教师专业素养和能力的提升。

“在课堂中成长”符合近些年来教师专业发展立足岗位实践的要求和学校教师专业成长的基本需求，简单地说就是在教育教学一线工作中进行培训，获得成长和提高，再促进教育教学工作，从而有益于学生成长。

为了真正帮助教师“在课堂中成长”，指导教师每两周来校一天听课、评课、指导备课，在每年总计300余次的指导中，指导教师与华夏女中的教师一起研究教法、研究学情。其余时间通过电话、微信、邮件等方式延续指导。疫情期间，学校顺应形势，在利用互联网开展教学的同时也继续开展教师校本培训，帮助老师适应疫情及后疫情时代的教学环境，迅速提升信息素养，促进学校教师的专业发展。导师在课堂教学设计和实施、教学反思和改进、教材的使用和课程的开发、教学科研甚至师生相处的艺术等方面予以悉心指导和示范，起到了极为有效的引领作用，促进了华夏女中的教师在专业上全面快速地成长，学校教师队伍的素质进一步得到了提升。

华夏女中校本培训的核心之一就是“聚焦课堂”。因为“聚焦课堂”既体现了教师专业发展中“教师第一”的思想，又是实现“以人为本”“立德树人”的必需。

指导教师们的教育境界潜移默化地影响着受助教师。同时，他们把“眼里有人”的教育理念和艺术自然地播撒到校园里，播撒到华夏女中的教师队伍中，播撒到受助教师的日常课堂里，“以人为本”“立德树人”的理念在华夏女中的课堂里悄悄生根发芽了。

何谓“眼里有人”？导师们率先垂范，他们能够客观看待华夏女中的受助教师，迅速、敏锐地发现并充分肯定受助教师共同的优点：教学基本功比较扎实、备课认真、辅导细致，亲和力强、师生关系和谐融洽，等等。但同时也非常中肯和严肃地指出一些问题：备课不够充分，课堂上给予学生思考、参与的时间和机会不多，关注和促进课堂生成的意识和能力有待提高，对学科本质的挖掘还需深入。华夏女中的教师首先要解决由“学本观念”向“生本观念”的转变，要让自己从“知识传授者”变成“学习资源的开发者、学习活动的参与者、学习过程的领航者”。于是，导师们的指导目标就定位为帮助受助教师建构“基于自主学习活动的课堂教学模式”，即为各位教师量身定制专业成长方案，进行有针对性的辅导，帮助他们富有个性地发展，促进他们的快速成长。

现在，华夏女中教师们的教学中自然流淌着“生本观念”“融合观念”，更加自觉自主地开发课程资源、关注跨学科跨学段的知识关联、关注对学生学习个性化的指导和服务，更加重过程、重体验、重探究、重整合，以更好地促进学生的全面发展、主动发展、个性发展和终身发展。生物、物理实验的设计更贴近学生生活，更体现学科本质；数学教学设计给学生更大空间、更多时间，激发了学生的学习兴趣和创新意识；语文教学为突破书册阅读难题，教学设计更加符合阅读的规律和学生的阅读心理，高考复习课小组学习活动大大提高了课堂学习效率；外语课程初步形成适合女校毕业年级的词汇、阅读和写作课模式及非毕业年级学生充分参与语言实践活动的教学模式。这些课堂教学模式，有利于学生自主学习，能够促进学生主动发展，真正提高教学质量。

同时，在华夏女中，教师也真正成为学生自主学习的促进者、指导者。“眼里有人”的教育教学模式，让教师真正成为学生情感的呵护者，让学生能够感受学习的快乐、激发学习的兴趣、渐渐树立终身学习的意识，每个学生都能够获得不同程度的成功体验。

（二）摸索中前行，初建教师专业发展结构框架

在以打造高质量教师队伍为目的的校本培训中，殷兆颖老师在指导教师的带领下初步摸索和建立起教师专业发展结构框架：

1. 激活内驱力，促进教师专业全面发展

研究认为，教师的专业发展主要在于四个方面，即教师的思想、知识、能力和动力。其中，思想和动力是主观的，知识和能力是客观的。明确思想、激活动力，才能有知识和能力持久、自觉地提高。这四个方面，学校在培训中也有界定：教师知识，不仅指学科专业知识，还包括社会通识性知识，更要与时俱进特别关注网络尝试，也就是关注教师的信息素养；教师能力，核心是育人能力，关键是实践能力，而特别需要关注的是探索创新的能力；教师思想，首要的是专业精神的有意识持续提升和强化，重要的是对教师角色与时俱进的准确的自我定位，恒久的是教师品格魅力的自我养成和锻造；教师动力，是从外界赋能、环境驱动逐渐走向自我取向的动力，是能够真正激发教师专业发展的内驱力。

2. 聚焦课堂，促进师生在课堂中成长

殷兆颖老师调研分析发现，学校各年龄段的教师都有教师专业发展的需求。区域教研和教师培训虽然实现了全覆盖，质量也在持续提高，但是多为

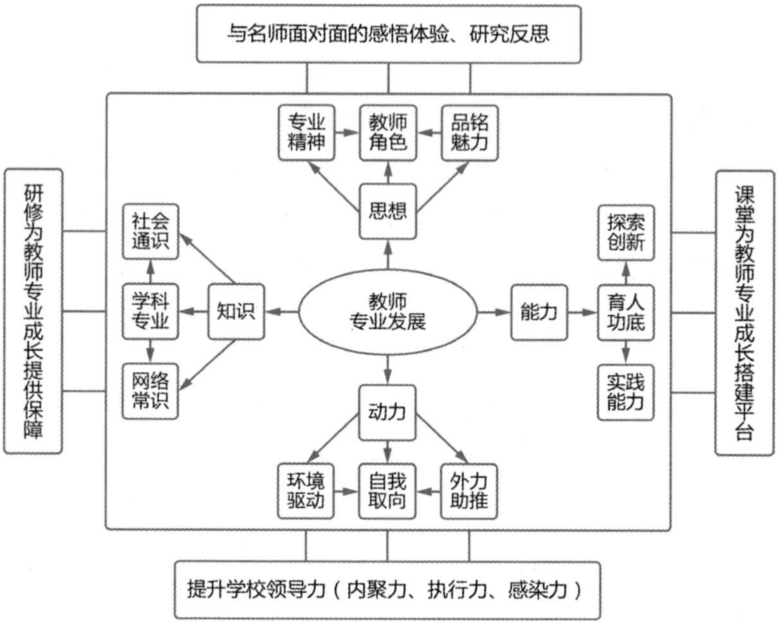

图 2–2　学校教师专业发展结构框架

通识性知识或者学科基础知识和教学实践交流分享，存在基础性、广泛性和碎片化的特点，能够给教师带来一些灵感的火花，但是缺乏激励性和时效性。无论是青年教师站稳讲台需要的熟悉教育教学知识技能并对其进行恰当运用的策略与智慧，还是成熟教师站好讲台需要的突破教育教学瓶颈期的热情与机智，抑或骨干教师养成教学特色、形成教育风格的自觉与艺术，都需要有的放矢的个性化培训指导。而这里所说的个性化有两层含义：其一，学校教师、各学科组教师立足校情、教情的集体个性化教师专业发展的成长需求；其二，各学科、各年龄段具有各自特点的个人个性化教师专业发展的成长需求。为了能够真正实现满足教师发展的需求、促进教师专业成长，进而促进学校发展、服务学生成长，华夏女中的教师培训必须立足校情，走校本培训之路。因此，教师校本培训首先明确了培训的核心理念——“聚焦课堂”，帮助教师“在课堂中成长”。教师在课堂教学的实践—学习—反思—改进中，不断吸纳和更新自己的教育理念，建立和完善自己的教育哲学，越来越清晰地意识到，教师不仅是一部教案剧的编剧、导演、主演，还应该是学生学习的参与者、合作者、欣赏者，老师们不仅要思考给学生什么，还要思考不给学生什么，什么东西用什么方式能够带给学生最大的体会和收获，什么样的教学行为可以对学生产生激励性的作用，等等。师生一起感受着专业成长的快乐、体验着生命成长的幸福。

3. 名师引领，涵养大师品格和风范

殷兆颖老师分析学校教师情况发现，教师队伍总体结构年轻化，处于"青黄不接"的时期，没有名师，骨干教师数量有限、质量也有待提高，学校"传帮带"的传统难以为继。基于这样的现状，学校决定采取请进来的方式。请什么样的老师来作为指导教师承担培训者的角色呢？请名师，尽一切力量聘请北京市各学科的专家教师，而且这些教师还应该具备足够的教师培训经验。为什么要请名师呢？因为有名师才会有名校。我国现代著名教育家、清华大学原校长梅贻琦曾经说过："所谓大学者，非谓有大楼之谓也，有大师之谓也。"国学大师、著名教育家季羡林先生也曾说过："大学之大，非大楼之大，大师也。聚四海名师，育天下英才。"一所好的学校如果没有好的教师，就不能成为真正的名校。而培养名师自然需要名师，名师无论是学科专业知识与技能、教学智慧与艺术，还是个人成长经历、教师人格魅力乃至他们对教育和教师职业独到的认识，都是不可多得的宝贵资源，是教师成长的典范，不同的教师都可以从名师处获得独特的启示，促进自身的成长与发展。因此，华夏女中教师校本培训确定了"名师引领"的培训思路，遍寻并根据学校情况和需求，选择了各学科的北京市名师组成学校的教师专业成长指导教师团队，为学校教师和学校发展、学科和教师队伍建设领航，从而直接为促进每一名学生全面而富有个性地成长保驾护航。

4. 同伴互助，让教师专业发展常态化

华夏女中校本培训实践发现，学校有针对性地组织校本教师培训，要想让培训真正发挥作用，还需要受助教师有向名师学习的主观愿望，理解导师的指导意图、内容、方法，并能够进行反思、迁移，直至内化为自己的理念和行为。而推进这个过程，让效果更好、显现更快的则是同伴互助。因此，成长项目确定了"同伴互助"的校本培训学习实践方式。在名师指导同伴的学习实践中，每一位参与的教师都能够从自己的角度有所发现、有所收获、有所成长；同时，同伴间的交流不仅能相互启发，也在一定程度上启发导师或发现问题、找到症结，又或发现优势、发现生长点……从最初的一个导师指导1—2名受助教师、学科组观摩学习到指导教师按照学科组的需求和设想，共同安排学期指导计划，根据教师的发展需求和学科组各自的优势和特点定制个性化指导，同伴互助渐渐由一种培训方式变成一种工作模式乃至相处方式，促进了所有教师不同程度的发展，学科组也走上了优势学科、强势学科、特色学科的建设之路。

5. 强化研究能力，让教师专业发展持久化

华夏女中教师校本培训在实践中，特别强调教师研究能力的培养与发展。一个能够适应教育改革要求的教师，其专业性非常重要的表现就是研究能力。唯有具备自觉的研究意识和较强研究能力的教师才能够自觉持续发展教师专业能力。而名师几乎无一例外都是善于研究的，并且具备极好的研究素养和极强的研究能力。因此，教师校本培训选择“以研促教”，包含两层意思：其一，学校把促进教师专业成长的校本培训当作课题来认真研究、实践，并不断反思和调整；其二，在促进教师专业成长的校本培训中，要特别培养教师的研究意识、提升教师队伍的研究素养，真正帮助教师形成以研究为手段培育发展教师专业的能力。学校教科研主任殷兆颖直接服务指导教师团队，针对学校的具体情况制定指导计划，定期研究指导计划的执行和改进情况，按学期进行总结和反思，逐渐摸索和提炼出学校教师专业发展的基本结构和框架，帮助教师适应高质量教育的基本要求并逐渐实现学校和教师、学生的高质量发展。

6. 高质量校本培训，提供个性化教师专业发展全方位支持

教师专业成长的校本培训，牢牢抓住课堂主阵地，给教师提供最根本、最直接的帮助，为教师专业成长搭建了平台。教师专业成长校本培训项目为教师专业发展提供了支持与保障，具体包括面对名师、感悟体验、问题反思、专业精神、品格魅力；导师引领、同伴互助、聚焦课堂、培养能力、追求特色；学校唤醒、环境驱动、外力干预、团队活动、线上对话；自主研修、自动自治、社会通识、学科专业、个性发展等。从2020年开始，学校特别关注教师信息技术素养的提升，充分利用网络以保障教师培训不受现场条件、时空限制和不可抗力影响而持续进行（例如名师指导可随时传递信息、对话交流）。提升教师信息技术素养，使之善于利用网络以科学高效地应对特殊情况（如新冠肺炎疫情）教学，丰富和完善常态化教学形式和内容、高

质量完成教学，保证通过混合式教学提升学生核心素养。

在把这众多要素构建成一个有机结构框架的过程中，为了让每一个要素的作用发挥到最大，让导师的引领作用、同伴的互助作用都渐渐发挥到极致并互相激发；为了每一个要素的加入能够与其他要素有机融合，所有要素能够形成最大合力，就需要学校领导力的不断提升，这包括增强受助教师和指导教师团队的凝聚力、感染力，更包括整个团队的执行力。这样，教师专业发展校本培训才能真正成为实现学校高质量发展的推动力量。

三、教师专业发展校本培训体系建构

在明确教师专业发展目标、方法并建构基本框架之后，华夏女中建立了聚焦课堂、名师引领、同伴互助、实践研究、反思改进一体化，具有本校特色、可持续发展的教师专业发展校本培训体系。该培训体系以课堂为主要阵地和衡量尺度，不仅使教师专业发展校本培训成为提高教师教育教学水平的有力支持，也激发着教师在日常生活中不断反思，推动校本培训的日常化、可持续化发展，为教师的专业发展提供源源不断的动力。

（一）建构教师专业发展校本培训体系

华夏女中教师专业发展校本培训体系的建构采用“名师引领”“同伴互助”的方式，坚持“聚焦课堂”、走向“实践研究一体化”，以教师专业培训解决教师教育教学中存在的实际困难，使教学实践和研究融为一体成为教育教学常态并提供了教师专业发展的恒久动力。立足“以学生为本”，科学把握并尊重学生的成长规律和个体差异，深入理解教学内容，有效设计和实施教学，正确、高效、科学而富有创意地评价学生，使教学实践、教学反思、教学改进成为一个促进教师专业持续发展的良性循环。

（二）“聚焦课堂”是高质量校本培训的保障

华夏女中教师校本培训把培训的场域定位在课堂，围绕教学设计和实施进行。课前的教学设计指导、讨论、修改的往复环节中，主要涉及的是教学

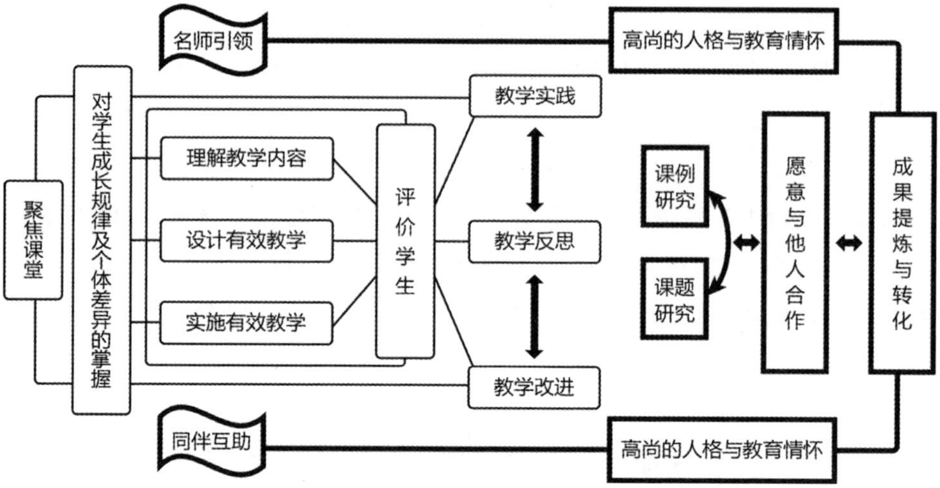

图 2–3　华夏女中教师专业发展校本培训体系

内容的理解——对所教授的某一知识在教材乃至学生知识体系中的位置和作用的准确认知是确定教学目标、教学重点、教学难点的前提，更是选择教学方法、安排教学过程、设计教学环节的关键。而对教学内容的理解正是决定一个教师教学实践和教学效果优劣的重要因素，这也是教师专业成长的重要起始一环。

1. 教学设计是高质量课堂教学的起点

既然课堂是促进教师专业成长的平台，那么设计和实施有效教学就是中间的关键一环。教学设计似乎是每个经过专业培训正式上岗的教师都可以完成的，但是设计有效教学就不一定。学校在日常工作中有时会遇到看起来很完美，但内行却能发现其并不能进行有效教学的设计，总结起来原因大概有两个：一是知识本位，大量的知识灌输、信息传递，并且是教师主导的单项信息传递；二是形式主义，选择把各种学生活动组合在一起，形成一种热闹的表象，而那些无效的提问、无效的讨论、无效的管理、无效的练习，让热闹的课堂令人生厌，忽略知识与能力建构的一片虚假繁荣只能是无效的课堂。当教师有了有效的教学设计，就一定能够产生有效的教学实施吗？不一定！学校在日常工作中，尤其在备课组统一备课的情形下，遇到更多的现象是，优秀的教学设计并非必然能够在课堂上有效实施。其原因主要在于教师对课堂的掌控力不够，不能建构一个生成性课堂。

2. 教学实施是高质量课堂教学的关键环节

所谓的生成性课堂教学指的是，在教学中充分重视师生生命活动的多样性和教学环境的复杂性，把每节课都视作不可重复的激情和智慧的综合生产过程的课堂状态。它强调教师、学生、教材三者之间的互动，即学生在原认识的基础上，通过与教师、文本的对话交往，实现意义的获得和提升。因此，“生成性”是一种动态教学，是一种多样化的教学，是一种提升的教学。

生成性教学也是相对于预设式教学而言的，与预设式教学的被动接受相比，生成性教学更强调学习的自主构建；与预设式教学采用静态预设的方式相比，生成性教学更强调教学的动态生成性。可以说，“生成性”是对“接受性”的一种批判和超越，是对“预设式”的补充和修正。生成性教学是对教学认识深化的结果，同时也为现代教学设计提供了新的视角。学校需要正确认识预设和生成的关系，即教学是有目标、有计划的活动，追求教学的动态生成，并不是不要预设。课堂教学的生成性与预设性是同一事物的两个不同方面，是课堂的基本属性。预设是生成的基础，它会随着课堂的生成而有效地调整；生成是预设的更高境界，它也会随着预设的关注而更加精彩。所以，在教学实践活动中，需要教师在围绕教学目标精心预设的基础上，依循学生的认知曲线、思维张弛及情感波澜，随时调整教学进程和教学策略，引领学生发现问题，通过思考解决问题，从而培养学生的各种能力，让课堂教学充盈着生命成长的人文韵味。在这样的课堂上，学生是学习的主体，学习真实发生，教学有效就容易实现。

3. 科学评价学生是高质量课堂教学的保障环节

围绕教学设计和实施的三个环节，都有一个共同的重要影响因素——评价学生。教师对学情的准确把握、对学生发展区的合理定位、对学生学习积极性的调动和课堂生成的智慧提升，都是决定课堂教学能否有效的制约因素。这就需要树立“生本观念”，一切以学生的发展为出发点和落脚点，从而使“评价学生”成为纽带，连接起名师引领下、同伴互助完成的理解教学内容、设计和实施有效教学的三个实践环节，并自觉使教学实践、教学反思、教学改进的循环往复成为促进教师实现专业螺旋式成长的重要途径。

4. 研究能力是高质量校本培训的永恒追求

学校还需要教师成为研究型教师，具备研究意识、提升研究素养。因为这不仅是现代教育对教师的要求，更是教师具有创新素养和能力的关键。为了让研究落地，更为了打破科研的神秘，华夏女中受助教师在名师的带领下，在教学设计实施之后，对这一过程进行反刍，形成课例研究。在此基础上，由科研室引领，教学牵头，所有指导教师协助，学校历时三年完成了西城区重点课题"核心素养视域下女子中学教学内容整合的评价研究"，校本培训带领学校教师从课例研究走向课题研究，并开始尝到课题研究带给教学的甜头。

5. 合作能力是高质量校本培训的必然结果

在历时五年的教师专业成长校本培训中，在名师的引导下，各学科组都对自己的情况作出客观分析，对教研组的发展作出科学规划和精准定位，在学习提高的过程中形成合作的风气和机制。愿意与人合作，"1+1>2"成为共识，大家都自发自觉地进行教育研究，充分发挥自己的学科特色，为学生实现高质量的生命成长竭尽所能。

6. 成果的提炼和转化是高质量校本培训螺旋式发展的连接点

目前，华夏女中教师校本培训这个团队将要进行成果的提炼与转化，包括各学科组、教师组合以及促进教师专业发展实施的高质量校本培训研究。

作为名师的学生和作为学生的老师，这双重身份的体验，让教师感受到名师们高尚的人格和教育情怀——对受助教师倾囊相授、对教育的执着与热爱、与时俱进的教育理念、大胆创新的教育形式、一切为学生发展的终身学习终身研究的意识和能力……这样的人格和情怀润物无声，悄悄改变着学校，浸润着从"聚焦课堂"到"成果提炼与转化"的教师专业成长的全过程，形成华夏女中教师核心素养持续提升的实践模式。

四、教师专业发展校本培训实践模式

华夏女中在教师专业发展校本培训结构框架和理论体系的支持下，对教师专业发展校本培训进行积极、长久的实践，从而形成了专家全方位引领的培训实践模式、能力优化的动态发展模式，最终形成了“共生、共享、共成长”的三个学习实践共同体。

（一）名师全方位引领的校本培训实践模式

华夏女中的校本培训模式突出强调全方位的名师引领、定制指导——名师引领自我选择—自主学习、教材研究—课题研究、教学研讨—教学反思、教学实践—合作探究、教学改进—实践总结、成果提炼—成果转化。在每一个领域和环节，都有名师的示范、帮助和要求。作为指导教师的名师在教师培训的教学中起着主导作用，而这种主导正是为了让作为学生的受助教师成为主体，从而让学习真实、深入、持久的发生。

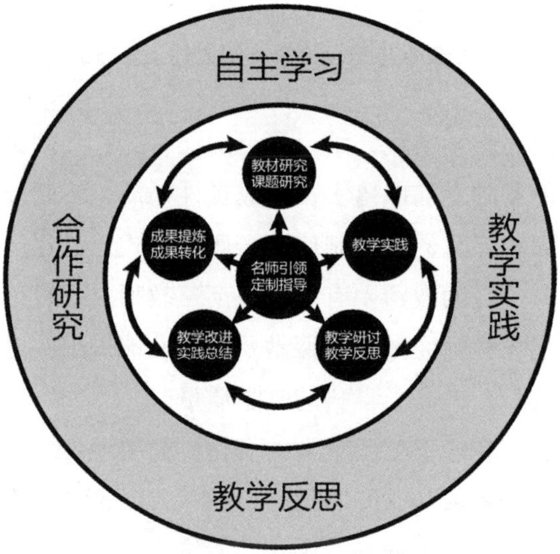

图 2–4　华夏女中名师全方位引领的校本培训实践模式

（二）教师素养和能力优化动态发展模式

1. 问题与反思式研修模式，促进教师持续快速成长

华夏女中教师校本培训采用问题与反思式研修模式，促进教师持续快速成长。在教学实践中，指导教师帮助受助教师发现问题，有针对性地提出改

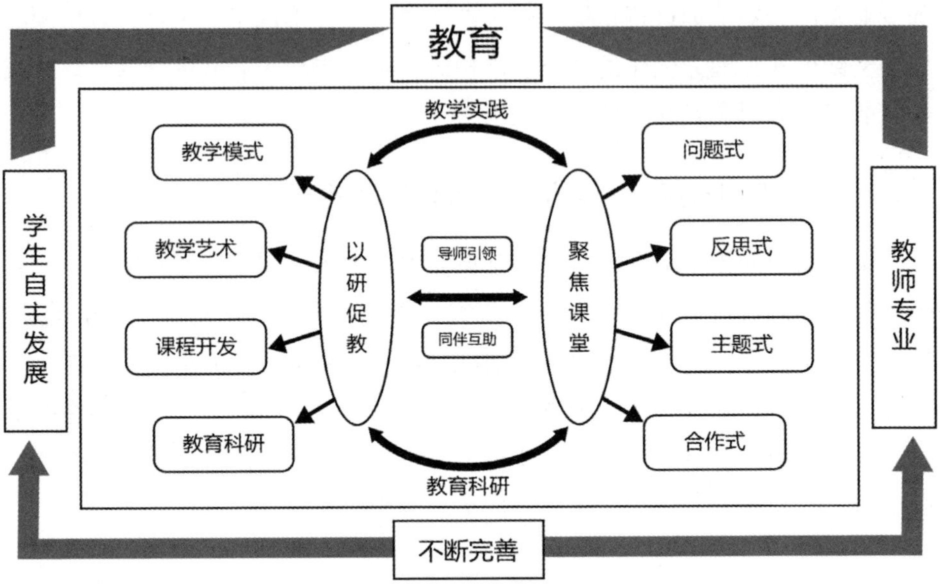

图 2–5　华夏女中教师素养和能力优化动态发展模式

进建议，教师们反思教学实践，结合自己的已有经验和理论知识、在理解指导教师改进建议的基础上加以落实，形成良性循环，不断促进教师专业水平的螺旋式上升。聚焦课堂的导师制使这一研修模式效益逐步趋近最大化。校本培训开始启动时，受助教师中有 6 位是高三教师，任教于语文、数学、外语、政治学科，指导教师通过深入课堂、针对性地提出改进建议，有效地促进了教师的快速成长，提高了学科的教学质量。

受助教师的思想观念发生了很大的变化。简单地说，就是追求“眼里有人，手里有招，心里有数”，即“以学生为本”，以精致的教学设计、精湛的教学技艺追求充满生命活力的高效课堂，始终不忘教育教学的初心，保持正确方向，追求教育教学的优秀成果。

教师对学科的认识也发生了很大的变化。在各位导师对学科知识的深厚积淀、对学科本质的透彻理解、对学科核心素养的独到见解等因素的影响下，受助教师更加关注专业知识和学科本质，提高了专业知识的敏感度，直接带动了课堂教学行为的变化，提升了课堂教学的效果。每位指导教师都特别注重引导各科教师“梳理知识”，在建立学科知识网络结构的过程中，使教师对课程、课标、教材、考纲有了深入的、融会贯通的理解，能够高屋建瓴地审视和驾驭课堂教学。

教师的研究能力得到了较大的提升。指导教师有的把自己的著作送给受助教师，有的带领教师进入课题组，有的指导教师参与学生学科竞赛的辅导和裁判工作，还有的推荐教师参加国际性的学科教学论坛……这些帮助开阔了教师的眼界，点燃了教师从事教学研究的火种。指导教师还多次对教师们进行课题的选题、研究及论文撰写的指导，帮助他们在总结中反思、在反思中改进、在改进中提高。

2. 主题与合作式研修模式，促进教师有个性地成长

华夏女中教师校本培训采用主题与合作式研修模式，促进教师有个性地成长。教师专业成长校本培训在保障和促进教师共同成长的基础上，还帮助教师实现富有个性的发展。为此，项目组专门安排了通识性专题培训——指导教师扈之霖的《弘扬中华传统文化之教育》、实验中学张建国老师的《学习方式变革与教学基本功新解》、李晓晖校长的《课堂教学的思考与实践》等专题讲座，既帮助教师们提升了理论水平，又推动他们发现了自己的兴趣和特长，从而明确了自己“个性发展”的方向。

指导教师根据大家的教学优势和特长，以“私人定制”的方式为受助老师提供了“专属成长计划”，以“主题研修”的方式，充分发挥教师的个人优势，助其形成自己的教学特色、追求自己的教学风格。有以实验教学为特色的成长方案，从实践到研究，都立足于实验的设计实施，同时拓展到女校相关课程及活动的开发之中；有以命题为抓手的成长计划，辐射到教学和学科拓展、课程设计等方面，效果显著；有以教师擅长的教学方式为专题设计的成长方案，帮助教师改进和完善这一教学方式，形成富有学科特点和个人特色的教学模式，促进师生成长；等等。

3. 专家带动 + 教研组集体研修 = 教师共同成长

专家们带动教研组教师共同开展理论学习，在指导教师的言传身教中，教师们渐渐强化了学习意识，把学习安排在紧张繁忙的日程中，成为一种习惯。教师们共同参与教学实践，共同落实导师的指导，共同研究教学中的新发现、新问题，自觉地相互学习，实现了共同成长。

4. 持续优化，激活学校管理智慧，提升学校领导力

在研究与实践中，殷兆颖老师在指导教师的帮助和指导下逐渐摸索和总

结出我校教师素养和能力优化动态发展模式：基于核心素养视域下改善教师教学教研方式，通过对课堂教学过程的课例研究发现形成教学艺术，鼓励教师课题研究促进学生核心素养生成的教学模式；基于核心素养视域下的学生自主发展指导方式，通过课程开发、教学艺术、女生特色教学过程的系列研究，鼓励开发促进学生核心素养生成的自主学习指导模式。

在教师素养和能力优化动态发展模式的实践研究中，学校也渐渐开始持续研究激活教师潜力的管理智慧，提升学校领导力的实践策略：包括唤醒教师专业成长的内在需求，寻找教师专业成长的环境驱动，助推教师专业成长的外力干预三个方面。

（三）三个共同体相互促进共同提高

1.校本培训过程中衍生的三个共同体

三个共同体是指：指导教师共同体（包括校长、科研主任和全体指导教师）、受助教师共同体（所有接受指导的教师）、校本培训共同体（校领导、教科研和教学干部、指导教师、学科教师）。

华夏女中开展校本培训之初，最鲜明的团队就是由校长刘海霞、教科室主任殷兆颖和八位指导教师——鄂文艳、黎松龄、马成瑞、鲁彬、林平、李艳、龚美兰、郑春和——组成的培训设计和实施团队。后来这个队伍又在教师们强烈的培训需求下发展壮大，扈之霖、王宏伟、吴东三位名师加入这个队伍中。这个团队为华夏女中的校本培训贡献了经验、智慧和力量。

校本培训进行中，殷兆颖老师负责组织实施。从建立微信群到交流和定期总结，渐渐地以组织者殷兆颖老师为枢纽自然形成一个新的共同体——受助教师共同体，这个共同体在培训中分享经验、感受、收获、教训等，在相互交流和碰撞中形成宝贵的专业成长经验，产生相互鼓励的动力，结成共同成长的伙伴。

受助教师与指导教师的合作度直接关涉校本培训的质量。指导教师与受助教师的信任度越高、亲和度越高，培训效果就越好。而校本培训是一个牵涉学校教学教育工作的全方位系统工程，需要教学教务、后勤保障等部门的支持与协作，方能顺利实施。因此，在完成第一个学期的校本培训时，殷兆颖老师就提出了构建校本培训共同体（包括校领导、教科研和教学为主的学校干部、指导教师、学科教师)。

2. 教师高质量发展需要建设三个学习实践共同体

在教师专业成长校本培训的设计和实施中，殷兆颖老师提出：坚持三个教师共同体建设，使团队的作用能够发挥到极致，同时有利于良好的校风建设，以期实现教师专业发展终身自觉，从而建设高质量教师队伍，实现学校的高质量发展。基于此，学校提出高质量校本培训要建设三个教师“学习实践共同体”，包括学校教师学习共同体、学科组教师共同体、依据发展需求自由组合的教师共同体。

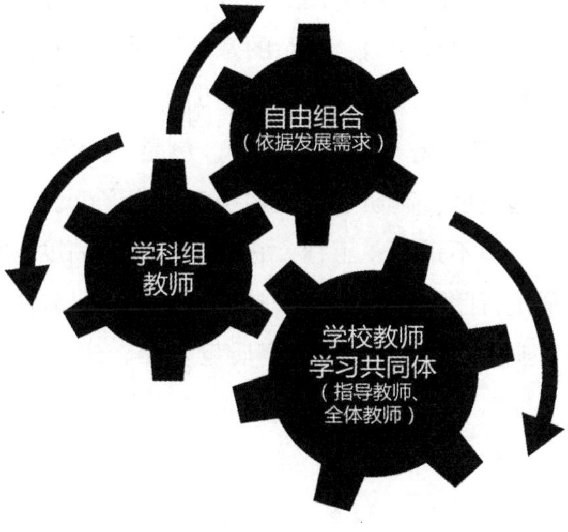

图 2–6　三个学习实践共同体

3. 高质量校本培训带来三个学习实践共同体的发展变化

校本培训之初的三个学习实践共同体也经历了一个发展变化的过程。指导教师团队主要对校本培训的可行性、有效性进行研究论证，提出修改意见，满足学校发展的需求、解决现实问题。这个使命始终延续下来。而受助教师共同体最初只有 18 人，随后扩充至 22 人，一年后发展到近百人。教师们在指导教师的引领和帮助下，团结互助、互相督促，在岗位上学习、实践、反思、改进，以实现共同提高与发展。随着培训的深入，伴随着教师专业水平的迅速提高，校本培训的领域越来越广泛，涉及教师发展更广阔的层面。华夏女中教师校本培训关注和培养教师的跨领域、跨学科素养，依据发展需求由教师自发组成的团队渐渐进入人们的视野，这样的团队成员已经具备合作的意愿和能力，为了使团队进一步充分发挥合作互助、共同成长的作用，项目组将其着力建设成为新的教师学习实践共同体。而作为包含学校领导干部、指导教师和全校教师的全校教师学习实践共同体始终保持不变，并坚持一种态度和理念：全员育人、榜样育人，自主学习、随时学习、终身学习。指导教师的人格魅力、教育智慧、教育艺术与教育情怀应该影响和带动每一名教职员工，所以不兼课的实验员不仅可以参加培训活动，还可以请指导教师指导自己的工作和研究，也会被指导教师选中推荐发表论文。而这样的教师发展，才是高质量的校本培训所期待、倡导和应该实现的。

教师校本培训是一项长期的、复杂的系统工程。校长的办学理想、教师的发展愿望、学生的成长需求是教师校本培训的原动力。

高质量教师校本培训是一项艰巨任务，更是一个艰难、艰苦的系统工程，也是学校的长远发展、高质量发展的决定因素之一。

高质量的教师培训不是面子工程，它需要学校有高度共识、有高水平统筹设计、有高水平执行团队、有高水平具体指导，满足教师和学校的个性化需求，实现学校教师、干部、领导的高质量发展，进而促进学生的高质量发展。

第三章　提升校长领导力，引领教师专业发展校本培训

学校的主要目标是育人，教师作为育人者是教育活动的主体与主导者，是教育行为的实践与变革者；建设一支高素质专业化的教师团队是学校发展的关键。对于教师专业发展而言，校长领导力是不可缺少的助推力。校长作为学校的引领者需不断提升自身的领导力，从统筹设计整体布局、抓住契机搭建平台、导师引领主动成长、制度建设文化浸染、全员参与自我取向等方面创设机会，助推教师实现专业的自主发展，并以高素质教师作为引领学生成长中的推动者，最终实现教师、学生、学校的共同成长。

一、强化统筹设计和整体布局

校长领导力体现在其影响力、感染力和创造力上，是个人素质与综合治理能力的和谐统一。校长要善于鼓舞人、激励人；有能力为学校长足发展、学生终身幸福、教师专业提升谋划；能够身体力行点燃学生的生命之火，点亮教师的理想之光，引领激励教师实现自主创生并成为学校发展的核心要素。学校治理的本质在于最大程度地唤醒每位教职员工的潜能。校长需不断提升自身领导力，关注教师队伍发展，加强统筹设计与规划，聚焦于学校教师专业发展的唤醒驱动和目标引领。

（一）更新核心理念，唤醒教师成长需求

在加入实验集团后，华夏女中和实验中学间的差距除了生源水平、硬件

设施、环境建设外，主要来自学校办学理念、管理理念的差异。实验中学在百年历史传承中逐渐形成了“自主、平等、尊重、包容、务实”的学校文化基因，正是在如此的学校文化滋养中，凝练出“做真教育、真做教育”的办学理念和“做精规定动作、做亮自选动作”的工作机制，成就了一大批专家学者型教师，培养了大量全面发展、学有特长的优秀学子，成就了百年实验的优质教育。华夏女中出于多种因素，管理模式相对传统，教师逐渐被局限在了有限的空间及视野之中，管理方式重落实、缺自主，重执行、缺创新。华夏女中要实现跨越式发展，必须解放教师思想，输入核心校的先进办学理念，更新教师观念，在发展方向、思想认识、核心理念、价值诉求上，与核心校达到高度契合，为学校管理、协作、发展、提升提供思想引领，并将之落实到行动中，从而实现由“输血”到“造血”的蜕变。

在这一目标引领下，校长亲自动员，组织干部师生通过调研、座谈、研讨、考察等多种途径，历时一年半研制完成了《华夏女中 2017—2021 学校五年行动规划纲要》，将步入新阶段的学校办学理念、培养目标以文本方式固化并呈现出来，使之成为指引未来五年发展的规划蓝图。华夏女中同时制定了依托于女中特色，具有本土化的具体措施和实施方案，为实现集团校“和而不同”的特色发展愿景奠定基础、作出探索。规划纲要的制定过程也成为华夏女中师生浸润实验中学文化有效的学习与提升过程，教师成长的意识和内在需求也在校长领导力和团队集体行动的共同作用下被逐步唤醒。

（二）传承创新机制，搭建专业学习平台

集团核心校实验中学作为一所百年名校，有相对完善科学、求真务实的管理制度。加入集团后，华夏女中传承了核心校的优良管理理念，形成了每周“五会一开放”的网格式立体化管理机制，全面助推各领域教师的专业成长与发展。

1. 校务会提升校级领导团队治校水平

华夏女中每周二上午召开校务会，主要内容是就学校教育教学大政方针及“三重一大”等事项开展集体讨论决策，就疑难繁杂的议题展开充分讨论，最后以民主集中的方式形成结论性决策方案。议事决策的过程本身即是班子成员交流研讨、相互学习、共同提高的机会，这种讨论研判的议事方式有助于提升每一位校领导的决策能力和水平。

2. 集团业务例会助力重点业务处室干部管理水平不断提升

每周一下午，华夏女中教育教学干部回到实验中学，对口参与核心校的教育教学管理干部例会，在例会研讨中浸润、借鉴、思考、共享先进的管理理念，吸纳优秀的经验和措施。这有助于相关干部不断吸收更前沿的理念和资讯，保持良好的工作状态，更有利于干部结合具体校情进行持续改进的工作创新。

3. 行政会助力中层干部的综合管理能力再提高

每周五下午，华夏女中行政会就集团及学校内部的各项决策和措施进行协调落实，并结合实际校情、学情特点进行策略调整和校本化创生。行政会大大提高学校管理机制运行的规范性、科学性和有效性，为中层管理干部集体学习、思想碰撞提供了能量场。

4. 校会设计助推德育团队专业成长

每周一第一节课为校会时间，是学生教育指导中心为全体学生量身设计的德育必修课程的重要组成部分。系列德育课程的设计与实施过程，有效提升了由学生教育指导中心、各个级部、班主任老师所组成的德育团队教职员工的专业素养和育人能力。

5. 教职工集体大会助推全员业务发展

每周二下午的全体教职员工大会上，全体教职员工分专题或分领域集中进行学习研讨，开展了例如党建、德育、教学、科研等主题的分享或讲座，为教职员工进行普适性、全方位的培训，力求丰富教师的职业生涯体验，并不断创新会议形式，力求务实高效。在特定阶段针对性开展分领域专题研讨，例如每学期期中考试后分级部开展评教评学研讨活动，有效提升学科教师的专业执教水平。

6. 书记、校长开放日广开言路接受监督，持续改进提升教师专业发展和学校综合治理能力

每周二中午为书记、校长开放时间，面向全校师生及家长开放，为教师、学生和家长提供建言献策、答疑解惑、沟通交流的窗口，营造学校和谐、民主的氛围，有助于增进干群关系、师生关系、家校关系，更有助于提高师生及家长主动参与学校建设的积极性，形成学校建设发展的合力。这些建议推动了学校和教师们工作的持续改进，也有助于提升学校的治理能力，推动教师的专业发展。

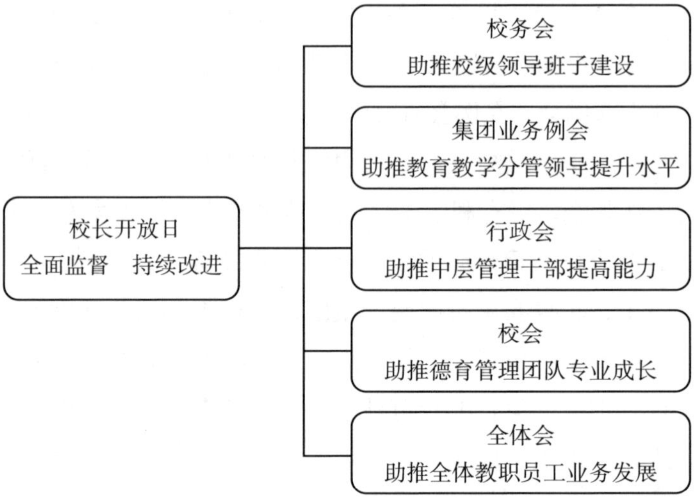

图 3–1　“五会一开放”网格式立体化管理机制全面助推各领域教师专业成长

通过机制创新，华夏女中保障了各个层面的教师及干部可以通过不同平台、多种渠道实现成长和提升。

（三）明确办学目标，引领教师迁移创生

集团化办学的目标是为了实现教育的均衡化发展，增强社会和家庭的实际获得感。对于家庭而言，教育的均衡主要是师资的均衡，只有实现了师资的均衡与全面提升，才能最终实现集团化办学的目标。华夏女中加入实验集团后，学校不仅通过更名实现了名称等形式上的融合，也逐步探索出“主体性浸润式融合”的特色办学模式，更注重一线师资在学习融合中迁移创生与快速成长。

“主体性浸润式融合”特色办学模式

“主体性”即是保持华夏女中的女校特质，保持独特的校园文化、学校 LOGO、网站、校服等主体性标识及特色鲜明的培养目标。“浸润式融合”是有别于混生混师的全融合模式，也有别于仅限于相互学习指导的简单合作式集团校模式，师生通过参与集团的大型主题活动、研讨会议、联合教研，在浸润中体验、交流、吸纳、提升；通过核心理念、管理机制、师资队伍的深度融合带来文化理念的更新，教育理念和管理方式的

变革，教师专业水平的提升。

加入集团校第二年，在集团领导的大力支持下，学校制定了《北师大实验华夏女中教师培训制度》，将师资浸润式培训制度化，保障可持续性，使目标真正落地可实施。在尊重教师意愿，考虑学校实际，满足工作需要的基础上，跨校区调配教师资源，实现了更多教师深入到实验中学参加集团内培训。加入集团校的6年时间，实验中学有29人次兼职或全职到华夏女中任教并指导教学，华夏女中有31人次到实验中学跟岗学习，基本实现了集团内教师的浸润式培训目标。经过六年的交流培训，完成学习工作的教师成长为华夏女中各学科的带头人和备课组长，将前沿教育理念、优质教育教学策略带回华夏女中。这些教师不仅实现了自身的快速成长，更能够带动备课组、教研组内的其他老师，形成辐射效果，结合女中校情和学情，进行学习成果的迁移和再创造，从而创生出适合女中特色的优秀教育教学案例及活动成果。星星之火已初成燎原之势。

二、多元渠道下导师引领成长

在“主体性浸润式融合”办学模式的实践探索下，华夏女中与实验中学在核心理念、管理机制、师资队伍上不断深度融合，实现学校的跨越式发展，也促成了教育集团创新办学中新的生长点和亮点。校长抓住发展契机，借助集团内部、专项培训、区级平台等多种资源、为教师专业素养提升和可持续发展铺路、赋能、搭台。

（一）抓住发展契机，搭建教师成长平台

1.集团引领，创造多种形式培训，为教师专业发展铺路

在集团化办学稳定、融合、提高的思路引领下，学校始终坚持并探索适合华夏女中教师的成长方式和路径，本着“生源质量和教师专业能力两手都要抓、两手都要硬”的策略，不断提升教师的专业与科研能力。融合之初，华夏女中努力探索促进教师专业成长之路，打造多种教师培训模式。在

2021年8月25日北京市正式发布“双减”政策下推出的优秀校长教师交流轮岗实施细则之前，实验中学集团已然率先启动了集团内干部教师的轮岗并将之作为促进集团内成员校师资校本培训的方式和途径之一，华夏女中的教师培训正是执行此方案的先行者和探索者。

“借台唱戏”促成长。2015年，借助先期加入集团的实验二龙路教师专业成长项目平台，华夏女中13位教师参加了以“教学设计与实施”为主题的专业培训。该培训借助核心校的教研组资源优势开展互动备课、评课，以“西城杯”教学课例展示评比为载体，促进了教师的个性化提升。

“站台唱戏”快提升。2016—2017学年度，在初一、高一起始年级实施了教师轮岗，12名华夏女中教师深入实验中学的不同岗位边学习边工作，8位实验中学教师被派到华夏女中任教并担任初一、高一年级备课组组长，指导同组教师，由此正式启动了教育教学跨校区，以课堂为实践平台，以学科备课组为学习共同体，以听课和讲座分享为载体的轮岗培训。2017—2018学年度，实验中学累计派到华夏女中16名教师，华夏女中累计派往实验中学17名教师。六年间，华夏女中共有31人次完成轮岗培训。这些教师已经回输到华夏女中作为“干细胞”开始“造血”，实现了从“体外输血”到“体内造血”的目标。同时，集团校之间的深度融合，相互间的学习交流、取长补短，使优秀教师和教研组的深厚功底和丰富经验得以准确传递，有效发挥直接和间接作用，全方位促进了教师及学科教研组的专业成长。

2.找准方向，组织专项课题申报，为教师持续发展赋能

随着集团化办学的推进，两校师资融合，不断促进教育教学质量的提高，华夏女中迎来了学校发展、教师提升、生源变化的契机，内涵发展凸显成效，还需要进一步树形象、抓质量、立口碑。2016年，为了持续为教师发展赋能，学校抓住“西城区竞争性创新项目资金分配”的机会，申报了“北京师范大学实验华夏女子中学教师专业成长项目”，并得到教委及教科所的支持。成长项目获批，并于2016年10月25日正式启动，以“课例研究+方法论提升”为载体的项目组导师制培训对教师及教研组专业发展都有着非常重要的促进作用。

成长项目吸纳来自北京市语文、数学、外语、政治、地理、生物、历史、物理等学科的11位特级或高级教师作为导师，他们每月两次深入学校，

以师徒结对的形式，指导学校中青年教师聚焦课堂，以课例研究、教法研究为载体，促进教师的专业化成长和水平提升。在将近一年的时间里，指导教师共计听评课260余节，一对一的指导260余次，指导教师对每位受助教师进行了至少3次专题论文指导。受助教师间的交流、学科组共同参与的活动及延续活动内容的组内研究不胜枚举。

3. 寻求突破，争取区级资源支持，为教师共同发展搭台

作为全国著名的教育先进区，北京市西城区不仅名校林立、名师荟萃，而且是许多教育改革的实验点和优秀教育经验的发祥地，一直高度重视教育科研工作。自2001年起，北京市西城区教育委员会与北京市西城区教育学会创办了“教育科研月”活动，作为全区优秀的教育品牌之一，为广大学校和教师提供了科研成果的专业交流展示平台。[①] 通过教育行政、科研、教研部门三位一体的组织和运作，科研月充分激活了教育工作者以科研促教改、以创新求发展的积极性，促进了全区教育教学质量的提高。

2017年11月，西城区科研月以“优化课程资源、推进学术探究”为主题启动，紧扣时代脉搏，聚焦教育实践中的热点和难点问题。在校长的大力支持下，华夏女中积极申报科研月专场活动，力求展现、宣传集团化办学以来，华夏女中以“教师专业成长项目”为依托的教师专业成长历程和教师队伍建设、课程建设、教学研究等方方面面的成果。借助西城区科研月的契机，学校将西城区教育方面的专家、学者以及兄弟学校的领导、老师请进来，通过专题发言、课例展示等形式，让大家近距离地感受两年多来华夏女中的发展变化，展示学校的崭新形象；也让华夏女中的骨干教师、青年教师在区级平台上锻炼自我、展示风采。

（二）实现共同学习，导师引领自主成长

以“成长项目”为例，华夏女中的“成长项目”形成了学习共同体：由校长牵头，教科室主任负责组织协调，项目聘请的11位指导教师从最初每位导师带教2—3名受助教师，到后期带动全组共同成长。导师制是该项目的特点和亮点。每个指导教师带教两名教师，每次活动进行一对一的备课、

① 袁新文：《“教育科研月”涌动教研潮》，《光明日报》2001年12月20日。

听课、评课活动，教研组内其他教师全员参与并相互听课。同一导师指导的两名受助教师之间也能够相互学习、共同提高，组内全体教师亦同享指导研究的氛围和资源。导师除了对受助教师进行课堂教学的指导外，在教学设计和实施、教学反思和改进、教材使用和课程开发、教学科研甚至师生相处的艺术等方面也都予以悉心指导和示范，起到了极为有效的引领作用；对教学研究以及科学育人等进行全方位的指导，以促进受助教师在教师专业之路上全面快速地成长，学校教师队伍素质进一步得到了提升。每一位指导教师为受助教师量身定制专业成长方案，潜移默化地引导受助教师，帮助他们有个性地发展。例如：李艳老师指导张辉老师将思维导图应用于高三复习教学；林平老师针对高宇华老师的优势，帮助其提高设计和组织课堂活动的能力并逐渐形成自己的特点以提升教学效果。

六年来，在导师们无私的关怀和指导下，华夏女中的中青年教师积极承担了很多市区级研究课及公开课，参与论文课题申报和评审，在理论和实践层面均取得了长足进步。在导师们的引领下，“教师专业成长项目”促进了教师知识内涵、技能态度、意愿行为等方面的自主成长。

1. 教学行为的改进

有效乃至高效教学的关键是教师的教学行为能够引发学生的主动学习，而教学行为的背后是专业素养的支撑。指导教师作为学科领域的专家对学科本质的透彻理解、对学科核心素养的独到见解给了受助教师很大的触动和启发。在导师们的指导下，受助教师们更加关注专业知识、关注学科本质，课堂教学也更加游刃有余，直接带动了课堂教学的变化，极大调动了学生的学习热情，提升了课堂教学的效果。

2. 专业成长的追求

参与项目的指导教师都是北京市各个学科领域的名师，包括马成瑞、郑春和这样年逾古稀的教师，他们始终孜孜以求、追求专业至臻至美的境界，始终保持专业成长的状态，一直走在教学改革的前沿，不断随着时代和教育的需要调整自己的教学行为，这对华夏女中教师起到了很好的示范引领作用，并激励着整个教研组的教师们在专业成长的路上加速前进。一名教师对专业成长的诉求应该是伴随终身的，要达到学无止境、终身学习的境界。这是项目带给学校教师的又一宝贵财富。

3. 课改方向的研究

教学研究是教师成长的催化剂，但是在繁忙的工作中教师常常会感觉自己远离教学科研，也会对教学科研是否能够真正助力专业成长产生质疑。尽管项目组受助教师多有五年、十年以上的教龄，是逐渐走向成熟期的教师，但是教学科研水平与课程改革的要求还有距离。因此教师专业成长项目中特意设计了教学科研方面的专题。导师们在日常教学中深入内心的研究意识和良好的研究习惯，渗透在每一次备课、听课、评课的指导过程中。高效的指导更进一步带动了各教研组针对新课标、学科核心素养等教学重点、难点进行的广泛探讨和深入研究。

三、科研交流促进共同发展

在筹备 2017 年科研月的过程中，校长在培训形式、活动主题、实施路径等方面均作出明确的规划，努力实现在专家引领下，立足课堂实践，培养教师研究意识，提高教师研究能力，以学促研、以研促教、以教促效，提升课堂效率，提升教师自信，促进师生和学校共同发展。

（一）立足学生需求，引导研修聚焦课堂

1. 提倡“以学促研”，更新教育观念

在筹备科研月的过程中，学校进一步倡导教学研究的理念，推动教学研究实践，组织教师们进行研究式学习。2017 年 10 月 10 日，北师大实验中学校长助理、“实验中学教师专业成长促进计划”项目负责人张建国老师为华夏女中的老师做了《学习方式变革与教学基本功新解》的专题讲座。在讲座中，张建国老师提到了学的专业性、教的专业性与学科专业性共同构成了教师的全专业属性，三者缺一不可。这是教师的基本功，也是优秀教师的标准与努力方向。终身学习不仅是教师希望传达给学生的意识和行为，更应该是教师的自觉行为。上好每一堂课需要教师具备坚实的基本功，而教师的基本功是要随着时代发展不断注入新内容的。因此，教师是一个需要不断学习的职业——向书本、向同行，甚至向学生学习。只有经历这样的学习，教师

才能发展自己适应时代的基本功，跟上教学改革的脚步，成为学生生命成长的引路人。

“成长项目”中受助教师的学习是全方位的，包括教学方法、教学研究以及科学育人等，在学习积累中不断反思，在思考遇到瓶颈时指导教师的点拨，使他们在教学研究之路上获得了及时反馈和激励，更有效促进了受助教师全面、快速、富有个性的成长。例如，生物学科专家郑春和老师为任玥僮老师制订了带有浓厚研究味道的学习成长方案：全面把握教材内容、确定教学重点、选准研究点、上研究课、撰写教学案例和论文。这个过程具有非常强的辐射作用和可复制性，使受助老师在其中理解了学习与研究相辅相成的作用，体会到对自己专业成长的巨大促进作用。政治学科的龚美兰老师不仅带领陈进、王慧娟老师共同学习非毕业年级政治学科各项内容的教学教法，更带领教师梳理高中政治学科知识并理清知识间的关联，指导受助教师研究做一名合格的政治教师应该具备的素养，研究一名受学生喜欢的政治教师应该具备哪些素质。在导师引领下的个体学习、组内学习和共同反思研讨令教师们真切体会到了学习的获得感以及研究的成就感。

2.提倡“以研促教”，培养教学能手

教育科研是学校工作的重要组成部分，也是学校办学特色、办学风格和加强学校凝聚力的重要因素，更是培养青年教师，特别是骨干教师的重要途径，对学校发展具有重要的支撑、驱动和引领作用。

2010年颁布的《国家中长期教育改革和发展规划纲要（2010—2020年）》指出：要以学生为主体，以教师为主导，充分发挥学生的主动性。“以人为本”的观念就是心中有学生，不仅仅关注学生知识的学习，也关心他们内在的需求，以学生的成长为出发点和落脚点的教学追求，更有利于学生的成长与发展。

教师们通过专家讲座、导师指导，在耳濡目染中学习观念、理解观念、渐渐把观念内化为一种自觉的教学行为追求。各学科教学努力追求丰富和充满活力的课堂，精心设计教学活动，给学生更多有效参与学习活动的时间，充分调动学生的积极性，帮助学生在课堂上有更多的获得感，促进学生发展。初中生物实验课上增加了更多学生参与的实验，替代部分教师演示实验；数学课给学生更多的思考和表述思维过程的时间；外语课堂上，学生都有了多种形式的自主、合作学习时间，逐渐形成主动交流的自觉；地理学科“自制地球仪”等学习活动的设计、综合实践学习的安排都极大地鼓舞了学生学习的热情，甚至形成学生自主学习的追求。这些研究味十足的指导有效提升了教师“教”的专业性，加快了教师专业成长的步伐。参加项目的17位教师在课堂上默默地改变，带动的不仅仅是8个学科组的改变，更是整个学校教育教学氛围的变化。教师们更关注学生，更加自觉地以学生成长的真实需求为自己的追求，教师队伍在专业化的道路上悄悄地加快了前进的脚步。

3. 提倡“以教促效”，提升课堂效率

课堂是教学的主阵地，提高课堂教学效率和质量，创造充满生命活力的课堂，是提高教学质量的关键，也是教师专业成长的重要体现。聚焦课堂既是体现“教师主导”的思想，又是实现“以人为本”“立德树人”的必需。

借助科研月的展示交流机会，各学科教研组抓住课堂主阵地，开展了一系列富有成效的探索与实践。指导教师走进课堂，听课、评课、指导备课，发现受助教师的特点、优势及问题。例如，马成瑞、鲁彬两位老师从学科教学本质的认识、课堂教学策略的选择、教学时间的分配、师生课堂角色的理解、对专业知识和数学教学研究的认识，以及教研组建设等方面给予数学组5位教师以具体教学实践为依托的指导，指明了学科组教学研究的方向和路径。随着时间的推移和指导的深入，教师逐渐发生了变化：备课能够充分考虑学生的实际与教学的要求，课堂上给学生思考和参与的时间越来越充分了，课堂提问越来越精准了，课堂活动的设计越来越精致了，课堂生成转化为宝贵的教学资源和成果，教师们关注研究学科本质并融入课堂教学。教师的变化带来了学生的变化，学科教学的受欢迎程度和教学质量都得到了提高。

（二）活动展示风采，共享多元发展成果

2017年11月27日，作为西城区科研月的首场活动，华夏女中面对全区乃至全市全方位开放。时任西城区教育研修学院院长兼书记刘继忠、西城区教育研修学院科研部主任林春藤、西城区教育学会副秘书长杜志勇及实验中学领导、项目指导教师、评课专家、西城区部分学校领导和来自北京市若干区县的教师参加了本次活动。在科研月展示活动上，学校8个学科进行了

9节课例展示，覆盖所有年级。课堂教学体现出“基于学生自主学习的课堂教学模式”的建构和女校课堂独有的特色，在多个层面展示了学校两年来的可喜变化与发展成果。

1. 展现学校发展成果

时任实验中学校长蔡晓东老师为华夏女中科研月活动致开幕辞，评价华夏女中加入实验集团两年多来最大的变化——“是这所学校的教师队伍在变，精气神在变，专业水平在变”。在区级科研月的开放平台上，与会教师可以亲身感受到这种变化。

时任实验中学校长助理、华夏女中执行校长刘海霞做题为“探索集团化‘主体性浸润式融合’办学模式，促进教师专业成长”的主题发言，介绍了学校在集团化背景下探索女子中学特色办学之路的实践和成果，着重介绍了促进教师专业发展的探索研究，具有很强的借鉴意义。负责教学工作的副校长张雁老师代表学校和项目组做了“聚焦课堂　以研促教——教育集团化背景下的教师专业成长探索”的专题发言，展现了借助教师专业成长项目以及科研月的活动平台，教师在思想观念、知识内涵、技能态度、意愿行为等方面的快速成长。

2. 加快教研组建设步伐

在教师专业成长项目里，有三位教研组长的每一次指导活动都对全校公布和开放，鼓励教研组老师积极参与，极大地增强了教学研究的氛围，促进了教研组团队和专业建设。在科研月的筹备与展示中，他们更是全组参与，以研促教。

地理组的徐磊老师在科研月开幕式上做了题为“抓住机遇　迎接挑战　实现跨越式成长”的发言。介绍了集团化办学以来，华夏女中的教师面临着不少挑战：长期以来教学模式固化，缺乏创新；生源改善后，因材施教有了新变化新要求；教育教学改革带来冲击；个人理论水平和科研能力有待提高；等等。但面对挑战，地理教研组在学校的引领下，接受挑战，抓住机遇，学习提高。在联合教研、开放课堂、资源共享、专家讲座、参观考察等方面，不断加强与实验中学地理教研组的交流。借助学校搭建的多个平台，助力教研组教师实现阶梯式成长。从个人重视读书、思考改革到参与集体备课与导师沟通，不断修改完善教学设计，到教学实践、听课、记录、形成观点，再到理论延伸，不断完善教学设计、总结提升，这个过程既艰辛，又让人充满期待。

语文教研组在科研月展示了整本书阅读的成果。教育部颁布的《普通高中语文课程标准（2017年版）》有两个引人注目的亮点，一是提出“语文核心素养”的概念；二是明确把18个“学习任务群”作为教学内容，其中第一个就是“整本书阅读与研讨”。语文组于佳琦老师在“1+3”项目十年级2班上了公开课——《追梦红楼：花签之人物》。这节课的设计正是以整本书阅读教学为背景展开。通过“泛读感知、分享交流、重点精读、表演体验”四个阶段的逐步推进带领学生走进经典名著。与其说这是一节课，不如说是一个过程，一个通过整本书阅读践行新课程改革要求的过程。在此基础上，以整本书阅读为主题，语文教研组持续开展研讨与研究课，在整本书阅读的道路上不断探索适合女校学情的阅读策略，形成了西城区语文教育中独特的风景线。

《追梦红楼：花签之人物》整本书阅读设计思路

背景：“1+3”试验班的学生是在初二学业结束后，不参加中考，直升高中。试验项目定位即是加强初高中贯通培养，指向于学生综合素质提升。试验班语文课就把提高学生阅读能力、“读百本书”定为语文学科的教学目标和特色之一。

过程：第一个阶段是泛读感知，用一个学期加暑假的时间读完《红楼梦》前80回，每周完成一篇包括章回题目、摘抄和心得的读书笔记。第二个阶段是分享交流，学生以小组为单位，分享《红楼梦》的基本内容：成书、作者、主要人物、情节等，同时制作一份“红楼小报”。第三个阶段是对重点单篇的精读，对重要人物和重要场景用创设情境、激情导读、反复诵读、穿插评读的思路组织教学，在事与理之间设计重点问题，引导学生研读、品读重点句段，讨论交流，既了解事件，又悟出道理。第四个阶段是表演体验，由学生在课堂学习的基础上，运用所学的戏剧知识，根据教学需要和自己的喜好，选择片段进行表演展示。

3. 拓宽个人发展道路

参与培训、做公开课既是学习的过程，也是锻炼人的过程，更是展示自我，提升自我的过程。借助科研月的活动，多位年轻教师、骨干教师得到了充分的锻炼，并在市区级教研队伍中崭露头角。

历史组的青年教师冯梦璐老师在实验中学历史教研组长、特级教师王宏伟老师的指导下，勇于挑战、精心设计，完成了科研月的课例展示——“回首戊戌——读书人在近代化中的抉择”。冯梦璐老师依据建构主义教学理论，通过多种材料、方式重建历史情景。以立德树人为指导思想，以家国情怀为情感依托，回眸“戊戌岁月”，在新旧势力的思想交锋、政治博弈中折射近代化历程的艰难；缅怀先哲，感悟历史人物的救国信念和爱国情怀。在联系历史与现实的过程中，提升学生的社会责任意识。评课专家、历史特级教师李明赞老师对后辈教师的成长十分关注，他寄语冯梦璐：“职初教师，这（上公开课的过程）是成长阶梯中必经历的一环。祝你有所获、有所得，成功笑看大家。接下来，期待你先站住再站高，先成长再成功。对我们来说，则是静待花开。”从科研月活动起步，经过几年的锻炼，冯梦璐老师站稳了讲台，已成长为西城区历史骨干教师，并担任西城区历史兼职教研员，在教学、科研方面屡创佳绩。

2021 年 10 月至 12 月，在成长项目接近尾声之际，语文、数学、外语、物理、生物、地理六个学科均开展了以“教研相促、且行且思——教师专业发展校本培训实践研究”为核心主题的市区级学科开放日展示交流活动。通过线上、线下方式，呈现了 16 节公开课，受到评课专家及听课教师的普遍好评，此部分将在后面篇章专题介绍。

在学校发展的重要阶段，学校抓住了机会，借助区级科研月展示活动平台、市区级学科日展示平台，使教师不仅在活动中充分展示了自己的专业发展水平，经历此过程也全方位促进了学生和学校的发展。教师专业成长的意识和追求已经深植于教师心中，乐业积淀底气，学习滋养元气，反思造就灵气，研究成就大器，最终会进入职业有认同感、事业有成就感、人生有幸福感的理想境界。教师专业成长始终在路上！

四、把握文化强校的价值引领

对于一个组织来说，最能制约和影响人们行为的就是他们所共有的追求和信念。这种追求和信念往往通过两种形式发挥作用：一种是有明文规定的组织制度；一种是看似缥缈却无处不在的组织文化。文化起作用主要依托内在的信念自律与软性的价值观引导。优秀的学校文化就是要创造出共同的价值观，并使教师在潜移默化中认同共同的价值观，从而使教师与学校真正成为一个有机整体，形成一股强大的力量，并达到自身实现专业发展的目的。校长是学校文化的灵魂，是教师专业发展的精神引领者。为实现教师专业发展的可持续性，在校长的带领及推动下，华夏女中不断加强文化建设，引领全体成员的价值取向，使教师与学校成为一个有机整体。

（一）梳理显性文化，构建学校文化体系基础

学校加入实验集团之时，正是北京市基础教育改革如火如荼的时期。校长及时地意识到了学校面临新处境而亟须作出改变，在改革背景下，原有的学校传统，加上新的学校角色定位和新的生源群体，都要求学校在办学理念和培养目标等方面作出调整与更新。

学校通过对全体教职员工、学生、家长进行充分调研，采用座谈、问卷、访谈等多种形式，采集各类群体对学校办学使命的共同期待因素，在传承的同时，结合时代对未来女性社会建设者的需要，梳理出了学校的培养目标——培养全面发展、独立自信、智慧优雅的现代女中学生。校长领导工作组结合学校的发展现状、教师的构成和发展、学校培养目标的要求等具体实际，制定了学校五年发展规划，确定了学校未来五年的战略发展方向，为学校未来发展准确定位。

融入集团后，在校长坚持不断的推动下，学校的硬件办学条件发生了很大改变。教室重新装修、操场得到翻新，校园绿地与景观重建，精心设计的学校 Logo 与核心价值观上墙，增加彰显学校文化的宣传栏，等等。这些学校文化的物质载体，始终在学生生活与教师工作的全过程中存在着、影响着、浸润着全体师生。

（二）营造隐性文化，引领教师职业价值观建设

每所学校都有各类制度，但是制度和行政命令不能解决所有的问题，只能在一定范围内规范、约束人的行为，真正支持人持久执行制度的是具有水

滴石穿作用的文化的力量。学校必须不断明确自身基本的价值取向，将隐含在外显表现之中的精神、信念、观念等隐性文化通过各个场合传递给全体教师。如学校提倡什么、反对什么，鼓励什么、惩戒什么，这样，教师个体和团队才能在这一共同价值观引领下创造性地开展工作。

1. 共享学习成果，形成榜样激励

2019 年，学校召开首届教学年会，邀请到实验中学参加跟岗培训的教师进行“学习与成长”的主题交流与分享。教师们从集体备课、课堂教学、学生辅导、班主任工作等各方面，将学习体会与收获进行了高度凝练并分享给大家。从发言中，全体教师切实看到了学习者认真学习的过程、勤于反思的行动和实实在在的成长，在钦佩的同时更感受到鼓舞和激励。

2. 鼓励承担重任，积极主动创生

经过实验中学完整跟岗培训后的教师，不仅在专业能力上获得显著提升，在工作自信心和积极主动性方面也明显提高。教师们在完成学习、回到华夏女中后，在不同的教育教学岗位上承担重任，做备课组长、学科教研组长和班主任工作。他们将学习所得的经验迁移运用到实际工作中，不仅提升了工作智慧，也有效引领了同伴教师。更为有意义的是，教师们在跟岗学习中亲身感受到实验中学的教师团队所表现出的强大的专业性、自主性和创造性，使自己在工作中主动创生的意识被感召、唤醒并逐渐增强。

3. 提炼良师特质，引领价值取向

相比于领导和同事们的评价，教师们更为看重学生对自己的认可，因为这意味着教师自身教育教学的“实力与效果”。学校每年都开展评选“我心目中的好老师”活动，学生们通过投票，选出自己最满意、最喜爱的教师。另外，每学期一次的“评教评学”活动，也为学生对自己的老师进行评价提供了重要渠道。学校不仅对评选出来的好老师和在“评教评学”活动中获得优质评价的老师进行表彰，更是通过“好老师评选活动”及“评教评学”数据分析、提炼出学生认可和喜爱的教师身上的优秀品质，如负责、专业、敬业、严谨、和蔼可亲、教书育人等良师特质。通过这些活动，教师的教育观和工作行为受到潜移默化的影响。这种文化创建活动也引领着教师的价值取向，激发教师个人的内在成长动力。

（三）加强制度建设，激发教师职业潜能

学校除了要有好的校园文化，还需要通过制度或机制，让使命、愿景、价值观深深植根于教师的心灵深处。科学的用人机制、民主的管理机制、全面的评价机制、合理的奖惩机制、和谐的竞争机制等，这些符合学校实际的、科学可行的制度能够充分激发教师的职业潜能。

1.鼓励角色扩张，提升教师领导力

通过有效的校本培训，教师们的专业能力获得提升，个人的职业愿景与发展方向也更加清晰；随之而来的是教师对自身职业规划的再审视，其表现是教师们的创造性与工作热情得到增强，职业领导力在各项重要工作的历练中得到提升。让教师担任某领域的带头人可以释放教师的巨大潜能，彰显教师的使命感和领导力。为教师搭建领导力提升阶梯就是为教师发展提供平台。

随着学校的发展，学校原有的管理体制框架已难以满足学校发展的多方面需求。在教师队伍不断建设的基础上，结合学校的发展需要，经多方调研，学校于 2021 年 9 月进行了组织机构变革：重新构建管理部门，重新定位管理职能。成立级部，增设级部主任和级部主任助理岗位，实施教师竞聘上岗。调整组织结构，以级部为核心，减少管理层级，推行分布式领导、扁平化管理。

学校机构改革为专业能力水平较高、有职业发展诉求的教师提供了机会。给予教师更多的展示机会、更多的自我价值实现的机会，唤醒了教师的内在职业动力，鼓励了教师的职业发展，同时也体现出学校在用人机制上的民主性。完成角色转换的教师需要应对前所未有的工作挑战，并在此过程中提升职业领导力。作为系统行动反馈，这一改革还进一步优化了学校文化，促进了教师的发展，因为“他们的领导行为和决策过程为他们带来了最好的学习机会”。

2.分布式领导，强化教师合作

在学校教育教学工作安排中，班主任、备课组长、教研组长、级部主任、主任助理等角色，一般情况下尽量避免重叠。这样安排的好处，是“使每个教师在一定的层面或区域内都承担领导角色”，使学校各部分工作呈现

分布式领导状态。分布式领导意味着更多的授权，有利于营造一种积极主动的文化，并提供机会让不同类型的教师都可以确立新的发展方向，为自身的职业生涯开辟新的航道。

分布式领导还达成了“共同行为”——人们在一起工作，互相激发出潜在的创造精神和专业特长，彼此作用的结果是集体创造力远远高于个人行为。工作不是“为别人”做事，而是“与别人”一起做事。

3. 关注团队合作，实施集体评价

教师不是一个人在战斗，他们往往通过参与教研组、备课组、课题组等团队，借助与他人的互动，使自己的能力获得发展、工作效能得到提升。基于此，学校建立良性的教师评价制度，将团队建设纳入评价标准；构建“合作—竞争”制度，引导教师开展和谐竞争。对教研组的评价指标中，校本培训参与度、研究行动活跃度、团队建设的发展作为重要指标出现；在教学成绩评价中，对同年级、同学科教师构成的备课组集体评价与个体评价相结合；教师本人在校本培训中参与的质与量也是学校对教师进行评价和考核的重要指标之一。集体评价有效激励了教师合作学习及互相配合，为创建学习共同体提供了制度和文化层面上的支持。

教师的专业成长是个时髦且现实的话题。现代教育的迅猛发展对教师提出了越来越高的要求，集团化办学新举措、新课程和新考试方案的实施，后疫情背景下的线上教学等都对教师专业化成长提出了更多挑战。只有主动探索专业化成长之路，才能成为适应现代教育需要的教师，才能成就教师职业的理想境界。

第四章　聚焦教学主阵地开展校本研究

华夏女中始终致力于打造有情怀、高素质的教师团队，以多种形式的培训加强教师的理论与实践能力，从而促进教学质量的不断提升。学校引导并激励教师参与课程开发，实现学科教育追求，形成了“必修 + 专修 + 选修 + 综合实践课程”的学校特色课程体系，课程实施促进了学生、教师、学校的和谐发展，共生共赢。同时，华夏女中重视教学研究，由负责教学的副校长牵头、全校教研组参与的区级重点课题研究《核心素养视域下教学内容整合的评价研究》顺利结题，深度挖掘了各学科核心素养的要义所在，取得了多项成果。理论研究需要应用于课堂实践，华夏女中的“优效课堂”系列活动聚焦课堂，鼓励全员参与，切实提高了教师的授课能力和水平。随着理论与实践成果的不断积累，2021 年底，华夏女中各教研组总结以往经验，主动承担市区级教学研究活动，以开放日的形式就各项成果与区内外各校同仁进行交流研讨，推动了华夏女中的教学更上一层楼。

一、构建女校课程体系，实现师生学校共赢

在“培养全面发展、独立自信、智慧优雅的现代女中学生”的目标引领下，华夏女中构建了“必修 + 专修 + 选修 + 综合实践课程”的特色课程体系。必修课程基于国家课程框架，依托各学科《课程标准》，结合校情进一步充实并进行校本化开发与实施，面向全体学生，旨在保证国家课程质量，促进学生全面发展；专修课程基于女校办学特色，关注女中学生的成长需求，对

中学课程进行自主开发与进一步优化，旨在纳入不同学段课程表，培养女生的优雅气质；选修课程基于学生个性发展，给予多样选择，旨在满足多种需求，发展多元智能；实践课程基于学科核心素养，强调跨学科融合，旨在结合学校教学活动灵活开展，提升综合应用能力。在课程设计、实施的过程中，学生真正成为学习的主体，教师真正在专业实践中成长，学校真正在课程建设中提升。

（一）“女校特色课程体系”的构建与实践

在构建课程体系的过程中，华夏女中始终秉承“实现学生、教师、学校共赢”的目标。

第一，让学生真正成为学习的主体。学生是学习活动的主体，是课堂中的主动发现者、探索者。各类课程应满足学生主动参与、自主体验、收获发展的实际需求，并建立相互平等、相互尊重、共同配合的师生关系。

第二，让教师真正在专业实践中成长。课程研究和实践的过程极大地促进了教师在课程规划与实施策略、信息收集与资源处理、多方协调与人际交往等多方面的能力，培养了教师的创新精神和研究能力。

第三，让学校真正在课程建设中提升。从育人理念、办学质量到社会口碑，学校都实现了巨大飞跃，成为优质中学、品牌女校。

1. 国家必修课程校本化

根据女生思维、心理情况及兴趣倾向，华夏女中重视对国家课程内容和形式进行拓展和丰富，形成女校特色的课程体系，开展教育教学实践。在文科课程建设中特别关注学生的多重知识重构、多元文化理解，在理科课程建设中特别重视学生的实际操作、亲历体验，以求得对学生实际应用知识、提高能力、发展智慧的最大促进。

（1）文科类课程

文科类课程重视核心素养的养成和提升，利用丰富的学习活动拓展知识内容：培养阅读习惯，增加更充实的阅读体验；充实学科实践活动，提供更坚实的人文环境，从而形成以充盈的学科内容涵养人文精神、提升人文素养的文科课程特色。文科教师在课程开发与实践过程中也深刻感受到了时代发展的脉搏与国家发展的速度，积极转变角色，打破学科界限，强化学习意识，通过不断丰富充实课程内容，精心设计具有启发性、拓展性的教学活动，进一步提高了专业水平，开拓了学术视野，提升了教育情怀。

①语文学科：以阅读、多样化学习和学科综合实践为途径，引领学生发展，形成阅读为根、实践为本，具有多手段、多媒介、多样式的课程教学特色。

书女讲舍——语文阅读系列活动

师生共同成长不仅仅局限于课堂之中。语文教研组利用语文阅读课的时间组织“书女讲舍”。专家大咖、语文老师、学生纷纷走上讲台，形成学习共同体，互助研学，共读经典，分享阅读心得，让文化精髓深入学子心间，让传统文化在华夏女中的校园大放异彩。语文教师专业发展的路径离不开以下几个关键词：专业化阅读、专业化写作与专业化授课。而关注学生、研究学生、促进学生发展是上述三条专业发展路径的基本前提。在准备“书女讲舍”的过程中，语文老师们既要查找大量文献资料，向专家取经，也要对学情进行调研，还要完成书面的写作、进行专题讲座等。整个过程与语文教师专业发展路径与基本前提是不谋而合的。“书女讲舍”不仅仅是教师传道授业式的分享解读，也是教师身体力行，实现教学相长的成长过程，教师的参与更是促进了学习型教研组的建设。

②英语学科：立足语言实践和应用，通过大量的语言实践活动，强化语言应用的意识，搭建英语实践与运用平台。课程引入英文原版经典小说素材作为辅助教学内容，设计多种形式的语言运用活动，让学生在实践中提升语言能力。

英文原版小说阅读

首先，英语教师通过开展原版小说教学，为学生搭建语言基础。其次，在学习相关资料的过程中，教师尤其重视语言本身的内化与落实，通过丰富多样的活动帮助学生掌握词汇、句式与语法，让学习在课堂上真实发生。最后，教师创设真实情境，通过小组活动、两人合作等形式，进行语言实践与应用，同时提高学生的思维水平，引发学生在文本基础上进行更深层次的思考。原版小说阅读是一个相对而言比较新的课程模式，英语教研组在小说的挑选、备研、课后反思以及专家评课过程中，能够有更深入的交流，进一步促进了华夏女中英语教师团队的专业建设。教师们认为：面对日益优秀的学生群体，教师首先要实现自身的个人能力提升和专业素养水平提高。对英文原版小说要精心筛选，不仅要力求语言精彩，内容吸引人，还要有教育意义。教师在带领学生读小说前，不仅要做到自己对小说的内容烂熟于心，设计层次得当，还要借景抒情、融理入景，让学生有多方面的收获与成长，因此整个过程对于教师个人能力和教学水平的提升有非常大的帮助。

③历史、地理、政治学科：基于学科特点与现实需要，形成重视综合实践、关照学科融通的综合课程特色，落实学生多学科核心素养的培育，建构起以培养核心素养为导向的跨学科课堂。

以文入史，连接古今——“读书、研史、观剧”活动

为了让学生多角度了解近代中国探索的历史，充分利用北京的历史文化资源，历史组联合语文组围绕2000年提名诺贝尔文学奖的小说《北京法源寺》、近代历史事件“戊戌变法”、话剧《北京法源寺》设计了高二年级学生参与的“读书、研史、观剧”的系列活动，激发了学生探寻真实历史的兴趣。文字中的历史开拓了学生的想象空间，讲座中的历史具象了历史中真实的人物形象，舞台上的历史震撼着学生的感官，课程中的历史引发了学生对历史与现实的思考。

多学科融合的政治课堂

中学的政治课涉及经济、政治、文化、法律、心理等内容，背后都有各自完整的知识体系，都有其运行的内在规律，所以政治课的教学自然会和很多学科是相互联系的。研究人类经济问题时，会用数学中的数理逻辑去分析经济数据、用曲线、模型去描述人们的经济行为，而做出这些经济行为背后的动机与原因也离不开心理学、社会学等学科内容知识的支撑。与学生讨论哲学问题时，更是要对自然、人类社会、人的思

维运行规律进行高度的概括、总结和升华。物理、化学、生物、地理、历史等学科的内容会对学生学习哲学起到铺垫作用，语文中的古诗词也可挖掘其背后的哲学思想。

（2）理科类课程

理科类课程在校本化实施过程中，教师结合课程特点、课程标准及未来对公民科学素养的要求，针对女中学生的思维特点，不断挖掘和整合教材，形成夯实基础、重视实操、丰富体验、多学科并行、培养学生科学思维的理科课程特色。理科教师在开发适合于女中学生的数、理、化、生课程的过程中，要贴近学生生活经验，创设情境，激发学生的学习兴趣和主动性，也要拓展学生视野，提升科学素养，为其打开创造性思维的窗口，同时加强师生交流，以促进教学的高效开展。这就要求理科教师既要接地气、关注日常生活，也要站位高、了解学术前沿，在提升学科专业水平的同时还要不断提升语言表达能力等。

①数学学科：课堂教学增加小组合作，运用创新技术，将数学课堂（必修）与兴趣课程（选修）结合起来，让基础巩固与进阶学习相配合，不断强化学生的创造能力与创新思维，带动学生自身综合能力与素养的提升。

数学教研组编写《初高中衔接数学学案》

数学教研组在对高一同学的学情调查中发现，有些在高中课本中默认应该在初中掌握的知识却是学生的弱项。通过仔细研究对比初高中教材，分别访谈初高中老师，以及了解来自不同初中校的学生对初中相对应知识点的学习和掌握状况，数学组教师们发现主要存在这样几种情况：有的知识在初中没有讲，高中也没有专门的内容讲解却在使用；有的知识在初中阶段作为研究性材料出现，在高中却是解题的最常见的基础必备内容；等等。针对这些问题，数学组精心挑选出部分联系紧密但是却在教材中出现“脱节”现象的章节编制学案，帮助学生解决好初高中的衔接问题。

②物理、化学、生物学科：坚持以课程标准要求、教材内容和学科实验为基础，设计内容丰富、形式多样的课程，重视创新和挑战，激发女生对理

科的学习兴趣，提高对知识的理解和综合运用能力，开阔科学视野，培养创新能力、探索精神和环保意识等。

“声光力热电”物理小实验

实验是物理教学的重要基础、重要方法。一方面，通过实验可以导出问题或结论；另一方面，学生通过实验可以掌握有关的基础知识、基本方法，培养实验技能和解决问题的能力。积极开展物理实验教学，也促进了华夏女中教师的成长。首先，教师改变了传统的教学观念，树立了创新教育的实验教学思想。在实验中，将演示实验改为探索性实验，让学生充分动脑、动手、动口，发挥学生的主体作用，有利于激发学生的创造性思维。其次，教师深入备课，提前准备，系统指导、检查、帮助学生完成实验，掌握各种操作技能。学生在实验中总能发现新的现象，提出好的建议，在这个过程中，师生一起探究，既培养了学生学习物理的兴趣，也有利于教师自身的专业化发展。

植物栽培大赛

《生物》七上第三单元为《生物圈中的绿色植物》。生物教研组为对课堂内容进行延伸和拓展，组织学生自己动手栽培植物，并积极参加北京市植物栽培大赛。在单元授课安排中，通过教师讲解理论知识，学生实际操作进行植物栽培，有助于学生培养细心、耐心、持之以恒的良好品格以及热爱植物、尊重生命、保护环境的意识。此外，生物组还积极组织学生参加西城区太空种子种植活动，让教材的知识有延伸，有落地，并推进校园科技、文化、环境建设的同步发展，为参赛学生和教师搭建平台，进行展示和交流，对学生生物学素养的提高和教师队伍建设起到推进作用。

2. 专修、选修课程立足个性发展

（1）立足知识与社会、知识与人的女性专修课程

华夏女中开发并开设了一系列针对女性受教育者的特殊生理、心理和社会际遇特点以及成长成才规律的课程。无论是教学内容，还是教学方式，都

具有鲜明的性别特征。作为学生校本专修课程，专修课程旨在立足女性视角，提升女性综合素养、实现华夏女中的培养目标。

少女课堂

基于教育"立德树人"的根本任务、积极心理学与积极教育等教育理论，基于学生青春心理发展特点、青春健康教育的必要性以及学生成长的实际需求，华夏女中开发了校本课程《少女课堂》。本课程围绕"积极学习""积极自我""积极情绪""积极关系""积极成长"等五大课程模块，旨在培养学生的积极心理品质、提升学生的心理免疫力，促进学生的健康、幸福成长。课程开设五年来，《少女课堂》经历了"借鉴—探索—整合"三个发展阶段，逐步形成了专业性与校本性相结合的心理课程体系。

（2）立足知识与人以及女生独特发展需求的体艺特长类专修课程

华夏女中开发并开设了一系列适合女中学生身心发展，符合女校培养目标的体艺类校本专修课程，有鉴赏类、理论类、实践类等多种形式，包括舞蹈素养（舞蹈赏析、舞蹈技巧、舞蹈创编、体育舞蹈等）、音乐素养（女子合唱、音乐创编等）、体育素养（花式篮球、女子排球、团体操等）、美术素养（作品赏析、书法等）课程。

舞蹈素养特色课

华夏女中的舞蹈素养课有舞蹈赏析、民族舞、现代舞、身体舞蹈、舞蹈创编、啦啦操等，深受学生喜爱。初一形体模块的主要内容是从中国传统文化入手，教学形式包括教师自编组合教学、作品欣赏与讨论。教师需要在原有知识的基础上，根据学生情况进行反复的实践、加工和创造。而作品的欣赏与讨论，是认知情感的再次升华。在作品欣赏讨论中，师生的观点又丰富了作品的内涵。翻转式课堂是教学的亮点更是教师学习和资料整理的补充，引导方式首先运用了任务驱动，给每个学生安排不同的讲述内容，依次进行讲解，不仅提高了学生的研究能力，而且也锻炼了学生的表达能力。

（3）立足知识与生活、知识与人的人文素养类选修课程

华夏女中开发并开设了一系列旨在提升学生人文素养的选修课程。在丰富多彩的人文素养课程中，学生的艺术素养、文学素养、道德素养得到全面提升，学生在分析问题、沟通交流、组织领导等方面也能得到充分锻炼。这些课程给予学生追求有情致、高品质生活的能力与自信，有助于塑造学生的人格品质，培育学生的人文精神，树立学生的人文观念。

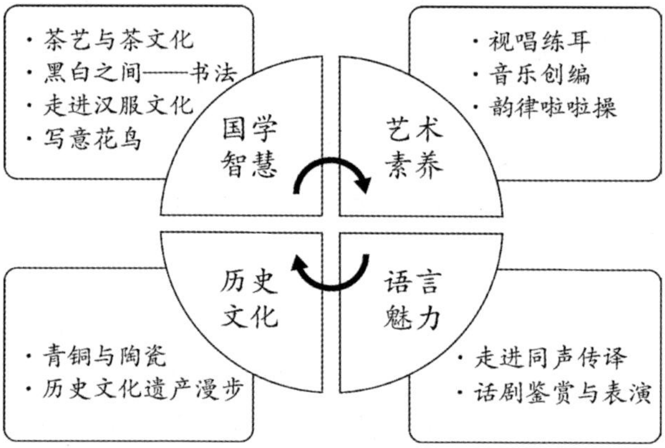

图 4–1　华夏女中人文素养类选修课程

（4）立足知识实际应用与学生多元智能发展的科学素养类选修课程

华夏女中立足时代发展，研发了一系列与生活紧密相连，重视实践和有足够探索空间的科学素养类校本课程，旨在提高学生的科学素养，缩短国家

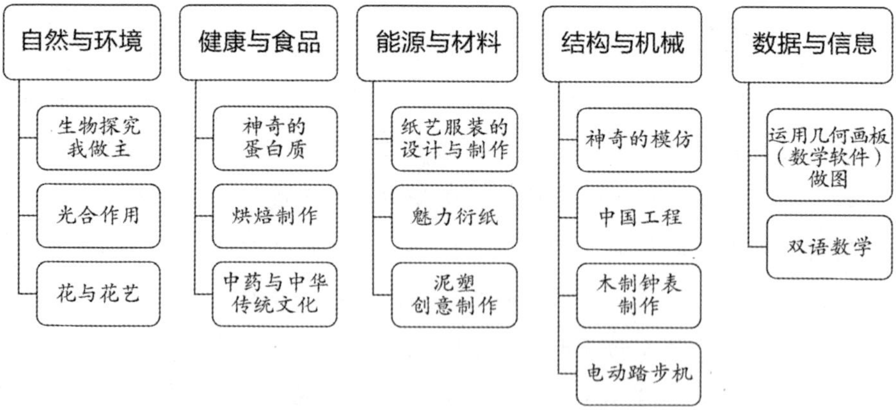

图 4–2　华夏女中科学素养类选修课程

课程方案设想的“应然水平”和国家课程实施所取得的“实然水平”的差距。在实践和可操作层面，校本课程方案根据学生的发展需求制定和调整，有效地提高学生的科学认知水平与动手操作能力，进而整体提升女生的科学素养。

3. 综合实践课程满足发展需求

（1）追求自主发展的“未来菁媖”生涯系列

①“未来菁媖”系列女校特色教育实践活动

生涯探索是学生生涯规划的前提和基础，在中学生学业生涯规划中有着重大的现实意义。生涯探索包含学生对自身兴趣、性格、技能和价值观等多方面的探索。华夏女中深刻认识到对学生进行生涯教育的重要性，并逐步形成了“未来菁媖”特色生涯系列课程，开设“菁媖讲坛”“精英论坛”，邀请各行各业的杰出人才走进课堂，分享他们的职业历程和职场经验，帮助女生更早更好地管理自己的教育和职业规划，激发学生的职业兴趣与理想，形成正确的职业期待。

②职业体验系列活动

华夏女中历来重视生涯规划教育，对不同学段的学生进行符合其年龄特点、满足其发展需求的生涯指导，帮助女生自主发展、发现兴趣、学有特长，促进女生的个性化发展。

初中阶段，华夏女中主要通过“真人图书馆（生涯人物进课堂）”“生涯剧场”“职业随影”等系列活动，帮助女生通过家长的职业分享，近距离观察、调研、体验职场，了解众多社会职业，发现自己的兴趣，规划自己的未来。在职业体验系列活动的引领下，学生走进ET保税直购中心了解进出口贸易与市场运营；走进安快创业谷了解创新孵化，近距离感受创业企业；走进中国影视大乐园体验影视制作、了解文化产业；走进人大校园感受大学氛围、树立理想目标……在职业体验的新模式下，职业体验成就新高度，该系列体验活动助力学生在初中阶段进行职业规划，有目标、有特色地满足学生自主发展的个性化需求。

（2）追求快乐学习的综合实践活动

①女校研学实践系列

研学旅行是研究性学习和旅行体验相结合，学生集体参加的有组织、有计划、有目的的校外参观体验实践活动。华夏女中改革原有的研学旅行，逐渐形成适合不同年级、不同学段女生身心发展，符合知识能力水平和实际需求的研学旅行。高中年级设计有“大美华夏，诗词江南”（苏杭研学），“寻历史之根，扬民族之魂”（西安研学），“泰山溯源，儒学之旅”（泰山及三孔研学），“传承中原文化，探究山水云台”（河南研学）。针对每一次研学之旅，学校都要根据活动主题，组织相关教师参与活动策划、选择路线、设计学习活动、编制研学手册、做好行前动员和各种组织准备。在研学旅行中，学生能够充分参与实践，真体验、真动手，从而获得真收获、真成长。

丰富多彩的研学旅行活动，以学生集体旅行、集中食宿的方式，让学生走出校园，在与平常不同的生活体验中拓展视野、丰富知识，加深对自然和文化的亲近感，增加对集体生活方式和社会公共道德的体验，提高女生的生活自理能力，提升创新精神和实践能力。

②语言运用活动系列

语言表达是一种特殊的社会实践活动，良好的口才是人才适应现代社会需求的重要素质。华夏女中关注学生的语言发展，开发语言运用系列校本课程，打造各学段特色实践活动，学生通过朗诵、演讲、戏剧表演等形式，体验语言之美，提升语言运用、表达的能力，为学生种下一颗兴趣的种子，也对学生的未来发展起到巨大作用。

初一年级以“朗诵”为主打活动，第一学期结合国庆节举办“我和我的祖国”诗歌朗诵比赛，以学生的视角感受祖国的不断探索、不断创新、不断发展，把诗歌学习、语文实践、舞台艺术和爱国主义教育很好地融为一体，在全方位提升学生语文综合素养的同时，培养了学生深挚的爱国情怀。第二学期结合传统文化，学生在教师的指导下改编古典诗词，进行歌词创作，在朗诵会上配乐演唱、伴奏而歌，尽显才情和精神世界的美好。“有诗有乐，有声有色”的诗词朗诵会，充分激发了同学们对诗词和歌曲的热爱，培养了自主创作的激情与能力，有利于全面提升学生自身的语文综合素养，丰富学生生活，传承传统文化。

初二年级以“演讲”“戏剧表演”为主要形式，让学生“语言建构与运用”“思维发展与提升”“审美鉴赏与创造”“文化传承与理解”等素养得到进一步提升。

③劳动技能活动系列

为了进一步加强劳动教育、推进素质教育，增强学生在实践活动中动脑、动手解决实际问题的能力，激发学生挑战极限、超越自我的潜能，培养相互协作、战胜困难的团队精神，华夏女中每年组织初二全体学生走出课堂，到“西城区综合实践活动中心”进行以“劳动技能”为主题的综合实践活动。两天的课程包括手鞠球、扎染、光影剪纸、丝绫堆绣、南湖船制作、刺绣、篆刻、月球车、机器人、摄影、剪纸、毛猴、家居设计、丝带绣、服装设计、遥控车制作、立体书制作等。

“劳动技能”主题实践活动为学生提供更多参与和体验社会生活的机会，提供宽广的学习和发展空间，学生收获的不只是知识的丰富和能力的提升，更培养了细心、耐心和坚韧的品格，增强了努力学习的自信和毅力，有助于使学生树立正确的劳动观点和劳动态度，热爱劳动和劳动人民，养成劳动习惯、收获劳动技能。劳技课教师随队参加，在过程中接触了学校课堂中无法开展的内容，提升了自己的专业技能，有助于教学的开展。班主任也在学生动手、合作、组织、分享、展示的过程中，了解了学生在学校课堂之外的多面特长，有助于对学生进行更加全面的教育。

（二）“女校特色课程体系”对教师专业发展的意义

1.课程体系建设为教师专业发展奠基

（1）明确立标定尺，保证教学活动有序开展

学校的办学理念、培养目标指引着课程建设，课程建设的理念又指导着课程建设的具体行为。“课程”是体系化、长期性的，华夏女中进一步规范、整合、开发和实施符合上级规定、地域特点、学校特色、促进学校内涵发展和学生全面而有个性成长的课程，课程体系建设遵循“课程目标、课程内容、课程实施、课程评价”四要素，坚持目标导向、内容具体、实施有效、评价促进。学校层面不断加强各学习领域、学科课程、主题教育活动之间的协调和衔接，整体协调学科课程中基础性与发展性、统一性与选择性等多方面的关系。学校的统筹设计为课程实施建立了尺度和标准。在逐渐摸索的过程中，华夏女中帮助教师树立起规范开发课程和实施课程的意识，从而逐渐规范各级各类课程的建设，保证教学活动有序开展。在此基础上，学校取得

了优异的教学成绩，也开展了“优效课堂”“优效备课组”等教学研究活动，举办了各学科教研组的市区级展示活动等。

（2）倡导全员参与，发挥教师主观能动性

华夏女中倡导全员参与，即学校的教职员工都可以根据学校和学生的需求，根据自己的技能、兴趣和特长，开发、开设及承担不同类别的课程。在课程开发的过程中，学校给予教师很大的自主权，教师作为课程的设计者、实施者，对课程、教学和人的理解都有了提高。在促进学生富有个性的全面发展的过程中，教师的专业知识和能力得以提高，能够更好地做好本职工作，师生共同成长成为华夏女中课程建设的常态和亮点。实验中学的黄荣老师跨校区工作，为华夏女中引入了《几何画板》和《数学双语教学》的选修课，逐渐有更多的数学老师参与授课。生物实验室的赵竹老师开设了《花与花艺》，物理实验室的许达老师开设了《木质钟表的制作》，充分利用了理科实验室的资源，丰富了实验员的职业体验，加强了教师对学情的了解，有助于更好地开展实验教学工作。

2. 课程设计实施为教师专业发展铺路

（1）教师在课程中提升，促进教师职业发展

通过一系列课程的开发、设计与实施，通过专家引领、校本培训、课题申报、搭建平台等多种方式提升教师的职业道德、教育观念、知识水平、能力素养以及职业幸福感，华夏女中逐渐打造出一支适应教育发展、有能力、有品位的教师队伍，这支队伍拥有过硬的专业技能、高雅的生活志趣、浓郁的教育情怀，能够自觉学习、主动发展、追求幸福，不断自我完善。华夏女中现有区级学科带头人 7 人，区级骨干班主任 1 人，区级骨干教师 15 人，区兼职教研员 4 人。多名教师的教学设计、课堂实录及课例在各级各类竞赛中获奖。在北京市西城区中小学网络学习平台课程资源建设中，14 名教师参与了 2020 年度录制工作，16 名教师参与了 2021 年度录制工作，为区域教育贡献了力量，获得了表彰。

（2）学生在课程中成长，体现教师专业能力

学校搭台，教师托举，学生唱“戏”。学校借助课程搭建舞台，给予每一位华夏女中学生多样、多元、多彩的成长平台，尽情展露自己的专业技能，展示自己的聪明才智，展现自己的创新能力，实现全面发展。这也是课

程实施者——教师专业能力的体现。近年来，华夏女中的办学质量有口皆碑，艺术、体育等学科也捷报频传。选修纸艺服装设计和制作课程的学生参加了北京市第五届普通高中及第一届北京市中小学通用技术服装及其设计纸服装展示活动，获得团体一等奖、设计师一等奖、模特一等奖等多项荣誉；选修该课程的学生还多次参加全国青少年非物质文化遗产大赛，均获得设计师、模特一等奖。选修话剧欣赏与实践课程的学生多次参加市区级艺术节话剧比赛并屡获金奖；参加西城区戏剧联盟活动，参与西城区百姓戏剧展演，备受好评。选修合唱课、舞蹈课、啦啦操课的学生也在发展特长的过程中，加强团队合作，多次在国家级、市级、区级的各类比赛中争得荣誉，实现了“各美其美，美美与共”。

3. 课程实践成果为教师专业发展续航

（1）改善课程硬件环境，创造教师课程开发条件

学校的特色课程在开设以后深受学生喜爱，为满足学校课程体系的进一步完善与日常授课需要，学校通过申报相关专项，在有限的校舍条件下建成了专业教室——茶艺教室、烘焙教室、舞蹈教室、书法教室、英语听力口语教室，改造了服装教室、音乐教室、报告厅。上课条件的改善，不仅解决了部分课程的上课空间问题，也让学校课程的特色更加鲜明，更实现了部分教师开设校本课程的职业理想。

（2）丰富校园文化生活，提升教师职业幸福感

音乐创编课、合唱课、舞蹈课的学生连续参加实验集团的教师节展演与新年演出，受到好评。2015—2021 年，华夏女中依托音乐类选修课，连续举办新年音乐会，全部曲目由学生自己创编、排练并演出，音乐会已经成为学校一票难求的重要活动。2019 年 10 月，通过艺术体育类课程组织实施，体音美教研组创编了大型女生团体操《青春 · 中国》，献礼祖国七十周年华诞，增强了师生的凝聚力、向心力，全校师生反响热烈。校园有了文化，就有了深厚的底蕴；校园有了艺术，就有了精神的升华。在小而精致的校园里，师生共沐在“我爱华夏”的温暖与幸福中。

（3）促进学科融合交流，打造教师成长共同体

学科融合是教育教学的理想境界和必然选择，也是教师应有的学科素养和品质追求。华夏女中教师跨学科合作从教学实践出发开展研究，在研究过

程中，教师不断转变观念，跳出学科范畴，扩展研究领域，完善实验方案，改进实际教学，最终形成有效的多学科教师协同教研模式。随着课程体系的不断完善，华夏女中形成了教师学习成长的共同体，这是对教师专业化发展有效途径的有益探索。学校也在更新理念、强化策略的过程中，健全制度，锤炼队伍，打造育人共同体，促进学校的可持续发展。

二、依托课题引领成长，培育学科核心素养

全面提升学生的核心素养是学生现阶段发展的需要，更是学生终生发展的需要。教师是学生成长的服务者和同行者，教师的专业发展更多的应该体现在促进学生核心素养的养成上。对于教师而言，课堂主阵地是最应重视的，只有提高课堂教学效率，实现学生核心素养的养成，才有可能将学习内化为学生的一种习惯，从而实现促进学生终身发展的目标。因此，支持学生发展需要的教师专业成长应转向“核心素养视域下”的教学研究。

华夏女中十分重视推动各学科核心素养在教学中的落实，以区级重点研究课题《核心素养视域下教学内容整合的评价研究》为载体，开展了丰富的研究实践活动。课题自 2018 年 3 月开题，于 2020 年 12 月结题，主要围绕整合教学内容、制定评价标准展开，即根据教学内容整合研究和实践的效果，制定出整合评价的相应标准和用以指导教学内容贯彻落实核心素养的要求，实现教学效果的提升。

（一）大势所趋，成长必需

1. 教育改革的大势所趋

2014 年，教育部印发《关于全面深化课程改革落实立德树人根本任务的意见》，提出“教育部将组织研究提出各学段学生发展核心素养体系，明确学生应具备的适应终身发展和社会发展需要的必备品格和关键能力”。研究学生发展核心素养是落实立德树人根本任务的一项重要举措，也是适应世界教育改革发展趋势、提升我国教育国际竞争力的迫切需要。

核心素养是学生在接受相应学段的教育过程中，逐步形成的适应个人终

生发展和社会发展需要的必备品格与关键能力。它是关于学生知识、技能、情感、态度、价值观等多方面要求的结合体。在性质上，核心素养是所有学生都应具备的共同素养，是最关键、最必要的共同素养。

课程标准是国家课程的纲领性文件，是国家对基础教育课程的基本规范和质量要求。由于课标规定的是国家对学生在某方面或某领域的基本素质要求，无论是教材、教学还是评价，最终都是为这些基本素质的培养服务的。

如何基于核心素养总体框架确定各学段的核心素养及其表现特点，从学生发展的角度做好不同学段核心素养的纵向衔接，是核心素养最终落实的重要环节。华夏女中教师持续关注并学习教育改革的最新政策。因此，为了更好地将核心素养培养落实到具体学段学生的培养上，还需要研究核心素养在不同学段的关键内涵，从而实现核心素养体系在各学段的垂直贯通，为核心素养与各学科、各学段的有机结合搭建桥梁。

2. 师生成长的迫切需要

华夏女中教师始终坚持教学研究。对于教师而言，课堂主阵地是最应重视的，只有分科目、分阶段地整合教学内容，才能提高课堂教学效率，适应当前教育要求。那么，研究什么来适应当前学生的需求呢？“教学内容”与“教学方法”是教学上的两个关键问题。长久以来，很多教师往往在“怎么教”上下很多功夫，而忽略了对课程内容“教什么”的研究。事实上，“教什么”是“怎么教”的前提和基础，是进行有效课堂教学的核心环节。教师选择教学方法，进行课堂教学设计和实施课堂教学都要围绕教学内容展开。课程内容不确定，“怎么去教”的教学方法便难以有效落地；教学内容确定了，才可以更好地落实核心素养的要求。因此，在学科核心素养视域下，关注并研究教学内容就显得尤为重要。

当前，部分教师的教学课堂存在内容固化或内容选择随意的问题，有些学科在不同学段，课堂教学内容区别不大。造成这种现象的原因有两个：一是由于教材本身的特点；二是由于教师备课过程中存在的问题。虽然课程形态是多元的，但课程目标应该是规定性的，那么课堂教学内容也应该有所区别，即教学内容要相对确定。只有这样，才能改变课堂教学“高耗低效”的状况，才有可能使学生的学业水平逐步提高。提高课堂教学效率成为学校和师生共同成长的关键。

（二）分科分段，明确目标

全面提升学生的核心素养是学生各个阶段成长的需要，更是学生终生发展的需要。教师是学生成长的服务者和同行者，教师的专业发展更多的应该体现在促进学生核心素养的养成上。而对于教师而言，课堂主阵地是最应重视的，只有分科目、分阶段地整合教学内容，提高课堂教学效率，实现学生核心素养的养成，才有可能将学习内化为学生的一种习惯，从而实现促进学生终身发展的目标。

1. 初中学段学科的教学内容整合

以英语学科为例，根据学生的最近发展区和提升学科素养的需要，整合教学内容，建构学科知识结构，形成学科思维，提升学科素养。集中精力完成学科教学内容整合，以示范和引领其他学科在新教材到位后作出更成熟的教学内容整合。

2. 初高中衔接的教学内容整合

以数学学科为例，为解决初高中教材梯度太大的问题，学校以数学学科为引领，做好初高中衔接部分的教学内容整合，从而帮助学生顺利完成初高中的学习过渡，具备高一学段必备的学科素养。

3. 高中学段学科的教学内容整合

以语文学科为例，注重学科内及跨学科知识的相关性和序列性，整合教学内容，促进学生学科素养和综合素养的提升。

（三）积极研究，逐步推进

教师在研究实施过程中，首先深入学习学科核心素养和新课标，对教学内容整合进行初步探讨，然后完成研究课，最后进行课后反思，讨论评价标准。即在学习、研讨、实践、反思四个阶段逐步推进。

1. 学习阶段

主要任务是深入学习学科核心素养和新课标，主要形式有阅读相关书籍、听讲座、参加外出培训、参加教研活动等。

2. 研讨阶段

教研组进行核心素养、新课标的学习，在组会上大家进行交流分享，以获得更深入的理解。

3. 实践阶段

以课堂教学为实践形式，教研组教师在专家的指导下做课、听课、评课，重点关注教学内容整合。

4. 反思阶段

完成以“核心素养视域下教学内容整合的评价标准”为主题的教学反思。即材料的挑选与整合依据、它如何在教学过程中发挥作用、对未来的材料整合有什么启发。

教研组进行“核心素养视域下教学内容整合的评价标准”的讨论，汇集所有教师的教学反思，在专家的指导下完成评价标准的框架梳理。

最后是梳理研究成果，完成汇报材料。

（四）整合内容，明确标准

1. 初中学段英语学科的教学内容整合与评价标准

（1）初中学段英语教学内容整合研究背景

英语学科的工具性和人文性并存，核心素养主要由两部分组成：其一是必备品格，包括文化品格和思维品质；其二是关键能力，包括语言能力和学习能力。

文化品格是指对中外文化的理解和对优秀文化的认同，是学生在全球化背景下表现出的知识素质、人文修养和行为取向。思维品质是指人的思维个性特征，反映在其思维的逻辑性、批判性、创新性等方面所表现的水平和特点。语言能力是指在社会情境中，以听、说、读、看、写等方式理解和表达意义、意图和情感态度的能力。学习能力是指学生积极运用和主动调适英语学习策略，拓宽英语学习渠道，提升英语学习效率的意识和能力。

在核心素养视域下，初中阶段英语教学内容整合的评价标准是什么？华夏女中英语组的研究内容紧密围绕核心素养的四个维度，即教学内容的整合是否“有助于提高语言能力”“有助于培育文化意识”“有助于提升思维品质”“有助于培养学习能力”。

（2）初中学段英语教学内容整合研究目标

实现英语学科新课标与核心素养的要求落地，将理论内容与可操作的教学方法紧密联系起来；基于核心素养和教学实践的要求，探索出教学内容整

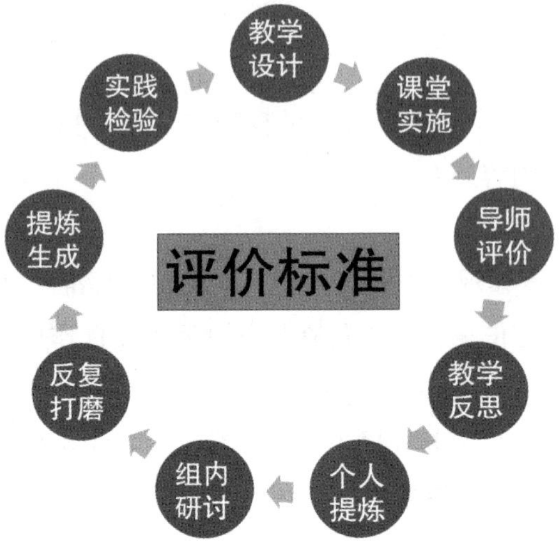

图 4-3　华夏女中英语组核心素养视域下初中阶段英语教学内容整合的评价标准的研究路径

合时应有的评价维度；制定出有实际应用意义的《核心素养视域下初中阶段英语教学内容整合的评价标准》，从而对教师在教学内容整合方面起到引领和指导作用。

（3）初中学段英语教学内容整合研究成效

以课堂实践为基础，英语组梳理出了《核心素养视域下初中阶段英语教学内容整合的评价标准》。在此过程中，教师们对以往的教学进行了有效反思，将其整理成册，形成宝贵的学习交流资料，为教师的持续成长提供帮助，也促进了教学成果的分享、传播。

表 4-1　核心素养视域下初中阶段英语教学内容整合的评价标准

一级标准	二级标准	三级标准
有助于提高语言能力	材料品质高	权威准确
		形式多样
	具有适切性	难度适宜
		紧扣目标
	统一且协调	主题一致
		知识相联

续表

一级标准	二级标准	三级标准
有助于培育文化意识	传递多元文化	展现世界优秀文化
		树立民族文化自信
	锻炼交际能力	示例跨文化交际场景
		分析跨文化交际行为
	体现育人价值	引导积极向上价值观
		增强世界公民责任感
有助于提升思维品质	适于逻辑训练	结构清晰合理
		多层次多角度
	激发批判思维	提供推理空间
		推动观点形成
	发展创新能力	聚焦现实问题
		保持开放灵活
有助于培养学习能力	调动学习兴趣	符合年龄特点
		话题贴近时代
	拓宽学习渠道	材料来源较丰富
		搜集方法可借鉴
	指导学习策略	利于总结反思
		增强效率意识

在研究的过程中，华夏女中英语组教师进一步加深了对于新课标、核心素养的理解，增强了在教学中渗透核心素养的意识，提升了教学能力和水平；同时，学生的英语语言能力、学习能力、文化意识、思维品质也得到了提高，实现了师生共同成长。

2.初高中衔接数学教学的内容整合与评价标准

（1）初高中衔接数学教学的内容整合研究背景

2016年6月，教育部颁布了《教育信息化“十三五”规划》，倡导有条件的地区探索跨学科（STEM）教育模式。2019年6月，《国务院办公厅关于新时代推进普通高中育人方式改革的指导意见》明确指出，深化课堂教学改革，要求积极探索基于情境、问题导向的互动式、启发式、探究式、体验式等课堂教学，注重加强课题研究、项目设计、研究性学习等跨学科综合性教学，认真开展验证性实验和探究性实验教学。由此可见，跨学段、跨学科

（STEM）的教育模式已然成为当下主流的教育教学模式，华夏女中数学组基于核心素养培育目标及跨学段、跨学科（STEM）教育模式，开展了教学内容整合方面的研究。

STEM 最重要的理念是整合，跨学科、跨情景教学，符合核心素养育人理念。不同学段内容的整合、不同学科内容的整合以及不同语言情景的教学研究，是教学内容评价研究的一部分。

华夏女中数学组基于目前研究现状和学校具体学情对 STEM 模式进行了进一步改进和实验，研究的教学方式为项目式学习，倡导合作式学习和探究式学习。

（2）初高中衔接数学教学内容整合研究目标

跨学段整合教学内容。以数学为例，普通高中课程标准实验教科书中的选修教材上包含了数学史选讲、不等式选讲、球面上的几何、对称与群、优选法与实验设计初步、风险与决策等。前面的比较适合初中小组在拓展整合时使用，后面部分可以用于高中微课题选材。

跨学科整合教学内容。与核心素养理念相配套的新课程标准选修课程中有 A、B、C、D、E 五类课程，基本都是跨学科类课程，这为华夏女中的跨学科育人方式研究提供了丰富的营养。在高中教学期间跨学科小组出现得比较多，主要是研究数学与物理、化学、生物等理科类学科的结合，其中，基于小组研究成果《圆锥曲线的光学性质》的公开课《圆锥曲线定义再认识》获得了市级课程类评比一等奖。目前，数学组已经开始在初一学生中渗透开展跨学科教学，包括在假期写数学小论文和分享家长与数学的故事，多数都是跨学科资源的整合。

跨文化整合教学内容。这方面的研究是以选修课的方式从高中开始的，实施了一个学期，共计 12 次课。内容是高中数学核心概念选讲，采用中英双语教学方式。该课程以发展核心素养为目的，聚焦于文化和数学教育国际差异。实践采取的主要方案内容源自英美原版教材、美国配套高中课程视频资源，配合 Khan-academy 的庞大微课资源库，以“做课题”的学习方式开展。

（3）初高中衔接数学教学内容整合研究成效

本研究在过程与方法上颇有创新，采用微课题方式进行 STEM 整合教学，取得了良好的效果，在方法途径方面给其他实践研究提供了值得借鉴的经验。

从 2016 年至今，华夏女中数学组关于运用微课题小组合作学习的研究从没有间断，从小组的建设、运行、分享上都有着丰富成熟的经验。

课题类型也由教师定课题，发展到学生可以自己选定课题，形成三类基本课题类型，契合了 STEM 整合理念。

关于跨学段，华夏女中数学组编制了一本贯通培养的学案——《初高中衔接数学学案》，帮助学有余力的同学提升思维水平，为她们向高中数学阶段顺利过渡提供良好的指导。同时，数学组研制了关于衔接教学内容的评价标准。在研究的过程中，华夏女中数学组教师进一步加深了对于新课标、核心素养的理解，并且基于核心素养培育目标及跨学段、跨学科（STEM）教育模式，开展了教学内容整合的研究。同时合作式学习和探究式学习也切实提高了学生的参与度，实现了师生共同成长。

3. 高中学段语文学科的教学内容整合

（1）高中学段语文学科教学内容研究背景

华夏女中语文组以小组合作、个人尝试等多种形式参与并开展过许多研究性学习活动。语文组开展本次研究，基于以下背景条件：

《普通高中语文课程标准（2017 年版）》将语文学科核心素养概括为四个方面，即“语言建构与运用”“思维发展与提升”“审美鉴赏与创造”“文化传承与理解”。新课标要求教师在教学内容整合、教学设计、学业质量和考试评价标准以及学生自主学习的设计、语文实践活动等方面，都要将语文学科核心素养全面落实。因此教师需要加强对新课标的学习和理解，并将所学和所思迁移、应用到实践中，使教学内容和方式与时俱进，积极整合教学内容，创新教学方式，全面提升教学质量。

在集团化办学的背景下，华夏女中与实验中学深度融合，碰撞出了很多教学思想的火花。在深入交流的过程中，教师接触到了不同的教学理念和方法。在学生素质不断提升的环境中，教师也必须不断改良教学内容和方法，需要对课本内容进行取舍、调整，并补充大量的课外资料。面对新的挑战，教师需要通过总结与反思，有效地提升教学能力。

华夏女中语文组积极参加“教师专业成长项目”的培训活动，在指导专家及区教研员指导下，语文组教师在区级、校级平台上展示了不少精品课。

专家们的指导不局限于听课、评课环节，还延伸到了备课及教学反思等更多的教学环节。在备课过程中，专家会对教学内容的整合提出建议；在听课、评课的过程中点评教学内容整合是否合理，教学材料是否发挥了应有的作用；同时引导教师进行教学反思。在此基础上，本项研究应运而生。

（2）高中学段语文学科教学内容研究目标

全面落实新课标语文学科“核心素养”的四个方面要求，将理论内容与可操作的教学方式紧密联系起来。“核心素养”理念下设定了15个学习任务群的课程，第一个就是“整本书阅读与研讨”，其教学目的是基于整本书阅读与群文阅读等教学实践，探索语文教学内容整合时应有的评价标准，并通过目标、设计、活动等方面的整合，制定出有实际应用意义的“教学内容整合评价标准”，从而对教师在教学内容整合及如何评价等方面起到指导作用。

（3）高中学段语文学科教学内容研究成效

通过整本书阅读等课程的丰富实践，梳理出了“核心素养视域下高中阶段语文教学内容整合的评价标准”，在此过程中教师们对以往的教学进行了有效反思，更新了教学理念。

表 4–2　核心素养视域下高中语文整本书阅读与群文阅读教学内容整合的评价标准

整本书阅读	目标整合	实现语文核心素养	1. 语言的建构与运用 2. 思维的发展与提升 3. 审美的鉴赏与创造 4. 文化的传承与理解
	梳理整合	1. 结构化 2. 方法化 3. 策略化	1. 积累的语言材料 2. 学习的语文知识 3. 言语的活动经验
	设计整合	1. 单元化 2. 情境化 3. 任务化	1. 主题 2. 典型语用现象 3. 典型文学现象 4. 融合了重要学科知识的任务
	活动整合	1. 阅读与鉴赏 2. 表达与交流 3. 活动与探究	—
	评价整合	1. 诊断性评价 2. 形成性评价 3. 终结性评价	—

续表

群文阅读	目标整合	实现语文核心素养	1. 语言的建构与运用 2. 思维的发展与提升 3. 审美的鉴赏与创造 4. 文化的传承与理解
	材料整合	1. 依照单元主题 2. 链接相关材料	1. 围绕目标 2. 主题统一 3. 贴合学情
	情境整合	1. 创设真实情境 2. 创设真实任务 3. 引发言语行为表现	1. 设置上位问题 2. 设置解决上位问题的小问题
	思维整合	1. 镜像思维 2. 范畴思维 3. 二进制思维	1. 创新型 2. 深刻性 3. 宽广度
	知识整合	1. 体现语用 2. 体现学习梯度 3. 体现知识的呈现方式	1. 知识的结构化认知 2. 掌握语理 3. 真实情景中规范得体运用

在实践和研究过程中，教师们进一步加深了对于新课标、核心素养的理解，增强了在教学中渗透核心素养的意识，让语文核心素养的培养渗透、贯穿到整本书阅读的过程中。本项研究以课堂实践为基础，使教师的教学能力和水平得到显著提升。教师们优质课的教学设计和教学反思被整理成册，以积累、记录教学成果和评价反馈，便于成果推广。同时，学生对祖国语言文字的运用能力、理解能力提高了，审美和文化品味也得以提升。

（五）成果丰富，推进实践

1. 各学科教师取得丰富的研究成果

经过几年的研究和实践，华夏女中参与研究的学科，包括语文、数学、英语、生物、艺术、书法、地理等，均形成丰硕的研究成果。语文学科“整本书阅读与群文阅读教学内容整合的标准”，数学学科“核心素养视域下教学内容评价研究”，英语学科“教学内容整合的评价标准”及《教学设计案例集》，生物学科“核心素养视域下初中阶段生物教学内容整合的评价标准”，艺术学科“核心素养视域下初中阶段美术、书法教学内容整合的评价标准”，地理学科“教学资源整合评价标准”，等等，形成了我校科学有效提升学科核心素养的教学方法以及教学内容评价体系，并在各学科教学组内形成可推广、延续的教学经验。

2. 各教研组对研究成果的实践与拓展运用

（1）学校常态教学实践及教师队伍建设工作中的实践与应用

为进一步落实学校教学工作计划，结合课题研究内容，本着“全员参与、深入研究”的精神，学校各个教研组积极参与“教师专业成长项目”和“优效课堂”系列活动。

例如，语文组在项目开始之初的2016年就积极参与“教师专业成长项目”，从高中教师开始，每周都会做组内公开课。于佳琦老师当时任教高一年级，就《红楼梦》经典阅读做了一节公开课——《追梦红楼：花签之人物》。语文组全体老师集众力对整本书阅读以及“语文核心素养”在教学中的实践进行了积极研讨。从篇目引入，做好基本的“语言建构”；到设置情境，完成基于“语言建构”的运用；到精读分享，在“语言建构与运用”的基础上发展和提升思维；最后进行活动体验，在实践中提升审美水平、传承文化。创新的教学实践让语文核心素养的培养渗透、贯穿到整本书阅读的过程中，力求推动学生语文核心素养的发展。

又如，在初中生物试验教学过程中，探索改革传统教学方式，提高初中生物实验教学效果，培养更多具备综合型素养的学生。智冠华老师设计的《激素调节》尝试了实验材料的创新，不仅采用蝌蚪作为实验材料，同时也采用很少有人尝试的家蚕作为实验材料，正确引导学生理解生物、生命以及自然的内涵，丰富学生的生物知识。马爽老师的《生态系统的稳定性》在设计思路方面进行了大胆的创新尝试，她没有采用常规的观察生态瓶中各种生物的生存时间来说明生态系统的稳定性，而是反过来通过测定生态瓶中溶液PH值的变化来说明这一问题，潜移默化地提升了学生进行科学探究的能力。

此外，华夏女中的教师们积极参加“优效课堂”系列活动，在活动中对学科核心素养进行了再学习、再认识。以提升课堂教学效果、培养学科核心素养为出发点，聚焦课堂教学内容的整合，形成了本学科《优效课堂评价标准》（见本章第三节）。

（2）线上教学实践过程中的应用

课题研究过程强化了教师对学科核心素养的深刻理解，引导教师从核心素养的视角，对学科内容进行再审视，有力提升了教师对学科教学内容的认识水平。在研究结果的推动下，在疫情线上教学期间，各学科依据课题研究获得的收获，根据学生居家学习特点和需要整合的教学内容，努力丰富教学形式，形成了《核心素养视域下线上教学内容整合的评价标准》。例如，语文学科提出了以下标准：

①教学内容的整合应保障学生明确学习任务

在线下教学中，教师也会整合教学内容，制订教学计划。但与线上教学不同的是，在真实的情境中，教师可以随时和学生沟通，依据课堂情景随时进行调整。但转到线上以后，学生是比较被动的接收终端，每天接收大量信息和资源，所以要让学生非常清楚教学内容经过了怎样的整合，每天该完成什么任务，一周达成什么目标。在这样明确的规划指导下，学生可以按阶段任务打包课程资源，针对自己薄弱的专题，随时听、反复听，而不是把精力耗费在调整适应上。

②微课内容整合的模式应精简且搭配适配教材

微课内容的模式宜精简不宜繁复，内容直入核心知识点，这便于让使用者迅速适应，高效掌握。此外，编写适配的教材搭配微课使用，能有针对性地落实核心任务。比如，高三年级教师编写的《2020 高考新题型备考》教材，可以直接搭配微课视频中的核心知识点使用。

③教学内容应生发丰富的学科互动活动

线上教学缺乏人与人面对面的互动，所以尤其需要针对核心素养对语言建构的重视，使教学内容的整合生发出丰富的学科活动，增加师生视频互动的机会。例如，初一语文组在线上教学时举办的“古韵抒新曲，云上抒我怀”，初二语文组在线上教学时举办的“不负韶华”主题演讲，初三语文组通过“班级小管家”督促打卡背诵，等等。都是结合本年级诗词、演讲、备考的教学内容整合生发出的丰富的活动形式。还有高中学生的创意视频背诵、线上主题分享等。这些线上教学内容生发出的学习活动，可以促进形成共同学习的氛围，特别受学生欢迎。

④教学内容应易于上传、展示、下载

线上教学内容整合最大的优势是便捷，所以教师要借助软件硬件的更新，不断学习线上教学技术，提升线上教学品质，便于上传、展示、下载，并依据专题进行归类，让学生依据核心素养的目标直接找到相应的内容。使用电子笔、电子白板等硬件设施，能让学生获得更多课堂真实感，拉近教师与学生的距离，克服懈怠情绪，高效地达成目标。

⑤教学内容整合过程中应及时沟通

教学内容整合后，学生要有一个适应的过程。所以在刚开始线上教学时，教师要及时了解学生的课堂需求，设计调查问卷等了解学情的状态，在此过程中也要及时进行一对一的反馈，让学生了解学习内容整合后的详细安排，才能使师生围绕线上教学内容形成合力。

此外，其他学科也会结合各自特点制定线上教学内容整合的评价标准。比如，美术、书法组老师在线上的教学模式下，把艺术学科线上教学确定为艺术鉴赏、技法训练、心理调适三个方向。在材料的整合上，具体分为专题式艺术鉴赏、阶段式技法训练和创意式生活体验三个部分，增加了视觉体验的多元性。同时，为了提高学生的艺术兴趣，增加居家体验多元艺术魅力的机会，拓展学生“美”的视野，美术的线上课程既设计了“技法教学”内容，又设计了贴近生活的教学内容，既有国画教学又兼容西方艺术知识，受到孩子们的喜爱和肯定。比如，初一年级的书法课程通过腾讯会议形式进行线上网络教学，着重培养学生的艺术兴趣、基础造型能力、作品创作意识和传统文化素养，并加强了对于理论知识、审美判断、技法训练三个方面的教学引导。具体主要以经典书法作品的鉴赏和欧体楷书技法讲授为主，鼓励学生寻找身边可以利用的工具材料进行创作，提高学生的审美能力和技法水平。教师设计了适合本校教学特色，适合女生的书法线上教学课件，采用“视频 + 直播解说”的形式为同学们讲授“书法 + 美术 + 多元艺术”等内容，布置了“生活化 + 任务性”的小作业，线上授课的方式既新颖又具有互动性，使师生乐在其中。

三、探索教学实施规范，打造全科“优效课堂”

为了进一步推动校本研究与教学实践的结合，华夏女中自主开展了“优效系列”校级教学实践研究活动，以“优效课堂”“优效备课组”“优效教研组”为主要阶段，紧紧抓住“教师（课堂）—备课组—教研组”这条教学活动主线，有效提升教师的理论与实践水平，着力建设教研团队，促进教师个人成长和团队整体发展。其中，在“优效课堂”系列活动中，教师全员参与，深入研究具有华夏女中特色的教学实施规范，积极创建具有学科特色的精品课堂。

（一）“优效课堂”系列活动构建思路

华夏女中在融入北师大实验中学教育集团后，迎来了教学发展的新机遇，同样也面临着新的挑战。首先，学校生源质量不断提升，随之而来的社会期待也日益提高，学生和家长希望学校提供更优质的教育。其次，在新的发展阶段，学校教师以更饱满的精神面貌面对工作，积极进取，团结协作，教研实力稳步增强，需要学校提供进一步的指导并搭建展示平台。同时，各学科核心素养的出台，给予了课堂教学新的指导方向，对于学校整体的教学引领以及教师个体的课堂实践都提出了新的要求。在此背景下，学校致力于实施优质教学，提升课堂品质，“优效课堂”系列活动由此应运而生。

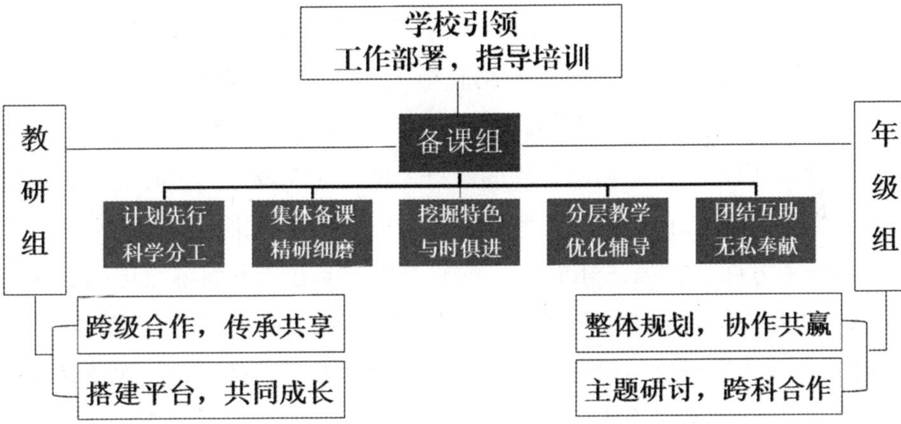

图 4–4　“优效备课组”系列活动工作协作示意图

“优效课堂”系列活动本着全员参与、深入研究的精神，旨在聚焦课堂，促进教师研究理论和学情，提高教师的授课能力和水平，以务实姿态提升教学质量。活动以“制定《华夏女中优效课堂评价标准》——打造各科优效课堂”为主线，共分“研究—实践—展示—总结”四个阶段，历经两年，在全校教师的共同努力下达到预期目标，取得丰硕成果。

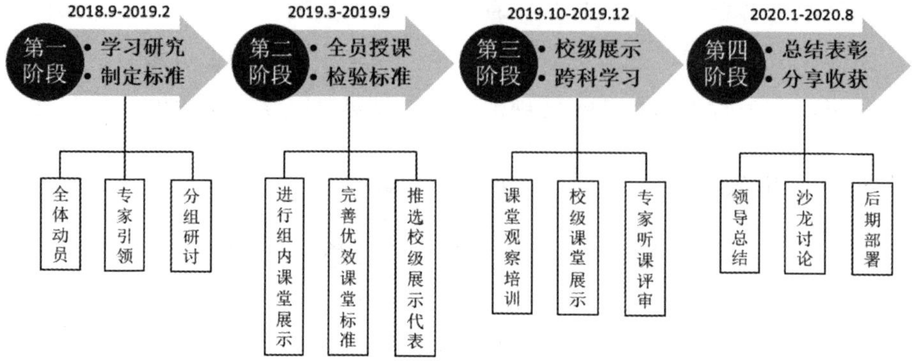

图 4–5　华夏女中“优效课堂”系列工作推进安排

（二）第一阶段：学习研究，制定标准

1. 全体动员：以“优效课堂教学研讨沙龙”启动“优效课堂”系列活动

华夏女中教学副校长张雁组织全校教师开展了“优效课堂教学研讨沙龙”活动。活动的第一环节是教师随机分组，各组进行课堂教学现状分析和讨论。在人人参与的基础上，各组归纳总结出目前课堂教学中的优点与不足，由发言代表向全体教师进行汇报。在第二环节中，梳理教师对于课堂教学现状的分析和认识，进而概括出课堂的重点要素，即以教师为中心的“教学设计、课堂实施、反思提升效果”和以学生为中心的“思维能力、主动性（活力）”共五个方面。在第三环节中，教师围绕以上五个方面继续进行分组研讨，针对“打造优效课堂的行动”，即“可以做什么、应该怎么做”，各组以思维导图呈现本组讨论结果并由发言代表向全体教师阐释。在这次研讨沙龙结束之时，与会教师意犹未尽，这是一个良好的开端，是以“优效课堂”为主题的研究和交流成为常态的开始。

2. 专家引领：以理论学习打开“优效课堂”教学研究的入口

北师大实验中学特级教师张建国老师为华夏女中全体教师进行“优效课堂”教学研究培训讲座，以“课堂教学评价的个人方案”为主题，通过关注课堂教学、评价及其标准、学科共同纲领、个人方案制定等四个话题，从理论模型入手，对课堂教学评价的多个维度逐一进行解析。再以实验中学“活力课堂”的研究过程为例，展示了理论模型如何本土化，如何为教师研究服务的全过程。鲜活的案例使教师看到了理论在课堂教学环节中的指导作用，让理论在实践的过程中有效落地。此次专家讲座为华夏女中“优效课堂”系列活动指明了理论学习与实践研究的方向。

3. 分组研讨：以教研组为单位开展《优效课堂评价标准》的初步研究

各教研组教师在组长的带领下，研读课程标准，探讨学科核心素养，学习相关文献及实践成果。例如，数学教研组向李梁和马成瑞等数学教育专家请教，并结合教育部新课标理念以及张景斌教授对数学课堂教学技能内容设定的思考，研讨应从哪些维度来制定课堂评价标准，制定了《华夏女中数学优效课堂评价标准意见征询稿》。初步明确了评价标准应符合“简明、实用、可操作、可重组、以评分权重突出重点”等原则。

各教研组针对《优效课堂评价标准》开展民主研讨，达成共识，形成全组的共同理念。例如，生物组在初步制定出适合本学科的讲授课堂以及实验课堂的评价标准的同时，明确了生物组教学的三个主要探索方向：以大单元教学设计为背景，重新整合4册书的教学内容与教学进度，合理规划；以概念教学作为教学中突破重难点的主要教学方式，构建学生的知识体系；实验教学要寻求更多的突破，作为提升学生生物学素养的主阵地。

各教研组制定出本学科《优效课堂评价标准》初稿，并结合专家指导反复打磨。例如，历史组通过开会研讨、理论学习、对比借鉴、思想碰撞等，促使每位历史教师设计出自己的评价初稿。在整合各稿后，组内结合教师专业成长项目的专家指导，四易其稿，解决了标准不够明确、不符合初中学生水平、不突出新课标要求等问题，最终形成了凝结全组智慧的《华夏女中历史组优效课堂评价标准》，该标准集中体现了“高效的目标引领——教师的设计”“有效的问题情境创设——方法的指导”“实效的合作交流策略——学生的活动”“时效的价值观念体现——核心素养的落地”。

表4–3　华夏女中历史学科“优效课堂”评价标准

	评价指标	分值	得分
教学目标	1. 目标设定以解决问题的水平和程度为核心内容 2. 目标有可操作性 3. 目标设定符合课标、教材和学生实际	10分	

续表

<table>
<tr><th colspan="2"></th><th colspan="4">评价指标</th><th>分值</th><th>得分</th></tr>
<tr><td rowspan="2">教师主导作用</td><td>教学过程</td><td colspan="4">1. 教学思路清晰，每个环节紧紧围绕既定的教学任务和目标展开
2. 教学重点有助于培养学生理解、解释历史的能力
3. 指导学生运用史料解释历史，从史料中获取知识形成能力
4. 教学方法灵活多样，符合授课内容要求，符合学生的认知规律
5. 教学手段直观，运用多种教学媒体为学生创造良好的学习环境
6. 课堂结构合理，过渡自然，教学反馈和校正及时</td><td>20 分</td><td></td></tr>
<tr><td>教师素养</td><td colspan="4">1. 语言清晰准确，科学专业、逻辑性强
2. 板书布局合理，层次分明
3. 教态亲切自然，有感染力，善于与学生沟通情感</td><td>10 分</td><td></td></tr>
<tr><td>学生主体作用</td><td>学生参与</td><td colspan="4">1. 学生有参与的积极性、主动性
2. 课堂活动、合作学习有实效性（自我评价、自我调控）
3. 参与学习活动的学生具有广泛性
4. 体现思维的深刻与创新性（生成能力、解决问题）</td><td>20 分</td><td></td></tr>
<tr><td colspan="2" rowspan="15">历史学科素养的培养</td><td rowspan="3">唯物史观</td><td>立场</td><td>运用唯物史观的立场探讨历史问题</td><td></td><td rowspan="15">30 分（选择维度按层级赋分）</td><td rowspan="15"></td></tr>
<tr><td>观点</td><td>历史观点的正确性</td><td></td></tr>
<tr><td>方法</td><td>运用科学的方法论解决历史问题</td><td></td></tr>
<tr><td rowspan="3">时空观念</td><td>时间</td><td>按时序建构历史的准确度</td><td></td></tr>
<tr><td>空间</td><td>按空间要素建构历史的准确度</td><td></td></tr>
<tr><td>联系</td><td>构建时空联系的框架认识历史</td><td></td></tr>
<tr><td rowspan="3">史料实证</td><td>价值</td><td>获取史料的途径、方法及价值</td><td></td></tr>
<tr><td>辨析</td><td>对史料的整理去伪存真，去粗取精</td><td></td></tr>
<tr><td>结论</td><td>通过史料得出历史认识的客观性、正确性</td><td></td></tr>
<tr><td rowspan="3">历史解释</td><td>理解</td><td>辩证、客观地理解历史的能力</td><td></td></tr>
<tr><td>描述</td><td>描述历史，揭示因果关系，表达看法</td><td></td></tr>
<tr><td>求真</td><td>对历史的解释，与历史真实的接近度</td><td></td></tr>
<tr><td rowspan="3">家国情怀</td><td>态度</td><td>具有人文情怀，并关注现实问题</td><td></td></tr>
<tr><td>视野</td><td>认识中国国情，并具有国际视野</td><td></td></tr>
<tr><td>三观</td><td>世界观、人生观和价值观</td><td></td></tr>
<tr><td colspan="2">教学效果</td><td colspan="4">时间利用有效，完成教学任务，达到预期目标</td><td>10 分</td><td></td></tr>
<tr><td colspan="2" rowspan="2">综合评价</td><td colspan="4">我最欣赏这位老师的地方
我对今天的授课最不满意的地方</td><td rowspan="2">总分</td><td rowspan="2"></td></tr>
<tr><td colspan="4">我对这位老师的建议</td></tr>
</table>

（三）第二阶段：全员授课，检验标准

本阶段是在第一阶段的基础上，开展授课实践活动。各教研组将本组的《优效课堂评价标准》投入到课堂的设计、实施与评价中，根据实际效果进行反思，检验并进一步完善标准。同时，在课堂实践的过程中，全体教师进行教研组内公开课展示，聆听组内教师及教师专业成长项目专家的听课反馈，切实提高自身的施教能力和水平。各组也将以组内公开课的展示情况为依据，推选出优质课代表本组参加第三阶段的校级展示。本阶段的活动取得了显著成效：

1. 华夏女中《优效课堂评价标准》制定完成

经过实践检验、反复论证，华夏女中各学科的《优效课堂评价标准》均已制定完成，对未来的教学实践活动产生了积极的指导意义。在各学科研究的基础上，学校教学部门也整合出《华夏女中优效课堂评价标准指导意见》，在鼓励各教研组挖掘自身特点的同时，从学校层面对课堂教学提出了规范性要求。

表 4–4　华夏女中优效课堂评价标准指导意见

维度	评价指标		分值	得分	备注
目标教学	全面：涵盖知识、能力、情感思维等		10		
	清晰：表述准确，重点、难点突出		10		
	合理：符合课标、符合学情、体现核心素养		10		
教学过程	教学资源	教学素材充实丰富	10		
		课件学案实用有效	10		
	内容设计	程序合理，层次清晰	10		
		活动多元，策略多样	10		
	现场生成	课堂氛围活跃，参与度高，皆有所得	10		
		涉及学习方法、策略、习惯的指导等	10		
其他特点、亮点			10		
总计			100		
点评					

2. 教师在教学实践中成长显著

除教师施教水平有提高之外，在本阶段中教师也逐步形成了自己更加鲜明的教学特点，体现了学科特色。各教研组也通过听评课活动进一步探索，提升了本学科优质课堂的稳定性和持续性。

例如，语文组的十名教师都积极参与第二阶段优效课堂的组内展示活动，老师们立足课堂，以《华夏女中语文优效课堂评价标准》为指导，力争在课堂上体现对语文核心素养的培养。和以往的课堂相比，这次语文组优效课堂更有力地体现了以下特点：

特点之一：纲举目张，主线清晰

如在《木兰诗》《一滴水经过丽江》两节课中，教师设计了专题学习任务群，任务多样综合，帮助学生在活动实践中学习并运用祖国的语言文字。

《木兰诗》一课，皇甫英华老师引导学生自己改编文本，安排角色，招募演员，自主排练，从而使学生们用课本剧的形式把木兰代父从军的情节呈现出来。鲜活的人物，恰当的解说，全班的齐诵，让学生在快乐的任务群中完成了理解和背诵。《一滴水经过丽江》一课，刘畅老师带领学生从水的视角切入，以完成导游解说词任务的形式，串联起课文的学习，使整节课都兴趣盎然。

特点之二：以学为主，以教为辅

如《黄河颂》这一课，教师引导学生重点抓关键字词品析，使学生读出内容，读出情感，读出形象，学会涵泳和品鉴诗词。整节课以学生互助学习为主，教师只在关键处适时加以引导、点拨，让学生在学习中学会沟通与合作，同时也解决了《黄河颂》的理解难点和背诵难点。

谢华老师摒弃了传统的讲授形式，以学生的学习为主，专注诗歌教学中"读"的灵魂作用。课堂设计了四大板块：引导学生对黄河的感性认识（图片、视频的形式激发学生的初步感受）；教师示范朗读黄河颂歌、探究黄河精神（读中感，读中悟，读中品）；以小组为单位设计朗读脚本并展示；集体朗诵展示。"读"贯穿整个课堂，让学生在涵泳品鉴中体味诗人的情感。学生徜徉在文字的世界中，"将心比心"感诗人之所感，想诗人之所想，读出感情和深远的意味，这对学生来说是一种艺术的享受。

特点之三：以学定教，重在实践

《修改演讲稿》《中考专题复习——文学类阅读》《散文阅读的钥匙》这

三节课力求在积极的语言实践活动中，促进学生思维的发展与提升，创设真实的语言运用情景，促进学生传承和理解文化。

赵立超老师带领学生小组合作，进行全班交流。在修改演讲稿的过程中，学以致用，突破难点，使学生的思维力和语言文字的运用能力得以提升。宋姗姗老师《中考专题类复习——文学类阅读》一课从梳理中考文学类阅读题的题型出发，设计了“假如我是出题人”的环节，教师引导学生根据中考考点、常见题型、答题思路，给文学类阅读《信天游》出新题并附上答案。这个设计让学生当出题人，让学生读懂文本，推敲题目语言，精心设计答案，在活动中提升学生的语文核心素养。李丽萍老师在示范讲解文本思维结构图后，通过小组合作学习，交流探讨散文的思维结构图，引领学生真正读懂文章，把握文章主旨。在完成思维结构图中，学生理清了散文的基本结构，从而掌握了突破散文阅读的钥匙。

特点之四：小组合作，活力课堂

在《论语·学而》《茶馆》《骆驼祥子》《老人与海》这四节课中，学生们在小组发言中真参与，有争论，对问题的关注度高。学生喜欢小组合作学习这种学习方式，乐于互动、展示和分享，所以对课堂充满了期待和热情。

其中，于佳琦老师《老人与海》的课堂设计成辩论会的形式，正方和反方围绕“老人是成功者还是失败者?”这一问题展开，全班同学热情高涨，在唇枪舌战中，老人的硬汉形象越来越立体和鲜明，小说的主旨“人不是为了失败而生，一个人可以被毁灭，但不可以被打败”也深入人心。

3. 教研组抓住成长契机，迈向更高平台

各教研组以“优效课堂”的第二阶段为契机，积极承担市区级公开课及教研活动，研究课题，撰写论文，让每位教师有机会在更高的平台上得到锻炼和提升。

如生物组教师承担了北京市西城区生物教研的公开课展示，《二轮中考专题复习之生物圈中的人》《激素调节》《生态系统的稳定性》三节课获得听课教师的一致好评，三节公开课的教学设计还获得了“西城区首届生物学科教学设计评比实验创新一等奖”，其中任玥僮老师撰写的教学论文《二轮中考专题复习之生物圈中的人》发表在国家级期刊《生物学通报》上。华夏女中生物组也因此荣获“积极参与优秀教研组奖”，在全区表彰大会上做了关于华夏女中实验教学改革的主题发言。

（四）第三阶段：校级展示，跨科学习

经过第一阶段的学习研讨和第二阶段的课堂实践，各教研组的课堂教学水平都有所提升。在第三阶段，活动进一步聚焦课堂，通过校级公开课评比，展现教研组的研究成果，打破学科界限，营造良好的跨学科校本教研氛围。为了提升教师的听课效果，达到互相借鉴学习的目的，学校组织了以课堂观察为主题的培训活动，帮助每一位走进课堂听课的教师取得更大的收获。

各教研组根据第二阶段的组内公开课展示情况，推选出代表参加校级公开课的评比活动。根据学科特点，公开课的集中展示分为文科专场和理科专场，安排有教学设计、课堂展示、说课答辩等环节。评委团由教师专业成长项目专家、实验中学特级教师和教研组长构成。评委集中讨论评价标准，根据教师的教学设计、课堂实施、课后答辩的表现来进行评审，并对各授课教师及教研组进行课后反馈与指导。

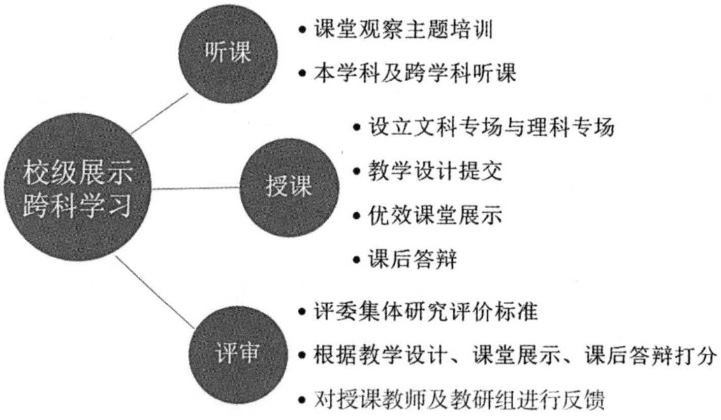

图 4–6　“优效课堂”系列活动第三阶段工作安排

1. 组织教学沙龙，聚焦课堂观察

为提升教师的听课热情及听课效果，学校再次邀请实验中学特级教师张建国老师来校，与教师一起深入开展了以“课堂观察”为主题的教学沙龙活动，拉开了华夏女中“优效课堂”活动第三阶段的序幕。

在沙龙中，张老师首先带领与会教师探讨了教师学习的话题，从三个维度解读了教师学习的途径：既有文本学习，又有实践性学习；既有个人学习式的输入性学习，又有同伴互助式的输出性学习；既有系统学习，又有主题式学习。随后，沙龙聚焦于教研和教师专业成长的重要通道——课堂观察。张建国老师介绍了课堂研究的两个模型：一个是以时间轴为抓手，记录重要的几个过程性事件，同时适当进行价值判断；另一个是专题性议题，有针对性地研究课堂的某一个点，例如板书、对学生的有效组织等。最后，现场播放了一段课堂实录的视频，与会教师一起记录课堂实录中的重要事件并进行价值判断，思考课堂问题。这种理论和实践相结合的方式引发了老师们激烈的讨论和深入的思考，收获了良好的效果。

此次活动帮助教师更加有效地做课、听课、评课，使“优效课堂”第三阶段活动更好地助力教师专业成长。

2. 课堂展示精彩纷呈，评委反馈言近旨远

校级展示课文理专场共进行了 14 节公开课的展示与评比。授课教师充分展示出了在“优效课堂”系列活动中的成长与进步，每节课的现场都吸引了全校许多不同学科的教师来听课。评委也对每节课、每位授课教师给予了肯定与鼓励，并在课后与各教研组深入交流，再一次探讨如何打造具有华夏女中特色的“优效课堂”。

评审团结合各位评委的反馈意见，提炼撰写了《华夏女中优效课堂校级展示活动评价报告》，分析了各节课的亮点、教师的优秀表现，也对课堂教学的进一步提升给予了中肯的建议。

《华夏女中优效课堂校级展示活动评价报告》（节选）

一、教学基本功

在此次评价活动中，我们格外关注授课教师在教学基本功方面表现出的水平。除语言、板书、学生管理等传统项目外，我们还特别关注了与“学生学习（特别是自主学习）”密切相关的项目，包括问题的凝练、学习活动的设计等，以回应核心素养培养的时代要求。

我们认为 14 位老师在教学基本功（特别是传统项目）方面表现出较高水平。

1. 语言与板书

语文课《走近李清照》展示了教师突出的表达能力和感染力，教师充满感情地朗诵了李清照的《武陵春》，感动了所有人。

数学课《锐角三角函数——正弦》上的板书的生成过程与学生的思维保持同步，对学生的学习起到支撑作用，表现了板书的动态功能；板书的最终形式呈现了全课主要内容和学习过程，方法逻辑蕴含其中，发挥了板书的静态功能。

2. 环节安排

历史课《东晋南朝时期的江南开发》的教学环节设计非常出色，课前准备—导入新课—讲述重点—分析难点，一气呵成，环环相扣，过渡流畅自然，手段方式多样，江南曲、虚拟博物馆等点缀出新意。

3. 学习积极性的调动

音乐课《青年友谊圆舞曲》的课堂中有教师示范、学生个人揣摩、集体试唱等。教师善于组织和充分调动学生的学习积极性，听课教师与评委也被热烈的课堂气氛深深带动。

在语文课《天上的街市》中，师生互动交流自然、流畅，学生活动充分且形式多样，有广度与深度。能抓住学生的兴趣点，让学生当堂改写诗歌，并展示交流，效果非常好。

4. 学科思想方法的落实

数学课《方程含参问题》的设计注重数学思想方法的教育，这无疑是深度学习的重要内涵之一。教师通过变换字体颜色、使用文本框和箭头等逻辑符号，将学科方法明示出来，并将其融入教学过程，把学科思想方法推到了应用的高度。

地理课《区域认知——青藏地区》的设计注重学习习惯、学习方法和学科思维培养。注重课堂生成，通过清晰生动的提问，启发学生思维，完善思路方法。创设真实情况、提出真问题，使学生能积极主动地探究解决问题，进入高阶思维。

5. 问题驱动教学

生物课《蒸腾作用》呈现了以“探究式教学”为代表的现代教学模式。精心设计高质量的问题是推动学生自主学习的重要动力，是构建“学习课堂”的关键策略。

政治课《生命专题》的设计能够抓住学习生活中的真问题进行探究，学生有表达个人意见的机会，并在教师的引导下能一步步更充分地表达自己的观点。

二、坚持学生立场建构学习课堂

在知识、教师、学生所构成的课堂教学三要素中，应该把学生作为教学设计的出发点，即坚持“学生立场”，这就要求教师讲课和所呈现的知识形式要服务于学生的学习。学习课堂的核心要义是学习的发生，它有赖于有质量的驱动性问题、目标明确的学习任务和有效的学习活动流程。其外显的学习行为表现在个体自主学习、小组学习、分享等方面。

这次教学研究课活动中，我们高兴地看到华夏女中确实有教师在践行和探索。化学课《以催化脱硝反应为中心的无机综合问题解决》大致呈现了“学习课堂”的轮廓：教师主导的讲解—学生独立地自主学习—小组学习—全班分享。这一尝试体现着新课程教学改革的方向。

三、知识结构化

结构化是知识表征的高级形式，与“散点式”相比，结构化的知识不仅更易记忆和理解，更重要的是，只有结构化的知识才能更好地应用。在中学课堂教学中如何实现知识的结构化呢？方式很多。本次活动中，数位老师都是利用板书做了这方面的努力。

在英语课 *Arnwick was a City with 200000 People* 中，板书设计有规划、有逻辑，能够体现学习内容与知识的内在联系；同时又通过贴彩色词条的方式，帮助学生落实当堂课的重点词汇，使学生能在逻辑思维链中记忆单词。

四、设计与创新

教学的改革与教师的成长，需要教师们不断进行反思与总结，并在此基础上不断发现新规律，创造更好的教学方法，促成自主学习，提高课堂质量。在这次活动中，我们也高兴地看到教师们充满智慧的创新之举。

在物理课《能源》上，教师为学生准备了足够的材料，并以任务的形式安排学生动手操作，制作太阳能动力装置。学生将自己的亲身体验融入生活、融入科学、融入社会，学生对于这样的学习会有怎样的体验呢？从学生灿烂的笑容中不难得到答案。

英语课 *Remember the Three Words: Reduce*、*Reuse*、*and Recycle* 的教学设计情景化、问题化，任务真实。在学习语言知识的同时，能够联系实际，让学生亲自尝试奶茶的垃圾分类，增强学生的体验感。注意环保观念的培养，有文化品质。

投掷怎样能够达到最远距离？除了体力之外，还决定于动作技巧，背后又有着物理原理作为支撑。在体育课《双手前掷实心球》中，教师居然搬来一个木制装置，演示怎样的投出角度才能获得最远的投掷距离。这是始料未及的创造，又那么适切！

五、努力方向和建议

1. 建议开展自主学习活动组织策略研究，其核心是凝练具有驱动性的教学问题。

2. 建议对“深度学习”主题进行研究，深入挖掘学科知识内容背后的思想、方法、规律和价值。

3. 进一步提高高层次教学基本功的水平，除问题设计、学习活动设计能力外，还包括资源整合、教学设计、教学评价、分享等，全面提高教师的课堂领导力。

（五）第四阶段：总结表彰，分享收获

“优效课堂”系列活动的总结和分享有利于固化实践经验，启迪教学智慧，使活动产生更加广泛而深远的影响。为此，学校召开了“智慧碰撞，经验交流——华夏女中第二届教学年会暨‘优效课堂’系列活动总结会”，汇报活动开展情况，展现校本研究的优秀成果，总结先进教学经验，同时为下一阶段的教学工作凝心聚力。

在总结会中，教师代表们的发言充分体现了“优效课堂”系列活动在教师专业成长方面所产生的积极影响。教研组长代表以沙龙形式讨论了教研组在本次活动中发挥的作用，青年教师代表以舞台剧的形式展现了各方面的收

获。教师真诚的分享是“优效课堂”系列活动成果最好的印证。

1. 教师主动成长，在理论与实践两方面取得进步

四位在校级公开课上获得一等奖的教师代表分享了他们在活动中的成长与思考。

数学组的刘斌媛老师在心理上走出了舒适区，当她面对优秀的学生们时，决心突破自我，让自己与学生一起变得更优秀。在她题为《面对优秀，如何优效》的分享中，她提出在课堂教学中应注重培养学生深入思考的能力，做到知其然并知其所以然；在课堂形式上要打破传统教学方式，多尝试小组合作学习。

地理组的李慧老师不断探索着真实情境在地理课堂中的魅力。她的课堂设计几易其稿，最终选定了第二次青藏科考这一真实案例，大量的真实资料让真正的科考走入初中地理课堂。贴近真实科考的情境创设，让学生学到了科学的研究方法，体会了科考的必要性和意义，同时也增强了师生的民族自豪感。

化学组的章河涛老师在“优效课堂”系列活动中主动积极地进行课堂观察，他从课堂观察中收获了对教学设计的启发，对教师的教学行为也有了更为深入的认识，从而形成了对自己的课堂设计与实施的反思。章老师进行了《专家引领课堂观察，激发成长内生动力》的主题发言，全面而真诚地分享了自己的体会。

英语组的刘琳老师对于核心素养的培育如何在课堂中实现形成了自己独特的见解。她以自己的校级展示课为例，并细致讲解了实施步骤：以主题意义研究为目的，以语篇为载体，以语言实践活动为依托。刘老师向大家充分展示了如何将核心素养融入“优效课堂”的实施路径，具有很强的借鉴性。

2. 教研组积极推动，全组教师达成教学理念的共识

教研组长和教师代表进行了沙龙讨论。语文组教研组长李丽萍及教师代表谢华、生物组教研组长任玥僮及教师代表李学凤，分别从文科与理科的不同视角，就“一节优效课的诞生”进行了交流。她们谈到了教研组如何分三阶段推进优效课堂活动，如何帮助授课教师进行前期准备，如何在课后进行组内的交流反思。

语文组指出，“优效课堂”系列活动带给语文组的教学观念和课堂教学

的影响是巨大的，是一场体现核心素养在课堂教学中落实和学生学习方式变革的深刻实践。在研讨《语文优效课堂评价标准》的过程中，全组老师多次研读《华夏女中语文课程标准》，反复讨论，逐渐明确了核心素养与有效课堂的关系，逐步明晰了语文课堂教学优效应当具备的要素和标准。

生物组认为实验教学是许多理科教学的灵魂，它能有效提升学生的观察能力、逻辑思维能力、分析和解决问题的能力，课程标准和核心素养中都加大了对实验教学的要求，于是生物组在制定优效课堂细则的过程中，也加大了在实验教学方面的探索与尝试，不仅制定了优效课堂的评价标准，同时也制定了优效实验课的评价标准，从更具操作性的层面来指导教学。

教师代表分享了自己在活动中的收获，他们意识到一节优效课的诞生要经过前期准备，从教学内容的整合到实验材料的精益求精，前期备课的充分是一节课成功的基石；课堂展现出教师的教学智慧和学生的学习过程，课堂实践的环节有意料之中的精彩和意料之外的惊喜；一节课的下课铃声响起并不意味着一节课的结束，课堂之外还有很多延伸学习，学生知识和精神的成长与收获可能会延续一生，超出教师的预期和想象，这就是教学的魅力所在，也是为人师的幸福所在。

3. 青年教师抓住机遇，充分学习并努力探索

华夏女中的青年教师团队充满教学活力，“优效课堂”系列活动为他们搭建了成长的平台，青年教师能够与专家面对面进行交流研讨，在资深教师指导下进行课堂实践并展示自我，同时也可以走进其他学科的优效课堂，博采众长。

教师代表语文组的宋姗姗、英语组的张祎、体育组的赵东阁、历史组的冯梦璐与物理组的张慧娟老师以舞台剧《新五官争功——优效课堂比赛中收获最大的人》来讲述他们在“优效课堂”系列活动中的满满收获。

体育组的赵东阁老师饰演“眼睛”，在体育教学的过程中会认真观察，发现在投掷课上学生个体差异大，于是根据学生的力量大小和接受能力，进行分层教学。他还“眼观六路”，尝试跨学科，将物理原理与体育教学相结合，自制投石器来展示投掷时出手角度的重要性。

英语组的张祎老师饰演“嘴巴”，她帮助学生在课堂大胆张口说英语、说观点、说认识。想让学生愿意说、有话说并且说得自信，需要联系现实、

创设情境，增强代入感和趣味性，同时做好梯度设计。有了足够铺垫，学生的口语就可以得到更加充分的锻炼。

历史组的冯梦璐老师饰演“鼻子”，捕捉到了“博物馆热”的社会热点，提高历史教学的敏感度。她将博物馆热引入课堂，让文博资源活起来。通过模拟博物馆参观场景，带领大家走进南京六朝博物馆，了解江南地区的开发，以此激发学生更多的兴趣。

语文组的宋姗姗老师饰演“头脑”，在第三阶段校级公开课的备课过程中，她对于现代诗歌的赏析有了新的领悟，增强了群文阅读的意识，并且通过群文阅读提升了学生的联想力和想象力，理解诗歌形象化的语言，体会诗人的情思，让诗歌之美充盈学生大脑。

物理组的张慧娟老师饰演“耳朵”，她积极参与“优效课堂”的听课活动，走进各个课堂“取经”。例如，她在音乐课上感受着学生们被教师美妙的歌声所吸引，于是在讲解物理原理时也引用了一段歌曲；她在历史课上听到教师用历史事件启迪学生心灵，于是她也将物理名人的故事带入课堂。

青年教师代表们认为“好风凭借力，助我上青云”，学生与教师一起成长，学生因为老师的成长而成长，这便是“优效课堂”带来的最令人欣慰的效果与收获。

（六）持续影响：系列活动开启新篇章

“优效课堂”系列活动的成功对华夏女中的教学工作产生了积极深远的影响，在推动教师教学水平持续发展的同时，也提供了值得借鉴的阶段性活动设计经验。

华夏女中的校级教学活动以“教师（课堂）—备课组—教研组”为脉络，在“优效课堂系列活动”有效提升了教师个人的理论与实践水平后，着力于备课组建设，以此加强团队的凝聚力、战斗力，同时也为下一阶段的教研组活动打好基础。

“优效备课组”系列活动以形成《华夏女中备课组建设方案》为目标，有助于备课组长强化工作能力，优化工作方法，挖掘成长潜力。同时通过榜样效应，实现对全组教师的引领，达到共同进步。本系列活动将借鉴“优效课堂”系列活动的阶段性活动设计经验，合理安排，稳步推进。同时，充分调动学校各级组织参与其中，联合行政部门、教研组、年级组等多方面力量，合力推进备课组的建设工作，助力华夏女中的教学实力更上一层楼。

四、承担市区展示活动，促进教师专业发展

2021 年是华夏女中教师专业成长项目的收官之年，为期六年的成长项目正式落下帷幕。各个教研组总结这六年来“优效系列”校级实践研究活动的经验，从组内、校内延伸到校外进行展示和研讨；在展示学校师生风采的同时，实现成果的推广与优化，促进研究型教研组的建设与发展。数学、英语、地理、语文、生物和物理六个教研组积极承担市区级展示活动，把教师专业发展的实践经验与研究成果，以开放日或市区公开课的形式呈现出来，以期促进华夏女中教师深度学习和学科素养的进一步提升。

（一）六年积淀，蓄势待发——成长项目助力华夏女中成长

教师专业成长项目于 2016 年启动以来，随着“集团浸润”“名师引领”“同伴互助”等方式的实践，老师们不断探索、尝试、反思、成长。学校也逐渐形成了“以研促教，教学教研齐头并进”的氛围。六年来，“成长项目”通过教师专业培训解决了教师教育教学中的实际困难，使教学实践和研究融为一体，力求在解决教师专业发展共性问题的同时，促进不同水平、不同层次的教师在专业素养、施教能力、科研意识上的提升，引领教师总结、反思、提炼、创新，为教师职业生涯的可持续发展提供助力。2021 年 12 月，为期六年的成长项目即将结束，华夏女中各教研组总结以往的经验成果，陆续推出“教研相促，且行且思”——教师专业发展校本培训实践研究市区级开放日活动暨学科系列展示交流及主题研讨活动。

（二）各美其美，美美与共——市区展示活动异彩纷呈

“教研相促，且行且思”展示活动是华夏女中“教师专业发展校本培训实践研究”系列活动之一，是教师专业成长项目的收官之作，也是向外展示学校教研教学水平和师生风采的一次难得的机会。虽然受到疫情的影响，但

教师们的活动热情不减，各个教研组和导师、市区教研员线上线下沟通交流，保证了活动的顺利开展。教研组长的主题报告和老师们的研究课，都是在导师的指导下，由全组教师精心打造而成，是集体智慧的结晶，也代表了华夏女中教研教学的实力。

英语组在区级课题《核心素养视域下初中阶段英语教学内容整合的评价标准的研究》的引领下，积极探索和实践“围绕教材主题进行教学内容的整合与材料补充”，制定了由四个素养、十二大方面、二十四个评价指标组成的英语教学内容整合的评价标准。展示活动以线下和线上相结合的形式呈现，面向北京市西城区初二和初三全体英语教师，教研组长宣讲了整合资源研究的成果并推出了两节研究课。到场的教师们都为华夏女中师生的精彩展现而情不自禁地鼓掌，专家和教师们也纷纷赞叹华夏女中的英语教学“让学习真实发生”“让成长成为常态”，课堂氛围宽松、民主、和谐……英语组的开放日展示取得了开门红，为华夏女中的市区级系列展示活动开了个好头。

图 4-7　华夏女中英语组教师在区级展示活动中介绍“围绕教材主题进行教学内容的整合与材料补充”

地理组深入研究地理教学中常用的方法和途径——整合教学资源、创设地理情境，在长期的教学实践中，针对“华夏女中地理学科教学资源整合的评价标准”和“利用学科故事创设情境”两方面进行了积极探索和思考，通过两节研讨课和一个主题报告，面向全区的地理教师汇报交流，“小球大世界”地球仪制作评比大赛等“来源于生活，应用于生活”的地理学科活动和创设真实生活情境的课程，让教师们眼前一亮，在北京市的同行中引起了广泛关注和一致好评，网络直播回看率创历史新高。

语文组着眼于全面提升学生的语文关键能力，围绕着“核心素养背景下整本书阅读策略的探索与实践”这一主题展开研讨，通过一个主题报告、三节研读课和专家评课，向领导和同行们汇报交流；希望通过阶段性研究成果的展示，促进华夏女中整本书阅读的不断推进。活动采用网络直播的方式进行，受到西城区三个年级和北京市其他区，甚至四川、广东等外地同仁，以及学生家长的广泛关注和积极反馈，获得很高赞誉。活动当日直播关注人数达 1700 多人次，活动后多人要求分享资料和回看课程视频。

图 4–8　华夏女中语文组教师区级展示活动中介绍“核心素养背景下整本书阅读策略的探索与实践”

数学组积极探索在“双减”背景下数据分析课和析题课模型的实施与实践，参加了北京市基教中心组织的“团队教研创新，专业能力提升——促进学生自我诊断改进的测评研究”活动。数学组教师将研究的目标聚焦在发挥测评的作用、指导学生对测评进行分析、促进学生的自我诊断和改进上。教师以期中测评分析报告、数据分析课和析题课为主要形式，引导学生寻找目标、重新规划，以实现“减负提质”。由于疫情防控的要求，活动采取线上会议的形式呈现。北京市各区的教研员及教师近 400 人参加了会议，大家对于华夏女中数学组这个比较新颖的课题表现出了浓厚的兴趣。

生物组在导师的指导下，研讨优化生物教学方式，全面提高课堂教学质量的具体措施，打造优效、生动的生物课堂，提高自身的教学能力，在整合教学资源、优化教学方式实施单元教学方面进行了有益的研究和实践。展示活动以主题报告、汇报课、近几年的教学设计和教学论文成果三个方面在西城区教师研修网上进行分享，在全区产生了广泛的影响。

物理组也在变革创新中逐渐成长为研究型教研组，老师们研究教学教法，整合资源，创设情境，建构物理模型培养学生的科学思维和科学探究能力，促进物理核心素养的培养。通过实践引导学生在生活中学习物理，立足于女校特殊的学情，积极探索适合女生特点的物理校本特色课程体系：以建构主义理论、杜威和陶行知的生活教育理论和科学课程 STSE 教育（科学、技术、社会、环境教育）思想为指导，整合生活化的实验资源，运用物理科学思维，联系实际问题，开发了一系列“生活化”创意实验；尝试对习题课进行分层教学，关注不同层次的学生；关注物理科普阅读，开发阅读类课程教学，引领学生系统地学习如何进行物理科普阅读，提高学生科普类阅读量，提升物理学科思维。物理组教师全员参与此次展示活动，推出了四节区级研究课。

整个展示活动不仅让人看到校本培训的花开，也让人更加期待教师专业发展的成果。秉持“教研相促，且行且思”的初心，追求“各美其美，美美与共”的繁盛，华夏女中展示活动取得了“走出去”“亮起来”“引关注”“促交流”的良好社会效果，相信必将促进自身的教学研究更上一层楼。正如负责教学的副校长张雁老师指出的：华夏女中在新的时代背景下，始终致力于探索特色化高质量的办学之路，探索女生发展的教育教学模式，打造一支有情怀、高素质的教师团队，开展教师专业成长项目，形成了以教研组长为核心、教研组为单位、全员参与的教学研究模式。展望未来，学校有信心培养更多专家型教师和研究型教师，打造更多优秀的研究型教研组。

（三）教研相长，师生共赢——让教师专业化发展落地

朱永新教授说过，教师专业化发展分为三个流派或者三种观点：第一个观点，专业引领，主张强化教师的学术背景；第二个观点，行动反思，主张在行动中思考；第三个观点，同伴互助，也称生态学趋向，主张教师共同体

的打造。这三种流派或观点，在华夏女中成长项目中，都得到了比较好的体现，本项目整合了这三种价值取向，全面促进了教师的专业化发展。

1. 专家引领，以研促教，全面提升教研组科研水平

教育教学和科研相辅相成，两者可以相互促进，共同发展。对于一个学校来说，科研的氛围与学校的办学水平、质量有着密切关系。学校的教师重视并热衷于科研活动的开展，善于发现总结，研究教学课堂中出现的种种问题，对于学校教学水平的提高、自身教学素质的提升、学生综合素质的培养都具有重要意义。教师专业成长项目组的导师们引导着华夏女中的各个教研组在教研之路上不断探索，不断进步，全面提升科研水平，全力打造研究型教研组。

（1）从课题研究借力

以英语组的探索发展为例。在“教育内卷”中成长的孩子英语水平不断提高和“双减”政策的落实这两个现实背景下，英语组的教师们围绕教材主题进行教学内容的整合与材料补充的研究与探索。英语组教师全员参与，以“核心素养”为理论基础，结合各自的课堂实际，以典型案例为素材，通过分析、反思、归纳，总结自己对“教学内容整合评价标准”的想法，在组内反复研讨，共同提炼，制定出了大家认可的、具有可操作性的评价标准。

（2）从整本书阅读突破

以语文组的探索发展为例。整本书阅读开阔眼界，涵养性情，让深度学习、语文核心素养落地。通过阅读策略的建构帮助学生掌握获取信息的方法，发展学生的思维能力，让学生获得审美体验，最终使得学生养成良好的阅读习惯，提高阅读理解、感悟能力，有助于提升学生的语文素养。

语文组探索出的整本书阅读策略指导主要依据以下原则：

①基于学情

针对学生的年龄特点和兴趣爱好，来制定阅读策略，安排阅读进度。学情就是教师阅读指导的出发点。

②基于文本

文本的特点也是重要的依据，针对每本书的特点，要达成的阅读目的不同，阅读策略也不尽相同。

③基于问题

从真实的学情出发，引导学生真读书，直面阅读中遇到的问题，并积极

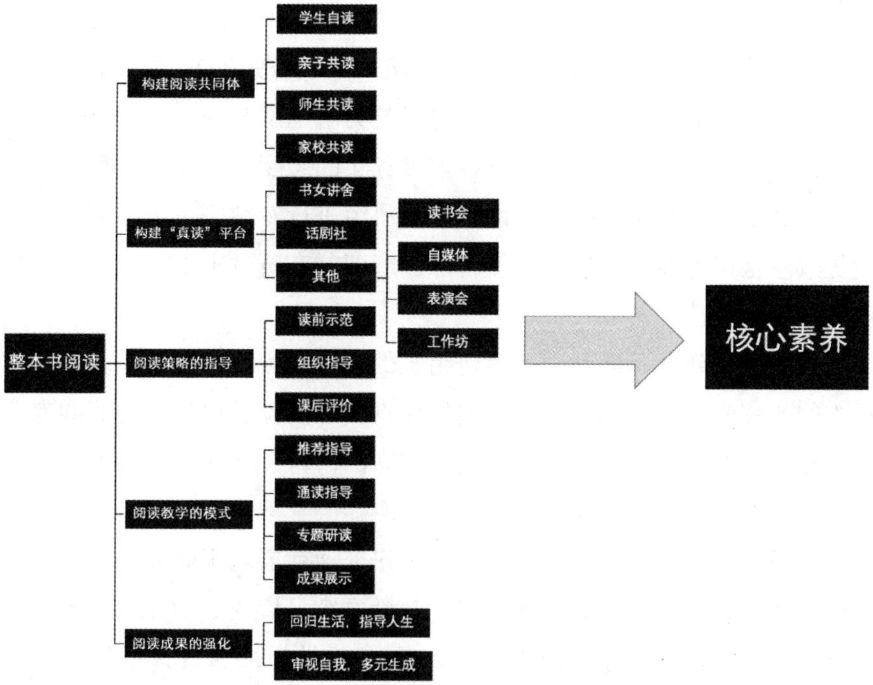

图 4–9　华夏女中语文组教师探索的核心素养背景下整本书阅读教学的实施路径

探究解决。

④基于任务

整本书内容多而复杂，犹如一个富矿，等着读者去挖掘。教师必须寻找到与学生心灵相契合的阅读兴奋点，围绕兴奋点去找到文本中相关记叙、描写或阐释的重点；利用某个人物、某一情节、某种结构、某个观点、某种启迪等让学生有触动、有启发、有疑问或感兴趣，引导学生真正深入阅读，读出自己的个性化思考。

整本书阅读的形式主要包括：学生自读、亲子共读、师生共读、家校共读。在专家和教研员的指导下，形成了专家引领、家校共读的阅读共同体。在这一共同体的引领下，语文组结合线上线下的资源，构建了具有自身特色的“真读平台”（即由语文组打造的社团“书女讲舍”、话剧社和读书会、工作坊、自媒体、表演会构成的阅读平台），来支持整本书阅读的真正落地。

2. 同伴互助，以教带研，促进全体教师专业化发展

各学科有各自的特点，不能采用模式化的方式推动教学改革，发挥教师

的主观能动性至关重要。为此，华夏女中通过搭建平台、营造氛围、建立相应的激励机制、设立相关研究课题等办法，激发教师的热情，在同伴互助中，促进教师走上自觉研究之路，努力成长为研究型教师。

学校各个教研组在教学中一直以求真务实的态度，积极探索教学改革之路。为达到以教促研的目的，多次组织学科组进行专题研讨，制定属于本学科的优效课堂评价标准，进行集体备课、磨课，在研讨中不断促进全体教师专业化发展。

在市区级系列展示活动中，教研组长的主题报告展示了各个教研组实践与探索的研究成果，中青年教师以他们充满智慧的课堂设计、良好的专业素养、先进的教学理念，向大家呈现出了精彩的研讨课，充分展现了华夏女中教师扎实的教学基本功。

英语组展示活动当天呈现出来的两节研究课就展示了研究路径中“实践检验”的环节。初三年级高宇华老师的教学内容是模块 9（Great Inventions）的单元 1，高老师展示了在即将到来的中考听说测试的背景下，如何将教材内容与补充材料进行整合。初二年级崔丽慧老师的教学内容是模块 12（Help），崔老师展示了在处理完教材的对话和课文之后，如何就模块话题进行拓展，如何将模块话题与补充材料进行整合。两节课上，学生们积极参与，课堂讨论热烈，师生互动自然流畅，教学任务得以圆满完成，很好地展现了华夏女中英语教师和学生的风采。

语文教研组展示活动中，组长薛艳老师做了题为《阅读经典，点亮人生》的主题汇报，根据六年来整本书阅读教学工作的实践，总结梳理出整本书阅读教学的指导策略和方法。

语文组的三节专题研究课紧紧围绕“核心素养背景下整本书阅读”这一主题，分别展示了对一部中考名著阅读的探究与思考。初一年级的李静波老师带领学生以“探寻成长的奥义”为主题，带来了关于《西游记》的整本书研读课，展示学生在阅读经典名著后获得了精神上的成长。初二年级的于佳琦老师以“虫性与人性”为主题，围绕《昆虫记》整本书进行研读展示，带领学生解读虫性和人性，领悟科普类名著的科学精神，及其作品主题的多元性，看到生命万物之平等，感悟“一虫一世界”。初三年级的宋姗姗老师以“我爱这土地”为主题，做了《艾青诗选》的整本书研读课程展示，很好地运用了以读促品和以情唤情的阅读策略，带领学生品艾青的诗；展示自己创作青春的小诗环节是本节课最后的亮点，整堂课在意犹未尽中结束。

3. 积极反思，教研相长，实现师生共同成长

教师专业成长以教师的专业发展为起点，以专业引领、行动反思、同伴互助为途径，以实现师生共同成长为目的。教师和学生必须直接享受教育带来的快乐和幸福，以教师的成长带动学生的成长。让教师和学生共同成长，这是教师专业成长项目应坚持的最重要的价值取向。

反思性教学是教师以自己的教学活动为思考对象，对自己在教学过程中所运用的教学方法、教学策略、教学媒体以及教学效果等方面进行全面审视的过程，是教师通过自我审视来促进自身能力发展的一种重要途径，是教学研究提倡的一种形式，也是校本教学研究中最基本的力量。

（1）教师的成长

对于教师来说，反思性教学不是一种面向学生时的教学方法或策略，也不是一般意义上的“回顾”，而是一种用来提高自己的专业素养，改进教学实践的学习方式。它指的是教师在先进教育理论指导下，借助于行动研究，不断对自己的教育实践进行反思，积极探索与解决教育实践中的问题，努力提升教育实践的合理性，并使自己逐渐成长为专家型教师的过程。

专家对授课教师的评价最能直观反应教师的成长，根据专家的点评，每位教师又作出具体且有针对性的反思。例如，英语组初三年级的高宇华老师展示课模块 9（Great Inventions）的单元 1 得到了专家盛赞，特别肯定了这节课“是一个学生活动的课堂，是一个与中考紧密结合的课堂”。

专家点评道：本节课用 inventions（发明）进行导入，利用听力材料进行深入。通过复述听到的内容对所学进行夯实；借助视频资料，引导学生谈论 inventions（发明）对未来的影响。教师设计的活动占课堂的大部分，学生活动足够充分。另外，本节课的设计充分体现了与中考的紧密结合。现在中考复述题的不断变化，对于学生获取、整理、记录信息都提出了更高的要求。本节课将技能的训练融入进课堂，帮助学生在完成课堂任务的过程中学习了语言知识，夯实了基础。最后，视频的

引入满足了学生实际需求。教师通过要求学生发表对未来生活的看法，进而激发学生的创新能力、总结能力，符合水平较高学生的能力需求。

结合专家的点评，高宇华老师作出自我反思：本课的不足之处在于获取信息部分，应该先让学生在获取细节信息后，再进行提炼和总结。本课的设计详略安排不够妥当，且教师给了学生表格，在一定程度上限制了学生的发挥。在接下来的教学中，教师应给学生更广阔空间去发挥、去思考，打造以学生为主体、教师为主导的课堂。

又如，在初二英语模块 12（Help）的展示课上，英语组初二年级的崔丽慧老师向大家展示了，在处理完教材的对话和课文之后，如何就模块话题进行拓展，如何将模块话题与补充材料进行整合。

专家给予高度评价：

1. 教学设计能够做到坚持情景教学，突出主题语境和内容主线的引领。根据教学目标以及学生的认知水平，创设贴近学生生活的教学情境，坚持以旧带新，体现了情境的真实性、直观性和趣味性。

2. 组织了有效的教学活动，促进了学习目标和教学目标的双向达成。问题引领，由易到难，活动目标非常明确，并且可操作性强，符合初二年级学生的认知水平。

3. 营造了宽松、民主、和谐的教与学的关系，老师做到了站在学生的角度，与学生一起学习和交流，鼓励学生表达与互动。

4. 做到了精选教学资源，选择了适当的、语言地道的、有一定挑战性的且难度略高于教材的学习材料，拓宽了学生的学习渠道。

结合专家的点评，崔丽慧老师作出反思：由于时间原因，最后只有一组同学到前面进行了小组活动成果的展示，在这个环节应该给予更多学生机会到前面展示，以此来内化学习成果。此外，在其他小组展示的过程中，自己设计了评价表格，让作为观众的学生进行评价。这份评价表格可以继续进行细化，让作为观众的学生更充分地关注表演学生的语言以及正确的急救动作。

初二年级语文老师于佳琦的《昆虫记》研究课以“虫性与人性”为主题。

专家点评：整本书阅读过程及本节课运用多种阅读方法和策略。比如前期运用到自由阅读、线上阅读、精读泛读、读写结合等，本节课也将图文结合、卡片建档、比较阅读等阅读策略应用于课堂，帮助学生进入情景，形成认知框架。最重要的是帮助学生联系自身体验，获得有益的启示，化名著为自身成长的营养。

这节课不只停留于热爱、孜孜不倦的层面，而且从虫性与人性中看到本性，揣摩尊重、平等这一科学精神的重要层面。另外，老师选择多种教学活动的形式，让孩子们在熏陶中学习。比如抢答游戏，用悬念让学生体会发现的快乐；比如合作建档拉近了学生与名著的距离，争鸣与辩论让学生在潜移默化中提升。

回顾整本书阅读的过程和设计，于佳琦老师积极反思，深深地体会到“真”的内涵：让学生真读，引学生真思考，促学生真成长。

教师自身的经验和反思是教师教学专业知识和能力的最重要的来源。只有经过反思，使原始的经验不断地处于被审视、被修正、被强化、被否定等思维加工中，去粗取精，去伪存真，这样经验才会得到提炼、得到升华，从而成为一种开放性的系统和理性的力量。唯其如此，经验才能成为促进教师专业发展的有力杠杆。

（2）学生的成长

对于学生来说，在教师引导和同伴互助学习中，应当学会独立思考和提出创造性见解，使自己真正成为学习和研究的主人，从而提高学习的自主性和目的性，克服被动性、盲目性。

教学质量与效果不光取决于教学的设计与实施，更要看教学之后的结果和反馈，这才是促使学生持续成长的关键所在。

初二（5）班同学说道：“在上完关于 first aid（急救）的这节英语课后，我学到了一些急救相关的英语知识和很多急救的正确方法。整节课非常生动有趣，我们学习了地道的表达词组，在最后的表演环节，我们对学到的知识进行自我整合，模拟真正的对话进行使用，这使我感受到了英语的实用性。

整堂课下来我的收获很大，让我对‘说’出英语有了更大的自信。”

宋姗姗老师《我爱这土地》展示课后，专家老师评价反馈说：本节课的设计让学生真听、真看、真感受，充分感受诗歌魅力，让学生品诗、读诗、爱诗、写诗，进而实现了学生语文核心素养的提升。这堂课是一节成功的诗词教学课！

学生的成长也由家长的反馈而间接呈现。一位家长评价道：“老师课讲得真好！充分调动了全体同学的积极性，孩子们的互动和展示也很棒，课程内容精彩充实，质量高，效果好。”并提出再次观看直播课回放的要求。由此可见学生、家长对本节课的评价之高。

（四）与时俱进，提质增效——积极探索“双减”新模式

新一轮课程教学改革到现在已经整整20年了，对基础教育产生了深刻影响——从“教为中心”到“学为中心”，从知识传授到培养能力，再到提升学生核心素养、培养完整的人。教育教学目标的提升，对教师素养也提出了新的要求和挑战。同时，云计算、大数据和人工智能等信息技术的加速迭代，对传统的教学理念和模式产生了巨大冲击。2021年7月，中共中央办公厅、国务院办公厅印发了《关于进一步减轻义务教育阶段学生作业负担和校外培训负担的意见》，也对教师的自我学习能力、研究能力与创新能力提出了更高的要求。

为促进华夏女中教师队伍建设，更好地适应深化教育改革所带来的学校环境、学生构成、家长需求以及社会期望的巨大变化，促使传统的经验型教师向适应新时代要求的研究型教师转变，学校各个教研组将进一步坚持深度学习，积极创新，大胆实践，立足提质增效，积极落实“双减”，不断探索促使学校更快成长为优质女校的新的教学模式。

相信各个教研组都会在研究型教研组和教师专业成长的道路上越走越坚实，越走越成熟。创新、探索，我们永远在路上……

第五章　按照“四有”标准建设高素质教师队伍

教育是人生存和发展的基础，教育使人的生命潜能得到开发，使社会文明得以延续。

华夏女中通过加强党支部的思想建设，加强对全体教师的师德、师风建设，营造正风正气，将“思想过硬，专业扎实，爱岗敬业”作为教师全面发展的目标。搭建面向全体教师的内容丰富、途径多元的学习平台，促进教师整体素质的提升；完善面向班主任及德育骨干队伍的针对性、专题化成长平台，促进教师德育专业化成长，在重点内容与关键能力上有所突破；拓展教育实践、总结、反思、展示平台，促进教师固化教育成果，成长为专家型教师。

一、播撒爱的种子，激发育人内驱力

“没有爱，就没有教育”，“师德”是教师职业的神圣灵魂，“师爱”是进行教育的原动力。学校立足教师队伍“师德、师爱、师能”的全面发展，建设高水平教师队伍。传承爱的教育理念，提取、优化实验集团与华夏女中的优秀文化基因，营造和谐友爱的学校文化。加强学习，鼓励立足本岗的反思交流，提高“立德树人”的认识，切实提升办学质量。

（一）明确“立德树人”是教育的根本任务

华夏女中明确将“立德树人”作为教育的根本任务，于 2019 年 2 月召开首届全体教职员工参与的“立足本岗，面向未来，立德树人”主题教育年会。通过主题汇报、实践分享、分组研讨、集中汇报的形式，总结分享实践经验，促进相互了解与学习；强化“立德树人”观念，提升技能；加深“全员、

图 5–1　2019 年 2 月 23 日召开的第一届德育年会，图为刘海霞校长讲话

图 5–2　2021 年 2 月 27 日召开的第二届德育年会，图为孙明杰副校长讲话

全程、全方位育人”的意识，激发教师从本岗位发现问题、研究问题、主动解决问题的意识与能力。

（二）树立“四有好老师”的职业追求

教师的职责概括起来就是教书育人。党的十八大以来，习近平总书记从国家繁荣、民族振兴、教育发展的大局出发，深刻阐释了教育工作和教师工作的重要性，明确提出成为一名党和人民满意的好教师要具有“四有”“四个引路人”和“四个相统一”的标准。

2014 年，习近平总书记考察北京师范大学时提出“四有好老师”的标准，即有理想信念、有道德情操、有扎实学识、有仁爱之心。2016 年，习近平总书记在北京市八一学校考察时强调，教师要做学生的“四个引路人”，即做学生锤炼品格的引路人，做学生学习知识的引路人，做学生创新思维的引路人，做学生奉献祖国的引路人。2016 年 12 月，在全国高校思想政治教育工作会议上，习近平总书记强调，教师要做到“四个相统一”，即坚持教书和育人相统一，坚持言传和身教相统一，坚持潜心问道和关注社会相统一，坚持学术自由和学术规范相统一。

华夏女中重视“四有好老师”的培养，组织全体教师学习《教师法》《义务教育法》《未成年人保护法》《预防未成年犯罪法》等法律法规，提高法律意识；通过观看电影《老师·好》，从影片反观教师角色与教育方式，提高对教育的认识，增强教师的责任心；学校邀请多次到新疆、西藏支教的陈英姿老师为全体教师作讲座，分享自己在艰苦的环境中，如何克服各方面的困难，出色工作、资助学生的生动故事；组织老师参观改革开放四十周年成就展，分组讨论学习师德师风建设典型案例，了解国家的发展成就，把握党的教育方针，提高教师的道德水平；组织教师观看李玫瑾教授的讲座视频，了解孩子不同成长时期的心理与行为特点，把握教育的关键期，科学实施教育。此外，学校还邀请中宣部《时事报告》杂志社原总编辑曹勃亚为全体教师做时事报告，拓展教师的教育视野，提升政治站位与政治敏感度，站在国家发展的角度看自己的工作，增强教师职业的价值感与教育的使命感。

(三) 传承爱的理念，营造和谐校园

1. 传承爱的教育理念

陶行知先生曾说："爱是一种伟大的力量，没有爱就没有教育。"要成为"四有好老师"，必须心中有爱。学校利用华夏女中融合到实验集团的契机，筛选两所学校的优秀文化基因，在思考中不断优化，在实践中继承发展。

爱的理念是两所学校共同的优秀文化基因。实验中学是一所百年老校，有着深厚的文化底蕴。求真务实、尊重学生、尊重规律是学校多年实践探索形成的文化特点。《北京师范大学附属实验中学 2019 年—2024 年发展规划》中明确了愿景目标——"希望通过全体师生员工的共同努力，使学校成为学生能够自主、健康、全面发展的沃土，成为教师可以自主、安全、幸福地工作和生活的家园"，并明确了坚持"学生立场"的原则与价值取向。尊重学生的权利，包括犯错误的权利，尊重学生的个体差异与个性发展，尊重教育规律，因材施教，有教无类。

> 学生立场要求我们掌握青少年成长规律，不论是教育教学活动的设计还是学生指导，都要与学生现实的身心发展水平、特点和需求相契合，要着眼于他们的发展与未来。学校倡导学生立场，在课程建设、课堂教学改革、学生教育管理机制建设等方面都要直接或间接地强调学生立场，对教师工作的评价，最终也要从是否有利于学生健康成长角度进行。①

可见，"学生立场"与"社会担当""国际视野""实践导向"共同构成了学校发展要坚持的四大原则和价值取向，并在其中具有重要地位与价值。学生的健康成长是学校教育工作的出发点与落脚点，是学校做"真教育、真做教育"的体现，追求学生健康成长的教育实践源于学校对学生的尊重与理性的爱。

2017 年，华夏女中在第一个"五年规划"中明确了办学目标："培养独立自信、智慧优雅的现代女中学生"；校训沿用"博学、博爱"，但丰富了内涵，

① 《北京师范大学附属实验中学 2019 年—2024 年发展规划》，第 3 页。

拓展了外延。“博学”的六个维度为：学会做人、学会求知、学会办事、学会生活、学会健美、学会创造，实现了北师大实验中学提倡的“四会”——“会做人、会求知、会办事、会生活”与华夏女中倡导的“会健美、会创造”的融合。“博爱”中的“爱”是人类主动给予的幸福感，是发自内心、自然而美好的情愫状态。博爱是打破自我限制的人与人之间的互相关心、互相帮助，是无私而广大的。博爱以自尊、自爱为基础，推己及人，包括爱集体、爱祖国、爱人民、爱生命、爱人类的生存环境、爱大自然、爱人类的劳动创造、爱文明进步、爱一切真善美的事物。博爱的校训与教育理念，激励着华夏女中人要做有充实心灵、丰富情感、高尚情操、博大情怀的现代女性。

2. 促进形成和谐的师生关系

“我最喜爱的老师”评选活动是学生会组织发起的学生评选自己喜爱的老师的活动，学生拟定敬业、专业、有魅力的评价标准，根据学习生活中对老师的了解，以不计名的方式投票。学生根据年级老师得票率推选出“我最喜爱的老师”，并为老师举行隆重的颁奖仪式。活动不仅表达了学生对老师的喜爱与感谢，而且增加了教师的职业价值感与成就感，营造了师生互动、积极和谐的文化氛围。

每学期进行的评教评学，是全体学生都要参加的针对教师的教育教学进行全面评价的活动，目的是通过收集学生的意见，汇总对每个教师的评价，促进每位教师的反思与持续改进。问卷调查包括以下 8 个问题：①是否能引起你的学习兴趣？②是否能发挥你的主动性？③知识讲授是否清晰？④是否注重学法指导和学科能力培养？⑤是否既教书又育人？⑥课堂管理是否严格且方法得当？⑦是否平易近人，师生关系是否和谐？⑧是否认真负责？

通过 2016—2021 年的数据统计，教师在教书育人能力、师生关系和认真负责态度方面的评价逐年上升；2021 年 11 月的评教评学数据统计中，全体教师的全 A 率已经达到 97%以上。

（四）传递爱的温度，激发生长动力

1. 与集团教师交流学习，增加爱的温度

2016—2021 年，华夏女中各学科近三分之一的教师完成了在实验中学的跟岗培训，实现了深度交流学习。实验中学优秀教师、班主任、教学领导与骨干教师也通过在华夏女中校区任教、作讲座交流等方式，传递优秀的教育教学理念与经验。

2018 年，实验中学优秀班主任陈青老师来到华夏女中与班主任座谈交流，分享教育思想和班级管理经验。讲座结束时，她以妈妈的视角分享了教育文章。“当每位父母把孩子送进学校，目送孩子的背影消失在校园中时，他们便把爱与信任的接力棒传递到了我们老师的手中。我们要成为一名‘手持戒尺，眼中有光的老师’，戒尺与光，都源于对生命的热爱，对学生的热爱，对教育的热爱。”

通过跟岗培训，促进两所学校在文化上的相互借鉴，发挥实验中学名师的优势，传递先进的教育理念与实践方法，加深了教师们对教育的认识，提升了工作热情。

在实验中学的学习收获

在实验中学工作期间，我看到许多班主任以独到的教育理念引领下的管理行为，无论是“紫禁杯”还是区骨干，不管是刚入职或是临退休，她们都用最平凡无言的举动、踏实务实的方法让这份工作变得有新意、有意义。一次又一次真切的“德育现场”案例中，我看到、也学到了处理问题的原则与智慧。

在年级班主任团队中，有一群刚入职的年轻老师，我们一起彼此分享、共同进步。我们一起备课，探讨班会的设计与活动的策划，大家毫无保留地分享彼此的想法和创意。特别是在初三疫情居家期间，大家迅速分工、高效协作……让我感受到了年轻人身上的创造力与生活态度。我佩服田悦老师一点一点打磨班级，使之逐步走向卓越的坚定态度与用心作为；也暗下决心要向丽娟老师看齐，她有条不紊地规划并落实着班级的每一项任务，有高度、有理论、有坚持，把每一件小事都做得认认真真……

三年的经历更多给我的是一种信念和勇气。有这样一群人，比你更优秀比你还努力，他们依然在创新，依然在尝试，这便是我不断前进的动力。

（华夏女中首席班主任杜少琼）

2. 与女中文化相结合，形成有战斗力的教师团队

在教育实践中，教师将自己对教育的追求与热爱，对“立德树人”的理解，融入日常工作细节之中，涌现出许多爱岗敬业的优秀教师个体，也打造着优秀的教师团队。2021 届初三年级教师团队就是这样的优秀团队，这一团队被评为北京市西城区教育系统优秀集体。

不忘初心，方得始终——记 2021 届年级教师团队

一、注重自身提高，实现全员德育

每次年级教师会上，教师们共同分析班级学生的特点、发展变化，明确需要特别关注和帮助的学生，群策群力，从未歧视过学习基础差、能力弱的学生；从未想过放弃身心适应不良的学生，而是针对她们的特点，不露痕迹地给予更有针对性的关爱。初三冲刺阶段，以“导师制”的形式加强对每一个学生的关注，帮助学生克服压力，以积极的心态迎接中考，顺利完成学业水平考试。当学生遇到困难时，教师们或是与学生谈心帮助学生解开心结，或是和学生一起面对挑战激发斗志，或是默默陪伴，不离不弃……教师们尝试使用各种办法因材施教，努力呵护每一名学生的健康成长。

二、全程育人，在活动中陪伴学生

只要是有学生活动的地方，不仅能看到班主任在忙碌，也能看到任课教师共同组织参与的身影，如外出参观活动、拓展活动、社会实践活动等。在活动中，教师们不只是管理与陪伴，更是发挥自己的学科特长，丰富活动内容，完善组织细节，提高活动的教育效果。

三、舍小家为大家，奉献和谐大家庭

三年中，“舍小家为大家”的教师时时涌现。薛艳老师带班经验丰富，特别心细，学生父母意见不统一吵架，深夜向薛艳老师寻求帮助是常事。张慧娟老师身体不好，爱人经常出差，孩子上学需要接送，但是在年级最需要她的时候，她义无反顾地接受了班主任的工作。冯梦璐老师孩子两岁，临危受命，为了不影响班级的稳定，想方设法尽快融入班级，被学生评选为“我最喜爱的优秀班主任”。王莉朋老师儿子生病住院，考虑到初三时间耽误不起，她尽量把孩子住院与自己的

上课时间错开，为了做好课后答疑辅导，她将一些讲解录成微课供学生参考。

（2021 届年级组长张辉）

2021 届年级教师团队只是学校教师团队的一个缩影，耿京雯老师带领的 2020 届初三教师团队与吴媛媛老师带领的 2019 届初三教师团队也分别被评为 2020 年、2019 年北京市西城区教育系统优秀集体。学生的全面健康成长与在中考中取得的优异成绩离不开教师团队的敬业与专业，离不开每一位教师的智慧和奉献。面对中考的新变化，面对“双减”及疫情等新挑战，教师们勇于探索研究，用智慧和深情为学生点亮理想的灯、照亮前行的路，以脚踏实地和开拓创新的精神践行着教师的责任和使命。

3. 立足本职岗位，发挥自主创新的力量

华夏女中教师在一线工作中面对的往往不是理论问题，而是鲜活的学生和教育教学实践中存在的问题。组织培训，搭建学习平台是为教师成长创设环境，是帮助教师成长的桥梁。成长需要教师将工作中面临的现实问题与学习结合起来，深入思考，催生解决问题的方法与措施，促进问题的解决，在行动中加以验证，并对过程进行总结、梳理，从而提升理论水平，提升教育专业水平。

（1）针对女生特点，营造和谐友爱的校园氛围

华夏女中贯彻党的教育方针，关爱学生的身心健康，与女中文化结合起来创造性地开展活动，为学生全面发展奠定了坚实的心理基础。每年的 3 月 8 日是华夏女中的特色节日——“女生心理节”。每年的心理节侧重不同的主题，其核心目标是通过心理节的活动，宣传心理知识，关爱生命，呵护女生身心健康。

通过历届女生心理节的设计与组织，学校心理教师王琰对心理教育的理解逐步加深。她通过对学情的分析，确立活动主题，创造性地设计内容丰富、形式多样、趣味性强的体验活动；在实施过程中与各部门沟通协作，锻炼了组织能力。每届为期一周的女生心理节活动，普及了心理学知识，提升了师生关注身心健康的意识，营造了和谐温馨的校园文化环境。

（2）突出目标引领，打造“小太阳”班级文化

班主任们也在学习中不断思考，提高思想站位，创新工作方法，逐渐从“让我做”的被动执行者，成长为“我想做”的主动设计者与组织者。班主任们结合华夏女中的育人传统，主动应对变化，打造出积极向上、团结和谐、各具特色的班级文化。

2023届初一2班班主任于佳琦老师根据班情，制定班级三年发展规划，围绕“关爱”设计打造出“小太阳”班级特色文化。她经常表扬学生是关心他人、关爱世界、善良的“小太阳”，而营造“小太阳”班级文化、点燃一颗颗小太阳的过程，自己的生命也被点燃了、照亮了。成长了的教师，将教育情怀转化为智慧与温度，将在自我突破与学习进步中增加的生命能量，恰当地传递给学生，成为传递温暖的“大太阳”。

学校教师将日常的学习培训内化为自己的教育教学行为，将自己的教育理想追求落实到具体的工作岗位之中，将最深沉的爱化为最朴素的教育实践，努力成为有理想信念、有道德情操、有扎实学识、有仁爱之心的“四有好老师”的践行者。

二、构建全体·全面·多元化学习平台

华夏女中积极落实《关于加强和改进未成年人思想道德建设的若干意见》，明确立德树人的任务与女中育人目标，探索学生自我教育、学校教育、家庭教育、社会教育“四位一体”的教育体系。面向学校全体教职员工构建多元化培训学习平台，全面加强师德师风教育，不断提升育人能力和核心素养。

学校改变单一的培训学习内容与模式，重新审视培训目标，整合学习资源，筛选培训内容，健全培训制度，丰富培训形式，在构建面向全体教职员工的、内容全面的、形式多元的学习平台实践中，做出了有益探索。

（一）全面全员学习，助力“三全育人”

1. 教师专业学习有保障

承担一线教学任务的教师，按照研修要求每周固定时间（半天）要前往

市区教师研修部门或指定学校参与学科教研活动。学校努力在工作计划与课表安排中考虑到教师教研活动的需要，与校内教研活动相配合，保障教师参与市区教研活动的时间。教师通过市区教研活动学习学科教育教学新要求，了解课程标准、教材等新变化，通过市区观摩课、研究课等形式提升教材理解运用能力、教学设计及课堂教学能力。

2. 继续教育学习有效率

政府教育行政部门根据教育形势要求的变化，定期组织继续教育，为学校教师全面提升综合能力与素养提供了政策、机制与平台支持。近几年的继续教育涉及领域包括网络、信息技术、教育改革、中华传统文化、社会主义核心价值观等多个方面。

学校积极组织推进继续教育培训课程，充分动员，畅通网络，主动帮助老师解决学习过程中遇到的困难，适时提醒学习进度，监督学习过程，保证学习质量。学校每次组织的继续教育都做到全员、按时、按要求、高质量完成，从而使教师适应国家对教师能力素养的新要求，不断全面提升任教能力。

3. 周二全体学习有规划

每周二面向全体教职员工进行的集中学习是学校可自主安排内容、选择形式的“自选动作”。学校系统设计了全体教职员工集体学习的内容，整体规划，提前筹备，以提高实效。除了常规的政策传达、校务通报外，更多时间留作全员培训使用，学习的内容丰富，形式多样，呈现多元化特点。

学校也充分挖掘校内教师的潜力和资源，请有专业特长的任课教师给全体教职员工做专题讲座，内容涉及消防安全、紧急疏散、传染病预防等。

4. 全员德育实践有平台

学校搭建综合德育实践活动平台，德育活动从设计到组织参与，再到成果呈现，都有任课教师的参与。根据活动目标与内容形成备课小组，小组内由一名教师牵头提出想法，其他教师提出意见与建议，不断补充完善。首先，小组成员共同研究讨论计划方案。其次，教师参与实施活动。在活动中完成配合、推进、应对突发事件、补台、全局调控、细节落实等各环节。最后，在活动总结阶段，老师要在意见收集、效果评估、总结表彰、反思改进等方面引领学生全面总结，系统梳理。

科技节、合唱节、文化节、艺术节、心理节、体育节等校园文化节日，泰山之行、古都西安之旅、大美华夏—诗词江南等实践活动，无论是学校组织的大型德育活动还是综合研学与社会实践，无一不是由任课教师共同参与活动设计与组织。开设专题讲座、组织体验活动、编排课本剧、开放实验室、绘制学科小报、布置书画展览、制作视频短片，并结合学科独立设计组织诗歌朗诵会、演讲比赛、辩论赛、时事论坛等活动……教师们在学校综合性教育活动中发挥学科特长，共创学习氛围，实现教学相长，师生彼此激励欣赏，全面提升了综合素养。

（二）突出重点工作，助力特色发展

1. 举办德育年会，促进“立德树人”

为统一教育思想，加强“三全育人”的效果，落实“立德树人”的教育根本任务，学校围绕“立德育人”先后举办两届德育年会。

（1）立足本岗，明确“立德树人”任务

2019 年 2 月，学校举办以“立足本岗，面向未来，立德树人”为主题的首届德育年会，近 100 名员工参与，大会通过主旨发言、分组讨论，加深了实现“立德树人”与自己岗位工作结合的理解。

孙明杰副校长做了题为“从立德树人的人才培养角度总结我校德育工作”的主题发言。五位教师结合各自工作岗位进行了交流分享，主题分别是：“做个幸福的摆渡人”“不忘初心，不惧未来”“‘不误正业’的语文组老师”“向光而行，唤醒生命教育力量”“发挥服务育人的功能，建设和谐美丽的校园”。发言不仅从实践层面进行了梳理，也阐述了行为背后对教育的理解与追求，带给他人可贵的方法、经验与思想启迪。

分组讨论中，教师们分别围绕“如何激发学生的生命力与学习热情”“如何在学科教学中发挥育人功能”“基于时代的变化与我校女学生的特点，在教育实践中应注意哪些问题”“如何家校沟通，形成育人合力”“如何在不与学生直接接触的岗位上发挥育人作用”五大议题进行小组讨论。全体复会后，小组发言人在大会上汇报了小组讨论结果。

学校以德育年会的方式，促进全体教职员工深入理解了立德树人的重要性，通过五个问题的讨论，加深了对“如何立足自己所在岗位，实现立德树人”这一问题的思考。小组讨论中，每一位教职员工都做了发言，结合自身情况与工作特点提出了切实可行的方法措施。全员参与，求真务实，全体教职员工彼此学习，相互激发，贡献了教育智慧，提高了学校德育工作的实效性。

（2）总结反思，讲好育人故事

在首届德育年会的基础上，2021 年 2 月，学校围绕“立德树人”的教育实践，以“讲述我的育人故事”为主题举办第二届德育年会，学校全体教职员工参与了“我的育人故事”交流分享活动。此次年会突出三个重点：一是全员参与，继首届德育年会之后，全体教职员工再次全员参与；二是以学生为中心，关注学生，关注学生成长，关注“我”与学生的关系；三是突出实践反思，基于教育者真实发生的教育行为进行反思。

初一年级组的教师们通过对学生的培养目标 WIES Girl 的理解，提炼出年级教师们的共同追求：WISE Teacher。其中 W 代表 Warm（温暖），体现出浓浓的爱生情怀；I 代表 Idea（主意），体现教师们解决问题的智慧和方法；S 代表 Serious（认真），体现了教师负责和敬业的态度；E 代表 Effective（有效），在教师育人过程中，追求并见证教育实效。学生的心是未经雕琢的璞玉，走进她们的世界，就会理解她们美丽而又稚嫩的心灵，教师们的每一个育人故事都凝聚着教育智慧，智慧的背后是深厚的爱的情感，对学生的爱，对教育的爱。

初二年级组的教师们从以下几个方面分享了教育智慧：在学生的成长中给予温暖，助她们一臂之力；尊重学生，学会鼓励学生，建立亲密师生关系；用智慧解决学生成长过程中的问题；走进学生的心灵和家庭，探究学生的成长背景与环境，挖掘育人契机；在集体生活中融入育人理念；应时而生，抓住线上育人好机会。

初三年级组的教师们在假期共同学习“积极心理学之父”马丁·塞利格曼的《持续的幸福》一书基础上，结合自己的教育教学经验，做了深刻反思。涉及班主任老师带班方略和特别关注学生的教育引导，任课教师在教学课堂中如何实现育人目标等。

后勤工作人员认识到：通过自己的言行与工作影响着学生的思想行为，发挥不可替代的育人作用。如：对师生们报修的问题做到及时处理；对师生们需要查阅的档案文档能够及时提供、热情服务；在校园的官方网站上及时做好正能量的宣传；对需要帮助的学生及时给予尽可能的帮助；不断改善师生在校的学习和生活条件，使师生在学校感到家一样的温暖，形成和谐的校园氛围；识别与抓住校园内的教育契机，给予学生必要的提示与教导；等等。后勤工作会在潜移默化中发挥育人作用。

2. 传播积极心理学，助力专长发展

学校与清华大学积极心理学研究中心合作，根据“女校、女初中学生、女性教育”的特色，结合当前心理健康现实状况与积极心理学应用热点，为华夏女中量身打造了积极心理学系列课程方案：做成长型思维教师·助睿智女生健康发展——以“积极心理学”为引领的全员培训。

清华大学积极心理学研究中心副主任赵昱鲲教授、朱利文老师等分别通过讲座、练习体验等方式带领教师们共同学习。通过以积极心理学为核心的系列课程的学习，配合自主阅读《持续的幸福》，开启了“幸福教师，幸福学生，幸福教育”的探索之路。教师们对“幸福”的内涵与价值有了初步认识，了解了积极心理学视域下的理想教育与生命状态，初步形成了积极思维方式，提升了沟通技能和压力管理能力，学会了积极正向自我赋能的方法。在培训总结中，教师整理了自己的收获。

图 5–3　2021 年 7 月组织的积极心理学全员培训，清华大学积极心理学研究中心副主任赵昱鲲教授的讲座

冯梦璐老师感悟：

1. 改变思考方式就能改变感受与行动。

2. 每天三件好事——小小记录就能积极生活。

3. 控制情绪，做情绪的主人。

4. 积极改变。当我与人沟通交流的时候，改变表达方式，就能让人舒服，有效沟通，达成效果。

高宇华老师感悟：

1. 当对方倾诉时，先考虑共情，再思考内容。

2. 每天晚上回顾当天发生的三件好事。

3. 尽自己所能，和学生进行积极、主动的沟通。

本轮培训引导我以积极心态看待生活。每天关于三件好事的思考，继续了我记日记的习惯，并且在原有基础上得到了更高层次的提升，同时也使得自己有了更好的心情面对生活和工作。

积极心理学的系列培训对教师自身的心理健康有很大帮助，有助于预防和解决教师的职业倦怠问题，激发师生的潜力和积极品质，提高教师的职业幸福感；引导教师从关注学生存在的问题转向关注学生自身成长的积极体验与品德优势，从固定型思维模式向成长型思维模式转变。

（三）践行家校共育，助力家长成长

家庭是人生的第一所学校，家长是孩子的第一任老师。2022 年 1 月 1 日起施行的《中华人民共和国家庭教育促进法》，将社会主义核心价值观融入法律，明确了家庭教育以立德树人为根本任务，标志着家庭教育全面纳入法治实施的轨道。

面对国家提出的法律要求与系列教育改革措施，不少家长感到无从着手；面对新学年的华夏女中生活，不少家长缺少方法与经验。近年来，学校将家庭教育指导服务纳入工作计划，成立家长委员会，通过家长学校为家长们搭建学习提高的平台，线上线下相结合，以专家讲座、沙龙研讨、资源推介、个体咨询等多种方式为家长提供支持，力图建立更好的家校合作关系，增进家庭教育效能，为学生的成长注入更多支持力量。

《学会沟通，建立良好亲子关系》观后感

今天，学习了家长学校课程《学会沟通，建立良好亲子关系》，通过边玉芳教授亲切、专业、细致的讲解，我受益良多。

我发现自己每天对孩子说的最多的话是：快点儿、做作业、复习功课没有、考试多少分、喝水了没有、多吃蔬菜、把房间收拾好……而不是：今天在学校快乐不快乐、有什么印象特别深刻的事、对一本书或者一部电影或者一首歌的感受……一直以来，我在下意识里想用“我都是为了你好”的理由，理所当然地要“控制”孩子的思想和言行。

“倾听、同理心、有效表达”，是有效沟通的三要素，要站在孩子的角度来思考问题。边教授的这些理念讲到了我的心里。“认真倾听、不要唠叨、放手让孩子自我管理、不要延伸、不要只是说教、寻找孩子的兴趣点”，边教授的这些有效提醒和沟通的小技巧，让我如获至宝。以后将与孩子多有效沟通，共同自信、快乐、勇敢地走过青春期。

（2021级学生黄予萱家长曾静蓉）

图 5–4　2019 年 12 月举办的家长学校活动，图为家长参与“共话‘独立’”沙龙研讨

学校在现有家长学校系列活动的基础上，加强实践研究的引领作用，计划通过《学生幸福视域下中学“大心理健康教育系统”建构与实践研究》课题，进一步深入推进“滋养型家长”的培养工作，以课程建设的标准，规范家长学校课程的目标、纲要、内容、形式与效果评估，整合家长、在校教师、高校、社会研究机构、媒体平台等社会资源，不断提高家庭的育人水平与效果。

学校工作突出立德树人根本任务，贯彻“三全育人、五育并举”的工作要求，加强面向全体教职员工的全员培训，组织面向全体家长的全员学习；通过培训内容的丰富性、全面性培养教职员工的全面能力与综合素养；通过定制的特色课程，助力女校全体教师特长能力的提升；通过理论学习、实践学习、总结分享学习、展示研究学习等多元化学习方式，整合多元化学习资源，拓展多元化学习渠道，促进教师培训取得实效。华夏女中经过多年实践，一个“全体、全面、多元化”的学习成长平台已初步建立。

三、完善骨干·重点·专题化成长平台

班主任是学校德育工作的骨干，也是教育力量形成合力的纽带。《中小学班主任工作规定》第三条规定：“加强班主任队伍建设是坚持育人为本、德育为先的重要体现。”第十七条规定：“教育行政部门和学校应制订班主任培养培训规划，有组织地开展班主任岗位培训。”

华夏女中非常重视班主任队伍建设，并结合学校的情况与时代的发展积极构建培训体系，不断增强班主任队伍的责任心、敬业态度，推动他们学习最新的教育方法，提高育人能力。

（一）结合校情，整体构建培训体系

构建促进班主任成长的培训体系，既要考虑到班主任工作的需要、个人成长的需要，也要考虑到学校的学情与校情，考虑到学校发展的方向、资源状况与工作重点。因此，需要结合校情，全面考虑各方面因素，整体构建培训体系。

1. 调查研究，了解需求

每学年初，学校都会了解和分析班主任对培训的需求，为整体构建班主任培训体系提供数据支持。如，2017 年 9 月，学校组织班主任和年级组长进行了问卷调查，结果如表 5–1 所示。

表 5–1　班主任培训需求调查结果（2017 年 9 月）

序号	问题	需要率（%）	模块
1	如何开好一节班会	50	班会
2	如何建立班级规定并有效执行	44.4	班级建设
3	如何做好特别关注学生的教育工作	44.4	个别生教育
4	如何发挥家长的作用，形成育人合力	38.9	家校共育
5	如何做好养成教育	38.9	养成教育
6	如何选拔培养管理好班干部队伍	38.9	干部培养
7	如何进行班级的文化建设	38.9	班级建设
8	如何开好家长会	33	家校共育
9	如何培养学生的规则意识	33	养成教育
10	如何形成良好的班级风气	22	班级建设
11	如何做好住宿生的教育与管理工作	16.7	住宿生
12	如何做好小升初衔接工作	11	衔接教育

根据调查结果得知，如何开好班会、特别关注学生的教育与班级建设问题是班主任和年级组长尤为关心的问题。班级建设问题既包括如何形成良好学风和班级文化氛围，也包括通过规则设置和班干部选拔在班级内形成学生自治、自律的氛围。

2. 针对需求，系统设计

根据上述调查与相关文献分析，学校将班主任工作的特点归纳为以下几点：第一，班主任的工作内容庞杂，需求多样。第二，班主任个体差异大。每位班主任的工作经验不同，年龄特点、能力水平、专业背景、性格兴趣也不尽相同。第三，学生群体也在变化。第四，教育理念与方法也在变化。

根据班主任需求调查结果与班主任工作特点的分析，确定班主任培训的目标，选择恰当的内容、灵活多样的培训形式，以提高培训的效果。班主任培训采取“主体性”与“框架式”相结合的建构方法。“主体性”是指针对群体的不同需要，培训涉及面广，要激发每名班主任教师的自主性、积极性；“框架式”是指针对最主要的问题规定培训框架内容，定期集中学习，其他问题可通过营造学习交流的环境，采用不定期的文章推送、网络讲座、视频共享等方式进行。

3. 根据情况，灵活实施

培训计划是基于现实、指向未来的，具有理想化的特点。而在培训实施的过程中，会有很多预料之外的教育资源、教育时机的出现，如一部与近期学校主题教育十分契合的好电影、一篇与班主任培训主题相关的好文章等，都可以成为培训方案的补充材料。班主任培训计划搭建了学习内容的主框架，明确了主要目标，确定了核心内容；而工作过程中出现的事件、社会生活中的热点、网络信息随时可能出现的文章、视频、讲座等教育素材，则成为主框架下的“枝叶”，是丰富的多样的素材。活动组织者对素材的及时发现识别，准确恰当使用，会使这些“树叶”与主框架的主干联结成一体，在实施过程中呈现出灵活的生机与“生成”的活力。如 2021—2022 学年第二学期培训计划与实施（见表 5–2、表 5–3）的对照。

表 5–2　2021—2022 年第二学期班主任培训计划

时间	内容	负责人	备注
2021 年 8 月 31 日	班主任工作会：通报本学期计划、重点工作、开学报到注意事项，班主任要求	马艳 孙明杰	《自主型班主任》
2021 年 10 月 21 日	如何做好期中反馈——以家长会、学生会为例，期中工作提示	杜少琼 马艳	印发学案、PPT
2021 年 11 月 25 日	积极心理学在班级建设中如何发挥作用——集思会	孙明杰	积极心理学学习巩固印发资料
2021 年 12 月 9 日	特色班级建设的思考与建议	马艳	梳理总结班级建设
2022 年 1 月 21 日	班主任的工作智慧——成就事件 / 成功经验分享 + 期末工作提示	孙明杰	前期布置，有意识积累

注：时间原则上为周四第五节课（11:30—12:20），全校培训每月一次，级部班主任会双周一次。

表 5–3　2021—2022 年第二学期班主任培训计划实施记录

时间	内容	负责人	方式	备注	实施情况与效果
2021 年 8 月 31 日	班主任工作会：通报本学期计划、重点工作、开学报到注意事项，班主任要求	马艳 孙明杰	线下	《自主型班主任》	计划内工作，已经实施
2021 年 9 月 15 日	李希贵《现在老师的工作与大脑有关，将来的工作与心脏有关》讲座文稿	孙明杰	线上	微信推送	计划外内容，与《自主型班主任》内容相关
2021 年 9 月 26 日	赵昱鲲教授直播讲座《“自主学习”：让孩子重新爱上学习》	孙明杰	线上	微信推送直播二维码	计划外内容，与积极心理学指导学生学习相关
2021 年 9 月 30 日	彭凯平教授视频讲座《幸福就是有意义的快乐》	孙明杰	线上	微信推送	计划外内容，与积极心理学学习相关
2021 年 10 月 20 日	张梅玲教授《积极心理学专家讲座——从整体观思考青少年心理素养》	孙明杰	线上	要求大家写反馈	计划外内容，全面了解青少年心理素养的方法
2021 年 10 月 28 日	如何做好期中反馈——以家长会、学生会为例，期中工作提示	杜少琼 孙明杰	线下	印发学案、PPT	计划内工作，因 22 日体育节，推迟至 10 月 28 日（周四）第五节课
2021 年 11 月 3 日	北师大班建武教授讲座《“爱”的误判与教师育人能力的提升》	孙明杰	线上	提前报名，向区里预定人数	计划外，西城教科院比较教育中心提供的资源
2021 年 11 月 25 日	积极心理学在班级建设中如何发挥作用——集思会	孙明杰	线下	积极心理学学习巩固	计划内工作，以“讲解＋讨论＋汇报分享”的方式进行，现场氛围融洽和谐，参与度广
2021 年 12 月 9 日	特色班级建设的思考与建议	马艳	线下	梳理总结班级建设	计划内工作，效果良好
2022 年 1 月 20 日	班主任的工作智慧——成就事件 / 成功经验分享＋期末工作提示	孙明杰	线下	前期布置，有意识积累	因 21 日结业式，移至周三进行。班主任以积极的视角回顾一学期的成就事件与经验，自我激励，传递成就感与正能量

注：时间原则上为周四第五节课（11:30—12:20），全校培训每月一次，级部班主任会双周一次。

对比计划与实施情况不难发现，实施结果与计划方案存在差异，结果往往是在计划的“主干”上又生成了新的“枝桠”，而这些应运而生的“枝桠”是根据信息资源的变化进行的调整，是在“框架”基础上对计划外学习机会、内容与资源的筛选，将与主题内容相一致、又互为补充的内容适时加入。这些灵活生成的教育资源，丰富了培训的内容，反映了班主任真实的学习状况和丰盈的成长状态。

（二）继承传统，创设共同学习成长新时空

1. 立足女校传统，促进班级文化建设

华夏女中有良好的班级文化建设基础，在整合之前，学校以班级文化建设作为德育特色进行多年的实践研究，不仅积累了丰富的班级文化建设的工作经验，取得了良好的教育效果，而且培养了一批在班级文化建设方面既有理论思考，又有实践成果的班主任老师。

新生入学之初，是新班级形成的关键期，也是立规成习、养成教育的关键期。“好的开始是成功的一半”，如何进行起始班级的建设，是很多青年班主任面临的重要课题。于是，每学期开学之初学校都会组织养成教育的专题

图 5–5　2017 年 7 月组建初一年级班主任团队，图为初一年级班主任与学生处老师开展团队建设活动

培训，邀请学校有实践经验且善于总结的老师分享经验。

班会是班级教育的重要途径之一。如何在实践的过程中开好班会，达到预期的教育目的，是班主任要掌握的重要技能。

班级文化建设——如何开好班会

一、为什么开班会

1.基于已经存在的问题的解决——指向现实。如“手机使用是否应该由学生自主管理”。

2.基于可能遇到的问题——指向未来。如“我的心事你别猜——了解青春期的自己”。

3.基于空间拓展——指向内外部的联结。如“我与我的集体”“我与祖国共成长”。

4.要达成班会的目标设定——多少、高低。

二、好班会的标准

1.学生的参与：数量与层次。

2.对学生的搅动：知识、思维、观点、情感。

3.对学生行为的影响：多大影响，多长时间。

三、注意的几个问题

1.班主任在班会中起什么作用——班主任在班会中起到引领、推动、聚焦、画龙点睛的作用。

2.班会该以怎样的形式开——考虑到学生的年龄特点与喜好；考虑到班会的内容特点与主题要求；不要过于追求形式，坚持形式为内容服务，内容为教育目标、教育效果服务；盘活现有资源（学生、家长、教师、领导、共同经历的事件等）；联系共同的生活（事件、课本内容、社会热点、某同学的特长等）。

可选择形式：体验式、讲述式、讨论式、展示式、演讲式、表演式、综合式班会。

（孙明杰 2017 年 10 月）

学校面对每年都要进行的班主任学习培训内容，采用不同的形式进行。

如讲座、讨论、观摩、说班会、观看录像、微格分析、读书分享等。

2.“校会 +”——与学生共同学习

学校德育活动课程形成了以每周一次的校会（或班会）为核心，以“三礼六节”，即开学典礼、毕业典礼、十四岁青春礼和体育节、科技节、艺术节、文化节、女生心理节、合唱节为平台，以创设学生自主活动空间为辅助的德育课程体系。每周一次的校会是学校依据德育大纲，与学校情况相结合，有计划有系统地面向学生进行的主题教育课程。班主任除了专题性培训之外，也可以在与学生共同参与校会等德育课程中共同学习，得到成长。

为了提升校会的教育效果，校会前会印发学案，帮助学生记录校会内容，领会核心观点，并联系自身情况，引发思考。班主任陈青青老师在校会效果的反馈中写道：“我跟孩子们对于 9 月 1 日的‘不负时代，强国有我’实验中学教育集团开学典礼和 9 月 6 日的‘理想照进未来’开学第一课的内容尤其喜爱，一是内容与当下时代息息相关，二是有现实的生动的人物榜样。基于此，我在组织学生开展班级建设时也结合了校会中的榜样事迹，激励学生树立远大理想，同时引导学生立足现实，发现身边的榜样，并通过切实行动实现自己的小目标，再到大理想。这也是在践行我们班的班训：

图 5–6　2021—2022 学年实验教育集团开学典礼，图为先进班集体接受颁奖

Follow light，Become light”。

班主任在参与校会设计，组织、陪伴学生观看校会，指导学生完成校会学案，引导学生把握校会重点内容，落实校会要求的过程中，与学生共同参与、学习与思考。校会后，班主任会结合班级情况与教学目标，将大家通过校会共知的人物、事例、金句在合适的教育场景中再次使用，将校会传达的正确的价值观念、可贵的品质、高尚的精神与学生日常生活再次结合。这个过程，是校会功能的延续，它丰富了班主任的教育素材，深化了校会教育效果。

（三）把握特点，发展班级教育管理新技能

1. 与时俱进，掌握教育新方法

班主任需要直接面对学生进行管理教育，每天要直面不同的学生、不同的教育情境与问题。班主任面对变化的学生与问题，没有一劳永逸的教育秘诀，唯有与时代同行，研究学生的特点，了解新的研究成果与规律，不断更新教育思想，尝试新的教育方法，才有可能及时解决中学生成长时产生的各种教育新问题。

（1）合作对话，以问题促思考

关注最新的教育理论、方法与技术，并及时介绍给班主任，是非常重要且必要的。2017 年 12 月，孙明杰副校长带领全体班主任进行了“合作对话”技术的专题学习。

合作对话的 4W 练习

1. 此练习可以自问自答，也可以两人互相问答。对话过程中，宁可慢，不要快，容许自己、对方思考。对自己的判断和结论保持觉察。

2. 随时可以问自己或者对话伙伴：“还有呢?”“可否多说一些?”；抱持“不知道”的态度；关注对话中的新词、新意。

3. 请班主任思考现在学生教育与班级管理中的一个问题。班主任老师两两结成一组，甲先答，乙来问，乙负责计时，持续 15 分钟，然后交换，乙来答，甲来问。

What：什么	Why：为什么
1. 你目前思考或者苦恼的问题（议题）是什么？（工作中真实的问题） 2. 问题存在多久了？问题的变化是？ 3. 自从出现这个问题，你的想法和情绪发生了哪些变化？你最（担心 / 开心、恐惧 / 焦虑 / 愤怒……）的是什么？ 4. 问题对你的影响是什么？（尽量具体） 5. 想象一下问题解决了之后，你会是什么样子？事情会是什么样子？（具体）	6. 你对这个问题的分析是什么？ 7. 哪些因素导致这个问题变成了现在的样子？其中的因果关系是什么？ 8. 哪些因素是关键的？为什么？ 9. 还能有其他可能的解释吗？ 10. 其他人对这件事情的看法是什么？（与这个问题有关或者无关的人分别有什么看法） 11. 如果换一个说法来表达，你会如何描述这个问题？
Work：已做	**Wish：将做**
12. 面对此问题，你已经做了哪些努力？取得了哪些进展？你有哪些思考和想法？ 13. 你怎么做，会让这个问题变得更加糟糕？ 14. 你过去是怎么做的，没让这个问题变得更糟糕？ 15. 你有什么资源和优势？你对自己的觉察和反思是什么？ 16. 你将来怎么做，会有助于问题的解决与改善？ 17. 问题存在的好处是什么？你不断思考这个问题有什么好处？	18. 到目前为止，你有哪些新的反思和想法？ 19. 你下一步的打算是什么？ 20. 你希望听到什么建议和评论？ （提问者，此处可以给出自己对这个问题的看法、评论和建议） 21. 你对这些建议和评论怎么看？ 22. 你会如何总结这次对话？通过这个对话，你对自己有什么觉察和发现？

这次“合作对话”的专题学习材料由心理教练曾海波老师依据“过程咨询”与“后现代心理学”整理的4W练习基础上改进而成。“合作对话”，可以运用在与学生、家长的沟通中，也可拓展至与自己的孩子、家人的沟通中。通过“合作对话”技术的学习，虽没有提供给班主任直接的意见与方法，却通过提问促进了对方的思考，帮助对方理清思路，发现自身的资源，找到方法。“合作对话”是一种技术，更是一种态度。只有在班主任持有平等观念，接纳和尊重对方的前提下，“合作对话”才能发挥作用。

（2）体验式学习，以体验促迁移

体验式学习是指以直接经验和反思为基础的学习。库伯（D.Kolb）提出“体验式学习循环模式”，他认为体验式学习要经历四个阶段：①具体体验阶段，学习者在真实情境中活动并获得各种知识，产生相应感悟。②观察、反思阶段，学习者回顾自己的经历，对体验进行分析、反思。③形成抽象的概念阶段，学习者把感性认识上升到理性认识，建构一种理论或模型。④在新情境中检验阶段，学习者在新情境中对自己的理论假设进行检验。2017 年 10 月 16 日，王琰老师带领班主任们进行了体验式学习。

班主任们先是亲身参与了体验式学习，切身感受到体验式学习是怎样的，然后在体验的基础上归纳特征，学习概念，上升到理论。从具体的例子到抽象的概念，进行全面深入的理解，借鉴刚刚参与的体验式活动的设计，便非常容易应用到班级工作中。

2. 网络时代，微学习让成长总发生

伴随着互联网时代的到来，以微博、微信为代表的自媒体改变着人类信息传递交流的方式，人们学习的渠道与方式更为多元。但网络时代也呈现出信息超载、学习碎片化的特点。如何应对网络时代的变化，化弊为利，是当代教育面临的普遍问题。学校帮助老师初步筛选信息，发挥碎片式学习时间短、易操作、灵活性强、不易受时空影响等优势，通过微信进行“短、平、快”的专业化灵活性学习。基于班主任问题意识、自主成长意识强的特点，学校将线上自主学习与线下的专题讨论、讲座相结合，利用建构主义的学习理论，促进班主任高效使用碎片时间。

班主任们可根据自己的实际情况，灵活利用零碎的时间自主安排自己的学习，同时与线下集中学习培训相组合，通过线下交流分享的方式，回顾“微学习”的内容，强化重点。这既可以充分利用信息技术方便快捷的优势，又能尽量避免个性化“微学习”可能带来的思考不充分、系统性不强的问题。

四、拓展实践·总结·成果化提升平台

华夏女中以当前教育教学实践为基础，以先进的教育理论为引领，创造总结、交流、学习的平台，不断拓宽教师教育视野，营造开放的学习氛围，激励教师突破自我，走出舒适区，在思考中实践，在实践后反思总结，努力提升教师的实践能力与理论水平，固化教育教学成果，最终实现教育可持续的良性发展。

(一)拓宽教育视野,创新教育实践

1.搭建开放式的学习平台

学校搭建了满足不同群体成长需要的学习平台。创造“走出去,引进来”相互学习的机会,鼓励教师既要睁眼看世界,关注教育新理论、新研究、新技术、新成果,又要静下心来研究女校校情、学情,勇于借鉴并与实际情况相结合,因地制宜进行创造性实践。

行政干部的集团学习制度。参加集团行政会,使学校干部有机会了解集团的发展战略,了解集团各层领导、各部门干部的工作思路,既是对工作内容、方法、策略的学习,又是精神文化层面的浸染。

各学科外派教师的跟岗学习制度。华夏女中各学科外派到实验中学的教师与实验中学教师同教研组、同备课组、同年级组教师共同教研备课,共同上课批改作业,共同听课答疑,与家长交流,找学生谈话,研究班情,研究问题学生的教育辅导措施等。实验中学是一所具有深厚文化底蕴与教育探索精神的百年优质学校,有机会在实验中学跟岗学习的教师都有非常大的收获,得以快速成长。

智冠华老师(2016—2017)、杜少琼老师(2017—2018;2019—2020)在实验中学跟岗学习期间,荣获校级优秀班主任称号,吴林老师(2017—2019年)荣获校级德育骨干称号。

2.创造“走出去”的学习机会

借鉴外来,综合学习。学校在开放办学理念的引领下,不断开辟“走出去”学习的路径。建校之初,就与美国优瑟琳女中、澳大利亚墨尔本曼通女子文法学校等国家与地区的特色女校建立了友好校关系。通过与友好校的交往交流,增进了对彼此地区的文化了解,增进了教育内容、模式、方法的交流,为学校教师打开了全新的教育视野。在教育比较的过程中反思学校教育教学的观念与行为。教师们尝试将异国教育的做法本土化,将项目式学习、合作式学习、探究式学习与学情、校情结合起来,促进教育教学方式的改进。学校借助实验集团国际部的办学优势,为更多教师提供跨境交流学习的机会。自2015年至今,已有28名老师赴港澳台及国外学校学习考察。

走出校门，专题学习。中国陶行知研究会女学生教育专业委员会（简称“女专委”）是中国陶行知教育研究会下属专门研究女学生教育的学术组织，华夏女中是发起校与成员校。女专委为教师有针对性地研究女性教育与女校办学管理提供了学术交流的平台。在每年的女专委学术会议中，学校都有教师的研究成果获奖，都有教师被邀请参与学术会议。近五年来，有近 30 名教师在女专委专题性论文评选及指导学生专题论文中获奖，十余名教师在近 5 年的女专委学术交流活动中进行交流汇报。

融通资源，专业提升。学校发挥集团校作为中国教育学会中小学德育研究分会重要成员校的优势，组织德育团队特别是班主任教师积极参加中国教育学会中小学德育研究分会的学术年会。如，在 2019 年实验中学承办的学术年会上，班主任教师通过听取主旨报告、多场次的专家讲座、精品活动观摩、深入课堂等形式全方位感受新时代的德育研究与实践成果。在 2020 年第二届中小学生教育国际论坛上，学校心理、德育相关老师通过线上线下结合的方式参加了主旨报告、专题报告、分论坛、工作坊等活动，拓宽了教育视野，提升了老师开展心理教育的专业能力。同时融通中国教育学会、市区教育科学院、师大心理健康教育专题会议等优质教育资源，推荐青年班主任教师参会吸取更多的成长养分，推荐优秀班主任介绍经验，提高了系统化能力与教育理论水平。

近年来，华夏女中领导干部团队和排球、舞蹈、美术、心理等学科多名教师通过融通的培训渠道，取得了专业培训证书。

3. 女生菁媖班的实践研究

2018 年 9 月，根据华夏女中高中学生教育教学发展的需要，结合实验中学近五十年女子中学办学经验与特色班教育实践的优势，遵循实验集团“一体化”办学的原则，华夏女中在实验中学高一新生中开设“女子菁媖”特色班，以委托培养的方式探索女生高中培养的新模式。“女子菁媖”特色班独立编班，既充分汲取实验中学的优质高中资源优势，又保留女子教育的特色，探索全新的高中女子教育的实践模式。

2019 年 10 月，学校申报了教育集团实践研究类课题“‘女子菁媖’班特色培养模式的实践研究”。以课题为引领，更充分发挥研究的作用，促进在正确的方向上采取恰当的策略进行实践，以期取得更好的实践教育效果。

2020 年 11 月，课题结题，取得阶段性成果。

4. 专家型班主任队伍的成长

学校面对班主任成长“高原期”的难题，将“创机遇、搭舞台、促提升”作为破解之道。2020 年 10 月，学校以西城区第四届班主任基本功培训与展示活动为契机，克服疫情困难，通过线上的方式组织班主任参与了“西城区第四届班主任基本功培训与展示活动”启动仪式与培训会，组织观看“带班育人方略”专题培训；学校制定“带班 / 团育人方略”活动方案；在年级交流推选的基础上，2021 年 2 月底进入交流展示环节。

在学校“带班 / 团育人方略”交流会上，校合唱团指导赛庆霞老师，初一年级班主任于佳琦、杜少琼老师，初二年级班主任宋姗姗、吴林老师，初三年级班主任冯梦璐和智冠华老师总结梳理了带班（社团）的经历，分享了各自的带班（社团）的方法策略与育人心得。七位老师不仅梳理了“做了什么”，更分享了对于为什么要这么做，要达到什么样的教育目标，有什么理论依据，蕴含着怎样的教育理解，遵循着怎样的教育规律的思考。教师们在实践总结的基础上，再思考，继而再输出的过程，促进了自身向专家型教师、专家型班主任的迈进。

（二）个人成长结硕果

华夏女中搭建相互交流分享的平台，鼓励教师们总结反思，提炼教育经验，固化个人成长成果，促进教师们在实践基础上的提升与成长。同时与市区相关活动相结合，将学校集体及个人德育活动的优秀成果推荐到市区交流展示的更高平台上。

1. 举办德育年会，固化教育成果

2021 年第二届德育年会在实践的基础上，以“我的育人故事”为主题，组织全员总结、反思、分享自己教学生涯中的教育故事。95%的教职员工在寒假里完成了稿件撰写，为故事分享做了充分准备。学校将所有育人故事编辑成册，形成 22 万字的《“我的育人故事”——第二届德育年会成果集》，巩固了教育成果。

在交流学习的基础上，我校多名教师参加了西城区“我的育人故事”评选活动，其中耿京雯、杜少琼两位教师获一等奖，杜少琼老师还在全区进行了分享。

讲述“我的育人故事”，不仅是对故事的回顾与分享，更是对教育观念的梳理与总结。能从所经历的教育故事中反思教育行为，总结教育规律，坚定教育信念与追求，帮助教师突破成长“高原期”。

图 5–7　2021 年 4 月，杜少琼老师参加西城区“我的育人故事”演讲比赛颁奖仪式

2. 多篇论文获奖，实效成绩提升

教师在相互学习的和谐氛围中，在各类学习培训平台上汲取营养，将所学运用到教育教学中，促进师生的共同进步。教师的成长体现在很多方面，如，学校取得的各方面成绩，教育教学实效性的提升，教师个人专业技能的提高，个人在班会、说课、做课、课例、论文、课题等方面的获奖情况等。

教师教育教学能力的增强，直接带动了学校文学、体育、美术、音乐、舞蹈、科技、心理等各类学生活动成绩的提升。无论是话剧、合唱、排球、绘画、书法还是征文、微电影、辩论赛……学生的成绩均比五年前有长足进步，学生获奖人数明显增加。

（三）集体成长新高度

1. 承办西城区科研月德育活动，全面总结提升德育工作

基于近年来学校的德育工作情况，2019 年华夏女中被推荐承办西城区科研月德育专场展示活动。该活动的主题为“提升女中学生领导力的教育实践——未来菁媖主题活动引领下的 WISE GIRL 女校特色德育机制”。西城区教委、西城区教育科学研究院相关领导、首都师范大学教师教育学院副院长王海燕教授、实验集团副校长杨文芝以及来自兄弟学校的教育同仁 120 余人参加了本次活动。

孙明杰副校长做了“未来菁媖”主题活动引领下的“WISE GIRL”女校特色德育机制的主题发言。介绍了女校特色德育机制中女中学生领导力的定位、学校育人目标与领导力培养的契合关系、“未来菁媖”活动的内容与育人作用、基于育人目标实现的德育课程体系及多元评价。

团委书记闫磊老师介绍了学校学生领导力培养的途径——学生会为核心进行的学生代表大会运行模式，以及学生会特色活动：“睿智女生”活动平台——“WISE GIRL SPACE”项目。

科研月德育专场展示活动，以学生成长过程展示和成长体验分享为重点，从特色课程、特色活动、主题班会、家校共育四大方面设七个分会场。

一是“睿智女生”引领活动——“未来菁媖”主题活动之成长分享。

二是“睿智女生”培育交流活动——家长沙龙活动之共话“独立”。

三是“睿智女生”展示活动——“WISE GIRL SPACE”之“free talk”。

四是初一主题班会——“睿智女生”之我见。

五是初二主题班会——“睿智女生”之展现。

六是特色课程 1：女生课堂——“睿智女生”之“性格优势的魅力”。

七是特色课程 2：舞蹈课堂——“睿智女生”之“突破自我的舞动”。

西城区教育科学研究院王素敏副院长点评认为：从理论到实践，学校的德育活动紧紧围绕“立德树人”，通过多种教育形式实现育人目标，提升女中学生领导力，打造女校特色德育机制。学校大力挖掘女性教育

资源，搭建女生成长平台；大胆创新，以“未来菁媖”主题教育活动为引领，探索与育人目标相适应的评价机制，形成教育共识，引领学生成长。华夏女中面对新的教育挑战进行了非常有特色、有意义的教育探索。

本次科研月德育专场活动展示了学校近年来德育探索与实践的成果，促进了学校德育体系的重新梳理与科学构建，进一步完善了学校的特色德育机制。活动的参与面广，既锻炼了德育队伍，又提高了全员育人的水平。

2. 全面快速成长，特色项目有突破

经过近几年的持续耕耘、接续发展，2021 年，学校多项特色项目均创历史最佳成绩。由赵东阁老师带队的女排分获北京市青少年排球锦标赛乙组、丙组两个冠军。由温馨老师带领的校舞蹈团参与北京市舞蹈比赛，排练的《竞艳》获得二等奖与优秀创编奖；参加西城区艺术节舞蹈比赛，《竞艳》《冰刃之尚》分获金奖与银奖。由赛庆霞、孙澎老师带领的校合唱团代表西城区参加了北京市第二十四届学生艺术节合唱展演，并获得金奖。话剧《才女李清照》《执法如山》分获西城区艺术节话剧比赛金奖与银奖，《才女李清照》获得最佳原创剧本奖，并被推荐参加北京市第二十四届学生艺术节展演，获得银奖。

图 5–8　2021 年 9 月，华夏女中舞蹈教师自编获奖作品民族舞《竞艳》在实验教育集团教师节庆祝活动中展示

始建于2019年9月的学校女排队，2020年12月首次组队参加北京市中小学生排球锦标赛，就获得第三名的优异成绩，成为北京市中学女排中的一颗新星。女排辅导教师赵东阁积极参与排球协会组织的教练培训，专业技能不断提升，在实验教育集团派驻教练的协助下，克服学校无排球训练场的困难，发挥集团办学的优势，与实验中学科体艺中心交流合作，签订女排联合培养的协议。学校于2021年6月召开"申报区级排球传统项目校"评审会，同年9月通过认定。

3. 德育课程成果奖

2019年9月，《"未来菁媖"主题活动引领下的"WISE GIRL"女校特色评价机制》获"北京市第二届中小学优秀德育成果征集教育教学创新发展项目"二等奖。

2020年3月，《构建女校特色德育课程体系，提高德育实效性》获2018—2019学年度北京市教育课程建设优秀成果评选二等奖。

《构建女校特色德育课程体系，提高德育实效性》成果报告（节选）

【课程目标】

国家对初高中学生的德育总体目标已有明确的要求，初高中目标设置有差异，目标全面多元，呈现层次性。依据《中小学德育工作指南》，把德育目标要求与我校育人目标、实际情况结合起来，将我校德育课程目标梳理为"四层次金字塔"：

第一层：底线层级，指向实现"学生的身心健康和人格完善"；

第二层：基础层级，指向培养"良好的道德修养与法治精神"；

第三层：发展层级，指向培养"正确的世界观、价值观、人生观"；

第四层：至高层级，指向培养"崇高的社会理想与共产主义信仰"。

【课程结构】

学校德育课程结构突显系统性

依据教育目标的多元性与层次性，德育课程要针对教育对象、时间节点、学校整体工作确定教育内容、主题、主办方等，将教育目标贯穿于学生在校成长的三年，贯穿于德育课程全过程。在德育目标引领下，整合学校生活、影视媒体、网络资源，打造多层次、多维度的德育课程

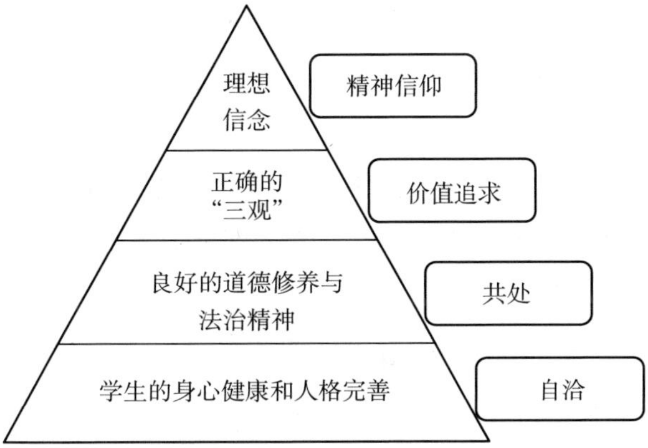

图 5–9　学校德育目标金字塔

内容。通过与年龄、时间与途径相结合，形成学校德育系列课程。按教育目标，分为“身心成长”“人格修养”“个性发展”“理想信念”四个系列。

4. 立德树人国家奖

2018 年 12 月，学校总结的立德树人的德育工作经验，被评为 2018 年全国德育工作典型。《发挥活动育人功能，提高德育工作的品质》在北京市德育专题工作总结会上汇报。2019 年 1 月，学校经验在《北京青年报》上以专版形式刊出。

北师大实验华夏女子中学：真实体验促进学生健康成长

建设现代学校，培养社会需要的人才，需要教育者懂得教育规律，尊重教育规律，并自觉按照孩子成长规律与教育规律实施教育活动。北京师范大学实验华夏女子中学在学校德育活动中注重学生的主体地位，建立自主管理的机制，提升学生对活动的选择性与参与度，为孩子提供体验的机会，在过程中实践、体验、反思与成长。而教师的角色也由主导者、策划者与组织者向辅导者、激励者、促进者与教练的身份转变。

据了解，学校德育活动将促进学生主动健康发展放在育人理念的首位。比如学生会承办的首届“韶华之声”合唱节，使学生释放本真和天性，展示思想与才艺，锻炼多方面的能力；在实验集团运动会上学生会横向对接集团学生会，根据华夏校区的实际情况纵向进行工作统筹布置落实；

从方案制定、到工作分工、再到现场细节落实，学生会的同学们在老师的引导下，逐渐将活动做精做细，在此实践过程中得到全面锻炼。

据北京师范大学实验华夏女子中学相关负责人介绍，学校激发与保护学生积极主动成长的愿望，同时也要包容学生成长过程中的不完美，随时提醒，及时补台，勇于为学生成长买单，在真实的体验中促进学生主动健康地成长。

此外，学校还增加学生自主体验活动。如华夏女中艺术节沙龙、华夏百家讲坛、人大校园参观、郎园创意工业园区职业体验等。

（《北京青年报》北京德育榜样校巡礼栏目　文 / 本报记者　蒲长廷）

从学校德育课程体系的构建，到以“立德树人”为核心内容的教师培训的推进；从立足校园，创设丰富多彩、形式多样、趣味性强的教育活动与场景，促进学生在真实体验中反思与提升，到教师主动参与课题研究、论文发表；从学校教育生态的变化，到教师教育行为背后理念的提升。面对领导，教师不再是停留在“你让我做什么，我做什么”的执行者，而更多是有教育思考、有方法策略、有组织设计的积极主动的专家型教师；教师面对学生，不再是停留在“我让你做什么，你做什么”的教导者，而更多发挥着辅导、激励、促进与教练的角色职能，是有智慧、可信赖的师长与朋友。不断成长中的教师激发学生的成长，在和谐关系中实现教学相长，使学校焕发出勃勃生机。

五、打造“三学三强”的“青·花·瓷”，培养青教研团队

中国共产党历来重视青年工作，党需要青年，青年也需要党。党的先进性与先进青年的进步性具有高度一致性，党需要青年在中华民族伟大复兴中发挥生力军作用，青年也需要通过党的纲领、政策和行动来实现自身价值。正是因为认识到党与青年的关系，华夏女中学校党组织非常重视青年教师队伍建设。

华夏女中以“青·花·瓷”为名成立了青年教师沙龙，用自由又自律的沙龙形式把青年教师凝聚到一起。通过开展集体活动，打造优秀青年教研团队，为华夏女中未来的成长蓄力。

（一）“青·花·瓷”的“四度”目标定位

“青”，是指青年教师在成长正青春的年纪青青，是青涩和不成熟，也是“出于蓝胜于蓝”的后起靛青；“花”，寓意青春美丽绽放的成长过程；“瓷”，是陶泥经过千锤百炼高温烧造而成，也代表着学校期望每一名青年人都成为信仰坚定、独一无二的精美“瓷器”。

“青·花·瓷”青年教师沙龙的目标是把“青·花·瓷”培养成为一支有态度、有高度、有深度、有力度、有温度的青年教师团队。使青年教师面对考验有态度，思想认识有高度，专业研究有深度，落实工作有力度，做人做事有温度。

（二）“青·花·瓷”的“三学三强”活动体系

华夏女中所有 35 岁（含）以下的青年教职工都是“青·花·瓷”的成员。沙龙成立以来，学校从组织心理沙龙入手，首先进行了团队破冰，围绕体验成员之间共通性而连结的美好感受，组织开展团队建设活动，在欢快的氛围中，教师们各自的性格得以充分展现。有情趣、有温度、有追求的青年人聚在一起，带着美好的期待，开启了“青·花·瓷”的成长之路。学校党组织

图 5–10　“青·花·瓷”青年教职工沙龙的团队 logo

明确提出，以“思想先行、业务跟进、全面提升、生动活泼”为原则设计沙龙活动，以青花瓷的特性为象征，力求打造“三学三强”的活动体系。

表 5–4 “三学三强”活动体系

活动目标	活动内容
学瓷之坚固 强信念	党课学习、校史学习 《我和我的祖国》MV 拍摄 《红星照耀中国》专题阅读分享、参观鲁迅博物馆
学瓷之耐磨 强韧性	团队破冰、心理沙龙、大型活动志愿服务 集体户外拓展、健身燃脂操训练 春日书法体验
学瓷之精美 强本领	青年教师成长计划、“言几又”读书分享活动 磨课、听课、优秀课堂公开课评比

图 5–11 “青 · 花 · 瓷”沙龙活动合影

1. 做坚固之瓷，坚定信念

瓷之坚固体现在它历经千百年而不腐不化，青年人也要有坚定的理想信念，永远忠诚于党的教育事业。学校组织青年教师听党课、学党史、学校史、参观鲁迅博物馆，诵读革命领袖对青年人提出的希望，策划并录制《我和我的祖国》MV，向祖国 70 周年华诞献礼。

沙龙在交流分享埃德加·斯诺所著的《红星照耀中国》时，由“青·花·瓷”成员宋姗姗老师在沙龙内为青年教师们做《红星照耀中国》导读课，先进行纵向的章节阅读，为青年教师们提出了细读红色经典的具体建议，又进行横向的专题阅读，与教师们分享了采访老红军的视频和自制读书报告等内容，不仅给出了阅读红色经典的方法建议，也点燃了“青·花·瓷”们内心燃烧的爱国热情。

2. 做耐磨之瓷，增强韧性

现在青年人的耐挫能力相对较弱，遇到困难易打退堂鼓，培养他们坚强的意志品质尤为重要。“青·花·瓷”先后举办了心理沙龙、集体户外拓展、春日书法体验、每周两次健身燃脂操训练等活动。“青·花·瓷”青年教师沙龙还承揽了学校所有教育教学大型活动的志愿服务任务，包括学校的运动会、心理节、文化节、艺术节、科技节、春季社会实践导师团、招生开放日的服务协调、新年联欢会的组织策划展演等，都由青年教师负责组织实施和服务保障。青年教师们不仅直接服务于学校的教育教学工作，他们自身在参与活动的过程中也得到成长和历练，同时也非常有效地增强了青年人的成就感和对学校的归属感。

3. 做精美之瓷，提升本领

学校教学和科研部门专门成立了青年教师专业成长项目组，请来各学科的专家型教师到校听课指导，听一节评一节，并不断加强集体教研和备课，全面提升青年教师的专业素养。经过一段时间的打磨，学校组织了优效课堂公开课评比，青年教师在专业上得到很大提升，如同历经千锤百炼高温烧制后刚刚出炉的青花瓷，精美纷呈，个性鲜明。优效课堂评比获奖的14位老师中有8位是青年教师，霍凯华老师的《锐角三角形函数——正弦》、吴林老师的《能源》、赵东阁老师的《双手前掷实心球》、章河涛老师的《催化脱硝反应》、宋姗姗老师的《天上的街市》、张祎老师的《我们的城市怎么了》、李慧老师的《区域认知——青藏地区》、冯梦璐老师的《东晋南朝时期的江南开发》课程，都得到了专家组教师们的高度评价。沙龙还组织大家到“言几又”书店开展读书分享交流活动，全方位拓展和丰富青年教师的视野和学识。

（三）“青·花·瓷”的聚散光芒

“青·花·瓷”成立几年来，青年教师在团队中得到了很好的锻炼与成长。他们凝聚在一起能集思广益，创意无限，担当中坚力量；他们分散在不同的学科和级部，积极活跃，彰显个人才华。他们聚是一团火，散是满天星，无论聚与散，皆散发积极向上、无私奉献教育的璀璨光芒。

宋姗姗老师作为“青·花·瓷”的一名青年党员，她曾这样表达她的感受：

> 初入“青·花·瓷”的时候，我就感受到她的温暖和能量。在党组织的引领下，“青·花·瓷”打破学校年级组、教研组、备课组的壁垒，让我们有着共同年龄特征的青年人走到了一起，为我们提供了一个丰富多彩的学习平台，开展了很多符合时代特征的、为我们青年人所喜爱的活动。如“言几又”书店的读书分享、富有挑战的团队拓展、故宫博物院的学科研学、青年教师成长计划分享、优效课堂比赛等等，这些活动让我们更加充满朝气蓬勃的青春活力。
>
> 我只是“青·花·瓷”里的一员，我们所有成员都对“青·花·瓷”有着强烈的归属感。大家都说一个人的力量很有限，但是一群人的力量就会很大。一个人可以走得很快，但是一群人可以走得更远！相互关注，抱团成长，这是党组织通过“青·花·瓷”这一载体给予我们每个青年教师最真切的引领与关怀。

（四）“青·花·瓷”的党组织引领

“青·花·瓷”青年成长沙龙充分体现了党组织的引领作用。学校党支部创新教师思想政治工作，把坚定理想信念、涵养报国情怀、提升育德能力贯穿到了教师教育管理的全过程，有效地发挥了青年人的聪明才智。总结近年的实践经验，党组织引领青年教师队伍建设要把握住三个关键点。

首先，用先进的思想政治引领，培育坚定的理想信念和高尚师德，是青年教师队伍建设的首要任务。其次，用富有时代特征、贴近青年特点的活动形式和内容，凝聚团队力量，是青年教师队伍建设的重要途径。最后，用民主开放、合作分享的理念，激发团队创新活力，是青年教师队伍建设的关键原则。

华夏女中“青·花·瓷”青年成长沙龙，是党组织引领青年教师队伍建设的成功案例。党组织发挥思想引领、团结凝聚、激励成长、服务保障的作用，全面助力青年教师成长。

第六章　名师全方位引领教师专业发展

2016年10月，“成长项目”组指导教师开始进入华夏女中开展教师培训工作，此时的华夏女中加入实验集团刚刚一年，学校正在一个新的更高的起点上蓄势待发——打造特色、优质女中，同时还迎来了学制改革、培养模式改革、考试改革等市区各级领导和主管部门给予的诸多改革机会；加之，新的课程改革方案纷纷出台、新时代中小学教师队伍建设的方法和途径有了变化、对中小学教师的评价方案有了改变……面对这些新机遇、新要求，建设教师队伍成为适应新形势要求的至关重要的保障，也是学校工作的当务之急、重中之重，关注和推动教师专业成长迫在眉睫；同时华夏女中教师对自身专业发展的方向也感到困惑，需要学校提供足够的助力，帮助教师更快更好地适应变化、发展提高。在这样的情形下，指导教师进入华夏女中如何开展工作？如何指导教师应对各方面的挑战？撬动教师变革的支点是什么？……这一系列问题是成长项目指导教师和华夏女中教师要共同探索和解决的问题。

一、展现名师的精湛技艺和精神风范

首批进入华夏女中的指导教师有八名成员、跨六个学科，随着学校发展和教师需要，项目组成员扩大为十一名指导教师、跨八个学科。“成长项目”组的指导教师个个都是教育“大咖”，有着高尚的师德、精湛的业务、务实的品格、执着求索的科学态度、高度负责的工作热忱、竭尽全力的奉献精神，他们像春雨一样润物细无声——影响着受助老师的行为情操和价值追求，启迪提升着他们的教学智慧、业务水平和施教能力，鼓舞赞赏着他们的主动成长，成为他们专业发展的无形动力、自信心的加油站、行为的楷模，甚至是“精神领袖”，产生了巨大的感染力量和显著的教育效果。

表 6–1　成长项目指导教师简介

序号	姓名	工作单位和职务	简介
1	黎松龄	北京市第 161 中学语文组原教研组长	特级教师，西城区教育系统导师团专家，西城区中语会副会长
2	吴　东	北京市西城区教育研修院中学部副主任	特级教师，正高级教师，北京语文教学研究会常务理事
3	马成瑞	北师大附属实验中学原数学教师	特级教师，全国优秀班主任，市儿童、少年和教育系统先进工作者
4	鲁　彬	北京市东城区教育研修院中学数学教研室原主任	特级教师，全国优秀教师，荣获教育部教育教学成果二等奖、苏步青数学教育二等奖
5	林　平	北京市海淀区教师进修学校英语教研室原主任	教育部“国培计划”中小学教师示范培训项目专家，荣获第五届全国中小学外语园丁奖
6	李　艳	北师大附属实验中学英语组原教研组长	特级教师，北师大基础教育研究员
7	扈之霖	北京市陈经纶中学物理组原教研组长	教育部《高校招生杂志》学科编委，清华大学继教学院师资培训主讲教师，物理学科带头人
8	郑春和	北京市第四中学生物组原教研组长	特级教师，全国优秀教师、市教育系统关心下一代“有突出贡献‘五老’代表”等，被列入“北京基础教育名师长廊”，享受国务院特殊津贴
9	王宏伟	北师大附属实验中学历史组教研组长	特级教师，北师大基础教育研究员，荣获首届全国基础教育教学成果一等奖
10	鄂文艳	北师大附属实验中学教科室原主任、地理教师	人教版《地理》和《历史与社会》实验教材培训团专家，荣获首届全国基础教育教学成果一等奖，市骨干教师
11	龚美兰	北京市第四中学政治组原教研组长	北清之慧教育专家，市教研中心推荐为“国家教材审定委员会委员”，政治学科带头人

（一）指导教师成功的三大法宝

1. 人格魅力，润物细无声

校本培训成功与否的一个重要标志在于能不能触及教师们的心灵。只有把一种精神真正植入教师的骨子里，产生一种强烈的荣誉感、自尊心和精神气质（“场”效应），学校才会体现出强大的凝聚力。

指导老师走进校园，他们以积极的教育心态、厚实的教育理论，倾其所能的精心呵护，创造出一种浸染于整个学校的精神风范，提高了校本培训本身的吸引力；提升了受助教师的幸福指数、生活品质和进步成长速度；学校的教育品质也随之发生了巨大的变化。

“真正的教育是自我教育”，校本培训的最高目标应当是激发人性中最卓越的部分，使受助教师的整体精神面貌、教学水平向积极方向转变。

德高望重的郑春和老师，曾受聘为国家基础教育高中生物课程标准研制核心组成员，人民教育出版社课程教材研究所兼职研究员，教育部北京师范大学基础教育课程研究中心兼职教授，北京教育学院生物学系兼职教授。参与北师大版、北京版初中生物教材的编写，人教版生物教材的审阅。多年参与省市青年骨干教师培训、中学生物学科教材建设、有效课堂教学研讨和市老教协支教活动，曾经担任北京植物学会理事、北京遗传学会理事、《植物》杂志编委、《生物学通报》编委。

郑老师强调在备课过程中一定要深刻理解、吃透教材，在此基础上可以大胆地加工、处理、重组教材，紧密结合实际，选取恰当教法和教学手段，让教材为教学服务，把教师的思维内容转化为学生的思维内容，并在实际教学中灵活地加以重组和运用，这是提高课堂教学效益的根本保证。

郑老师对核心素养有着非常深刻的理解，每一次评课都会从核心素养要求的高度来对我们的课进行指导，这些不断积淀的理论都是我们提升专业素养，逐渐向专业型老师过渡的宝贵财富。

郑老师提出了教师成长的公式：成长＝经验＋反思。我们最需要反思的就是自己的教学行为，从教材解读与设计、教法与学法的选择、课堂细节的处理等层面进行全面、细致的反思。上完课后要思考：这节课最大的收获是什么？最满意的细节是什么？最大的遗憾又是什么？如果重新来教这节课，哪些地方还值得改进？可以说，教学反思的深度，决定着教学所能达到的高度，是教师成长过程中提高业务水平的加速器。

郑老师对我们提出的问题都进行了耐心细致的讲解，我们被郑老师渊博的知识、精湛的教学艺术、严谨的治学态度、高度的责任心、独有的人格魅力所折服，我们很珍惜每一次与郑老师交流的机会，他对我们的指导不仅使我们有收获颇多、豁然开朗的感觉，更重要的是还起到了扬帆启航的作用，让我站在一个新的高度、从一个新的视角去理解和诠释我所热爱的生物教育事业。

（生物组教师任玥僮的体会）

2. 深信每位教师都渴望成长成功

基于美国行为科学家麦格雷戈提出的Y理论，指导教师深信每一位受助教师都渴望学习交流、渴望成长成功；指导教师的工作不只是一个指导者和协调者，更是一个采访者和诊治者，主要任务在于创造适宜的条件、发挥教师们的才智、减少和消除他们在自我实现过程中所遇到的障碍，助力他们在工作中增长知识和才干、发挥潜力、体验成功、获得成长，这也是对他们成长成功最好的精神奖励，只有这种内在的精神奖励才能满足人的自尊和自我实现的需要，从而极大地调动起他们的积极性。为此，成长项目组在文化和制度管理上采用“目标引领＋科研引领＋方法指导＋文化浸润”的方法，以此来保证他们能充分地施展才能，收到所希望取得的成就。

教师专业发展的动力是敬业精神，马成瑞老师是有着丰厚一线数学教学经验、深厚科研功底、强烈敬业精神的特级教师，她在学生学习方法、数学课堂兴趣、数学概念教学、数学演绎教学，解题教学等方面都积累了独特的经验，还在不断学习和研究，撰写论文、书籍等。

我们任教十多年了，却一直忙于日常教学工作，每天不是备课就是做题、判卷子、判作业，感觉距离那些数学史、数学原理越来越远了。然而，当每一次听马老师评课，说到那些数学史、数学的本源、数学小故事的时候，我们才顿悟到，丰厚的数学专业知识是让自己站在更高平台上进行教学的基础。

马老师送给数学组每位教师一本她的著作《中学数学两种思维结合学习论》，她把自己的教育经历和收获浓缩成文字，在认真拜读的同时，我们被马老师的钻研精神所感动，极力从书中汲取精华，本着服务奉献的精神，尊重课堂、尊重学生、搭建学生成长的平台，开启在教研科研道路上孜孜不倦的探索。马老师就像是指路明灯，引领着我们前行。

（数学组教师姜茜、吴媛媛的体会）

3. 建构可持续发展教育场域

教育是基于当下、走向未来的事业，每一个教育行为都在传递价值判断和思维方法——可持续发展的价值观。指导老师在指导受助教师开展教学工作（备课上课、参评参赛等）时，也在努力建造一种可进阶的适合教师专业成长需要的可持续发展教育场域。

“什么是数学？”在马成瑞老师的启发下，我们再次重温这样一个问题，21 世纪数学科学的基础性与开拓性显得愈发重要。“怎么教数学？”马老师向我们传授：“五要、五不、四忌”——要培养兴趣、要追求简洁、要重视直观、要学会抽象、要不怕计算，不说废话、不写废字、不擦黑板、不晚下课、不灵机一动，讲新课忌平铺直叙、讲定理忌开门见山、讲例题忌就题论题、讲复习课忌简单重复；教学的艺术在于激励、唤醒、鼓舞学生，取势、明道、优术三个关键词尤为重要，教学时要处理好学与趣、学与思、学与问、学与习这四对关系。

每次听课前，马老师总是提前问我们下次授课的主题，然后为我们准备相关的教学资料，让我们在原有的基础上，又看到了不一样的风景，知道了原来这课也可以尝试用另外一种方法讲。每次听课后，马老师的点评都能从数学的深度和广度出发进行深入探讨，把她对数学的领悟娓娓道来。在马老师的引领下，我们开始自觉地在课余时间不断丰富自己的专业知识，不仅仅局限于课本，而是把眼光放得更高更远、更与时俱进；我们坚持记录教育中的小案例，为下一轮教育教学积累经验和素材；我们学会了关注学生存在的细小的问题，去思考是否有研究的价值；我们的教学也逐步进行着改变和创新，课堂比以前更加鲜活了——

从原来的重解题方法，向重学生探究得到解法的过程转变，从重形式向重思维深度和广度转化，学生也对数学解题原理、数学知识本身理解的更为透彻，真正领悟到了数学学习中的“转化”思想，课堂上的研究氛围和数学味道也更加浓郁；在作业方面，我们更多思考留什么（集体、分层、拓展），怎么留（必做、选做），怎么判（自判＋老师判＋学生互判），我们习惯了在教学中反思、在反思中总结、在总结中提升、在提升中研究、在研究中促进自己的教学能力和教学技巧的进一步提升。

（数学组教师姜茜、吴媛媛的体会）

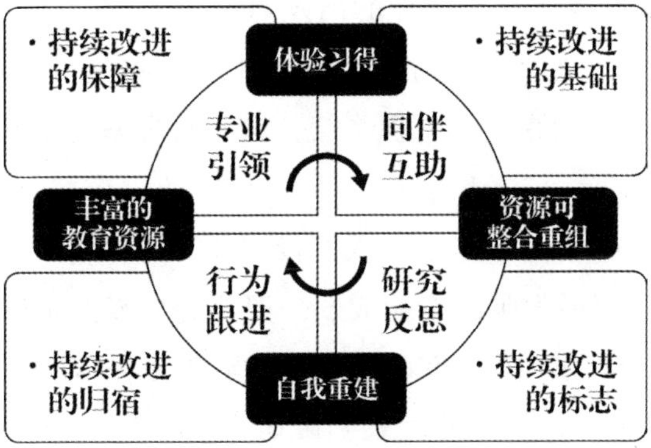

图 6–1　可持续发展教育场域示意图

从上面的教育案例和可持续发展教育场域示意图中可以发现：可持续发展教育场域包括专业引领、同伴互助、行为跟进、研究反思四个层面；在可持续发展教育场域里，内涵丰富的教育资源，随着教学情境的变化能够不断被教师开发和进行资源重组，教师在其中不断体验和习得，不断从“可持续发展”的视角审视工作、生活以及社会的发展，完成自我重建；在可持续发展教育场域里，受助教师的教学能力逐渐得到提升。在教学上，教师们注重效果、效益和效率。课上关注每一个学生，不仅教知识，还教方法，注重落实，争取让每节课都有几个亮点……由此可见，可持续发展教育场域可以最大程度地激发教师的成长意愿、挖掘其自身潜能、满足其成长需要。

（二）指导教师工作的三大原则

1. 以教师需求为本

指导教师一方面要从学习、生活、思想、心理等方面，了解教师需求，最大限度地满足受助教师的需要；另一方面要关爱、引领受助教师种上新的种子（即新型学校文化）——良好的行为习惯、专注的精神与快乐向上的心态，在“学习—研究—实践—反思”过程中让受助教师体验到种子萌发生长的幸福，并带着这种“成功的体验”去追求新的更高的目标。

2. 服务者的心态

为教师专业成长服务，“助优者更优、助中者上优、助困者解困、帮忙不添乱”，这是指导老师开展工作的出发点和落脚点。指导老师的服务者心态定位于对新型学校文化养成的客观引导和具体指导，通过服务指导（无形的管理）将学校的舆论系统、督促系统、自我管理系统激活，激发出更大的活力。

3. 与受助教师共舞“快三步”或“慢四步”

专家们认为：普通教师的专业成长一般要经历专业适应期、成长期、高原期和成熟期四个发展阶段；在教师专业发展的不同成长时期有着不同的发展目标和要求，面临着不同的困难和障碍，从而表现出不同阶段的发展特征；对优秀教师而言，虽也存在“苦闷徘徊、僵持不进”高原期的心态，却有着区别于普通教师的典型素养——能够依靠自身的专业自觉(自发、自愿、自主)，不断学习求索、自我觉悟，不断研究实践、主动作为，不断反思改进、创优创新，迅速突破发展道路上的迷惘和困惑，在工作上表现为没有陷入高原期的状态，这也是优秀教师专业成长“快三步”与普通教师专业成长“慢四步”的差别所在。基于受助教师在不同成长时期发展目标、要求、困惑等方面的不同，指导教师的工作重点也随之变化。

起步—适应期：指导教师的工作重点是“传授”，把思想方法传授给老师，即当好教练，力求做到“授人以渔”；受助教师要努力模仿体验，站上讲台，力争做学习型教师。

成长—奠基期：指导教师的工作重点是“扶助”，当教师们初步掌握了思想方法后，指导教师可由“教练”角色转换为“参谋”，支持、帮助、扶助受助教师开展教育教学工作，同时要“帮”受助教师制定更完善、完美的教学设计及实施措施，“助”他们在实践中逐渐积累工作经验、增长才干，这样既培养了他们的能力又提高了他们的素质，同时为第三步全面自主发展打下基础，创造条件；受助教师要积极体试悟，站稳讲台，力争做研究型教师。

求索—成熟期：指导教师的工作重点是“放飞”，即放手让教师们全方位自主发展，要充分信任并充分发挥他们的主体作用，给他们锻炼的时空和活动的舞台，让他们作为自己的主人、自己的CEO，掌握自我专业成长方向，而导师则退居“二线”当好“顾问”。受助教师要大胆创新创优，站好讲台、站靓讲台，力争做智慧型教师、艺术型教师（有自己的个性色彩——进入更高追求的“流派期”）。

（三）寻求尽快突破“高原期”的要诀

徐磊老师和张曼莉老师参加工作十几年了，近来感觉教学工作进入了“高原期”，表现为课堂教学模式固化，缺乏创新；学生活动形式单一，细节设计和个性化设计不够；教学效果维持在相对固定的水平，很难有实质性的突破等。究其原因是对教学的思考少，对自身需要改进的问题认识不足。随着与指导教师鄂文艳老师一起开启成长项目，通过多次深入学习和广泛交流，老师们找到了让地理教学再进一步的突破口。

鄂文艳老师曾受聘为北京版地理教材编委、北京市教育科学研究院可持续发展教育专家组成员，参与编写北京版《高级中学地理实验课本》和《中学初中地理教材》，人教版《地理实验教材教参》和《历史与社会课堂教学设计》，《在我们的学校引入可持续发展教育》系列丛书和《核心价值观视阈下世界遗产教育策略研究》等专著，荣获中国联合国教科文全国委员会授予的世界遗产教育杰出工作者称号，多年参与省市青年骨干教师培训和市老教协支教活动。

1.优质的教学需要坚实的理论支撑

在成长项目活动中，鄂文艳老师几乎每次来学校都能带来新理念、好办法，先后对“学习课堂打造”“抓住教学核心本质”“课堂提问设计”“学历案设计”“试题课研究”等进行过介绍，并拿出受助教师的教学案例分析对比，高屋建瓴地指导教学，使每次听评课成为一场知识和理念的盛宴。

张曼莉老师常年从事初中教学，她的课堂教学素材多、内容丰富，学生活动多，参与度高。但她也有一些困惑，例如丰富的素材如何选择？过多的教学内容怎样突出重点？学生活动如何设计才能更有效、更高效地培养学生的地理思维，使学生在看问题时能直击核心要点、正确作答，更好地促进教学效果的提升？鄂老师针对她的问题和困惑，介绍了“学习进阶”理论，解决了张老师的问题。

“学习进阶”应用在地理课堂教学上，首先要教师梳理对应课标的内容关系，根据学生智力发展的节奏“感知—精确—综合应用”循环上升的周期建立进阶顺序。教学过程设计通常为“建立概念—深化概念—初步综合—全面综合”。我尝试应用此理论，改进《中国地方文化》课程的课堂教学。

（1）对有关的课标要求进行梳理

“举例说明自然环境对我国具有地方文化特色的民居、服饰、饮食等的影响。”其中“地方文化特色”是建立概念，“自然环境对民居、服饰、饮食等的影响”是初步综合，揭示“环境与地方文化的相互关系”进而建立“人地协调”理念是全面综合。据此，重新设定教学目标。

（2）抓住课堂教学核心问题，逐级进阶，步步深入设计学生活动

①什么是文化，如何理解地方文化特色——以“四合院”为例，从取材、结构、造型、功能的角度找出该民居的文化特色，思考其与北京自然环境有什么关系。

②学生活动：把各类民居放在中国相对应的区域，对比南、北两区域的民居形式，找出相同的文化特色，归纳环境对民居文化影响的一般规律。

③强化学习民居，但不停留在民居形式或地方文化具体表现上，例如，同属于火锅，重庆“毛血旺”和北京“涮羊肉”的对比及总结归纳。

④教学评价（作业）：以学生自主学习、完成绘制中国地方文化特

色地理小报的形式呈现。学生分南方、北方、西北、青藏四组，分别从服饰、饮食、民居等角度查找各地的地方文化特色，结合当地环境状况加以解说。

（3）改进过的课堂教学设计完整实施后，条理清晰、重点突出，关注学生的习得，使不同层次的学生都参与进来，课堂的效率和活力大大提升。

（地理组教师张曼莉的体会）

2. 思想启迪让教师的教学更具活力

在假期读书学习交流中，徐磊老师对鄂文艳老师说起《为未知而教，为未来而学》这本书的读书心得，感觉这本书的一些观点回答了她教学中的很多困惑，里面的一些思想对她触动很大。如何让教学更加有效？怎么才能让学生在学习的道路上越走越远，达到顶峰？其实就是鄂老师一直强调的要教给学生学科最本质的东西。

在实际“教学”中，很多教师过度重视教（知识），忽略学生的学（习得）。但是，真正让学生在学科道路上持续走下去的是对学科的兴趣、学科思维的建立和学科素养的提升，有价值的教学应该是教给学生这些学科最本质的东西。鄂文艳老师在评课时常说“大家教的知识本身都没问题”，但是如何将教师所教转化为学生所学（想学、学会、会学……），这才是教学质量提高的关键。为此，在设计教学时，要对学生情况和教学内容有深入的分析，理清“应知、已知、未知、能知、想知”等关键问题，教学中要把重点放在后三点上。当我们用是否“让学生参与课堂、喜欢课堂、学会最本质的东西”来衡量课堂教学时，我们的选择就会变得比较容易，课堂设计的思路也逐渐清晰，课堂教学的意义也得以凸显。

在教师转变教学观念后，地理课堂就发生了很大的转变，教师更舍得把课上时间交给学生学习研讨，教学的重点放在了如何让学生感兴趣、如何让学生通过自己的探究来获得知识和能力。

3. 集体研讨让教师成长加快步伐

成长项目培训的最大的一个亮点就是利用成长项目专家指导的大好机会，使地理组全组教师参与到学习中来，以研促教，共同受益。

针对高二文科班的特点，老师们听了隰燕豫老师两节以学生为主导的研讨课，并在课后进行了“思维导图在课堂中的应用”和“优等生的培养”两个专题研讨。隰老师的每课一趣、专题演讲和思维导图都让学生的学习更加立体丰满，鄂文艳老师给予这种教学方式很高的评价，同时提出了反思改进的建议，组内老师也取人之长补己之短，持续改进自己的教学。

在高三一模考试之后，全组老师听了李慧老师一节“一模试题分析”课，并在课后进行了题为“高考命题趋势和教学改革”“优等生的培养”等专题研讨。在研讨中，各位老师结合所教年级的特点和教学中的体会，结合一模试题中的一些新变化，各抒已见，热烈讨论。鄂文艳老师对五个城区的一模试卷进行了详细的对比分析，找到高考的命题趋势，并给高三教学提出了中肯的建议，把自己的相关经验毫无保留地传授给受助教师，可以说，这是地理组最有实效性也是最深刻的一次一模试题分析，真正实现了“一次研讨，全组受益”。鄂老师的参与，让老师们深刻地体会到，教研组活动一定要突出“研”味，要有主题、有深度、有意义，既要脚踏实地，也要仰望星空。

4.抓住机遇让个人发展之路更宽阔

成长项目带给地理组老师很多以前不曾有过的机会，在鄂老师的鼓励和推动下，老师们的舞台更大、机会更多、个人发展的道路也不局限于课堂教学了。核心期刊《中学地理教学参考》举办论文评选，鄂老师建议老师们参加评选，徐磊老师和李慧老师分别投稿，很快就都收到了获奖和发表的通知；鄂老师鼓励徐磊老师参与第九届全国中学生文化遗产大赛的组考工作，在这个高质量的教师队伍中协商合作，徐老师受益匪浅；当北京市教委资助项目《快乐学习》向鄂老师征集地理系列专题文稿时，鄂老师第一时间鼓励大家积极参与，徐磊老师和张曼莉老师各自承担了一个题目，等等。

现在组里老师们在地理教学上更有底气了，专业自信也更强了，已经在大西城教研活动中实现全面参与，包括教材分析、协作组发言、公开课、练习册编写、试题审核等工作；老师们对自己的课堂教学也从一开始的“上好一节课”发展到现在的多上“精品课”，甚至是“创新课”，老师们的教学能力和课堂教学水平有了质的飞跃。当然，机遇和挑战是并存的，过程的艰辛直到今天还记忆犹新，但老师们更愿意把这些看作是成长的捷径，是一次又一次的蜕变。

二、调查研究孕育出新思想和新举措

学校为解决制约学校全面发展的瓶颈，竭尽全力、想方设法地促进教师专业化发展——为教师聘请实验集团名师做导师，请市专家和成长项目老师做专题讲座，加强学习、购买书刊资料，开展文献检索、实地调研、教师访谈、问卷调查、撰写分析报告，等等。特别是针对需求开展调查研究，使成长项目工作有抓手、破题有办法、贯彻落实有跟踪反馈、发现问题可及时调整完善，满足了教师专业成长的需求，推动了教师教育教学的变革，提高了学校的教育教学质量。

（一）构建教师幸福成长的科研平台

1. 成长项目启动——在行动中研究、学习、成长

在成长项目正式启动会上，成长项目组负责人鄂文艳老师，在对华夏女中的发展历史、现状考察、访谈调研的基础上，做了《构建教师幸福成长的教科研平台》的主题发言。

（1）成长项目的工作目标

构建一种新的学校文化：使受助教师在教学实践中不断地发现问题、探索反思、迎接挑战，突破瓶颈、改变现状、解决问题，彰显特色、实现专业发展和专业成长；由普通教师成为骨干教师、优秀教师、名师大师，从而促进学生的自主发展、幸福成长，促进学校的内涵发展、特色发展，提高教育教学质量，提升学校文化品质。

（2）成长项目的工作思路

经过探索调研，成长项目要从高远定位、多元鞭策、搭建平台、任务驱动、活动推动、定期诊断等方面，促进教师不断成长提升，让教师成为自己的CEO。

（3）成长项目的实施举措

①“五子登科”：即换脑子（引发头脑风暴）、结对子（推动学习交流）、架梯子（加强专业引领）、搭台子（构建展示平台）、压担子（促进骨干成长）。

②鼓励教师参加各级各类教师专业成长项目培训活动、论文评比活动、

教学案例评审活动、教研组教研活动，鼓励教研组承办市区教学教研展示交流活动，以及市区级课题申报、开题立项、成果提炼等研究与实践活动。

③在各种实践—研究—学习活动中，不断发现问题、探索反思、迎接挑战；突破瓶颈、改变现状、解决问题；体验习得研究型教师的优秀品质（即把已有经验作为生长点、现实问题作为突破点、先进理念作为支撑点、发展趋势作为挂钩点）；唯有不断实践—研究—学习，方可使教师处在高瞻远瞩的谋事状态，处在持续改进的发展状态，并通过教师使师生处于幸福成长的思考状态。

（4）成长项目的价值追求

建立新的教育科学研究观：把中学教师从事教研科研作为教师的教育世界观、方法论和行为方式，即把实践—研究—学习内化为教师的一种内在的教育品质，成为教师的工作方式和工作习惯。为此，成长项目组提倡：教学即研究（在行动中研究），问题即课题（在研究中学习），成长即成果（在学习中成长）；教而不研则浅，研而不教则空，学习研究是教师提升之本。

新时代要求教师必须首先是学习者、研究者、探索者，才可能是好的教育者；对教师而言，学习研究应该是一种唤醒、一种体验、一种对话、一种平台，是一种高层次的业务进修。

2. 专业成长之路——学习中思考、顿悟、成长

（1）学习中思考

学习和思考是教师成长中必不可少的环节，只有先学过、想过、真正实践过才会有体会、有感悟。英语组的几位教师对此有深刻认识。

英语组成长项目的指导教师是林平和李艳两位老师。林平老师多年参与教育部“国培计划”教师培训和市老教协支教活动，专注于课堂教学、学业评价、青年教师培训、学法指导、试题研制与评价的探索与研究，曾培养海淀区多名青年教师参加全国优质课大赛、北京市教科院“中学英语优质课”评选等多项比赛，获得优异成绩；李艳老师是北京市特级教师，北师大基础教育研究员，多次主持市区级重点课题，带领实验中学英语教研组教师研究中学英语课堂教学，出版过教学专著，其多篇论文在核心期刊或教育专业期刊上发表。

在会考写作、语法复习和阅读理解中篇章结构题的复习课上，老师们多使用简单的思维导图进行辅助教学，所呈现的教学内容思路清晰、层次分明，给学生一目了然的感觉，方便学生理解和记忆。谈到思维导图，便想到了布置给我们的寒假作业——完成一篇论文。我平时做得多，但不善于积累，再加上事务性的工作比较琐碎，在论文方面我就无从下手。李艳老师根据我平时的上课特点，指导我将“思维导图在高三英语复习课中应用的研究”整理成文章，使得不知如何写论文的我有了一些灵感和思路。

写作是学生存在的众多问题中最严重的问题：单词拼写不对；语法、句法不正确；句式单一；甚至一大部分学生写中式英语。此题占整份试卷分数的23.3%，但学生得分率最低。成长项目培训使一直不知如何辅导学生写作的英语组教师找到了方向，除了学会如何指导学生写作、分析题目、如何做好面批以及面批后的修改外，还借鉴实验中学的优秀文章辅导中上等学生，不再局限于区里给的范文，鼓励有能力的学生一定要尽量使用高级词汇和丰富句式。

（英语组教师张辉的体会）

（2）反思中感悟

成长项目促使老师们能够对自己的教学过程时时进行反思，在评课时，指导教师及同事会提出很中肯的建议，给予受助教师很好的启发。教师们的探讨没有局限在单一的教学环节，而是在反思教学环节之间逻辑是否清晰、是否足够紧凑、是否铺垫到位、是否发挥了最大的作用等。教师们进一步探索更成熟的教学模式，即针对某一类型的教学材料、某一种课程，尝试梳理出科学的、可复制的、具有推广性的教学模式，以有益于日后的教学实践。

每一次听评课环节，都是大家针对某一课题进行实用技巧的分享时间，我们讨论了诸如课前朗读、课堂复述、课后作业、听写检测等环节。每个老师都在分享自己的妙招，并且由指导教师进行评估与评价。在这个过程中，大家真实坦诚，知无不言，使好的方法与点子从一个班级走进了更多的班级，“一家之言”变成“大家之行”，使教学环节更加精良，使更多学生受益。

（英语组教师张晓帆的体会）

（3）豁然中成长

①借力名师指导，促进教研组成长

英语组的两位指导教师经验丰富，教导有方，每次来指导，教师们都有一种豁然开朗的感觉。指导教师进入课堂后，能够迅速掌握学情，将每一节课的点评与学生情况紧密联系，使教师们得到的每一点指导都很有实用性。两位指导教师经常鼓励教师们立足学情、开拓思路，使教师们更加勇于尝试进行教材整合，并且搜寻与补充新的教学材料，不再被单薄、过时的材料束缚，能够始终紧紧围绕学生的需求授课。

由于李艳老师在实验中学还有课，因此两位指导教师来学校指导的时间分别安排在了周二和周四，这样英语教研组每周就有了两次小型的研讨活动，每次指导老师来指导，英语组都“要求”没有课的老师参与听课、评课活动。有人说“做一件事，如果连续做21天，那么这件事就会成为一种习惯”，我们从成长项目第一次活动开始就坚持没有课的老师参与到专家指导活动中来，渐渐地，这也就成了大家的习惯。当时刚刚组成的英语教研组（之前学校是年级组办公，加入实验中学集团校以后改成教研组办公），就在“成长项目”这一纽带下聚在一起、很好地融合起来。每次听课后的评课分析，两个小时的时间都会不知不觉地过去，在场的每一位教师都有一种不尽兴的感觉，期待着下一次的“抛砖引玉”。

（英语组教师张辉的体会）

②呈现真实的自己，展示真实的课堂

经过成长项目组的逐渐推进，老师们一方面越来越重视、珍惜每一次指导老师讲课评课的机会，另一方面也因为与指导老师、同组老师越来越亲近，心理上更加放松，设计课程更加乐于把最真实的课堂呈现出来，而非

“表演”，也因此得到了最有针对性的指导。

阅读课例：Christmas

困惑：话题对于学生来讲很熟悉，如何在没有太大阅读难度的文本时开展让学生有学习欲望的教学。

解决问题：以一首《Holy night》导入，在给学生新鲜感的同时渗透文化背景，帮学生回忆与文化背景有关的知识。听后，可以简单邀请学生分享相关故事，并且请学生一起来演唱这首歌曲，以迅速进入情境。学生阅读时以 make、do 和 play 为引导，请学生迅速提取活动元素，进行整理，并且请部分学生进行重复，内化信息。输出部分，请学生根据已经获取的信息，结合背景信息进行小组整理，进行表演性展示，引发学生对于文本阅读后的思考。实现 Read the Line，Read Between the Line，Read Beyond the Line 的阅读目的。最后作业展示以制作 poster 的形式，引领学生挖掘更多背后的文化信息。

课后反思：文化背景、文化意识、跨文化意识、评价表、课后学生成果展示。只要搭建的平台合理、有效，学生就能够在最大限度内挖掘自身的知识储备，并拓宽相同话题下的知识和视野。

（英语组教师郭婷婷的体会）

③让语言“活起来”

在专家们的鼓励与指导下，教师们将课内教学与课外活动联系在一起，使学生能在课外活动中实际应用课堂中所学到的知识与技能。如初一、初二、高二的配音比赛，进一步激发了学生对于英语学习的热情，强化了学生对于语音语调的重视，也将英语学习与文化修养、艺术表达结合在了一起。

④英语课堂教学进一步改进的策略

• 加强同一课程内容的设计交流

在教研时，组里教师对同一教学材料进行“头脑风暴”，从不同的角度、不同的层次设计活动，以期对于材料进行创造性的使用与挖掘，并达到满足学情需要的教学目标。之后，教师们尝试同课异构，在不同班级进行教学实践，而后再进一步讨论。同时，尝试邀请实验中学优秀的英语教师与本组教师进行交流，针对同一话题进行讨论与分享。

• 提高教师自身的专业素养

通过提高课堂指示语、课件、板书等环节的质量，在辅助学生学习之外，能够引领学生思维，并且给学生以美的享受。在提高的过程中，可以有意识地形成鲜明的个人风格，充分发挥自己的优势与特长，也有助于吸引学生与教师默契配合。老师们积极参加集团、区级、市级培训项目，在收获知识和信息的同时，也可以争取交流研讨和公开课的机会，在更大的平台上展示自己，展示学校的教育水平。

• 帮助学生保持兴趣、学以致用

加强课堂的设计感，通过设计有效的课堂活动，引发学生思考，并且将需要落实的语言表达设计到每一个讨论环节中。挖掘语篇内涵，课堂问题的铺设有层次。即不停留在what(什么）上，而是进一步引导学生思考why(为什么)。从教研组角度，可以进行各年级英语活动的整合，形成具有华夏女中特色的、符合学生特点的、有梯度的学生活动形式。

对老师们成长的评价或感悟

成长项目实施中，英语组的教师们在专业进步上呈现如下三个特点：

多角色发展：从教书者到学习者的自我成长形成了教学常态，在课题引领下，走上了研究者的高度，在教学理论的实践及教学规律的探索中，三者合一形成了独具一格的教研样态。

多角度发展：教师们在教学实践中以自我内驱力为动力，在教研组中逐渐形成了群体互动力，同时也在教育发展新趋势中获得了推动力。三力合一形成了积极进取的团队风格。

多途径发展：教师们以研读教材内容，挖掘文本内涵，精心设计教学过程为切入点，以研究学生学习心理和学习需求为出发点，整合教材、拓展教与学的资源，使师生共进形成了教学相长的发展局面。

（英语组指导教师林平的体会）

高兴地看到华夏女中英语老师们在持续进步和成长。通过持续的听课、研讨，我也不断反思和改进自己的教学，在和他们共同成长！

教师成长需要教师的内驱力——没有强烈的内驱力，怎能有激情四射、不知疲倦奋斗的老师们。这么多年来，他们坚持不懈努力。课堂教学在他们眼里没有最好，只有更好。

教师成长需要组织的支持——没有学校的大力支持，怎能聚拢众多的专家和研究者。学校每学年都有详细的安排和部署，落实到每次课的任课教师和导师配对上，让教师的成长顺利开展。

教师成长需要学生的在场——没有学生的孜孜以求，怎能有老师的勤勉不懈。学生的问题和需求就是老师最好的前进动力。老师爱学生、爱教育，才愿意为之努力奋斗。

（英语组指导教师李艳的体会）

（二）构建多渠道多层次的调研平台

调查研究是成长项目的工作之基、成事之道。为了有针对性地开展成长项目培训工作，成长项目组一直很重视对教师开展调查研究工作。华夏女中教科室的殷兆颖主任坚持多年跟随各科指导教师一起听评课——掌握丰富生动的第一手材料；访谈教研组受助教师和指导教师——明确影响教师成长的突出问题和培训需求；开展全员参与的问卷调查——了解教师在想什么、最需要什么、项目组下一步要干什么……这些多渠道、多层次、多方位的调查研究，对帮助成长项目组了解情况、推动工作、科学决策，起到了“耳聪目明、心中有数”的作用，也使成长项目的改进调整工作更有计划性、针对性、实效性，有力地促进了教师的专业发展。

2021 年，为期五年多的教师专业成长项目进入收官之年，为做好总结提升、成果转化工作，当年 1 月，项目组通过“问卷星”开启对受助教师的问卷调查，问卷共有 6 道大题 20 余选项，参与教师 46 人。其中部分题目的调查结果见表 6–2。

表 6-2 受助教师问卷调查结果（部分）

问题	选项		占比（%）
这五年多的教师专业成长项目培训，您主要的收获有哪些方面？	教学方法的设计、实践和指导		58.7
	新的教学理念的提升		43.8
	教材分析		32.6
	导师的人格魅力和素养深深感染了我		30.4
您收获最大的是第几年？您认为的原因是什么？	第一年；原因是以前太缺少良师引导；新颖，刚刚接触专家，突然开拓了我教学的视野，并引起教学理念的转变……		26.1
	第三年；原因是指导老师指导形式多样，内容丰富，针对性强，细致入微，思考深入；通过老师的指导，在教学理念方面有了认识，从而使自己的教法有提升和转变……		19.6
	第二年；原因是第一年磨合、认同理念，第二年将理念与实践结合，不断自我反省，深入理解理念，顺畅很多，参与度更多；教材分析、听评课、指导论文收获大……		17.4
	第五年；原因是前 4 年打下坚实的基础，在第五年有更多自己的思考与实践，水到渠成；课堂指导、命题指导、小初衔接指导内容丰富且更系统……		15.2
	第四年；原因是学习更深入，理解更深刻，提升理念，越用越好；之前几年的积累使得能够更好理解导师的指导，在导师指导下个人能力得以提高……		13
	每一年；原因是导师都很认真准备每一次活动；不断有新体会新收获；每年成长的程度不同……		8.7
2021 年您希望项目组给予您专业发展哪些方面的指导？	教育教学方面	课堂教学研究、教学策略、教法指导	26.1
		更多新理念和思想的学习指引，在教学理论、教学方法与教学实践相结合的具体课例分析以及灵活应用方面进一步获得提升指导	19.6
		新的教学思路方法，课堂活动开展，教学经验、智慧和技巧	6.5
	教育科研方面	名师引领撰写学科专业论文的指导	19.6
		个性化指导、成果指导、大型活动的指导，导师引领下展示平台的搭建，如何实践教学个性化和最优化，打造个人经典特色	10.9
		课题申报及如何结合教学进行深入的课题研究	8.7

续表

问题	选项		占比（%）
2021 年您希望项目组给予您专业发展哪些方面的指导？	其他方面	教师生涯成长引领、未来的职业发展规划；（语）阅读教学，教材分析；（英）如何帮助基础薄弱的学生提高自信心和学习的动力，如何指导学生进行长篇、难篇的阅读，从而促进成绩提升；（历）初中高中历史教学的差异，专业书籍阅读指导及心得分享；（数）分年级竞赛设置；（物）专业技术；（生）课程资源的开发和利用；（地）如何利用真实情境、热点问题设计课堂活动和试题……	—

从调查问卷的统计中，令人欣喜地发现：

1. 五年来的成长项目培训使受助教师在教育教学方面有了巨大的收获，培训效果显著。

2. 受助教师在教育教学方面的需求也比前几年更多样化、更深刻更具体；增加了内容更丰富的教育科研方面的需求，特别是成果的形成—转化—展示—交流等。

3. 随着时间的推移，教师的工作意愿被激活、研究热情被开启，教师自我潜能被挖掘出来，对指导内容有了更多、更高、更多样化的需求，学科特色需求也逐渐显露出来。

4. 从调研中发现问题：受助教师需求变得多样化、个性化、深刻化，使成长项目指导工作的强度和难度增大了。

事实状况如是：指导教师每次进校园指导教学工作，大多数情况下除了正常安排的听课评课之外，又增加或转变成了多元化的主题研讨，变成了临时增加的对受助老师的“现场答疑会”，展开的话题众多，诸如在新教改和考试改革背景下的学习和复习策略？从好题评说——看什么是好题？怎么命题？怎么上好试卷讲评课等等。指导老师在解决受助教师各种问题的同时，也使所有教师在学习研究中共同成长。

（三）创新指导工作的新机制新策略

随着受助教师对成长项目组指导工作需求的日益丰富多样，项目组指导的工作机制和举措也有了重大改变，体现为拓宽指导工作内涵，创新指导工作策略。

拓宽指导工作内涵：丰富受助教师的学习实践经历，助推教师专业成长、成功、成才。成功＝（教育理念＋创造思考＋反思表达）× 工作意愿。

创新指导工作策略：从目标、内容、方式方法、培训环境、培训时间等方面进行全方位“变革”。

1. 指导工作的目标明确化

2021 年，成长项目聚焦于各学科教师教学成果转化，助推受助教师成长、成功、成才，推动学校教育教学质量整体提高。

2. 指导工作的内容专题化

除了“课堂提问设计与板书设计”“课堂教学的控制与失控”“试题讲评课研究”“优效课堂打造”“抓住教学核心本质”“从评价角度反思基于学科核心素养的教学”“学习策略和提分方法”等教学基本功专项指导外，还增加“如何撰写课例（案例）、教学设计、教育教学论文”“课堂教学方式变革”“时尚教育名词呼唤什么”等专题内容，旨在对教师进行有目的性、针对性、实效性的具体指导。

3. 指导工作的方式方法多样化

除了备课、听课、评课外，增加了讲座（通识培训和专家讲坛）、示范课等形式；给“优效课堂优秀教学设计和评优课”写专家指导意见，给参加论文、教学设计征文的教师写修改建议，给投稿发表文章的教师提供推荐路径、写修改建议；帮助各学科参加市区级开放日展示交流活动开展实景实地培训等。

4. 指导工作的培训场景多元化

从校内拓展到运用现代技术，越出校园围墙，实时适时、随时随地进行指导。除了在校指导之外，还增加了线上推荐教学学习参考资料（新的出版物介绍、新的教育改革文件、新的教育理念、教学方法和教育案例、培训资料和试卷及分析等），线上会议，线上交流，等等。

5. 指导工作的培训时间因需调整

成长项目活动时间最初是 1 个月 2 次；2021 年成长项目工作重点转入“成果提炼—成果转化—展示交流”的筹备阶段，根据问卷调查的总结反馈，2021—2022 学年度第一学期，成长项目的活动时间初步安排为 1 个月 4 次；

由于不同学科的需求不尽相同，为此又根据学科的不同需求，按需增减（因需调整）。

6. 指导工作的组织管理因需因质审批

由于成长项目需求的丰富多样、目标的明确聚焦、内容的专题化、方式的多元化、场景的多元化、时间段因需调整……这一切对项目组织管理提出了更高的要求。新的举措是：在做好原有计划之内的“规定动作”之外，若有新的需求和变化，由学科组长向成长项目组和学校提出申请报备，提出需求（原因、内容、目的），新增项目活动的主题、时间地点、方式方法等；审批通过后，提出申请的学科组织开展成长项目活动；活动后提交活动材料（文字资料、照片截屏、微信交流聊天记录、腾讯会议视频录像等）。从学科组上交的材料看，新增的培训真是不分“白天黑夜”，不分“节日假日”，是真的能够满足需求，有效且高效。

三、因需而生的通识培训和名师讲坛

在近六年的校本培训实践研究过程中，成长项目组根据学校和教研组教师们的需求，通过每学期和学年的总结会、全校大会、学科组培训的专题研讨会，请指导老师开设“名师讲坛”“专题讲座”，开展“教师通识培训”。其目的就是要实现“目标引领（科研引领）、方法指导、文化浸润”，助推教师的专业发展。

（一）开设名师讲坛和专题讲座

2017 年 7 月，成长项目组召开第一次参加校本培训的各教研组和学校领导总结会，指导教师在会上分别结合自身经验体会和人生感悟，从教师专业发展的不同层面和角度引领受助教师专业成长。

其中，语文组指导教师黎松龄老师做了《与“教师专业成长项目”共同成长》的发言（重点摘要）：

1. 教师专业成长的三个维度——观念、行为、个性

“观念、行为、个性”的基本关系是：先做事，在做事中形成或改变观

念，在观念的指引下调整、改变教学行为，在教学行为的不断调整、探索中发现问题并以问题带课题，从而促进相关理论的学习，并由此推进新的实践。之所以将“个性”作为维度之一，是因为语文学科教学与其他学科有所不同。由于文本，特别是文学类文本的解读的多样性和语文学习螺旋式上升的特点，语文教学，特别是课堂教学往往带有较强的教师个性色彩。而教师的专业成长要形成教学特色或风格，同样与教师的个性息息相关。

2. 教师专业成长的引导

（1）将教育理念融入具体的教学行为（观念—行为）

主要着力于将教师的设计思维变为运动思维，力图形成几个转变：在教育设计上，从以教为主到以学为主；在教学过程中，从重教师教到重学生学；在教学方法上，从重讲授到重交互活动；在模式应用上，从单一化到多样化并综合传统教学。

（2）从个性差异寻找教师专业成长的潜在点（行为—个性）

个性是指个体在社会实践中形成并在社会实践中表现出来的具有一定倾向性、独特性的社会特征。教师的个性在很大程度上与其教育教学风格、行为相关，对于教师形成独特的教学个性更是密不可分。从对学生的培养角度来说，要使学生的个性得到充分发展，“在无数的生活道路中，找到一条最能发挥他个人的创造性和个性才能的生活道路”，教师也必须进行个性化教学。引导、促进教师的专业成长，就应当尊重不同教师的个性差异，因势利导，挖掘并发挥教师的个性特长，努力使他们的个性成为教学上的特点、长处。

例如：薛静老师有十多年的教学经验，有过一些成功的做法，就从科研入手，从教学中总结经验，寻找相应的理论支撑，将细碎的做法提升为可复制、可持续的经验，再以此促进教学实践。

再如：李静波老师初教高三，对于试题的研究与解题的指导尚缺经验，但其在研究试题中反映出的难点问题，对指导学生复习备考很有借鉴意义。从研究试题入手，进而尝试自主命题，上手较快，对她更加有效地指导学生做题很有帮助，也为她今后的发展找到了着力点。

3. 教师专业成长的期待

教师专业成长是教师职业生涯的刚性要求，教师们都应该理性自觉地面对，找到一个自己认同并可以给自己带来幸福的方向。期待年轻教师由知识传递者转化为学习促进者，由课程参与者转化为课程创造者，由普通教师转化为优秀教师（专家型教师）。

表 6–3　年轻教师与专家型教师的基本特征比较①

基本特征	内容
关键差异	回应外部因素的方式——积极回应挑战，改变工作环境，促进专业发展
行动前	教学知识更丰富、更连贯和更为综合，能清晰地表达自己关于课程决策的原理和标准，并且所做的课程判断常常是有意识的决策
	关注学科知识结构和信息加工模式
	反思和思考是专家型教师知识与技能的重要特征，实践知识的理论化和理论知识的实践化是知识发展中同一问题的两个方面
	有长期备课和短期备课、书面教案和大脑教案
行动中	理解和关注课堂事件，并善于在行动中获得知识，基于自己的学习经验形成一种新的实践知识
	能不断反思自己的经历并对自己教与学的理念提出质疑——质疑看似“没有问题”的问题
	常常要自找“最不满意的领域”，不断探索和试验新的教学变革，常把自己的角色理解为一个“引领变革”的人

时下关于教师成长的研究与日俱增，发掘众多优秀教师的经验宝藏，并使他们“只可意会，不可言传”的宝贵经验逐步清晰化，对启悟、唤醒教师追求“卓越”的自觉、培育学校的教研文化具有深刻的借鉴意义。

仅从下面列举的六年来指导教师开设名师讲坛和专题讲座部分题目中就可以发现：名师们是如何全方位引领、多层级助推华夏女中教师专业发展的。

《立德树人是育人之本》《不忘初心，牢记使命——关于“教师队伍建设”的两办文件学习心得》《青年教师是构建高效课堂的生力军——教师专业发展》《区科研月活动的策划与实施指导》《聚焦课堂·以研促教——区科研月活动宣传手册的设计与编制》《聚焦课堂·导师引

① 摘编自数学指导教师鲁彬老师在总结会上介绍阅读《追求卓越——教师专业发展案例研究》一书的启示。

领·专业成长——工作总结与宣传展板等策划与制作》《面对机遇与挑战·成为更好的自己》《教师的工作日常与教育科研》《在学校怎样开展调查研究》《从校级优校课堂评优课的评价报告谈课堂教学努力方向和建议》《疫情状态下项目组工作启动说明会（腾讯会议）》《怎样申报课题和确定选题》《怎样撰写教学设计、教学案例、学术论文、结题报告和成果报告》《市区开放日学科系列展示交流活动启动培训会》《撰写实践研究专著的注意事项和具体要求》《教师基本功系列讲座》《时尚名词在呼唤什么——从课堂教学操作谈“大单元备课”和“讲好学科故事”》……

（二）个性定制的教师基本功讲座

指导教师在与教研组教师共同备课、讲课听课、说课评课过程中，要顾及两个基本功：一个是学科基本功——教师对教材的理解、剖析、抽象、概括等方面的基本功（专业素养水平）；另一个是课堂基本功——教师对课堂各个环节上的设计、提问、把握等，体现教师的教学理念和教学方法（通识素养水平）。成长项目培训过程中，指导教师发现受助教师在基本功方面存在很多问题，为此“即时交流、个性定制、增加讲座、示范指导”就成为指导教师的工作日常。从扈之霖老师的教学理念和在物理组的专题讲座（重点摘要）中可见一斑。

1. 扈之霖老师的教育理念

扈之霖老师多年参与清华大学继教学院师资培训和市老教协支教活动，曾荣获朝阳区优秀教研组长。

（1）不断改进，一辈子学做教师

教师的教法深深影响学生学法的形成，所以教师需要不断地调整和改进教法，创新的基础是继承，这需要教学思想的支持，学习的重要性不言而喻。人民教育家于漪说，与其说我做了一辈子教师，还不如说我一辈子学做教师，一辈子学做“人师”。

（2）追求简单，把书本变薄

教师要挖掘教材的内涵，把书本变薄，让物理简单、让学生学起来轻松是物理教师毕生的追求；老师要用好教材，教给学生思想方法，带领学生用教材、读教材，教学过程牢记“分”“析”“综”“合”四步骤。

（3）提升教学基本功是教师永远的工作

做有思想的教师是指教师要有两个基本功方面的思想。在集体备课、讲课听课、说课评课过程中只要说到有关学科课堂的任何一个内容，一定要从学科和课堂两个基本功上分析，肯定什么或还缺什么。

2. 扈之霖老师关于教师基本功的专题讲座

（1）专题讲座:《教师的三种语言》（节选）

教师的语言有三种：口头语言简练生动，肢体表达形象准确，板书图文并茂。它们关系着学生对知识、对教师、对这门学科的接收程度，所以教师要修炼三种语言，提升教学基本功。

教师的口头语言应是“生活化或口语化的教材内容”；教师的板书语言应是“符号化的教材语言”；教师的形体语言应是“配合以上两种语言准确地表达教材所述”。任何人在讲台上都是用这三种语言与学生交流，这三种语言包括了交流的主要器官：视觉与听觉。而视觉比听觉的接收效率要高。

为什么一定要抓教师的语言？因为语言是思维的外在表现，抓教师的语言就是在抓教师的思维。教师的语言作用于学生，会直接影响学生的思维和对问题的准确表述。为此，教师听课、读书时要善于捕捉启发性强的语言，捕捉后要善于分析其背后的观点、认知迁移、逻辑推理，即有怎样的思维。

屏幕尽量表现资料性、总结性、习题类的内容，不允许是教材内容的拷贝。在课堂上凡是涉及教材内容要打开教材直接阅读分析，这是引导学生重视教材的方式之一。

每节课必须做好“黑板”与“屏幕”的互补，下课关掉屏幕留给学生的内容一定都出现在黑板上，让被挤掉一半的黑板发挥作用。板书的符号化便于学生记笔记，体会思路；对照符号结合生活化的语言阅读原课文，会降低“规范的学科书面语言”的理解难度；从中体验概括与抽象在学习中的重要作用，这就是学法的传递；要提高“板书内容”的质量。

（2）专题讲座:《课堂提问》《批判性思维对备课讲课的启发》（节选）

在“讲会”不如“问会”的共识下，我们明确要求：你是怎样设计提问的？你的问题从何而来？这是我们常抓的重点，而且讨论起来很有说头，例子很多。什么样的提问是高质量的提问？怎样产生高质量的提问？围绕这些问题，我们结合传统教学中的智慧和怎样在课堂教学中运用批判性思维展开学习讨论，并努力在实践中继承与借鉴。

批判性思维是抓住问题要领、遵循逻辑规则、不断质疑和辨析、具有反思性的清晰敏捷的思维方式，它能培养师生的思维涵养，使人客观评价信息，不盲从盲信，能理性找到对自己有意义的答案。

教师学习了批判性思维就能意识到它们是一整套“环环相扣”的关键问题，因此教师在备课时要将阅读教材的内容进行概括，以问题形式呈现自己对教学内容的理解和想法——即结合学情和教材慎思“需要回答和解释的题目，需要研究并加以解决的疑难，关键与重点要点等”；将在课堂传授的内容按认知规律逐段概括后再把它们从陈述句型概括变成疑问句型，产生逻辑清晰、环环相扣的问题链。教师可以按内容顺序依次提出环环相扣的问题，有的问题还需要提出层次递进的设问，有的问题需要多次改变视角提出设问。

环环相扣是对教材深度理解、准确概括的体现，有逻辑驱动作用，有提问的渴望，并能够把握提问的时机，提问的质量就是这样在对教材的研究和提炼中提升的。

现在，一些“约定俗成”的内容在组里教师之间生成，教师在备课中开始重视提问点、提问句的设计；在讲课中少用“陈述”多用“提问”；在课堂上的提问追求“切”，争取引起后续一连串的好效果（听之专、思之深、取之固）……这些内容也自然地成为评课的内容之一。

（3）专题讲座:《“约哈里窗口”及其应用》(节选)

“约哈里窗口”是美国著名社会心理学家约瑟夫和哈林顿对如何提高人际交往成功效率而提出的用于解释自我和公众沟通关系的动态变化理论（见图 6–2a)。这个理论常常被扈之霖老师应用在“提高课堂效率”“讲题讲卷讲效率”等多种不同的教育教学情境中。

如何在教学工作中运用约哈里窗口？在约哈里效率窗口的四个象限中，很多老师一直都重视第一象限（即：重要又紧急)，把时间都用在了处理重要又紧急的事情上，而第二象限中重要不紧急的事件常常被后置或被搁置。

约哈里效率窗口告诉我们：当我们把课堂教学涉及内容分类填在约哈里窗口的时候（见图 6–2b），才发现第二窗口是育人工作、教学工作中最重要的事情，事实上做好第二象限的工作才最重要，这是提高效率的关键。

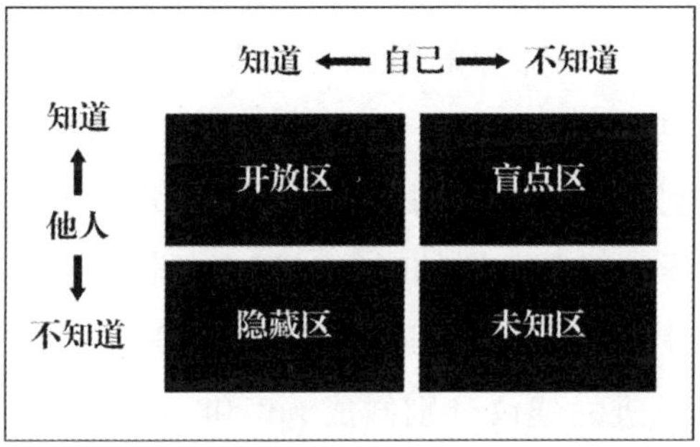

(a)

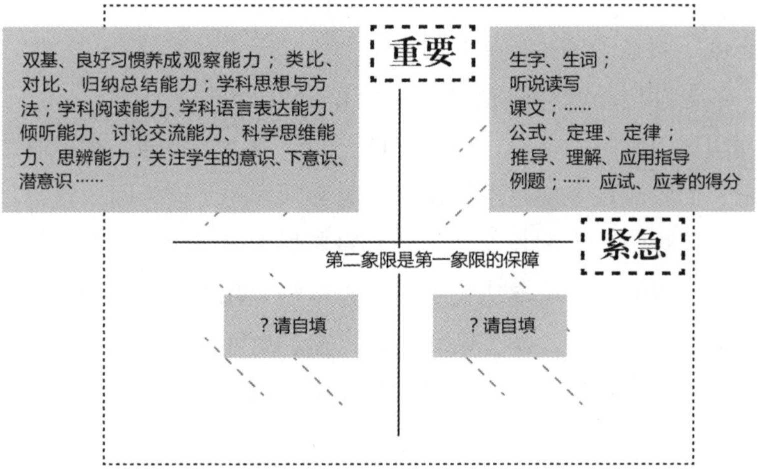

(b)

图 6–2 约哈里窗口及其应用

如果我们长期忽略第二象限的事情……那么就可能会把日积月累的工作拖到第一象限，如果突然之间发生的事情很多，教学就变得手忙脚乱。要想保证高效能，就必须首先做好第二象限的事，再去顾及别的事。

3. 教师基本功系列讲座对物理组教师的深刻影响

（1）知识与技能的提升

物理组 5 位教师全员参与每次的成长项目活动，粗略算了一下，近六年来扈之霖老师指导听评课和讲座近300节，所辅导的内容覆盖了初中课本所有章节，还包括专题课、复习课、习题课、试卷讲评课等，所有教师都能亲身感受到授课能力得以提升，这是自身的蜕变。

（2）比知识还重要的是做事的态度

扈老师在给组里教师辅导的时候，经常采取面授 + 电话辅导的方式，语音通话辅导一次至少一个小时，怕组里教师语音通话不理解，或讲的过程中没记住，就将自己讲过的内容写成文稿，用pdf版本又发给组里教师。最令人感动的就是辅导区级公开课的时候，扈老师怕任课教师没有完全理解语言表述的内容，晚上将近11点时还在通电话，第二天凌晨3点多又将说的文字、所提出实验改进的建议分别做成pdf和ppt发给任课老师。为了帮助教师们成长成才，扈老师不辞辛苦，时常熬夜写修改建议稿。教品如人品，“知识与技能的提升”是让教师们成为有能力的教师，而“比知识还重要的做事的态度”则在于培养教师们成为一个负责任的好教师。

（3）扈老师培养教师们成为积极阳光的健康教师

起初组里教师特别自卑，总感觉自己的能力水平不强，都不敢参与公开课的展示，而且越不参加越不敢参加。扈老师发现了这个问题，一直鼓励教师们，努力发现每个人的长处。例如，扈老师表扬闫硕爱思考，实验创新能力强；表扬张慧娟教学基本功扎实，擅长用符号化的语言进行板书整合；表扬李海燕教学经验丰富，学生亲和力好。在扈老师的不断鼓励下，组里教师突破心理瓶颈，在市区级开放日展示活动中，四位一线教师全员开设了区级研究课。

成长项目培训就是育人的过程，扈老师用自身的优秀品质，亲身的实践引领，教会教师们知识技能、做人做事、积极阳光的生活态度。扈老师是良师益友，更是教师们心中当之无愧的教育大家！

通过扈老师高屋建瓴的指导，让我们领会到物理的简单，知道了板书应该怎么书写，怎么把数学和物理区分开；扈老师如何命题、怎样能出一份合格的题目的讲座，让我知道了命题三要素中的立意主要是指考什么（知识、能力及价值），情景是实现立意的材料和介质，创设背景材料 / 生活实际，解决如何考的问题，设问是试题的呈现形式，关系着立意的实现程度；知道了如何命制一份成功的试题，并怎样从命题的角度去进行日常教学，尤其是习题教学、试卷讲评；让我不仅能够科学地评价一份试卷是否合理，更为自己的命题提供了新的标准；对我给学生分析题目也有了层次区分，觉得讲题水平提高了；也明确了自己的前进方向——怎样使自己所教的物理更简单、更明白，怎样进行知识的迁移。

（物理组教师闫硕的体会）

我是实验派到华夏校区的老师，以前也听了很多培训和指导，相比之下，扈老师的指导使自己脑洞大开，有醍醐灌顶的感觉，每次听评课都恐怕漏听了老师讲的内容。在扈老师身上不仅看到了老师的物理修养之高，还学习到老师的勤奋、严谨和负责。此外，还从扈老师这里懂得了忽略什么和关注什么同样重要。

（物理组教师的沈嵘的体会）

（三）引导教师思考的教育时尚名词

2021 年 5 月，根据各教研组在成果总结过程中发现的问题，项目组特邀扈之霖老师给教师们开设优质讲座：《时尚名词在呼唤什么——从课堂教学操作谈“大单元备课”和“讲好学科故事”》；2021 年 6 月，鄂文艳老师再次从科研的角度开设优质讲座：《时尚教育名词在呼唤什么——从各教研组成果转化、提炼提升角度谈修改建议》。两次计划外新增的讲座目的均是开阔视野、更新观念。

1. 大概念

大概念：居于学科基本结构或中心地位的核心概念，反映学科本质，能充分揭示知识间的纵横关系，具有广泛的适用性和解释力。

（1）学科主要观念和思维方式

能够提供对于理解知识、研究解决问题的思想方法或关键工具（技能、能力），具有持久的可迁移应用的价值观念；阅读、收集信息、分析比较、判断推理、表述书写等能力和方法，互为工具。

（2）学科结构的骨架和主干知识

能够统摄或包含大量的学科知识，能利用大概念下的小概念形成结构化、有序化的学科内容体系。因此，建立网络的操作要从网的结点开始，瞻前顾后、左顾右盼、上传下达、前出廊后出厦……将知识、方法、观念、思想等方面在要讲的内容上交汇成网络图（结点、网孔、纲与目），网络的形式多样且可以拆分重组。

（3）学科背后的故事和实践力

利用各种资源、整合单元资源，选取贴近实际、贴近生活、贴近社会的案例，建立“与自己观点相关的知识网并在知识脉络的交汇点上做思考”，创设真实情境、并在课堂上用好问题链条、共探求真过程、讲好学科故事、关注生成资源、及时点评指导、彰显板书功能，这也是促进教法改进的一个渠道。

（4）大概念呼唤学生对学科学习的深度理解和深度学习

深度学习表现在学生是积极主动的学习者，教师是引起、维持、促进学习者；学习目标是学以致用、共生共享、较课前有所提高；学习内容是在真实情境中、完成蕴含意义的任务单（解决真情境中的真问题）；教学过程中学生高投入、高认知、高表现、个性化学习；教学评价主要看学生是否在真

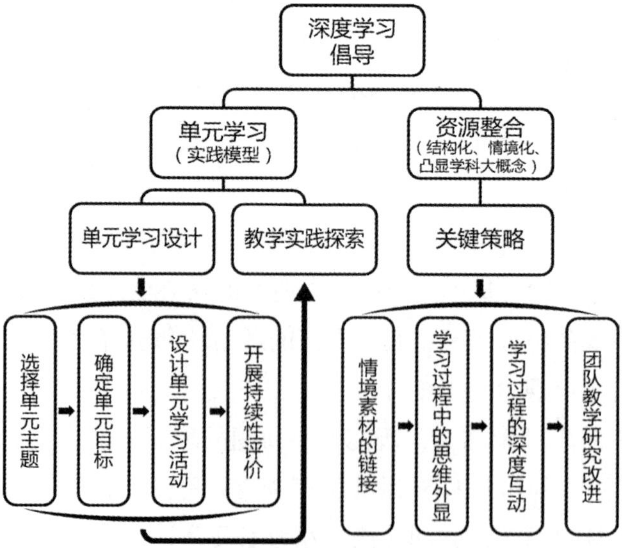

图 6–3　深度学习结构图

情境中解决了真问题；在任务驱动下，学生主动学习的表现和总结、提升、反思、拓展的能力及水平。①

深度学习呼唤资源整合，要求提高教学设计的规范性和系统性，增强学习过程的体验性、互动性和生成性，实现教—学—评一体化。

2. 大单元备课

（1）按学科教材的章或单元进行备课

教材是以学生生理、心理和相应的认知水平（规律）为出发点，由浅入深、由因到果、由简单到复杂、由现象到本质建立的学科知识体系。一般教材按知识形成先后为主线、因果关系明确，章与章之间相对独立。章内各节既有相对的独立性又存在有机衔接，知识点为点点相连成为一线，“由局部到全局”展示明显，体现教学的“循序渐进的原则”。

（2）按学科大概念整合资源进行备课

这类备课一般会打破教材固有结构，可以学科核心素养发展进阶（学科思想、方法、观念）为出发点对教学内容、资源和活动进行重组，也可依据主题或专题或真实情境下的学习任务做单元备课。大单元备课的目的不是大概念下“大迁徙、大整合、大贯通”的整合教材，也不是追求课堂教学有“立体式、大容量、快节奏”的具体表现，它可以大专题展现，也可以小专题展现。

（3）按学生生活体验整合资源进行备课

让学生在真实的情境里学习、应用、解决问题，为生活服务；学生的学习方式是多种多样的，既可以是“主题—探究—表达”的主题教学模式，也可以是“目标—达成—评价”的目标教学模式，还可以是“精选案例—讨论解析—模仿探究—参与评价”的案例教学模式等，以体现学生主动参与“学习课堂”，自主学习、探究学习、合作学习、深度学习的学习过程。

（4）呼唤回归学科教材、回归知识结构、回归教学真谛

各学科要大力开展“指向核心素养的大单元备课”研究与实践，与之前的学科备课相比，它更注重知识的条件化和结构化，更侧重教学方式和学习方式的变革，更强调学习过程的情境化和系统化、学生发展的自主性和创造性。

---

① 摘编自：华东师范大学课程与教学研究所所长崔允漷教授讲座报告《三类学习的比较》。

表 6–4　指向核心素养的大单元备课

知识		教师教学方式和学习方式的变革		学生
从何而来	（梳理） 条件化	重组 教学内容	有趣 激发兴趣、引导参与	想学
到哪里去	（优化） 情境化	创设 真实情境	有用 构建自主学习课堂模式	愿学
体现本质	（建构） 结构化	畅通 思维链条	有意义 学会思考、学会学习	会学 学会

3. 资源整合

资源整合是指教学者依据学习者需要对教学材料、教学支持系统、教学环境的深度挖掘与开发利用，及教学化处理（优选、新增、删除、更换、重组、设计等）。

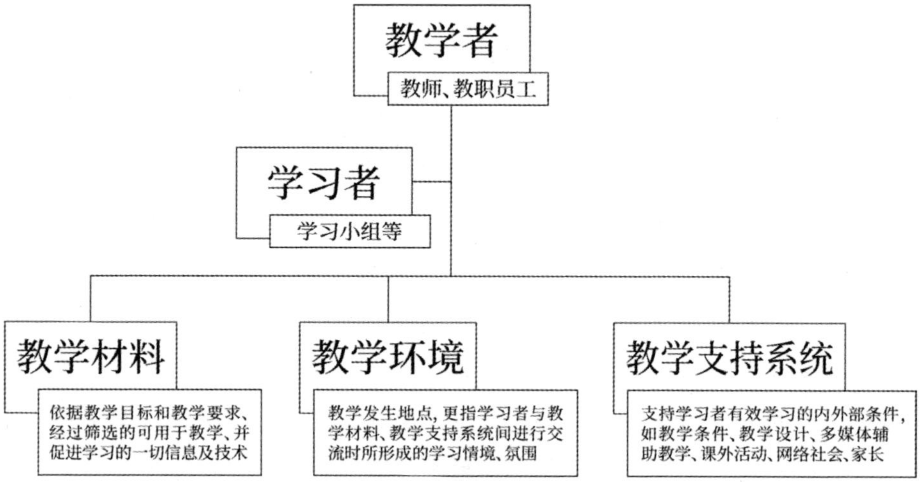

图 6–4　资源整合概念的图解

（1）要对教学材料进行整合——包括对教材内容、对除教材之外的教学支持系统（教学所需的教具、学具和学习软件）的开发利用，以及师生在课内外教学过程中生成的可再次开发利用于教学的经历和体验的深度挖掘与重组等。

（2）要创设情境、营造学习氛围，使学习者和教学材料、支持系统进行“对话”交流，开展真正的学习，即让学生进入“学习课堂”，让学生的学习在课堂上真的发生。

(3) 资源整合呼唤教学者要探索研究：怎么优选、新增、删除、补充、更换、重组教学资源；资源整合怎样才能充满教育智慧，彰显学科魅力，服务于“学习课堂”教学；怎么才能便于学生自主学习、深度思维、切身体验、记忆迁移，从而形成正向价值观念；资源整合的评价标准是什么。这一些均需要从多角度多层面进行周密考虑、合理统筹才能取得相应的效果。

4. 讲好学科故事

在讲授学科知识（知识点、知识逻辑等）时，再把学科背后的故事讲清楚——讲学说、假说的观念、方法是怎么推导出来的；讲科学家、科学考察队等经历了怎样的思维和实践过程等，对学科发展对科技进步、对社会有何影响和贡献；各国各地经济发展的故事；等等。

(1) 讲好学科故事的实质是强调过程，在生活中讲故事不能只讲结论，故事的“营养”都在过程中，过程中有智慧。看故事书也是如此，对过程的阅读价值远远高于结论。学科中每个定理、定律、概念与规律都是过去发生的事，所以都是故事，教学中讲这些内容就是讲这些故事，要讲好，关键是讲好过程，通过过程育人。

(2) 学科故事还可以延伸拓展为学生与学科的故事、教师与学科的故事、学科背后的故事和实践力等等。利用各种资源、整合单元资源、选取三贴案例、创设真实情境、用好问题链条、共探求真过程、讲好学科故事、编织知识（方法、观念、概念）网络、关注生成资源、及时点评指导。

(3) 讲好学科故事呼唤教师要在课堂内外营造一种氛围、情境，让学生深切地感受、体验科学家遇到的困难及贡献，学科、社会、地方的发展与变化、困难和进步……这样做可以让学生对知识点的学习更加容易、掌握起来更加熟练、解题思路更加宽泛，同时营造一个培养学生坚定意志品质的氛围、情境，触及学生心灵，增强学生的国家认同、社会认同、自我认同，让学生有坚定的信念，有克服困难的勇气，并用掌握的技术解决实际问题。

(4) 讲好学科故事还提醒我们：从讲授新课到讲习题课的每个题目都必须懂得研讨在过程中挖掘什么，这样才是合格的教师。

当前，教育的时尚热词还有：智慧赋能、创新课堂、高质量课堂、思考力课堂、学科核心素养进阶、思维能力进阶、信息技术与教学融合、教·学·评一体化等等，每一位教师对现时国家教育政策和教育研究热点要有敏感度、鉴别度，教师要通过认真思考和教学实践使课堂教学水平进阶。

正如华东师大叶澜教授在《“双减”落地，不懂教师一切都是空话!》中所述：教师是自主选择职业的责任人，不是听任外部环境摆布的被动生存者。教师不是只需要专业发展的局域人，而是要不断自觉提升德行才智的发展者。教育是群体活动，孩子们在群体中成长，所以教师既要个性创造，又要善于主动地在群体合作中发挥、发展个性……对日常教育教学实践的持续研究，是教师发展的基本路径。变革的理念在日常行动中，才能悟道，养成新习惯、新基本功。要用变革的实践“创造学校教育新生活”，“把日子过成诗”。

四、随时随地的在线对话和混合培训

得益于教师成长计划活动项目，语文组教师能够有机会跟随名师学习，收获颇丰。疫情阻断了线下的教研，却阻不断教师们教研的渴望与热情。两位导师进行线上线下混合培训，与语文组的教师随时随地在线对话。

（一）柳暗花明又一村，智慧的启迪者

1. 名师风采之专业素养

成长项目开始时，正值学习“语文核心素养”概念的初始阶段。语文核心素养包括四个方面，即“语言建构与运用”“思维发展与提升”“审美鉴赏与创造”“文化传承与理解”，但具体应该如何在教学中落地，教师们还没有实践过。

2017 年 11 月 27 日，西城区在华夏女中举办教育科研月专场活动。于佳琦老师当时任教于 1+3 项目十年级（高一年级），有幸参与其中，上了一节公开课——《追梦红楼花签之人物之探春、香菱》。这节课是在黎松龄老师的指导下设计完成的，并集语文组全组之力对整本书阅读以及“语文核心素养”在教学中的实践进行了积极研讨。

语文组指导教师黎老师参与过新语文课程标准和部编语文教材的审读工

作，整个阅读过程的设计得益于黎老师高屋建瓴的指导。通过多元建构，这节课实现了“语言的运用、思维的提升、审美的创造、文化的理解”，力求推动学生语文核心素养的发展。

读《红楼梦》前 80 回，每周完成一篇包括章回题目、摘抄和心得的读书笔记，做好基本的“语言建构”。学生以小组为单位，分享《红楼梦》的基本内容，包括成书、作者、主要人物、情节等；出了一份“红楼小报”，完成了基于“语言建构”的运用。

对重点单篇的精读。包括《香菱学诗》《林黛玉进贾府》《龄官划蔷及局外》，细致地了解了《红楼梦》故事发生的主要环境——贾府，以及主要人物的主要特点等，在“语言建构与运用”的基础上发展和提升思维。

孩子们对六十三回中的“占花名”特别感兴趣，大家就准备了一次“花签大会”，自己出版报、做花签、做色子，玩得不亦乐乎！学生在实践中提升了审美能力、传承了文化。

学生发现花签的内容与人物的性格命运有许多勾连，在推断和分析人物命运中提升了思维能力。

（语文组教师于佳琦的体会）

课后，北京市西城区教育研修学院原副院长、北京市学科带头人、北京市中考命题与研究专家刘燕老师对本课进行了精彩点评：①让名著阅读真正在学生中发生。②让语文核心素养的培养渗透、贯穿到整本书的阅读过程中。③教师在整本书阅读中发挥多方面作用。

在这个过程中，语文组教师深深体会到语文核心素养的培育是方方面面的，教学、作业、活动的设计都可以培育学生的语文核心素养。这让语文组教师们在未来的教学设计中，在如何将核心素养落地上有了方向和底气。

2. 名师风采之治学严谨

在开展教师成长项目这六年中，语文组的教师们从未停下成长的脚步，这也得益于黎老师治学严谨、精益求精，线上线下随时随地进行细致的指导。

比如：在准备《昆虫记》这节课时，教师们不仅希望学生积累阅读整本书的策略，而且能探究虫性与人性、思考作者、感悟人生。那么究竟何为虫性？何为人性？怎样引领学生突破人性？黎老师就这几个有难度、有深度的问题进行了反复指导，对于佳琦老师的教学设计进行了反复修改，线上电话常常一聊就到晚上10点多，一改稿就到凌晨。大到一再追问主旨，小到一个标点、一个词语的推敲，黎老师总是谆谆教导。

最终，这节课带给学生很多启发和收获。同学们发现对本书的理解还可以从虫性和人性的角度出发，同学们认识到要用辩证的目光看待昆虫的本性，不仅要学习法布尔追求真理的科学精神，而且应该永远以尊重的眼光看待这个世界。

> 西城区教育研修学院李朝晖教研员也给予高度评价：1. 从发现到成长。于佳琦老师渗透阅读方法的教学，最重要的是帮助学生联系自身体验，化名著为自身成长的营养。2. 从熏陶到提升。于佳琦老师选择多种教学形式，让孩子们在熏陶中学习。

黎老师精益求精、严谨的治学态度把这节课推向了新的高度。教师们通过这节课也深深地体会到黎老师对整本书阅读教学中“真”的追求：让学生真读，让学生真思考，让学生真成长。

3. 名师风采之对语文发自内心的热爱

黎老师这六年来风雨无阻陪伴华夏女中语文组的教师。不仅让教师们提升了教学技能，而且使得教师们更新了教学理念，获得人生启发，保持对语文的热爱。

（1）让师生的阅读真实发生

黎老师重视整本书阅读，希望通过整本书阅读真正推动阅读教学，让孩子们真阅读，真受益。但在现实教学中却困难重重：从教学层面上讲，教师面临课时少，没有直观可借鉴的内容等难题；从学生角度讲，新中高考的改革给学生带来了新的课业挑战，在门门都是主科、都要考试的背景下，从时间分配上谈读书以及整本书阅读就变成奢望，落实就显得难上加难。

黎老师在这方面给予了语文组教师很多关照和指导。从初中的《水浒传》

《昆虫记》到高中的《红楼梦》《老人与海》《论语》的整本书阅读，到鼓励我们自己研究孔子，研究《论语》，开自己的讲舍，帮助语文组教师一步步建立文化自信。黎老师说："整本书阅读真正推动的是教师的阅读。"反观这六年的成长学习，教师们是真正读了点书，真正带着学生读了点书的。书女讲舍的讲坛从专家教授、骨干教师做专题讲座到语文组的教师们自己讲《论语》，再到由孩子们分享阅读成果，实现了从"请进来"到"站起来"，再到"师生共成长"的飞跃。师生读的书也一本本地多起来，包括经典名著《红楼梦》《论语》《朝花夕拾》《骆驼祥子》《海底两万里》等，古今中外都有涉猎。这次成长项目的区级展示活动中，语文组呈现了三个年级不同题材、不同风格的关于名著《西游记》《昆虫记》《艾青诗选》的三节研究课，并进行了相关阅读策略、方法实施的总结。

（2）立足学生怎么学

黎老师总是强调，教师要立足课程标准，立足教材课堂呈现，但不是课堂讲完就完了，师生共同的教与学缺一不可，而且主要是学生怎么学。学生怎么学的过程恰恰把教师怎么教的过程包含在内了。所有评课的大前提和落脚点都在学生身上，要做到"以生为本"。为了面向全体学生，注重每一位学生的成长，发展每一位学生的个性，教师备课要"入乎其内"，也要"出乎其外"，精心设计每一节课。这些谆谆教诲，受助教师一直在学习，并用在课堂教学中运用和反思。教同样的一篇课文，面对不同的班级，不同届的学生，学情就发生了变化，所以把握"变"才是唯一的"不变"。唯一的"不变"，是教师立足于不同学情的教学。

针对薛敬老师的教学和论文撰写，黎老师提出了很多具体的意见建议，推荐了相关的理论文献，甚至细致到了更正不妥的词句和标点，反复讨论、沟通和修改，使论文深刻起来，丰满起来。经过黎老师的悉心指导，薛老师不仅完成了论文，也通过做论文指导了语文教学。

（3）功夫在"诗"外

语文的外延在于生活，所以要当好一个语文教师，功夫要在"诗"外。针对某一文化现象、某一社会热点，黎老师往往不经意中将其与受助教师的生活和教育教学勾连起来，让教师们有了新的看法，茅塞顿开。这些看似与语文教学不是直接相关，但却体现了一名教育工作者应有的高度和厚重，也是教师们欠缺与渴求的。除了教学，试题的选择与命制也是一项颇见功夫的本领。黎老师曾以高中的一段文本为例教教师们如何出题，一个文段出了七八道试题，而核心就是让受助教师学会如何根据不同的需要选择不同的考点、试题形式和设问方式，让评价更客观、科学，同时也更具激励性。讲题需要命题练。在黎老师的推荐下，殷兆颖、薛敬、李静波老师参与了北师大文学院郑国民教授主持的“语文学科素养测试工具”课题组的测试题命制工作。

4. 名师风采之经典语录摘录

黎老师总是提醒语文组教师，在整本书阅读过程中要特别注重以下三点：

（1）在阅读中学习阅读

没有足够的阅读空间，也就没有自己学习尝试的机会。学生没有整本书阅读的实践，难以养成良好的阅读习惯，也就不可能自己学会阅读。结合核心素养进行阅读过程设计，看重学习的主体，给学生提供了充足的阅读空间和实践机会，过程会自然导引结果。

（2）在阅读中学习表达

整本书阅读能够让学生接触到足够丰富的语言，有利于学生根据自己的喜好进行吸收。创设真实情境，通过活动体验引发学生的言语表达和创造行为。

（3）在阅读中学习思考

整本书阅读提供了思维得以深入的可能性，运用比较、归纳等方法指导阅读，捉摸情节的猜测、人物的命运、主题的探究等，提供了足够的思考空间，锻炼了学生的思维，让学生的思维更加广阔和深入，而不仅仅满足于以往的拼拼凑凑，用背条目来应对考试。

（二）润物细无声，作思想的引领者

语文组指导教师吴东老师主持省部级科研课题，编著有《艾青诗选》《老师和你一起读〈论语〉》《文言短篇选读》等，主编《新课标初中文言文学习手册》《高中语文学习任务群丛书：实用性阅读与交流》《时代语文（九年级）》《唐诗选读》等，参与编写北京市地方教材《诵读》《北京市中小学语文教育

50 年》《群文阅读初中读本》《语文读本》《中华优秀传统文化》《大家一起读〈红星照耀中国〉》等，在《语文建设》等核心刊物发表多篇论文。任教三十年来，多次在全国和北京市教学评比中获特等奖、一等奖。抗击“非典”、“新冠肺炎疫情”期间，吴东老师在北京数字学校录制了多节空中课堂示范课。

语文组非常荣幸能跟随着这样一位睿智、博学、有思想深度和广度的教师学习成长。疫情期间，吴东老师更是充分利用“互联网 +”时代的资源对受助教师进行指导，无论是腾讯会议，微信语音还是随时随地的电话联系，吴东老师的幽默、诗意、通达以及对于文学的热爱都给予受助教师莫大的动力，更是在专业领域的方方面面引领他们成长。一是教育思想引领，二是教学思想引领，三是课堂设计理念引领，三种思想中都渗透着平等思想，引领教师与学生平等地进行交流。

1. 生活教育理念，引领教师开阔视野、开放思维

2020 年 1 月底，突如其来的新冠肺炎疫情让生活慢下来，孩子们都不得已待在家中。在 2020 年 2 月 2 日上午，吴东老师在教研微信群里发了这样一条消息：

> 给学生的作业：今天是 2020 年 2 月 2 日，每个人拿起手机记录这天的瞬间，放在一起，就是我们共同的历史记录。不仅拍照片，也把此时此刻看到的、听到的、想到的记录下来，有一天我们汇成一本集子《我们的 20200202》。无论你在哪里，无论你是老人或孩童，收到我的邀请，请把你的照片和文字发给我，我也把我的发给你。我们一起记录着我们共同的历史。

吴老师就是这样特别善于从生活中发掘学习资源，充分利用各种资源引导学生去学习语文，观察生活，记录生活。在 2021 年 12 月 2 日，吴老师在微信群里发了一段话：

> 今天是 20211202，想起去年我们写的 20200202 了。时隔快两年了，学生们都要初中毕业了。今天再留一个全区的作业吧。在这个难得的对称日，写一篇日记，再拍张照片。老师们还可以拿起手机拍拍校园里的

孩子，拍拍自己和学生，班主任甚至可以给每个学生拍张照片。家长也可以参与其中。当然，大家还可以有别的形式，记录生活，赞美生活。也欢迎其他学科的老师和其他年级的学生参加。机会难得，大家快布置，错过就没有了。

这一次，老师和学生们主动探究的欲望再次被激发，微信群里老师们分享了各自发现的对称美，有老师说小说阅读中的故事的镜像感，似乎是一种对称；宝塔诗也是一种对称……吴老师适时引导：学习内驱力是特别重要的。长久的内驱力不是依靠奖惩，而是受人类的创造欲望支配。

设计这种作业，让受助教师认识到生活中处处都有教育的契机；吴老师的示范和情感的表达，让他们认识到在调动学生的积极性时，老师要做示范，就像吴老师说的那样，要像体育教师教体育那样去教语文，教师要做示范。这样的生活教育不仅打开了教师们的思维，呈现出开放性的状态，也使得教师们想办法去打开学生的思维，拓宽学生的视野，提升学生的境界。

吴老师说，要想有学生的创新，先要有教师的创新；要有学的自由，先要有教的自由。大家多交流、多碰撞，学习活动设计会越来越棒。将来教师的一项主要教学能力就是对学生活动的设计与实施，这个理念对受助教师影响很大，改变了他们的课堂，改变了他们的教，也改变了学生的学。

2. 生本教学理念，引领教师激发学生主动性

（1）任务驱动，整体设计，走进名著

在吴东老师的指导下，语文组的教师们开展了《西游记》《红星照耀中国》《钢铁是怎样炼成的》《傅雷家书》《艾青诗选》的整本书阅读课程。在这些课程实施的过程中，教师们深刻认识到吴老师的生本教学理念在教与学方方面面的渗透。

2020 年 9 月，语文组正式开展《红星照耀中国》的整本书阅读教学。暑假和开学的这几周，备课组的教师们都在研读这本书，并围绕“如何指导学生阅读”的话题展开讨论，但几次讨论下来，他们还是比较迷茫，不知如何推进。

正值一筹莫展、思维阻塞之时，教师们联系了吴东老师，申请了一次线上指导。第二天，语文组的所有教师们都参加了这次辅导。吴东老师的细致

指导让他们茅塞顿开，眼前冰冷的屏幕瞬间变得有了温度，教师们对开展《红星照耀中国》的整本书阅读找到了方向，充满了信心。

在吴老师的指导下，教师对《红星照耀中国》的整本书阅读进行了整体设计。首先是前期阅读的指导，开展纵向阅读。全书共 12 篇，学生每天阅读一个篇章，完成阅读探究题目，整理在阅读笔记本上，课上与同学分享。这个环节旨在扎扎实实地推进学生的个体阅读，以及与同学的分享；重在了解名著的内容、人物、事件、主题等。

吴老师的切实指导激发了教师们的创造性，开拓了他们的思路。教师们决定对重要内容和有价值的点做一些专题探究，进行横向阅读。比如，开展“长征专题”“人物专题”“拓展比较阅读专题”“红小鬼专题”等专题研究、讨论课，分别从某一点深入探究，把名著阅读、写作能力训练、情感价值观教育融合在一起。这种纵向阅读和横向阅读相结合的方式，有点有面，切实推动了学生的个体阅读和分享，促进了知识与技能的落实，思维的发展。

（2）生本理念，细处落实，探讨教研

在前期，吴老师指导教师们确定了系列整本书阅读的活动任务，促进学生爱读书，读整本书，读书与思考结合，读书与口语表达结合，取得了很好效果。在中后期，吴老师两次来到校园，听了三位教师的四节主题阅读课。整个过程中，教师们的收获很大。

在吴老师的指导下，宋姗姗老师选用文本中提到的问题：“他们是人，是疯子，还是神？”引导学生进一步认识红军，理解长征精神的内涵，并引导学生从文本中找到依据来说一说自己的观点和看法。引导学生想想人、疯子、神到底有什么区别，再去文中找依据、说理由，这个过程使学生更加理解了长征精神的内涵。在不同观点的碰撞中，学生们更加感受到红军是人，他们有生老病死；他们是疯子，勇敢地面对困难和挑战；他们是神，创造了很多奇迹。是什么在支撑着他们？是坚定的信念、信仰。

吴老师指导教师们要将学生充分调动起来，让学生充分参与到整本书阅读的过程中来。宋老师设计了一个学生采访的环节，采访自己身边的老红军，采访稿、采访视频、采访记录全部由学生负责。很荣幸，孩子们采访到了一位 93 岁高龄的老红军，并制作了采访视频。视频中老人的描述、声音，拉近了长征、红军与学生的距离，使学生能够穿越时空，感受到长征精神带给那一代人经久不息的信念力量。这个学生也分享了自己生长在军人家庭所获得的感触和力量。长征虽然早已结束，但它留给红军战士们的精神财富，留给中国人民关于信仰的力量却是历久弥新、生生不息的。

在吴东老师的指导和推荐下，初二备课组开展的阅读《红星照耀中国》整本书活动的教学设计参加了北京市和西城区的教学设计评比，成绩优秀，效果显著，获得了专家的好评。

3. 学习任务群理念，引领教师探索学生的自主学习设计

在准备《艾青诗选》公开课的过程中，教师们围绕“初三年级如何展开《艾青诗选》的整本书阅读”这一话题进行探讨，教师们摸不准方向、定不了课程环节，就联系了吴东老师，当天下午吴东老师就在腾讯会议里给组里教师进行了指导，定了课程设计方向。

在准备课的过程中，宋老师多次线上联系吴东老师，每一次吴老师都会细致解答。教师们备课的时候正是吴东老师最忙的时候，他总会在自己休息时间进行解答。文字来得慢，吴老师就会主动打来电话进行语音指导。有一次，吴老师进行前期调研指导之后，教师们梳理好调研结果并将初步的教学设计发给吴老师。吴老师便约了第二天晚上八点的微信语音通话，一讲就是一个多小时。正是这线上随时随地的沟通与指导，使教师们明晰了思路，清楚了课堂设计，更重要的是获得了实施活动设计的信心和希望。

让教师们印象很深的就是吴老师在指导中多次强调课堂上要有生生互动，活跃起来，学生要动起来。教师们深受启发，便在学生发言之后设计了其他学生点评的环节，也在诗歌朗诵之后设计了学生评价的环节。吴老师说“三分诗，七分读”，一定要以读促品。宋老师便将诗歌朗诵活动放在课堂上，让学生读诗，真正地朗读诗歌，把自己对诗歌的理解读出来。

在语文组教师们的心目中，吴东老师就是一位近在身边的教育思想家，在教育思想、教学思想、教学设计思想、平等思想等方面引领教师成长进步。在他的指导下，教师们懂得要以生为本，设计任务群，也找准了未来教育教学的方向。

我们教师自己首先得明白：为什么要设计这个活动，这个活动打算从哪里切入，让学生在活动的过程中获取哪些知识、提升哪些能力；设

计这个活动不单单是让学生动起来，而是要启发学生提出新的问题，让学生学到新的方法、有新的发现，给学生再拔高一个高度。教师应该对任务群的设计有一个总的把控，要有目标、有计划地去提升学生的语言能力，而不是使学生语言能力的提高成为活动附属品。

学生自主学习并不等于完全放手交给学生去做，教师必须有更精致的设计，更深入的思考。对于任务群的活动，学习任务群对于语文课程的意义在于转变学生的学习方式，转变教师的教学方式。一方面，教师的教不能代替学生的学，学习任务群不是语文知识的分层次讲解，就如导游的讲解再清楚也不能代替游客自己的游览；另一方面，学生的学不能代替教师的教，学习任务群对教师的要求更高，教师会感到自身语文素养的不足，进而更加努力地学习，付出更多的创造性劳动。

——吴东老师《"当代文化参与"学习任务群的理解与实施》

不仅青年教师在专业成长计划中专业水平得以提高，教学理念得以更新，整个语文组的业务、理论水平也得以大大提升。学生也在整个阅读过程中收获很多。

五、团队合作创新下的教研和科研

数学组是一个以中青年教师为核心的、乐于奉献、勤于思考、善于创新并且极具凝聚力的集体。"一切为了学生，为了学生的一切"是数学组教师的心声；"挑战自我，追求卓越"是他们前进的动力。

数学组经常有针对性地开展丰富多彩、扎实有效的校本教研活动，实现了集体备课制度化、命题研讨常态化、外出学习和理论学习经常化、互相请教和共同探讨随时化、听课评课周期化、激励学生和个性培育普遍化、课题研究习惯化、以研促教持续化。

（一）专家引领聚焦每位教师

为了打造特色、优质女中，学校依据不同教师的发展特点和现有专业水平，制定了不同的专业成长目标，通过名师指导、专家引领、集团“浸润”、同伴互助，全体数学教师在这个包容创新的大环境下，借助理论学习、教学设计实施等教育教学实践活动，促进专业成长，提高专业水平，培养青年教师、骨干教师，发现和打造“名师”。

数学组指导教师有马成瑞和鲁彬两位特级教师，对参与项目的老师一人一方案，有针对性配备指导教师。每次组里教师作课，全组教师都参与听课和评课。对于市区大型教研展示活动，比如西城区科研月活动、优效课堂比赛、市区开放日活动等，都有指导教师的悉心指导，真正达到了以研促教的目的。数学组开展团队教研科研活动有四个优势：

一是学习热情高。指导教师对数学组的每一位教师都非常了解，跟踪结对帮助时间长，指导效果好。虽然学校对参加教师专业成长项目有管理制度要求，但数学组一些教师在学校不做硬性要求必须参加项目组活动的情况下，被教师积极成长的氛围感染，依然积极参与教师成长项目活动，自觉在导师帮助下主动成长。

二是教师作课积极。以2018年秋季为例，当年项目课总数量达到26节，最多的达到4次，骨干教师发挥了示范引领作用。

三是作课人数众多，听课的选择性多。数学组教师充分享受团队人员多带来的优势，积极参与听评课，作课人、评课人与导师面对面进行商讨。

四是有针对性、兼容性和连续性。一个学期项目成长课中试卷讲评课达到7节次，与教研活动—试卷讲评课教学模式与策略研讨对接。复习课6节，为后续关于复习专题课教学模式与策略研讨做准备。两位指导教师特别无私，给资料、给经验、给指导，调课总是考虑组内的方便，把自己的指导定位为服务于教学，不干扰教师正常教学，对每位教师做到精准帮扶。专家高屋建瓴地指导，让数学组的教师们更加认识了自己，更加理解教育、理解教学、理解数学，每位教师都对获得专业成长机会充满感激。

我有幸继续参加教师成长项目，并且能够接受马成瑞老师和鲁彬老师两位老师的指导。两位老师一如既往地认真对待我的每次讲课，听课时非常仔细，不放过每一个细节，帮助我不断进步。马老师提前了解课题，针对所讲的课题，从她多年积累的宝贵资料中，挑选出能够给我最大帮助的素材，送给我们大家。马老师的提炼能力和语言文字能力很强，每次都用四字的词语对我的课进行评价，让人好生佩服。鲁彬老师指导我的时间很长，去年我教高三，可以说鲁老师一直陪伴着我，鼓励着我，给我信心。

（数学组教师徐丹的体会）

（二）锻造打磨聚焦每一堂课

华夏女中融入实验教育集团大家庭后，迎来了教学发展的新机遇，也面临着挑战。生源质量提升，社会期待更高，教师积极进取，教研稳步增强。优效课堂源于本部的有效教学和高效教学，更加注重质量，更加注重教学基本技术，更加注重研究，更加注重学生的深度学习和自主成长。

1. 优效课堂是可以有评价标准的

数学组的教师们一直在思考，什么样的课称得上“优效”？教师经讨论达成共识：对于如此优秀的学生，基础当然要过硬；因此，“优效课堂”要求教师输入的一切知识必须是优质的、科学精准的，输出的效果必须是优质的、高效的。学生们经过教师激发，启而有得，呈现出有生命活力的课堂。然而，要想在全组实施优效课堂，则必须有一个评价推广的实施规则。

为此，数学组首先找到李梁、马成瑞等老师，并结合教育部新课标理念、张景斌教授对数学课堂教学技能内容设定的思考、实验中学活力课堂等制定意见征询稿（2018 年 7 月至 2018 年 9 月暑假期间），组织教研组进行专项研讨；结合鲁彬等专家的意见——简明、实用和有可操作性，合并重组，通过评分权重突出优效课堂要求，在 2018 年 8 月至 2019 年 2 月，经反复修改后形成《评价标准》。

2. 每位教师成为优效课堂的践行者

《评价标准》出台后，优效课堂的实践进入第二阶段——全员授课，检验标准。全组教师非常重视，把优效课堂的评比当成一次极好的实践机会，决定把优效课堂的形式与小组合作教学模式相结合，学习相关理论和成功的实践范例。其中，王莉朋老师学习杜郎口的小组合作模式，非常亮眼。吴媛媛、黄荣老师采用微课题合作学习模式，并邀请北师大专家组现场指导，把优效课堂的打造与国家级课题结合起来。

3. 优效课堂是可以在实践中锻造打磨的

数学组教师是一支个性鲜明的团队，黄荣、吴媛媛、刘斌媛、霍凯华、王莉朋等教师的课都很有特点，经过教研组教师的认真评价，研究决定：由刘斌媛、霍凯华老师代表本组进入第三阶段，参加校级优效课堂评比，黄荣和吴媛媛等老师组成核心教研指导服务组。

整个教师团队都在为两节参选课忙碌着。刘斌媛和霍凯华老师更是把每节课都当成“学习课题·优效课堂”来打造，借以锻炼自己和培养学生。霍凯华老师的锐角三角函数课、刘斌媛老师的含参数一元一次方程课，经过试讲和打磨，都渐入佳境。

经过了前三个阶段的工作，教研组全体教师认真完成了相关工作，对于评价规则，经历了细则制定、反复打磨、操作定型，已经能够评价数学教师的课堂教学基本技能，通过对部分细则的调整，能够对优效课堂起到引导作用，可操作性和指导性很强。数学优效课堂全部采用小组合作方式教学，把教科研融合成一体。

在第四个阶段的校级展示、互听互学活动中，霍凯华和刘斌媛老师在优效课堂参赛课上展现了师生合作的精彩且富有活力的教与学的过程，分获一、二等奖。刘斌媛老师的学科素养渗透、霍凯华老师的知识生成教育给专家们留下深刻印象：

> 数学组刘斌媛老师的课，注重数学思想方法的教育并将其融入教学过程，这无疑是深度学习的重要内涵之一。学科思想方法教育是我们一直所倡导的，在历次课堂教学改革中它也从未缺席，它是更高层次的教学基本功。学科思想方法及其教育应该成为全体老师贯穿教育全过程的常规动作，刘斌媛老师的课堂实践给我们以启发。
>
> 数学组霍凯华老师的板书，书写工整、条理清晰、布局合理、图文并茂，充分发挥了板书的动态和静态功能。此外，霍老师书写板书时急徐有秩、淡定从容，且与课时同步结束，令同行的我们会心一笑。
>
> （优效课堂校级公开课评比理科评审组的评价意见节选）

4.优效课堂的团队教研提升了备课组教师群体的教学能力

在优效课堂打造过程中，各个备课组都在教学上铆足了劲儿。针对各阶段学生特点，依托优效课堂的打造，团队成员群策群力，立体化构建育人新举措。以初一备课组为例，教师结合理性思维培养，创造性开展了以下九点工作：

> 动手动脑：拓展视野，百花齐放；初一微课：视频讲题，探索分享；强化运算：擂台比武，抓根固本；融合优化：试题学案，改造创新；跨校培优：行前培训，同步指导；学法习惯：做整理本，制提示单；合作答疑：小组合作，明确节奏；复习微课：各区难题，讲题视频；假期作业：论文视频、数学故事。

从备课组具有阶段特色的教学研究，到全组教师的教学行为，都在坚持学生立场，构建优效学习课堂；教师的讲课和所呈现的知识形式服务于学生学习。通过一系列全员性、竞赛性的有效课堂活动，磨炼了教师的教学技术，提升了教师们的理论水平。

（三）教研科研聚焦核心问题

1.基于课题研究的思考：促进学生深度学习、探索自我成长

教育的本质在于育人，教学生怎样去发现真理。遵循学生的认知规律，从已有知识开始探究，靠近学生思维的最近发展区。新冠肺炎疫情发生以来，数学组教师一直致力于构建线上深度学习。深度学习是在微课题基础上开发出的更高级的架构，微课题中项目式学习、探究式学习、合作式学习与深度学习的三个维度完全契合，全组教师从宏观、中观、微观立体构建在线深度学习，促进女生理性思维的开发。

在这个过程中，学生掌握学科的核心知识，理解学习的过程，把握学科的本质及思想方法，形成积极的内在学习动力、高级的社会性情感、积极的人生态度、正确的价值观，成为既有独立性、批判性、创造性又有合作精神，基础扎实的优秀学习者，成为未来社会的主人。

2.基于复习课的思考：学习新的课型，引导学生自我诊断与改进

在项目组的帮助和支持下，数学组全员参加了北京市基教中心组织的

“团队教研创新，专业能力提升——促进学生自我诊断改进的测评研究”活动，承担了一个期中测评分析报告，两节数据分析课（后简称“数分课”）和两节析题课，以学生自我诊断和改进为例，探索如何促进学生深度学习、自主成长。教师们尝试着将目标分类和最近发展区理论融入试卷讲评课，结合大数据背景以“数”为“据”，引导自我诊断、寻找目标、重新规划。此次展示课及研讨活动致力于开发和使用数分课与析题课模型，变革学习方式，培养学生自主学习的能力。

在国务院和教育部新政策的指引下，数学组教师们经研讨达成共识：考试只是教育评价的一部分，考试的最大意义在于引导学生进行自我反思，找到符合自己情况的最近发展区，同时可以由点及面，找到解决一类或几类问题的常用方法和核心环节。

而在以往考试之后，教师一般讲解错误最多最难的题。由于这些题占时多、讲评时间有限，为了把这些题讲明白，经常牺牲了对多数学生提升有意义的题目。这样的试卷讲评向上拔得多，向下挖得少，更没有挖到基础，还浪费了大量时间，且没有触及学生的自我认知，学生并不能将这类题的解题技巧迁移到其他问题的解决上。教师只好以考促学，既陷入题海，又使学生厌烦，不符合“双减”要求。另一方面，要求所有学生把所有错题都听明白、改明白是不现实的，且意义不大。一个成绩为 60 分的同学，如果他下次可以得到 70 多分，已经可以满足，所以怎么引导学生发现适合她个人的目标题才是重中之重。

北京市教育科学研究院创新试卷讲评方式，通过教师团队协作，倡导教师多做，学生少做，教师引导铺路，学生自我认知寻路。研究院创设了试卷讲评的三种模型：数分课、温习课和析题课，华夏女中很荣幸参与这些课型的研究与实践，在期中考试后尝试数分课和析题课两种课型，提高试卷讲评课的效果。在教科院康杰、李青霞和黄炜老师的帮助下，全组教师一起学习、研究，并不断试讲、反思，总结归纳出数分课和析题课的基本模型。

（1）数分课

前期准备：首先，为了更好地了解学生的情况，教师先将涉及章节的所有知识要素进行梳理，然后按照知识要素编制试卷，力求覆盖所有的知识要素并尽可能使每道题只考查单一知识要素；同时，根据具体题目，教师设计

“知识要素分类表”和“知识分类诊断图”。在年级统一判卷后，教师将学生的数据录入并进行了相应的数据统计，形成“个人最近发展表”。

正课环节：

学生活动 1：用绿色笔在“初中内容分布图”中将答对试题所对应的方框填满，找到自己的成就区（全绿色标记一枚小红旗）和目标区（发展区）。

学生活动 2：对照阶段测试卷，完成个人发展表。

学生活动 3：结合个例思考——哪道题目是应该做对的题，探寻自己能做对的题目的边界；并协商出一个计算成功率的办法。成功率是学生能力范围内的得分率，用卷面分数除以最后一个得满分所对应的累计分。

学生活动 4：引导学生从诊断、目标、改进几个方面，总结进行自我分析诊断的方法。

学生活动 5：引导学生反思、分享这样分析试卷的意义。

图 6–5　黄荣老师的数据分析课

（2）析题课

前期准备：首先，教师需要确定目标题，建议选择在考试中班级得分率在 0.3—0.7 之间的试题，保证大部分人的课堂有效性。

正课环节：

环节一：展示得分率，明确析题目标

图 6–6　刘斌媛老师的析题课

通过数据说明学生在解决这类题的时候还有可以提升的空间，同时说清楚教学的目的是要找到解决同类问题的常规方法和核心思想，明确了教学重点。

环节二：对比典型解法，填充知识要素

学生根据给出的典型解法，填写每一步都需要用到的知识要素，明确自己在知识上可能存在的漏洞，等于是把错题进行了一个分类，学生可以通过这个活动判断自己是不是因为知识上的漏洞导致题目没有做出来，并理解这样做是解决不会做习题的必要环节。

环节三：对比典型解法，梳理思维流程图

学生根据典型解法，梳理解题中的关键环节，得到一个相比所有步骤简化的思维流程图，最好还能从中提炼出核心环节，以确定到底是在哪一步卡住了进行不下去，这样做可以得到解决同类问题的常用方法，而这类方法往往并不复杂，比如想证明两条线段的和等于第三条线段，关键就在于通过截长补短将问题转化为证明两条线段相等，再去判断两条要证的线段是否在同一个三角形中即可。

环节四：展示错解，分析错因

学生通过分析错解的步骤，分析做不出来的原因到底是知识要素有缺失，还是思维流程上不连贯，再一次强化析题的两个关键环节。

环节五：研究他法，多解归一

学生在课上分析别的方法，细化和展开对思维流程图的分析，得到关键环节，找到多种解法的共性，最终得出思维流程图中最核心的环节。

图 6–7　析题课思维流程模式图

课后，北京师范大学数学科学学院的朱文芳教授这样点评两类课型：

数分课以测试结果为依据，真实诊断学生的最近发展区，以学生自主发展（个人目标）为中心，引领学生向学会（自我诊断）学习转型，这有利于培养学生的自我监控能力、反思能力，让我看到了由教书向育人教学的转变。

析题课基于测试结果展开，是建立在学生最近发展区的数学教学活动，同时，是采用小组合作学习的方式，通过测试诊断出学生的问题，学生利用知识要素、思维流程图、分析错因，使问题得到正确解决，改进数学课堂教学（老师的板书画龙点睛，巩固所学的数学知识与方法）。黑板与信息技术的灵活使用，增强了课堂教学的有效性。

（3）温习课

由于三种课型是有机联系的，为了上好数据分析课和析题课，学生必须有清晰的知识结构。因此，在期中评价考试前的温习课上，教师将知识结构和知识要素表发给学生，方便学生随时调取。一些班级还开展了有趣的知识闯关活动。

好的团队需要好的评价制度。这个闯关阵的设计灵感源于武侠小说。传说少林武僧出师前要闯关通过师兄组成的十八铜人阵。我们这个阵图倒过来看是A，含跃升拔尖之意，从讲台看是Wise首字母W，取智慧之意。

铜人大师兄负责帮助闯关失败的同学讲解疑难问题，提供情感鼓励，以及对通过四个模块的同学进行认证。这样设计的目的在于：1.希望她们拥有清晰的知识结构，掌握知识的内在联系，调用迅捷，对照方便；2.数学规律和数学思想方法得到归纳和梳理；3.通关中的题目是基

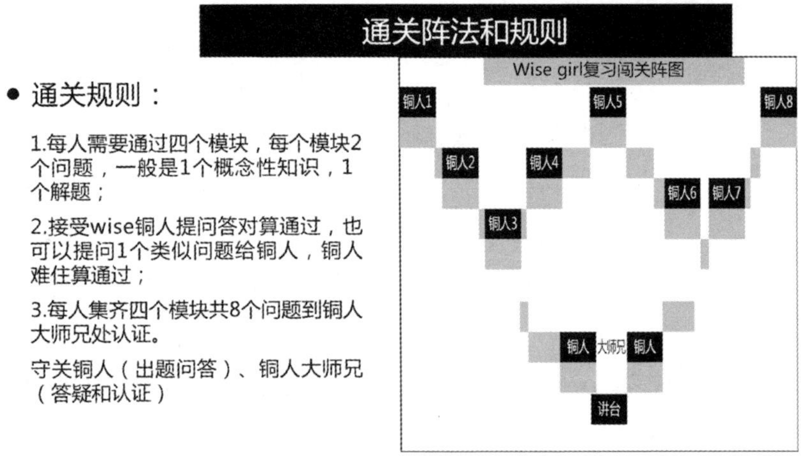

图6–8　智慧通关阵法

图6–9　智慧通关情景

础中的灵活题，易错易混，有助于培养理性思考精神。

铜人和铜人大师兄是合作小组的组长，闯关和守关的铜人都乐在其中。

3. 基于展示交流的反思：感受教师教育情怀，互促成长的足迹

北京市主题研讨《团队教研创新，专业能力提升——促进学生自我诊断改进的测评研究》展示交流活动取得良好的效果，不仅靠教师们的努力，更有赖于学校成长项目组的特聘专家，以及实验中学本部教师们的无私奉献与真诚帮助，这里有四个小故事。

（1）马成瑞老师的教育追求和情怀

马成瑞老师在指导过两年后，由于身体原因就没有继续来指导，但是马老师的教育智慧一直在激励着教师们。马老师曾在一次总结会上说，对于一节好课的“数说”，困惑的时候就拿出来读一读，回味无穷。

马老师讲道：“数学是科学技术的基础，是人类文化的一个深刻而强有力的组成部分。中学教育是基础教育，数学教学在于帮助学生体会数学的价值，让学生在对知识、方法的成功应用中，获得成就感和快乐，期望师生在教与学的天地里，流连忘返，如醉如痴！”马老师对有效学习要处理的四种关系给教师们很好的启迪。这样的教育大家用自己的智慧和情怀感染和引导后来的教育工作者，倾其心力，为党育人。

（2）扈之霖老师的两次试卷讲评课讲座

2021 年 5 月，在向市基教中心汇报了这几年的研究后，组内开始进行关于深度学习促进理性思维的总结工作。9 月初，市教研中心再次来到学校指导筹备时表示，深度学习和理性思维均无法追根溯源，不能作为市级教研活动展开，并建议开展复习课三种课型的实践。当时，教师们都不知道该从哪儿开始，对于目标分类学几无所知，这两个模型没有任何参考资料，教师们常用的讲评课都没有得到市教研专家的认可。在这种情况下，项目组请来了特聘专家扈老师，扈老师针对如何讲卷和如何讲题举办了两次讲座，带领教师们理解市教研精神。

扈老师要求教师们调动学生参与讲卷，突出类比，由学生说出分类依据，这些与目标分类的思想完全一致。他指导教师们如何用题、编题和改题，用90分钟的语音通话帮助数学组教师们理解为什么要向下刨基础，而不是一个劲儿地向上拔，这些都符合析题课模型的要求，让教师们受益匪浅。扈老师在讲座中还将自己积累的经验与目前国家最新的政策进行比对，引导教师理解政策精神，思考如何落实最新的精神，为孩子们自我成长服务。

（3）鲁彬老师对每个教学环节的点评

特级教师鲁彬在教学上是教师们的智囊。从项目组成立至今，她一直深入课堂，备课、命题，推动优效课堂的前进。近两年，受助教师感觉越来越离不开她的指导。在市教研活动中，她帮助数学组教师理解康杰老师的设计思想，指导每一节试讲课。作为一位资深教师，给别人评课其实不难，但是能像鲁老师那样在关键环节上点拨，绝对是本领的体现。数学组教师能够上出令人满意的展示课，鲁老师功不可没。

（4）白玉娟老师与华夏女中教师们建立的情感

白玉娟老师是实验中学本部初三数学老师，之前跟康杰和李青霞老师在教学上有较多接触，在市教研活动中，白玉娟老师出了很多力。

首先，打消了教师们的顾虑。9月，康杰老师来到华夏女中，听了数学组教师的汇报后，否定了原来的计划。于是，教师们前期的所有准备都得放弃，重新开始。起初，教师们有些不知所措，心理上多多少少也有些抵触情绪，行动上不太积极。白老师说："这是一次特别好的学习和锻炼机会，要相信自己最后会得到成长；康杰老师在相关领域很有权威，他的指导非常细致，且比较尊重教师以及学生的实际情况，跟着康老师一定能够学到很多东西。"

其次，全程指导了刘斌媛老师的析题课。刘老师的析题课经历了多次更改，从开始研究代数综合中的含参问题，到专门研究二次函数图像的对称性和增减性；白老师提供题目素材和讲解经验素材，等刘斌媛老师决定题目之后，她直接找几个同等水平的学生进行学情采集分析，甚至直接到华夏女中与教师们交流，对此，教师们都心怀感激。

此外，由于全组的期中分析报告需要后测，沈飞老师提议使用白老师的后测题，白老师一口答应。成稿后，白老师将这一百多页打印下来，逐字逐句修改批注。报告最终能够得到点评专家的高度评价，认为可以作为典范为全市教师使用，可以引领首都教科研的潮流，其中就包含着白老师的努力。

六、提升课程的温度、精度和延展度

有人说成长是无尽的阶梯，当回望来时路，会心一笑就足矣；成长是破茧成蝶的过程，褪掉所有的青涩，发现更好的自己。成长项目培训已历经几个春秋，在学校打造的专家指导平台上，在龚美兰老师的指导下，政治组教师在追赶、在反思、在努力，一直走在成长的路上。

（一）政治课的温度——使学生成为心怀天下的女生

龚美兰老师多年在北京四中高三文科班把关，其所教学生每届有近52%的毕业生考进清华大学和北京大学。尤以1995年、1996年、1998年的高考成绩最为突出，这三年政治学科高考平均分都获得北京市第一名的优异成绩，龚老师的论文也多次获得北京市一等奖。特别是2002年出版的《北京四中高考夺冠诀窍——政治》一书，获得了好评。

龚老师是一位有爱国热情与激情的教师，多年参与市老教协支教活动，在每次评课中都强调：上课选取的案例要能打动学生，真的让学生具有政治认同。每每说到动情处，龚老师都热泪盈眶，这份真挚的家国情怀深深感染着政治组的每一名教师。每次指导活动时，龚老师都能将国内外大事脱口而出，并作出相应点评。这种与时俱进的素养，既让受助教师们敬佩，也时时激励着他们要不断跟上时代的步伐，不断开拓创新。

政治课的最大价值在于“立德树人”。教师在遵循教育教学规律的基础上，在课堂中真正打动学生，让学生在讨论、思辨中自觉提高觉悟，塑造正确的世界观、人生观和价值观，这才是对政治教师提出的最高要求。

太阳照常升起，但每天都是新的。在崭新的一天，大到震惊世界的新闻，小到昙花一现的现象，教师们都要去捕捉、定格，和学生一起去探寻事物的本质与意义。虽然没有经济学家的聪慧、没有哲学家的深刻、没有政治家的冷静、没有法学家的缜密，但是政治组的教师们每天都必须在思考，或者在思考的路上……在点燃学生的同时也照亮自己！

体现时代性是政治课的一大特点。教师们不回避热点、不回避冲突，尽量给学生一个真实、多元而有温度的世界，让学生在关注时政的同时，学会面对复杂的社会生活和多样的价值观念，最终能以正确的价值观为标准，作出正确的价值判断和选择。

比如课上讲到中国的科技成就时，大家会讨论航天人的“浪漫”——“天宫系列”“神舟系列”“嫦娥系列”等内容，既让学生了解我国航天科技成就，也引领学生分析成就取得的原因。学生在分析祖国的航天人怎样把一个个古代的浪漫神话变为现实的过程中，其文化自豪感与自信心就会油然而生。

2020 年，面对突如其来的新冠肺炎疫情，通过观看西城区线上课程和学校政治教师的直播课，再结合“中国的抗疫经验”，教师带领学生梳理所学知识的同时，更关注学生心灵的成长与进步。例如，初二的学生学习讨论了敬畏生命、社会规则、人生价值的实现等；高三的教师更是从中外“抗疫”做法的不同，引导出中外制度的对比，让学生明白中国制度的优势在哪里，从经济、政治、文化、哲学等层面一步步引领学生进行提升与反思。有人说“知识和本领是力量，良知和人格才是方向”。针对“中国的抗疫”，师生

我的体会和认识……

我的妈妈张桂霞也是急救中心的一员，当时她正在休年假。得知疫情严重之后，立即买了大年三十的机票，连夜赶回北京。初一她回到了工作岗位上班，并决定上一线。当时我非常不明白，因为我和我妈妈一周多没有见面，又逢佳节，她也不是学医学急救的，为什么要去一线呢？

我妈妈和我解释，她是党支部书记，是一名党员，这个时候是要冲上去，给大家鼓舞士气，提供后勤保障的。后勤的工作同样十分繁琐，她要负责转运组的一日三餐、急救推送宣传、联系机构（如联系公交公司提供司机和车以应对春运大量人口回京）、工作记录等等事务。

从她的身上，我看到了她对使命的负责，也看到了一名党员的担当。

图 6–10　政治课引导学生观天下事，做理性人

讨论了什么是担当与责任——事不避难，义不逃责。什么是质疑与清醒——独立之精神，自由之思想。什么是底线与良知，什么是人类命运共同体，等等。在特殊时期，教师们要让女学生有宽阔的胸襟去承担社会责任，进而在生活中发挥人的自由创造精神和主体性作用。

（二）政治课的精度——使学生成为睿智理性的女生

龚美兰老师不仅授课时情感充沛，她对教材的把握也精准到位。如何把知识变成学生的能力？根据政治课核心素养的要求，龚老师建议课上要精心地设计活动与议题，在对议题的讨论中把握知识，形成分析问题、解决问题的能力。比如可以从学生的现有认知出发，把学生知道但是似是而非的一些内容，通过教师的引导让学生掌握清楚。思政课教师给予学生的不应只是一些抽象概念，而应是观察认识当代世界、当代中国的立场、观点、方法。这就需要教师真正把握课堂，调动教师教和学生学的积极性，从而让学生产生精神共鸣并指导她们的人生航向。

在培养学生学科核心素养的情景下，思政课被重新定位。政治学科被定位于活动型学科课程。活动型学科课程是“力求构建学科实践逻辑、理论知识与生活关切相结合的活动型学科课程，从而提升政治课的精度。学科内容采取思维活动和社会实践活动等方式呈现，即通过一系列活动及活动结构设计，实现‘课程内容活动化’‘活动内容课程化’”。由此可以看出，活动型学科课程的重点在于活动和课程的有机结合。这就需要在课堂上重视教学情

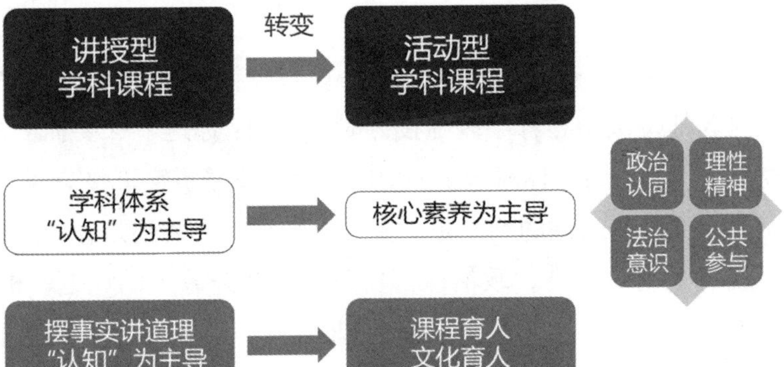

图 6–11 政治课程的转型示意图

境创设、知识的综合性与结构化、完成学科教学任务与提出好问题。让学生“脑子在课堂上真动起来”，从而成长为睿智女生。为此，政治组教师们在课堂上精心设计活动，尽量调动全体学生的积极性，让不同层次的学生都能乐于探索，努力让学生成为课堂的主体，打造有活力、有生命力的政治课堂。

1. 课上五分钟“思维热身”——学生课前精心准备讲稿

针对初中学生的认知水平，初中政治课一直坚持轮流让学生进行“课上五分钟时事述评”活动，选材上教师不设限制，只要和教材相关，或是对国际、国家有重大影响力的事件即可。为了不浪费课堂时间，学生在课前要把所选时事做成一页 ppt，时事与述评内容要让任课教师严格把关。

高中政治课则是让学生在课上五分钟之内讲一个和学科知识有关的名词或时事。因为高中教材内容较丰富，需要学生对学科概念理解到位、需要对知识之间的严密逻辑性进行表述。生活中有太多与学科相关的概念与实例可以帮助学生拓展其知识面。采取这种方法，看似简单，实则是对学生提出了更高的要求。学生对选取的概念理解是不是精准到位？是不是能体现学科核心思想？是不是能启发同学之间的思考？任课教师在课前需与学生充分沟通并作相应的指导。

“课上五分钟时事述评或名词解释”最关键的是听学生的分析与评价，同学之间可以互动提问或者补充说明，教师也可以向讲授者提问，还可以与大家一起讨论。针对师生提出的问题，讲授者如当时无法解释，就要利用课下时间继续研究，下节课再解答大家的问题。一节课的课时是很宝贵的，虽然花费了 5 分钟，但是通过对问题的解决，在扩展学生知识面的同时，也提高了学生分析问题的能力。

2. 课上的“议题”讨论——学生精心建构逻辑关系

龚美兰老师每次指导青年教师授课时总会问：你这节课要抓的是什么？你要培养学生什么能力？你对学生能力的培养是不是贯穿了整节课？这节课的重难点怎么突破？关键的结论是学生分析归纳出来的还是你告诉他们的？无论是新授课还是复习课，政治课都要设置一些开放型的议题，根据“议题”创设情境，布置任务，再让学生充分地讨论，学生间、师生间一起整合知识，实现教学相长。

活动型课程的议题重点在“议”。议题往往不能通过简单的知识来回答，而需要把相关的知识综合起来，其本身的答案可能并不唯一，需要学生对议题梳理出思维导图，教学中关注的是学生的思维过程。

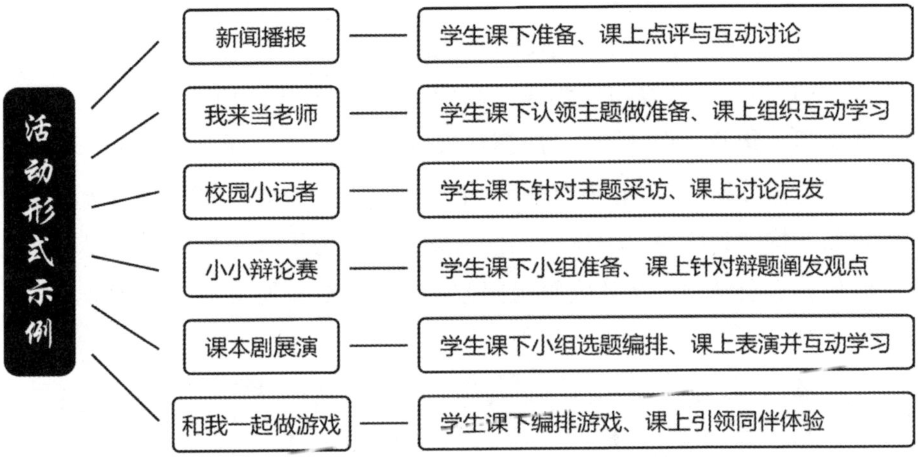

图 6–12　课堂自主学习、合作学习的多种活动参与形式

对于初中的课程，教师除了设置不同的议题、创设不同的情景，还会根据教材内容和学生年龄特点，设置丰富的学生活动，比如课上演课本剧、做游戏、开展辩论等。在调动学生学习积极性的同时，提高学生的思辨能力。

3. 课上知识梳理——学生精准建构和掌握教材知识结构

龚美兰老师在辅导教师上复习课时经常会问：你让学生做知识结构整理的目的是什么？学生的结构是怎么得来的？你是不是把学生知道但是又说不清的知识帮着学生一点一点厘清了？学生是否明确了每个模块的经典识记内容……教师们把龚老师的复习方法总结概括为“整体把握法”“经典强记法”“重点突破法”“细节雕琢法”。“整体把握法”强调复习时教师要带着学生建构出自己的知识结构，让学生真正厘清知识之间的逻辑关系。“经典强记法”强调教师要让学生理解和记忆最具学科特色、最本质的内容，保证学生头脑清晰，考试时才不会胡乱用知识。“重点突破法”强调教师课上发力有所侧重，明确哪些是重点，哪些是次要的，这样才能让学生知道要重点掌握哪些知识。“细节雕琢法”强调对重点内容、重点问题要精雕细琢，同一个知识点，当设问是不同分值时，学生应懂得如何选择做答内容。

龚老师在做学问上是精益求精的，她对学生解题的指导非常到位，这源于她对试题的系统研究，对答题精准度的把握和对理论知识结构的精准构建。看似很复杂的教科书，经过与龚老师的讨论与梳理，核心概念变得一目了然，概念之间的关系也变得清晰明朗起来。

以 2020 年高三的复习课为例，高中每个模块、每单元的复习教师都让学生在黑板上构建知识结构，与大家一起分享、改进。对于习题的处理，教师引领学生去分析从 2008 年到 2019 年历年高考每一道题的答题思路，帮助学生重新建构知识体系。学生自己搭答题结构，写思维导图，锻炼逻辑思维能力，使其真正做到围绕议题解决问题，而不是机械地背书、背概念。

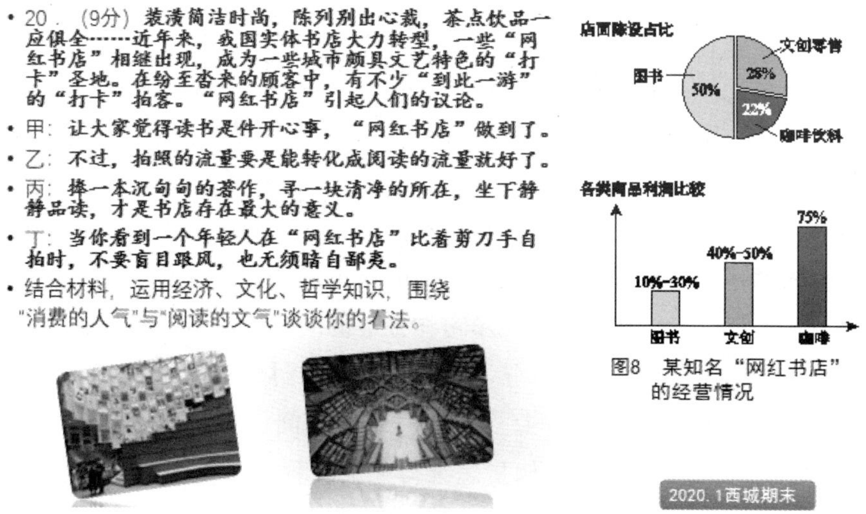

图 6–13　2020 年西城区期末政治试题

如图 6–13 所示，该题要求学生针对设问“消费的人气”与“阅读的文气”谈谈看法。这个看法可以是经济方面的，可以是文化方面的，也可以是哲学方面的。教师会同时找几个学生上黑板演示自己的思维路径，然后让其他学生进行点评；教师也会把自己的思考过程呈现出来与大家一起讨论，学生在不断调整与建构知识的过程中修改与完善自己的答题思路。

这道题是开放性试题，没有唯一答案，需要学生围绕问题展开论述，这就要求学生建构逻辑关系，有逻辑地展开讨论。学生大多数从经济角度开始谈看法，从消费需求、消费结构、消费环境、企业发展、市场调节说到文化的作用、文化创新等知识，还有的学生直接用哲学中的对立统一规律来论述，学生感觉有的可说但说不全，还有些学生不能有效组织语言与把握答题结构，理论的表达缺乏逻辑性。教师引导学生分析、写思路的过程就是一个引导、纠正、示范的过程。通过这种方式，学生能够在头脑中反映出所学知识，并有逻辑地把知识进行整合，减少了对教材概念死记硬背的机械感，真正学会分析解决问题。

在龚老师的带领下，教师们不断调动学生的积极性，想方设法让学生主动用自己理解并能记住的方式去自主建构知识体系。学生先自己思考，然后相互之间探讨、集思广益，教师也把自己对知识的理解与搭建知识结构的过程与学生分享、讨论。最终学生完成自己的知识思维导图，只要概念间的逻辑关系正确，形式是不要求统一的。只有学生自己动脑、动笔得出的知识才是自己的，才能真正掌握。

（三）政治课的延展度——使学生成为勇敢自信的女生

政治课要在有限的时间里，让全体学生多和社会进行直接接触、多实践多体验，在实践的基础上深入思考。政治教师要尽可能多地给学生提供各种机会。政治课的活动不单纯是德育方面的实践活动，而是和课程内容紧密结合的实践活动。

为了不增加学生负担，在学生自愿的基础上，政治组教师组织了“辩论培训队”“时事述评”“时事脱口秀”“走进故宫”“我为总理献一策”“我给宪法写情书”等活动，还经常指导学生做时事小报。虽然一些活动还不太成熟，但是通过课外实践活动，学生不仅提高了能力，也越来越有自信，学生的政治认同与参与意识也越来越强。例如，组织学生参加“激辩青春”辩论赛、“时事脱口秀”两项活动就取得了很好的效果。

1. 参加西城区“激辩青春”辩论赛

辩论赛是一种围绕辩论问题、应用相关知识展开论辩的竞赛，是学生思维反应能力和语言表达能力的竞赛，也是学生综合能力的竞赛。赛场上四位辩手配合默契，学生们通过自己优雅的举止、翩翩的风度、幽默的语言、智慧的才思，向在座所有人展示了华夏女中学生的风采。从辩论的培训到比赛，这一过程锻炼了学生的逻辑思维与思辨能力，使学生学会了审题，摸索到怎样从不同角度围绕辩题去论述，怎样更辩证更全面地看问题，科学精神得到了培养。同时，学生体验到了团结合作的力量，锻炼了敢于“亮剑”的精神，为今后的学习和工作打下了良好的基础。

2. 录制“时事脱口秀”

在自愿参加的基础上，学生自行录制参选视频，教师从中选拔表现较好的同学进行展示。因为是自己报名参加，凡是想录“脱口秀”的同学都是对时政感兴趣且敢于表达、乐于表达的同学。有的学生稍微腼腆，在家录制参选视频；有的学生利用课余时间，由同班同学帮着一起录制视频。无论哪种形式，录制参选视频的过程都是学生筛选信息、整理信息、理性思考的过程。这既能提高学生的逻辑思维、辩证思维能力，也能激发学生的家国情怀、政治认同。

（四）政治教师的成熟度——不断提升自我素质的教师

龚美兰老师的指导为华夏女中的政治教学增添了新活力，也激励教师们不断向前，继续成长。通过龚老师的指导和政治组教师的努力，每位教师都收获了很多。有的教师教学热情被激发出来，有的教师教学更加理性严谨，有的教师不断进修以提高自己的专业水平。

1. 转变教学理念

政治课课时很紧，以前为了一节课能讲更多的内容，完成教学任务，教师们经常“满堂灌”，课堂提问往往匆匆找一两个学生回答后，就给出答案，甚至是自问自答。这样一节课看似可以讲很多知识，但学生能力提高缓慢，上课容易精神不集中，只要跟不上教师的进度就会走神。随着“新课改”的实施，在不断培训成长中，教师们也在与时俱进地转变着自己的教学观念，从以教师的“教”为中心到以学生的“学”为中心。

2. 改变教学方式

在教学方法的选择上更加关注过程、凸显观点。用活动为载体，以能力促素养，让学生的学习真的发生。为此，教师们修订了政治课堂评价标准，也在整合教材的使用、教学呈现的方式上不断思考改进。

表 6-5　政治学科优效课堂评价标准（草案）

指标及权重		评价项目	得分
教师维度	教学目标（20 分）	教学目标的预设是否关注学生身心发展规律，着眼学生成长过程，适合学生水平？	
		课程的设置是否利于培育学生政治认同、科学精神、法治意识和公共参与的素养？	
	教学设计（30 分）	教师是否了解学生的基础情况？	
		教师怎样处理整合教材，容量和难度是否适合学生？	
		教学环节怎样促进学生学习？	
	教学过程（50 分）	是否有利于以学习者为中心的活动设计——引导学生体验生活和自身的思维活动？	
		活动设计是否有明确的目标和清晰的线索，统筹涉及主要内容和相关知识，并进行序列化处理？	
		议题的选择是否符合重要性、探究性、开放性、生活化的标准，依据课标，紧扣社会热点和学生实际？	
教师维度	教学过程（50 分）	课堂上是否提示学生思考问题的情境和路径、运用资料的方法、共同探究的策略、提供学生表达和解释的机会，并引导学生多维度思考、多途径探究、综合分析？	
		教师在教学中有哪些特色？	
学生维度	学习氛围与学习方式（20 分）	学生对学习内容有兴趣吗？	
		学生有没有表达个人意见的机会？学生是否能充分表达自己的观点？	
	学习过程（50 分）	学生是否有效地坚持正确的思想政治方向和世界观、人生观、价值观？	
		学生是否逐步形成政治认同、科学精神、法治意识和公共参与的素养？	
		学生参与活动的积极性、参与度和有效性如何？	
		学生是否能从问题、现象或事物出发，把相关知识构建成网，提高知识整合能力？	
		学生是否能综合应用学过的理论知识多角度、多层面地进行分析和判断，并提出解决问题的办法？	
	学习效果（30 分）	不同学生的学习需求是否得到满足？	
		课中有哪些证据（发言 / 练习 / 展示）可以证明学习目标的达成？	
		课后作业或探究的布置是否能促进学习目标的达成？	

伴随教师教学方法的改进和政治优效课堂建设的推进，教师们的教学素养也在不断进步，学生的课堂效率也随之显著提高，成为课堂中学习的主人，在专业知识掌握和核心素养的培养上都有显著提升。

3. 挑战自我勇挑重担、改进政治课教学

每次指导教师来辅导，陈进老师和王慧娟老师都积极争取让龚老师听自己的课，并且认真听取龚老师的评课建议，课后进行反思、改进。同时两个人还承担了校区级公开课、校外学校观摩学习展示课等任务。王慧娟老师的区级公开课《搭建学习支架解密认识类试题密码》和陈进老师在西城区科研月的展示课《尊重生命》均获得听课师生的一致好评。

在学科教学任务之外，政治组教师还承担了学校的其他任务，如共同开设选修课《女性与法》，进行国旗下讲话，请检察院未检科检察官做法制讲座，开设关于"自我保护"、法制宣传等讲座……这些活动很好地发挥了教师的特长，提升了教师的专业水平。

教师感想：成长项目即将结束，教师们很留恋和龚老师在一起的日子。王慧娟老师说："每次见面，龚老师都是神采奕奕，精力充沛。龚老师热爱生活，善于从生活中汲取养料和我们分享，比如和家人的相处，生活的趣事，等等。她也经常和我们分享自己的教学往事，比如她们那个时候都是剪报纸做粘贴本积累材料。教育即生活，生活即教育。带着这样的视角，就能随时随地收集教学资源，激发课堂教学魅力。她对待学生，一视同仁，也善于因材施教。在和学生的沟通中，经常换位思考，从学生的视角提出问题，启发思路。在摸清学生已有知识和能力的基础上，展开新的教学内容。教学过程中，认真研究课程标准和考试发展趋势，不同题型有不同的突破方法，同时有一套独特的训练方法。怎样备课，怎样进行教学设计，怎样呈现，怎样反思，龚老师在点点滴滴地传递自己的教育教学理念。我们在这种家常式的对话中也潜移默化地深受启发。不知从何时起，教学的自信也在内心中生根发芽、开花结果。在此，衷心感谢龚老师无私的指导和倾力奉献！"

总之，通过课上课下的衔接互动，体现了政治课的核心素养，为学生终身发展奠定了基础。政治组教师希望华夏女中的学生能拥有天下兴亡、匹夫有责的家国情怀；正心笃志、崇德弘毅的人格修养。政治教师既要低头走路，切实将人的培养落在实处；也要抬头看路，努力从国家和社会发展总体进程的高度对自己的课程进行定位；还要回望来路，通过历史的眼光，为思想政治课的育人价值找到不断进步、不断发展的动力。

第七章　争做有创生能力的实践者、研究者和变革者

素质教育理念要求课程教学要注重学生创新能力的培养和公民素质提升，核心素养要求下的中学教学应该是有创生能力的、充满活力的。有效的课堂，应该是师生平等、民主的课堂。教师通过教学设计并有效引导和实施，将“学生的创造和课堂生成”作为教学效果评价的重要标准，实现学生真正意义上的深度学习，提升学科核心素养。在大量的教学实践和校本课程建设中，华夏女中的教师们努力寻求教学创新，探索实现学生全面发展之路，争做有创生能力的新型教师。

一、整合经典深度学习，构建校本语文课程

新中国成立以来，伴随着不同时期社会主义现代化建设的需要，我国的课程教学目标历经三次提升，即从单一的“双基”目标，到“三维”目标，再到“核心素养”目标。当前，在党的教育方针的指引下，围绕立德树人及语文学科核心素养目标，语文教学实现了从“教书”到“育人”的转变，厘清了“为什么要教语文，通过语文学科如何育人”等问题。

华夏女中语文教研组立足“大语文”教育观，不断为学生创设真实的语言运用情境，开展自主的语言实践活动，开发和整合语文教学资源，创生适合学生发展的校本语文课程体系。其中，以“书女讲舍”为载体的文化课程、以“话剧”为载体的表演课程、以“辩论”“朗诵”“演讲”为载体的综合实践活动，构成了学校校本语文课程的重要内容。

校本语文课程创生点突出表现在充分挖掘传统文化的内涵，整合重构《论语》学习体系；利用语文的综合性和实践性来促进学生的深度学习，从教师精心设计"优效课堂"到学生自主拿出"原创剧本"，探索校本课程创生的内在规律。

（一）校本语文课程的主要内容及特点

1. 以"书女讲舍"为载体的校本必修文化课程

"书香含衣香共染花香成淑女，讲筵开盛筵同礼经筵在雅舍"，华夏女中语文组通过开办"书女讲舍"，旨在搭建共读平台、营造书香校园、传播经典文化、共享"悦读"时光。以"专家引领—教师成长—师生共进"的模式共同构建文化课程，帮助学生领略经典魅力。

表 7–1 2018—2021 年"书女讲舍"系列讲座一览表

时间	内容	主讲人	主讲人介绍
2018.10.10	读懂《红楼梦》的钥匙	黎松龄	北京市特级教师，北京市西城教育系统导师团专家
2018.10.23	《朝花夕拾》之《二十四孝图》解读	荣挺进	鲁迅研究专家
2018.11.15	为中考谈《论语》	于晓冰	实验中学语文教师，北京市中考语文试题评价专家组成员
2018.11.23	信仰·组织·斗争——谈《红岩》	汪文龙	实验中学语文教师，北京市骨干教师
2018.12.19	诗歌须细品，其味自清芬——中国古诗词中的诗意人生	袁海荣	实验中学语文教师，西城区学科带头人
2019.3.27	有关中考作文的若干问题	于晓冰	实验中学语文教师，北京市中考语文试题评价专家组成员
2019.3.28	从《朝花夕拾》看鲁迅的成长与为人	胡世武	实验中学语文教师
2019.4.15	夫子论学	刘畅	实验华夏女中语文教师
2019.4.22	夫子论孝	赵立超	实验华夏女中语文教师
2019.5.6	夫子论君子	谢华	实验华夏女中语文教师
2019.9.23	孝子鲁迅	荣挺进	鲁迅研究专家
2019.11.18	《论语》中的义与利	殷兆颖	实验华夏女中语文教师
2019.12.16	我们一起学《论语》	范涵菲等	2021 届初二学生

续表

时间	内容	主讲人	主讲人介绍
2021.3.29	一位人力车夫的怕与爱——关于《骆驼祥子》的读法	张莉	北京师范大学文学院教授
2021.4.16	《骆驼祥子》读书分享会	沈欣原等	2020 级初一学生
2021.4.23	有关中考的多文本阅读和议论文阅读	吴东	北京市特级教师，正高级教师，北京市西城区语文教研员
2021.6.4	《海底两万里》读书分享会	王心茗等	2020 级初一学生
2021.7.8	语言的趣味性与傲格教育	张文睿	中国作家协会、北京作家协会会员

华夏女中的“书女讲舍”系列活动具有内容覆盖面广、主讲人次多、多元共生的特点。三年来，经历了疫情最严重的阶段，“华女人”不忘初心，始终坚守在这片属于自己的讲坛，默默耕耘。所选内容既有初高中经典名著《红楼梦》《论语》《朝花夕拾》《骆驼祥子》《海底两万里》等，也有古诗词；既有谈语言与教育的内容，也有备考中考的写作与阅读相关内容；主讲人既有西城教育系统导师团的专家、北师大实验教育集团的骨干教师和大学教授等某领域的研究专家，也有本校教师，甚至还有校内学生，实现了从“请进来”“扶起来”到“师生共成长”的多元共生。这也正是语文组举办“书女讲舍”的宗旨所在。“书女讲舍”系列课程不断开设调整，逐渐成为我校的校本必修文化课程，成了孩子们阅读、思考、分享、交流的“真读”平台。

2. 以“话剧”为载体的校本选修表演课程

话剧是以对话方式为主的戏剧形式，容实践性、综合性、人文性为一体，是最能体现语言实践内容的活动形式。由于女学生普遍对艺术表演兴趣浓厚，华夏女中语文组充分挖掘学科资源，不断积极创设情境，在创生课本剧的同时，建立校话剧社团。校话剧社团自 2006 年成立以来不断发展壮大，在外请著名导演和语文组教师的指导下，从表演课本剧、经典剧目改编表演到原创剧目表演，内容不断丰富，持续活跃在市区校各级艺术节舞台上。2017 年 6 月，华夏女中正式成为西城区中小学戏剧联盟成员校，连续四年参加西城区百姓戏剧展演，好评不断。越来越多热爱表演的学生进入话剧社，利用专属的校本课程学习时间，和志同道合的伙伴在专业导演和语文组教师的带领下，沉浸在剧中人物的悲欢离合之中，表达着他们的喜怒哀乐、爱恨情仇。

话剧课程也不断推陈出新，全方位引导学生在实践中学语文，体验语文的价值与话剧艺术的魅力。学生们既能感受《诗韵三百》《红楼梦·海棠诗社》等古典诗韵之美，也能涵养《从大山里走出的女科学家》《追寻》等传递的现代家国情怀；既能体验《幻世长安》中的大唐盛世之风，也能体验《仲夏夜之梦》中的经典浪漫情怀；既能在《五四风云》中重温近代充满灾难的屈辱史，也能从《陨石燃起》（改编自《红星照耀中国》）中感受革命的浪潮：可谓异彩纷呈。2021 年，在西城第二十四届学生艺术节（戏剧展演）中获优秀创编奖的学生原创剧目《邂逅李清照》由语文组谢华老师的课程《走近李清照》衍生而来，真正体现了课程的创生价值。

3. 以“辩论”“朗诵”和“演讲”为载体的校本专修综合实践活动

语文，既有语言文字的运用，也有语言文学的涵泳，还有语言文化的品鉴。“辩论”“朗读”和“演讲”就是基于语文的实践性和人文性创生的系列综合性实践活动。“辩论”包括整合各类资源，挖掘论题、设计赛制、分配角色、实施辩论等。例如，初一语文备课组整合《西游记》中的资源，设计了“大闹天宫中孙悟空该不该被罚”这一辩题，在 2019 级和 2020 级学生中，两次引导学生实施辩论环节。将思辨与表达运用到实践活动中，在实践体验中提升语文核心素养。

“朗读”是语文学科的传统实践活动，始终贯穿于全学段。教师们将朗诵、吟诵、吟唱等多种形式融为一体，整合语文核心素养和学校的育人目标。各年级都开设围绕不同艺术内容和风格的诗歌朗诵会，将学生的才艺表演和朗读相结合，传递“朗诵”课程的魅力和价值。

口语交际一直是语文教学的传统内容，“演讲”也是统编教材八年级下册的规定动作。演讲活动的开展一直深受女中学生的喜爱。在特定的情境下，朗诵和演讲还能传递特定的人生意义和价值。2020 年出现的疫情，对于全国人民是一场巨大的考验。作为承担促进学生精神成长责任的教育者，语文教师在思考自己该有怎样的作为。这也是“云上朗诵”和“云上演讲”活动设计的问题指向。

初一语文备课组组织带领全年级师生跨越空间限制，在网络上齐聚一堂，开展“古韵唱新曲，云上抒我怀”语文实践活动。

初二全体学生在初二语文备课组的指导下，以教材为依托，从理论学习到实践操作，从确定主题到撰写稿件，从小组分享到全班分享再到全区展演，体现了全员参与、关注生活、以写促讲、以讲促学的全方位培养模式。孩子们的演讲主题选材广泛，原创度高，突显了生命价值。

> 西城区语文教研员穆聪老师如是评价：以“青春·成长”为主题的“云上演讲”充分展示了演讲的魅力，成功在两大方面：一方面，内容即演讲词，大题材小题材都有所涉及。在这样的非常时期，同学们能够心系疫情，把大我与小我联系起来，有疫情、防疫、英雄、名利、道德、国家等大题材，也有关于自己的学校、做自己、自尊、自信、自强、自立等小题材，讲述自己的故事，真实就具有感人的力量。另一方面，形式上即使人不在现场，只有声音，同学们也都表现得非常出色。演讲者们虽然对着屏幕，通过声音也能与听众建立联系，有逻辑地阐释自己的思想，用修辞、名人名言、诗词等来增强表现力。

以书女讲舍、话剧、演讲等形式，构建起包含必修、选修、综合实践三重维度的校本语文课程，既能保证学生学会读书、爱上读书，保障学生专业知识的深度学习；又能通过实践活动，提高学生在日常生活中的语言运用能力；还激发了学生的学习热情和创造力，赋予语文教学全新的生命力。

（二）校本语文课程的创生点

2017 年颁布的新课标阐述了课程基本理念，指出语文课程应该是开放而富有活力的。在教学中，教师们通过“改、组、编”等教学实践进行富有成效的校本课程创生，以期实现课程标准所提出的教材要有开放性和弹性的目标。创生取向下的课程设计不是预设且固定不变的，而是不断发展、前进的，课程知识在教学实践中不断创造、生成、更新，教师和学生由此成为创生的主体。

华夏女中的校本语文课程是立足女生的年龄特点，依托语文组的“书女讲舍”等校本资源，不断挖掘经典，力图从课内走向课外，深入挖掘传统文化内涵，在构建学习体系的同时，引领学生经历知识的发现与建构过程，使学生真正成为学习的主体，在真实的情境中不断提高语文学科核心素养。

1. 充分挖掘传统文化内涵，整合重构《论语》学习体系

华夏女中语文组教师在构建新校本课程中，尤其注重挖掘传统文化内涵，借助“书女讲舍”平台，重构了《论语》学习体系，力图通过相对完善的课程体系，为学生夯实古代文化基础，深入浅出地帮助学生理解传统文化的深刻内涵。

（1）专家团队引领

专家团队的引领主要体现在资源、视角、思路等方面。在资源的选取和运用上进行有效指导；围绕“立德树人”这一宗旨勾连构建课程，把握中学教学这一视角；提出立足学生成长，师生家校共同构建学习共同体的教学思路。

（2）教师整合重构

以杨伯峻先生的《论语译注》为基础文本，语文组全员教师共读，共同研究，搭支架，添资源。从已有的《论语》篇章理论建构，到孔子其人其事印证，再到现实生活勾连等，立足还原真实、饱满、有时代意义的夫子形象，并揭示其精神内涵。目前已尝试了学习篇、孝道篇、君子篇和义利篇。

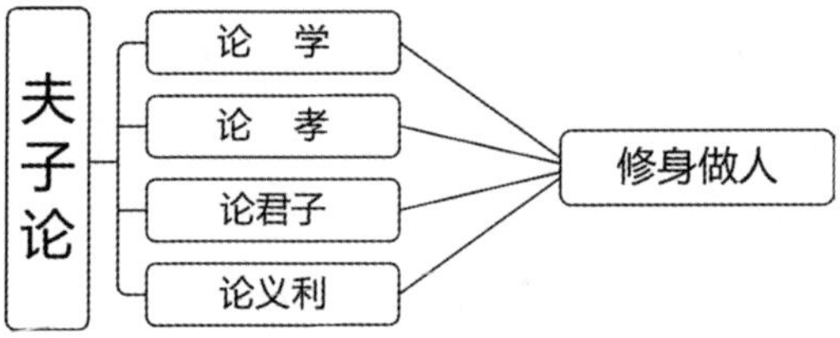

图 7–1 《论语》学习体系示意图

刘畅老师的《夫子论学》从学《论语》的意义、内容与方法等方面做了阐释，引用名句逐一点评，最后指出，孔子所谓的学是指修身做人，通过学来养成自己的人格。

赵立超老师的《夫子论孝》从俗语“百善孝为先”“论心不论迹”讲起，由小故事自然而然地阐述了孔子的理想——“老者安之，朋友信之，少者怀之”。用生活中的例子鼓励同学们学以致用，践行孝道。

谢华老师的《夫子论君子》从同学们耳熟能详的描写君子的句子入手，以丰富的故事承载严谨的史料，把学生带入夫子的成长视角。结合《论语》

从四个方面解读真正君子的内涵：心怀天下，担当道义；仁爱在心，见义勇为；言行一致，行胜于言；成人之美，推己及人。最后，从“立榜样、重学习、重实践”三个方面强调了成为君子要向榜样看齐，做到知行合一。

殷兆颖老师分享了《论语》中的义利观，引导学生形成正确的价值观。借助《论语》的智慧，与学生达成共识：重义轻利是适合我们社会的义利观，但是诱于利是正常的个人心理，当义与利发生冲突时，利要服从义，要重义轻利，即“行于义以达其利”。

（3）学生共同成长

阅读语录体的《论语》，有对话、交流、沟通、碰撞。平台的搭建，不同视角的解读，这是真正的阅读之旅。教师讲座引起很大反响，掀起了学《论语》的热潮，也引来了“学姐团”的摩拳擦掌，跃跃欲试。初二的七位同学学以致用，将学《论语》的收获和初一学妹们进行分享，她们从“仁、孝、信、学、义、君子”等六个方面，结合自己的阅读体会，侃侃而谈，既引经据典又不失生动活泼。

2. 促进深度学习，从一节课到一个剧本的诞生

语文组谢华老师的《走近李清照》在优效课堂展示中崭露头角，她的学生杨非凡随后创作了剧本《邂逅李清照》，在西城区艺术节展演中大放异彩。研究两者的诞生过程，厘清这两者之间的关系，是探索校本课程创生内在规律的一条路径。实际上，《走近李清照》不仅仅是一节课，它更像是一场师生共同演绎的人生光景。《邂逅李清照》也绝不仅仅是一个学生的原创剧，它更像是一个孩子，脱离母体焕发出新的生命光彩。借助深度学习，确定学生的最近发展区；提供支撑，完成两次“倒转”；用创作推动反思与评价。

（1）确立促进学生自觉发展的最近发展区

要想确定最近发展区，前提是先确定学生的现有水平。女生的特点是有艺术细胞，敢唱、敢画、敢创作。八年级一开始，在以青春为主题的年级朗诵活动中，孩子们初试锋芒，创作了《历史的长空话青春》，作品中的人物之一就是她们自选的李清照。通过调研与访谈，学生的情况可以概括为：对李清照其人感兴趣，有一定的跨界认知基础，有一定的创造热情；教材内容有限，不能满足学生的求知欲，学生对教材内容的理解有难度。

既然学生已经通过各种媒介、各种形式接触了李清照的诗词，对李清照

其人的认知有强烈的需求，课本上的两首词显然不足以满足学生的学习需求；仅仅学习一两首诗词，不足以纵观其人。所以，“通过多首词，了解一个人”成为教师指导学生、陪伴学生、帮助学生发展的区域，也是学生以主体的方式从事学习活动、要获得发展的区域，即最近发展区。

（2）转化教学内容，提供恰当的“教学材料”

学生成为学习主体的重要标志是能够自主操作特定的对象（客体），并能从中获得发展。教师的作用，就是为学生提供这种既能自主操作又能帮助其获得发展的对象，即教学材料。

《走近李清照》是一个很大的课题，选择诗词的过程是不断深入了解时代背景、诗人人生经历的过程。经历了无数次查阅学术期刊和网站，无数次读名家写李清照，无数次与导师、学生的多次碰撞后，谢华老师就课题梳理出了一条人生主线——千古才情、万古愁心到不朽气节，最终确定“十首词，一个人”，选取了李清照不同时期的十首诗词，并引导所有学生参与了这些材料的读背记诵之类比较简单的积累过程，即完成了“第一次倒转”。

（3）帮助学生“亲身”经历知识的发现与建构过程，使学生真正成为学习的主体

《国家中长期教育改革和发展规划纲要（2010—2020年）》指出：要以学生为主体，以教师为主导，充分发挥学生的主动性，把促进学生健康成长作为学校一切工作的出发点和落脚点。关心每个学生，促进每个学生主动地、生动活泼地发展，尊重教育规律和学生身心发展规律，为每个学生提供适合的教育。围绕学生的学习，教师着眼于四个方面：关注问题解决，关注学会学习，关注综合运用，关注团队合作。

多元建构，力求推动学生语文核心素养的发展。整个过程就是实现了引导学生操作教学材料展开深度学习，帮助学生去“亲身”经历知识的转化与建构，即完成了“第二次倒转”。

（4）建立有效的反思与评价链条

《走近李清照》只是展现了学习李清照诗词的冰山一角，课后，学生综合运用所学的诗词及词人经历，修改完善了“李清照其人”的创作诗词，完成了想象作文《与你相遇》，扩写《渔家傲》等。

（三）校本语文课程建设的反思

“教学相长”。从教师角度来说，从课程准备到课程实施再到课程评价，教师在课程中的摸索是“苟日新，日日新”，落脚点仍然是学生的成长。从学生角度来说，“教了”不等于“学了”，“学了”不等于“会了”。如何评价学生是否学会，最有效的是看输出——演讲、讲座分享、写剧本、表演剧本，这些课程本身就包含了学生成果的分享。

1. 从“书女讲舍”之《论语》看课程创生价值

（1）参与《论语》讲座的老师受益匪浅

首先是准备的过程。有大量文献资料的查找，也有向专家的取经。这是一个“累并快乐着”的过程。备课上课之余，每天挤出时间，读李零的《丧家犬》、李泽厚的《论语今读》、南怀瑾的《论语别裁》，听专家讲座，等等。准备的过程就是学习的过程，是日复一日追求精进的过程。其次是学情的调研。希望讲座人讲什么、怎么讲，有哪些疑惑点要了解，这样一来，讲座有的放矢，针对性强。再次是自身的收获成长。“赠人玫瑰，手有余香”。读夫子，谈夫子，绝不仅仅是传道授业式的分享解读，更多的是身体力行的成长，是从外学到内观的过程，是“纸上得来终觉浅，绝知此事要躬行”。

（2）引发了亲子共读的发生

2021 级朱周云天同学参与《论语》学习后进行亲子共读有如下感想：

起初，《论语》给我的印象仅仅是“士不可以不弘毅，任重而道远。仁以为己任，不亦重乎？死而后已，不亦远乎？”“三军可夺帅也，匹夫不可夺志也”这些遥不可及的“人生信条”。聆听了《论语》的系列讲座，自此，我翻开《论语》绝不是为了应对考试，而是发自内心地被夫子的精神世界所吸引，想要了解儒家文化的博大精深。

一天早上，我怀着强烈的好奇心询问父亲：“我们学校校训中的‘博学’是什么意思啊？为什么要博学啊？”“你记不记得你们学过的《论语》中有关于博学的一句话？”父亲反问道。我和父亲由此走上了共读《论语》之路。在书声朗朗中，我找到了与父亲新的交流方式。

（3）从教师团队的成长到学生讲课团的成长

2021 级范涵菲同学参与讲课有如下感想：

幼时，在家风影响下，《论语》便是我的启蒙读物，那时的我尚还懵懂，只知记诵，不解其意。初一下时，聆听学校里的《论语》讲堂，我受用不浅，谢华老师讲述的“论君子”部分令我印象尤为深刻，使我心中的文化幼苗开花结果。得知有为初一学妹讲述《论语》的机会后，我毅然报名。我讲《论语》中的“义”，借鉴了讲座中老师讲“义”的精髓，又融入了自己理解的一些实例，于可爱与活泼中走近经典，把流淌在中华文明中的“义”演绎出来，号召同学们达到“你我凡人，心中皆可有义”的境界。

2. 从话剧、演讲等看课程创生价值

话剧演出、朗诵表演、辩论、演讲……这些看似和课堂、考试不太关联的课程，这些看似无用的美好却真正体现了“双减”背景下“减负增效”的意义。语文的内涵有多丰富，语文课程的外延就有多广阔。生活即课堂，生活即语文。教师体会着创生的艰辛和快乐，学生体验着表达自我的成就和骄傲。

华夏女中的语文校本课程体系，立足于提高学生的语文核心素养，在实践中不断摸索、尝试、开发和整合各种资源，初步形成了以“书女讲舍”为载体的校本必修课程、以“话剧”为载体的校本选修课程、以“辩论”“朗诵”“演讲”为载体的综合实践活动的框架体系，今后将不断完善，努力构建更加优质高效的校本课程体系，不断促进师生的深度学习。

二、促进学生深度学习、自我成长的探索

2015 年华夏女中融入实验教育集团之后，一直追求提升学生的自我成长意识，培养睿智女生。学校搭建了各种平台，促进师生一起成长。校内教学上实施优效系列评奖活动，开展优效课堂、优效备课组、优效教研组建

设。对外，华夏女中与实验中学本部浸润式融合，与市区教研部门合作，学校还请来北京特级教师成立教师成长项目组。在这样的平台和契机下，数学组持续开展促进学生深度学习、自我成长的探索。

近几年数学组承担的课题都是围绕深度学习、自我成长、微课题等关键词展开的。2016 年区级课题《在中学数学教学中运用微课题提升学生数学思维能力的实践研究》，2017 年市级课题《运用微课题提升女生理性思维能力的实践研究》，2018 年国家教育规划课题《中学生合作问题解决中认知互动与社会互动及其关系的实证研究》的子课题，目前都已结题。科研课题引领教师们在数学教学过程中进行探索，并取得了可喜的成果。

（一）运用微课题提升女生理性思维能力

1. 研究内容与方法

（1）研究内容

“运用微课题提升女生理性思维能力的实践研究”从认知心理学的理论与学生认知规律出发，分析通过搭建“微课题”平台与提升女生理性思维能力的关系。教师运用“微课题”平台设计教学活动的策略方法，通过研究，开发一些有意义的案例并提出教学建议，此项实践研究在华夏女中以及实验中学本部男女混合学校同时展开。

①调查研究

影响女生思维品质的客观原因（性别上的差异在生理和心理上的体现）；女生理性思维发展的特点及其对学习的影响；教师对运用“微课题”的认同感和课堂教学现状调查研究；学生对“微课题”的认同感及课堂学习现状调查研究；指导学生开展“微课题”内涵的进一步研究。

②对提升女生理性思维能力的实践研究

搭建“微课题”平台对提升理性思维能力的意义；针对各种课型运用“微课题”研究如何优化学生的认知结构。

③对课堂教学的实践探索

在课堂内外运用“微课题”对有效教学的意义。

④案例分析

运用“微课题”平台提高课堂教学效果的实践探索，案例研究，效果分析。

（2）研究被试

2017 年，研究立项前已经开始了实验，分两个阶段，三个被试主体，第一个是 2016 级实验中学高中理科 1 班，第二个是同级华夏女中高中文科班，第三个是 2019 级实验华夏女中初一年级。

（3）研究工具

本实验采用准实验研究设计的基本模式——不相等实验组、对照组前后测设计。包括数学成绩跟踪对比、引用理性思维状况的问卷调查、内容分析。

（4）数据收集与处理

对于数学成绩跟踪对比，第一个被试主体在实验中学本部就读，高一高二采用分层教学，高三才合为行政班教学，人员流动性强，监测难度大，不适合对比。因此第一个被试主体的考察数据为该群体高三理科 1 班成绩，其变化可用于说明微课题研学对女生理性思维的影响。高三期中考试前有些同学因为参赛等原因不能全员参加，仅依靠一次成绩没有统计意义，这里将高三上学期期中前 6 次测试均分作为前测，把高考数学成绩作为后测。两次测试都是男女生对比，中间历经两个学期以及寒假的实验进程，将没有高考成绩的同学去掉，获取可用于对比的成绩共计 35 份（高考成绩从实验中学本部高三级部获取），其中女生 15 人，男生 20 人。

本研究是对学生理性思维能力的调查研究，利用理性思维状况的问卷进行调查。问卷源于山东师大硕士陈华伟的《高中数学促进学生理性思维形成和发展的教学研究》，参考我国学者章建跃的《中学生数学学科自我监控能力问卷》，唐剑岚等“数学问题解决中的元认知问卷量表的设计”的研究成果编制而成。问卷中的六个一级指标涉及理性思维的六个维度：目的维度，过程维度，材料与结果维度，自我监控维度，品质维度和非认知维度，共计 29 个问题。调查使用问卷星网络问卷系统收集答卷，并使用 SPSS 进行分析。

收集到的数据有两个样本，一是 2018 年 3 月面向实验中学本部，从初一到高三所有年级的调查问卷，获取有效问卷 559 份，这个可以作为前期调查分析报告；另一个是 2020 年 2 月面向华夏女中全体初一学生的调查问卷，获取有效问卷 199 份，这个可以作为后期调查分析报告。

2. 研究结论与对策

（1）实验数据分析

①数学成绩跟踪对比

理性思维能力是每年高考命题专家强调的高考数学考查重点。先看第一个被试主体，从分组统计量数表看，前测数据显示女生均分比男生低，女生标准差大于男生，说明女生差异比较大，而到高考时，女生均分达到并超过男生，标准差比男生还低。说明持续的微课题活动使女生的差异性更小，对女生理性思维能力有较强的提升作用。从独立样本检验也反映出这一点，前测 Sig 双侧 <0.05，而后测 Sig>0.05，说明实验前，女生与男生的学业成绩有明显差异，而高考成绩则没有明显差异，持续一年多的实验表明女生的数学学业成绩得到了改善。

表 7–2　高中生理性思维能力分析表

	性别	N	均值	标准差	均值的标准差
前测	男	20	86.961	8.1764	1.8283
	女	15	80.141	11.4053	2.9448
后测（高考）	男	20	121.55	15.080	3.372
	女	15	123.20	11.047	2.852

表 7–3　高中生理性思维能力独立样本检验

		方差方程的 Levene 检验		均值方程的 t 检验						
		F	Sig.	t	df	Sig.（双侧）	均值误差	标准误差值	差分的 95% 置信区间	
									下限	上限
前测	假设方差相等	3.636	.065	2.063	33	.047	6.8197	3.3059	.0938	13.5456
	假设方差不相等	—	—	1.967	24.221	.061	6.8197	3.4662	−.3308	13.9702
后测（高考）	假设方差相等	1.700	.201	−.357	33	.723	−1.650	4.617	−11.043	7.743
	假设方差不相等	—	—	−.374	32.993	.711	−1.650	4.417	−10.636	7.336

第二个和第三个被试主体学生成绩比上一届成绩显著优秀，理性思维、合作探究等能力远远超过往届，其中第二个被试主体在 2019 年高考成绩中突破历史纪录，第三个被试主体的学期期末成绩在整个区是最好的，无须做比对分析，差异已极其明显。

②引用理性思维状况的问卷调查

对于理性思维性别差异的统计分析，只有初二、高二两个年级符合数据对比的统计要求，其他年级男生提交有效答卷数量均低于 10 份，没有统计意义。初二男生 121 份，女生 166 份，这个年级没有参加课题，可以视为自然状态，六个一级指标以及总体均分都是男生高于女生。其中，材料与结果、思维品质两个维度，T 检验中差异值（Sig 双侧）分别为 0.039 和 0.025，均小于 0.05，这说明女生与男生的差异在这两个维度上明显。目的维度和非认知维度分别为 0.188 和 0.191，均高于 0.05，在统计上属于有差异但不明显。总体上的差异值为 0.066，接近 0.05，有差异但不属于统计意义上的明显（见表 7–4）。这个调查结果比较好地说明了自然状态下，理性思维具有一定程度上的性别差异，男性在理性思维上强于女性，尤其是目的材料与结果和思维品质维度更是具有统计意义上的差异性。实验结果从一定程度上也说明了女生的理性思维较弱的特点。

表 7–4　初二年级理性思维状况统计分析

		方差方程的 Levene 检验		均值方程的 t 检验						
		F	Sig.	t	df	Sig.（双侧）	均值差值	标准误差值	差分的 95% 置信区间	
									下限	上限
目的维度	假设方差相等	.001	.978	1.319	285	.188	.11733	.08892	-.05770	.29236
	假设方差不相等			1.317	257.321	.189	.11733	.08905	-.05904	.29270
过程维度	假设方差相等	.419	.518	1.094	285	.275	.10948	.10003	-.08742	.30638
	假设方差不相等			1.087	251.831	.178	.10948	.10074	-.08893	.30789
材料与结果维度	假设方差相等	.176	.675	2.069	285	.039	.18836	.09104	.00916	.36756
	假设方差不相等			2.086	266.222	.038	.18836	.09028	.01060	.36611
自我监控维度	假设方差相等	.074	.786	1.070	285	.286	.10205	.09541	-.08574	.28984
	假设方差不相等			1.064	253.550	.288	.10205	.09592	-.08685	.29095
品质维度	假设方差相等	1.062	.304	2.260	285	.025	.24661	.10913	.03182	.46141
	假设方差不相等			2.252	255.253	.025	.24661	.10952	.03093	.46230

续表

		方差方程的 Levene 检验		均值方程的 t 检验						
		F	Sig.	t	df	Sig.（双侧）	均值差值	标准误差值	差分的 95% 置信区间	
									下限	上限
非认知维度	假设方差相等	.648	.422	1.312	285	.191	.11373	.08668	-.05688	.28733
	假设方差不相等			1.320	264.057	.188	.11373	.08617	-.05594	.28338
总分	假设方差相等	.009	.923	1.847	285	.066	4.532	2.454	-.298	9.362
	假设方差不相等			1.842	255.956	.067	4.532	2.461	-.314	9.378

高二的数据见表 7–5，过程维度和材料与结果维度的均值女生高于男生，而总体以及其他 4 个一级指标，都是男生高于女生，还是能够看出女生与男生的差距，但是所有的差异值（Sig 双侧）都大于 0.05，所以没有统计意义上的明显差异。这个年级部分教师参与了实验，且经历了一年半的实践，从侧面也反映出来，实验对女生理性思维的提升有了初步的效果。

表 7–6 体现的数据对比，是把第三个被试主体作为实验校（班），把第二个被试主体中初一年级女生（2018 年收集的前期调查数据）作为对照校（班）。需要说明的是，实验校全年级各班都开展了实验，而对照校则处于自然状态。在调查结果的所有项目中，实验校（班）都明显高于对照校（班）数据，而且所有维度以及总分的 Sig 双侧均小于 0.01，说明实验校女生的理性思维从统计意义上也明显高于对照校，也在一定程度上说明实验的效果很显著。

表 7–5　高二理性思维能力统计分析

		方差方程的 Levene 检验		均值方程的 t 检验						
		F	Sig.	t	df	Sig.（双侧）	均值差值	标准误差值	差分的 95% 置信区间	
									下限	上限
目的维度	假设方差相等	6.674	.011	.143	111	.886	.02538	.17712	-.32559	.37635
	假设方差不相等			.130	59.081	.897	.02539	.19524	-.36542	.41618
过程维度	假设方差相等	3.228	.075	-.161	111	.873	-.02965	.19461	-.39546	.33617
	假设方差不相等			-.148	60.764	.882	-.02965	.19970	-.42900	.36971
材料与结果维度	假设方差相等	1.997	.160	-1.270	111	.207	-.21495	.16922	-.55018	.12048
	假设方差不相等			-1.202	64.492	.234	-.21485	.17873	-.57185	.14214
自我监控维度	假设方差相等	1.770	.196	.426	111	.671	.06781	.15914	-.24753	.38314
	假设方差不相等			.400	63.149	.690	.06781	.16948	-.27086	.40647
品质维度	假设方差相等	1.407	.238	.378	111	.706	.06943	.18347	-.29413	.43299
	假设方差不相等			.362	65.982	.719	.06943	.19205	-.31401	.45287

续表

		方差方程的 Levene 检验		均值方程的 t 检验						
		F	Sig.	t	df	Sig.（双侧）	均值差值	标准误差值	差分的 95% 置信区间	
									下限	上限
非认知维度	假设方差相等	.778	.380	.343	111	.732	.05759	.16779	-.27490	.39009
	假设方差不相等			.328	66.194	.744	.05759	.17542	-.29262	.40781
总分	假设方差相等	1.625	.205	.127	111	.899	.543	4.277	-7.932	9.018
	假设方差不相等			.119	62.940	.906	.543	4.561	-8.572	9.657

表 7-6　实验校初一与非实验校初一数据的对比

		方差方程的 Levene 检验		均值方程的 t 检验						
		F	Sig.	t	df	Sig.（双侧）	均值差值	标准误差值	差分的 95% 置信区间	
									下限	上限
目的维度	假设方差相等	14.271	.000	-3.460	270	.001	-.30552	.08830	-.47936	-.13167
	假设方差不相等			-2.965	102.971	.004	-.30552	.10305	-.50989	-.10114
过程维度	假设方差相等	16.443	.000	-3.700	270	.000	-.33523	.09060	-.51361	-.15685
	假设方差不相等			-3.118	100.629	.002	-.33523	.10750	-.54849	-.12196
材料与结果维度	假设方差相等	9.378	.002	-3.488	270	.001	-.30764	.08819	-.48127	-.13401
	假设方差不相等			-3.072	107.172	.003	-.30764	.10015	-.50617	-.10911
自我监控维度	假设方差相等	12.975	.000	-4.237	270	.000	-.38428	.09070	-.56286	-.20571
	假设方差不相等			-3.740	107.574	.000	-.38428	.10275	-.58795	-.18061
品质维度	假设方差相等	17.484	.000	-4.907	270	.000	-.48568	.09898	-.68054	-.29081
	假设方差不相等			-4.159	101.398	.000	-.48568	.11679	-.71734	-.25402
非认知维度	假设方差相等	22.684	.000	-5.486	270	.000	-.44495	.08111	-.60464	-.28526
	假设方差不相等			-4.514	97.479	.000	-.44495	.9857	-.64057	-.24934
总分	假设方差相等	20.684	.000	-5.330	270	.000	-11.718	2.498	-16.046	-7.389
	假设方差不相等			-4.547	102.342	.000	-11.718	2.577	-16.829	-6.607

（2）“微课题”型课堂教学模式与案例研究

①跨学科融合的教学案例——《圆锥曲线定义再认识》

本案例聚焦于数学与物理的跨学科整合，挖掘课本阅读与欣赏的教育价值，通过跨学科融合帮助学生认识圆锥曲线的定义，既契合新课程标准的理念，也符合核心素养中提倡“跨学科”的内涵。本课源自胡沛宇小组自定课题研究，之后在全班上微课题型公开课，本课在 2019 年第三届北京市课题录像课评比中获得一等奖。

②跨文化融合——高中数学核心概念课选讲（中英双语）

本选修课在华夏校区开设高中数学核心概念选讲（中英双语）课程，使用外文原版教材授课。以美国教材为主，以高二学生中的英语能力较好的同学为对象，开设函数部分。开展任务分组—英语分享—质疑答辩的“微课题研学”方式。实际课程 12 次，中期加入圆锥曲线和澳洲友好女校学生的一节积分课。本课程基本达到既习得英语又提升数学思维能力的目的。澳大利亚女学生 Molly 的微积分起始课对孩子们的进取精神、拓展精神起到一定的促进作用。“做课题”的方式将知识学习与真实情境联系起来，使学生在学科知识与其应用之间建立起即时联系，于是知识的迁移性增加，素养也得以培养。由本选修课形成的实践论文获得西城区一等奖、北京市二等奖。

③以揭示数学本质为价值取向的试卷讲评课探索

考试是教学评价的重要组成部分，试卷讲评是促进学生自我评价、正确归因，进而转变学习策略、提升学习效果的重要教学形式。这里的讲不再专指教师，而是通过创设不同的教学情景，让学生参与到“讲”与“评”的每个环节，了解到自己和教学目标之间存在的差距，同时发现自己在学习方法上存在的不足，参与教学评价的人也变得更多元，学生自己的活动体验成为讲评试卷的重要设计考量。本课型主要在华夏女中推广，论文发表在《数学学习与研究》2019 年第 5 期上。

④专题复习课教学模式

在数学阶段复习中，将本章或本单元数学典型问题抽取出若干微课题，组成课题小组开展研究，然后交流展示，在发挥学生主动性方面取得良好效果。本研究指出目前两种常见做法的弊端并在实践中摸索出微课题型复习课教学模式。课例《导数的应用复习》设计五个环节，表现为“问题情境—现场合作探究 + 课题成果展示—学以致用—现场改编创编 + 微课题成果展示—总结归纳”。本课在 2018 年第二届北京市课题录像课评比中获得一等奖。

（3）学习小组建设方面的研究

学生组建学习小组开展合作学习的效果与两个因素有很大关系，一是认知互动，一是社会互动。在教学中，社会互动对知识建构和社会规范起到核心作用。为了后续更有效的合作学习，对于其中的相关性做了调查分析，在长期的实践中，对于第一个被试主体男女生都有的学校或班级，第二个和第三个被试主体作用，发现男生在认知互动方面发挥的作用总体上大于女生，而女生在社会互动方面发挥的作用总体上大于男生。报告中反映了女生在微课题小组合作中社会互动的突出作用。调查报告深层次挖掘学生在合作问题解决中的互动本质，尤其是社会互动对认知互动的促进作用是有理论和实践意义的。探讨成员结构、课题选择、社会互动、信息工具等课题小组组建和运行特点，并探讨其与问题解决能力的相关性，为合作问题解决提供一般性、可操作的范式。调查报告《学生微课题社会互动与合作问题解决能力相关性研究》于 2019 年获北京市一等奖。

3. 研究成果与影响

（1）教师层面

课题负责人黄荣老师分享交流 8 次（在北京市骨干教师系列讲座中开设的中考专题讲座；西城区教研中心高考专题讲座；在西城区科研骨干开班课、华夏女中、北京七中、首师大附中通州分校跨校分享课题研究心得；在 2017 年全国教育年会·贵阳阶段性成果分享；在 2019 年北师大第七届数学课堂教学研究国际论坛）。黄荣老师还积极参加各个级别的论文评比，共有 14 篇论文在北京市获奖，在书刊杂志上发表专题研究文章 12 篇，《导数的应用复习》《圆锥曲线定义再认识》两度获北京市课题录像课评比一等奖。

课题组主要成员姜茜、吴媛媛、刘斌媛、徐丹、祁俊磊等老师在研究过程中也有丰富的成果，他们的论文在市区级论文评比中获奖，徐丹和祁俊磊老师还各有一篇文章发表在《为女生的幸福奠基》一书中。

（2）学生层面

第二个被试主体实验校 2019 年毕业的文科班成绩取得历史性突破。第一个被试主体 2016 年的实验中学试验班 9 班在全国初中数学联赛北京赛区取得优异成绩，胡紫钰获一等奖，刘子艺等获二、三等奖。若干期的微课题研学过程中，学生留存了大量的课题展示和研究资料。一个小组就自己改编问题的过程进行反思总结，研究成果《对于一类函数问题的研究》（李美慧组）发表在《中学生数学》2019 年第 1 期上；一个小组研究的《三视图的还原策略》（胡沛宇组）发表在《中学生数学》2019 年第 7 期上；学生经历了成立课题组并探索的过程，学会了合作进行科研，学生的数学知识和数学能力均得到大幅提升，培养了自己的核心素养。

4. 研究改进与完善

本研究相比前期在课题类型上有很大改进，如跨文化、跨学科、跨学段、阶段开设复习课、试卷讲评课，等等。让孩子们带着“微课题”开展研究、进行交流，实实在在参与数学活动的每一个环节，是真正在学数学。当研究成为自觉行动时，学生数学思维的有效发展也就成为必然。在长期带领学生做课题的过程中，教师也感受到学生身上迸发出的无穷的热情和创造力，感觉到自己和学生都在成长。教师对教学的思考也更深一步，在不同课型的教学策略和教学模式上开展研究，让自己的教学带上教育思想的烙印，让自己更加理解学生、理解教学、理解数学。

2019 年 6 月，国务院办公厅《关于新时代推进普通高中育人方式改革的指导意见》，明确指出深化课堂教学改革，要求积极探索基于情境、问题导向的互动式、启发式、探究式、体验式等课堂教学，注重加强课题研究、项目设计、研究性学习等跨学科综合性教学，认真开展验证性实验和探究性实验教学。由此，《“微课题”型课堂教学模式与案例研究》在未来还可以。在以下方面继续开展研究：学生在问题解决过程中认知互动与社会互动的关系本质；跨学科素养与微课题研学的关系；理性思维在性别差异与培养策略上的作用；等等。

（二）促进学生深度学习、自我成长

深度学习，就是指在教师引领下，学生围绕具有挑战性的学习主题，全身心积极参与、体验成功、获得发展的有意义的学习过程。在这个过程中，学生掌握学科的核心知识，理解学习的过程，把握学科的本质及思想方法，形成积极的内在学习动机、高级的社会性情感、积极的人生态度、正确的价值观，成为既具有独立性、批判性、创造性又有合作精神，基础扎实的优秀的学习者，成为未来社会历史实践的主人。新课程标准实施以来，新增的教学目标要求，基本上指向于深度学习。比如“四基”，包括浅层的基本知识、基本技能和深层的基本思想、基本活动经验。数学中常说的分析问题和解决问题的能力，这是浅层的；但是发现问题和提出问题的能力，这是深层的。数学的 6 大核心素养源于之前的 5 个培养目标，新提出的数学建模属于深度学习的范畴。古人所说的“知其然”是浅层的，“知其所以然”是深层的。《深度学习：走向核心素养》一书中对深度学习的理论进行了溯源，其中富兰教授的三维结构是深度学习的理论模型之一。它包括学习中新型学习伙伴关

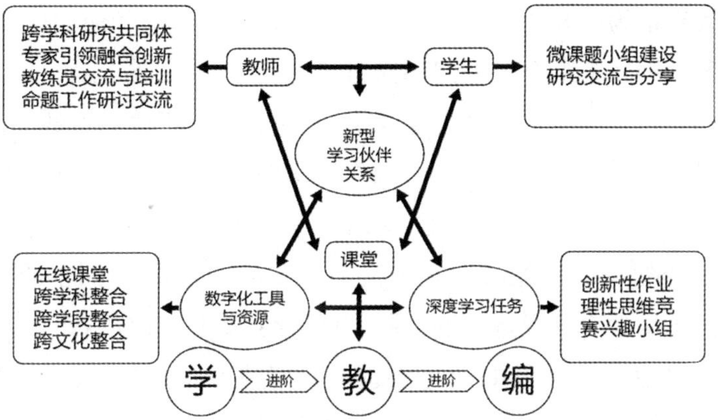

图 7–2　深度学习、自我成长框架图

系、深度学习任务和新型教学工具和资源。这三个维度，既相互独立又相互联系。

课题组教师在课题结题前已经在着手构建深度学习活动框架。疫情期间将微课题研究的内容和方法与数字化资源相结合，形成了新型的学习伙伴关系，契合富兰的深度学习三维结构模型，以这个三维结构模型为主结构，以教师、学生、课堂为副结构逐步形成华夏女中促进深度学习、培养理性思维、帮助自我成长的总体框架。

1. 新型学习伙伴关系

新型学习伙伴关系包括教师和学生两个方面。

教师层面的伙伴关系更多的是合作研究。第一，跨学科研究共同体的初步形成。依托教研组活动，教师们开展了多种类型的专题研究，比如：各种课型教学策略研讨，包括专题复习课和试卷讲评课等；信息技术与课堂教学的结合，各种数学教学课件，都有教师带领学生进行实践；教师们还将数学与物理知识结合起来进行跨学科探索，结合光学和导函数计算研究一些数学模型。第二，教师们参与到拔尖创新人才培训中，为了提升教练员的素质，进行了一些交流和培训。第三，专家引领融合创新。特级教师马成瑞老师和鲁彬老师通过课堂观察，指导教师备课和上课，指导教师命制考题、作公开课，指导教师写论文、参与备课组活动等。华夏女中教师与本部校区既相对独立又相互借鉴，相互参与对方的研究会和备课会。在参加国家级、市级和区级录课任务时，全组共同研究，汇集智慧，共同提高。第四，命题工作研讨会，以教研组为研究团队，在专家帮助下，开展试题的命制研究，并针对命制效果和命制经验举办了专门的研讨会。

学生的学习伙伴关系更加丰富多彩，主要是微课题小组的交流与分享。首先是课题内容选取。“微课题”小组一般有知识、规律、思想方法、理性精神四个类别，在每一个大单元结束时，一般还会有一到两个专门研究本章核心难点的小组，以问题改编和创编为主要活动方式。根据实验进程的推进，很多课题是学生自己选定的。随着课题组的组建和评价研究，教师们逐渐总结了一套经验，涉及如何定课题，如何定组长和组员，如何督促和引导，如何将成果引入课堂，如何开展微课题型课堂教学等，并对合作学习中的认知互动与社会互动进行一系列研究，与课题组成员一起形成了一些成果。其次是活动方式。以疫情期间的小组合作为例，从 2020 年 2 月底开始，每个班分成若干小组，设置小组长，成员自愿加入各组，然后每周活动一次，周末汇总，下一周请资料全、效果好的小组分享。小组合作主要有落实自学课程中的重难点，自主拓展的微课题小组交流两个模式，在线进行小组合作，形式灵活高效。

以上谈到的是教师之间的学习伙伴关系与学生之间学习伙伴关系的建立。在进行小组合作学习过程中，教师与学生也经常需要建立类似的伙伴关系，导师制就是目前比较流行的做法，而师生间主要采用的就是对话式教学。特聘专家鲁彬老师将其视为一个生长点，她认为“合作对话”要求师生从思想上、价值上、目的上、情感上、方法上，都要着眼于“学生”的成长，或是更好的“生长”。“合作对话”是“教育（学）发生”的关键。如果“教育没有发生”，那一定不是“合作对话”。“合作对话”真的发生了，教育一定发生。于是通过导师制每周约学生两次到办公室与教师交流，有时布置专属作业任务，有时答疑，有时就是对话交流，谈谈对某些知识的认识，有时对学生学业上的困惑加以引导，类似于苏格拉底的问答法。在上述活动中，“合作对话”作为教育发生的“基本规律”，有效促进了数学学习。

2. 充分利用数字化工具和资源

得益于全校教师的共同努力，数字化帮助构建起更大范围的新型学习伙伴关系。以疫情期间的线上学习为例，数学组用洋葱学院平台布置预习任务；用西城区中小学网络学习平台落实核心知识；使用国家云平台资源并结合本校学生实际情况进行调整，运用在课堂教学实践中。

深度学习呼唤资源整合。对于教学资源的整合有三个维度：跨学科，跨学段和跨文化。以跨学科选修课为例，通过计算机模拟光的反射和折射，并用数学方法加以论证，应用于解决一类线段和差最值问题。初高中数学教材体系是一致的，但是内容存在脱节、教学方法要求存在差异。华夏女中教师自己编写的校本课程，可以帮助有需要的同学进行拓展。有很多孩子英语学习能力强，为了满足她们的学习热情，开设了英语数学选修课。在假期，学生可以录制微课用英语讲数学，替代传统的假期作业。

3. 深度学习任务

深度学习任务主要包括创新性作业、理性思维竞赛和各类兴趣小组。

创新性作业，作业变化紧跟时代要求。教育部鼓励布置分层次作业、弹性作业、个性化作业，注重设计探究性作业、实践性作业，探索跨学科作业、综合性作业。学生参加假期小组合作可以选择不同类型的作业，参与不同类型的课题小组，如跨学科用英语讲数学、生活中的数学小调查、撰写数学小论文等。

理性思维竞赛和各类兴趣小组旨在提高学生学习数学的兴趣，培养学生的理性思维，为对数学有兴趣且学有余力的在校学生提供进一步提高的机会。在竞赛题目设置上，以期末区统考试卷附加题难度内容占 80%，其他内容占 20%；以理性思维评价量表进行设置，涵盖目的维度、过程维度、材料与结果维度、自我监控维度、品质维度、非认知维度等。

4.“微课题”型课堂教学策略

教师的新型学习伙伴关系，师生对数字化资源和平台的使用，必然带来教学观念的变革，进而在课堂教学主阵地上得以呈现。华夏女中教师尝试搭建自我成长的深度学习课堂，课堂教学逐渐形成一定的策略：学—教—编。学——教师讲解、学生学习；教——引入“费曼学习法”，学生以“微课”或现场结对相互讲解，“以教促学”；编——学生创编新题。

深度学习倡导单元学习，建立学科核心素养与学科核心内容之间的关系。对教学内容进行二度开发和创造，通过提高学习设计的规范性和系统性，增强学习过程的体验性、互动性和生成性。

结构化、情景化、凸显学科大概念的知识对于发展核心素养的功能最强。在设计引领性学习主题时，注重知识的结构化（单元内部知识联系、跨章知识联系、跨学科知识联系），知识与社会发展以及学生生活实际的结构化，知识与学生学习经验的结构化。

“费曼学习法”是世界公认最高效的学习法，先确定一个学习目标，然后假设你是老师，给学生讲这个知识，无论何时卡壳了，都再去回顾和深入理解。反复多次，直到可以用浅显易懂的语言讲清楚这个知识时，你就真正学会了。在平时学习时，学生以“微课”讲题方式实现这个目标，教师还可以从三个层次对微课讲题作出评价：讲清楚、有总结、有创造。几年下来，学生制作了上千节的微课。而在课堂上，可以现场结对相互讲解，本质是“以教促学”。

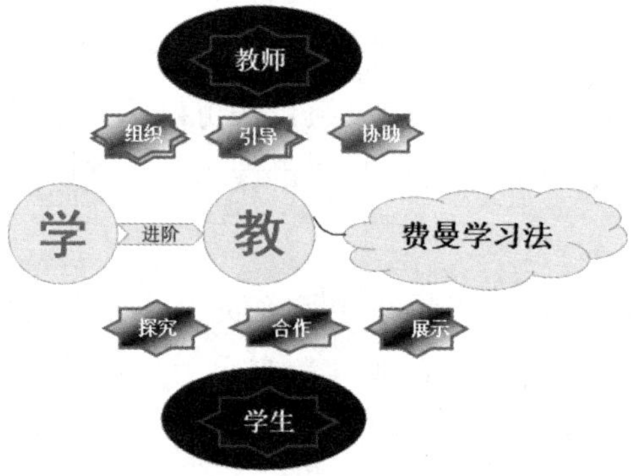

图 7–3　费曼学习法

教的过程是一个输出的过程，也是一个再学习的过程，经常会出现讲不下去，或被对方问迷糊的情况，所以，这个过程对学生的理性思维很有作用。在这个过程中，教师的作用是组织、引导和协助，学生主要是在探究、合作与展示。

创编新题这个环节对孩子的理性思维特别有好处，让孩子们锻炼综合所学知识、规律、思想方法的能力，洞悉命题人的内心世界，对理性精神有更深刻的理解，是对于学和教的进阶和提升。有学生发现：做十题不如给别人教会一题，教十题不如自己创编一题。

5. 教学评价是课堂的延伸，也是学习的一部分

华夏女中的教师尝试用“微课题型”进行试卷讲评，进一步对“微课题”进行拓展探索，在北京市团队教研的活动中站到更高平台上。

在团队教研中，数学组教师尝试将目标分类和最近发展区理论融合于试卷讲评课，用一个期中分析报告，两节数据分析课和两节析题课，以“数”为“据”，引导学生自我诊断、寻找目标、重新规划。同时，致力于开发和使用数据分析课与析题课模型，变革学习方式，培养学生自主学习的能力。

三、整合资源、创设情境、讲好地理学科故事

《义务教育地理课程标准》中提到“充分开发、利用地理课程资源，对于丰富地理课程内容、增强地理教学活力具有重要的意义”，“学习对生活有用的地理，学习对终身发展有用的地理，构建开放的地理课程，充分重视校内外课程资源的开发利用，鼓励学生自主学习、合作交流、积极探究”。学生在初中阶段学习地理学科时，已经能够逐步将直观的、感性的、零散的碎片化知识建立起内在联系，进而形成学习方法和学科思维。基于此，华夏女中地理组教师聚焦日常教学中的教学资源整合和地理情境创设，并通过大量的教学研究与实践，总结出地理学科如何“整合资源、创设情境来讲好学科故事”的实施策略。

（一）基于核心素养，整合教学资源，为高质量的地理学习服务

教学资源是一切对教学有用的物资和人力，既包括教师、学生、教材、多媒体这样一些校内教学资源，也包括社会、家长、野外实践基地、电视广播等校外教学资源。教学资源是支撑地理教学的重要组成部分，覆盖面很广。它可以是教材、学科素材、生活体验，也可以是视频、文字或图片；既可以是课堂讲授，也可以是学生课下自主学习的成果。

如此丰富的教学资源应该如何处理，让它们发挥最大的作用为地理教学服务？这就需要教师对大量的教学资源进行整合。整合资源不代表完全抛弃

教材，教材中的重要图表和经典案例是教学的重要素材，但是在现代地理教学中仅使用教材这一种资源恐怕很难满足学生学习的需求。在资源整合环节，最容易陷入的一个误区，就是搜集了大量的图片、文字、视频等素材，却没有对其进行有效整合，真正让它们为学生的学习服务。由此可见，教学资源的搜集和整理，只是使用教学资源的第一步，依据教学目标和学生情况进一步重组资源才是关键。

在大量的教学实践中，教师们发现：教学资源整合应该遵循真实性、典型性、实用性、探究性和开放性五个基本原则。真正的教学资源整合是在教学目标引领下，把实现学生学习任务的推进、学习问题的进阶、思维能力和地理实践力的提升作为目的的一个过程，这个过程中有对教学资源的选择和重组，更有对学生地理知识、能力和思维提升过程的设计和创新。

（二）依据学情需要，创设真实情境，促进学生的深度探究学习

如果说整合资源是重要手段，那么将各种教学资源呈现出来的则是地理情境。地理情境是一个个真实案例或真实问题。在创设情境的过程中，教学资源不再是一个个独立的积件，而是彼此关联相互融合的整体。地理情境要为教师的教和学生的学服务。情境素材和创设手段应该体现多样性的特点。地理学科讲求“真情境、真问题、真解决”，所以地理情境要具有真实性、问题化和体验性。情境中真实存在的问题是复杂多变的，在创设情境的过程中，教师要关注问题的结构化设计，体现由浅入深、逐层递进、逐步解决的特点。地理情境的设计要避免程式化和过于书面化，目的是让学生能够对情境感兴趣，通过自己的体验和感悟去解决问题，才能最大限度发挥学生学习探究的主动性。

由此可见，从教学资源到地理情境，对教学资源与素材进行整合的实质是对学习内容的重新建构，是思维的综合。创设情境既是创造一个教学情境，更是创造学习情境。重视情境意味着我们把关注点从以教为中心转化为以学为中心。创设情境的目的是激发学生的好奇心和求知欲，顺应学生的思维发展规律，帮助学生理解和应用知识，在情境中设计活动和问题，促进学生探究能力和学科思维的发展。

表 7–7 《青藏地区》课程节选

教学环节	教师活动	学生活动	设计意图
导入新课 创设情境	[导入] 展示预习作业，简单梳理青藏地区自然地理要素及联系 [创设情境] 从第一次青藏高原科考到第二次青藏高原科考	梳理思路 认真聆听	引导学生了解第一次青藏高原科考，激发学生对第二次青藏高原科考意义的思考，培养学生用发展的眼光看问题，树立民族自豪感
学生活动一：[科考任务发布]	介绍任务，提出要求 任务一：亚洲水塔的成因及变化有哪些？这些变化会对其他地理要素产生哪些影响？ 任务二：川藏铁路修建过程中的主要困难及成因有哪些？修建的意义是什么？	自主选择任务，提取图文信息，完成学案并展示	培养学生从图文资料中获取信息、综合分析、自主探究的能力，同时让学生感觉科考其实并不遥远，能够做到学以致用
学生活动二：[习大大的智囊团]	提出问题，布置任务 任务三：在前期科考的基础上，作为习大大的智囊团成员，请你为青藏地区的发展献计献策！	学生分组辩证思考，提出观点并讨论完善思路	个人思考和小组合作相结合，发挥小组合作的优势，培养学生辩证思考的能力和人地和谐的发展观
落实与提升	总结提升，引导学生归纳区域认知的一般思路。	认真聆听，完成课堂笔记	构建区域认知的基本方法，树立人地和谐的发展观

《青藏地区》这节课选取了“第二次青藏高原综合科学考查研究”这一真实案例，运用了大量的科考数据和图像，通过情境设计让真正的科考走入初中地理课堂，贴合新课程改革中“真情境、真问题”的要求，让学生在课堂中体会真实的科考过程，学会科学的研究方法。青藏科考是 21 世纪我国开展的一次重要的科研活动，也是综合国力和科技水平的体现。通过这节课，学生们更加热爱伟大祖国，增强了民族自豪感。在前期探究的基础上，创设“习大大智囊团”活动，通过提供丰富的资料、创设真实的矛盾，培养学生辩证思考的能力，体会科考的必要性和重要性，在今后的学习中能够用科学和发展的眼光看问题。

（三）发挥学科价值，讲好地理故事，培养地理思维和实践能力

大量的教学实践过程表明，如果说整合资源、创设情境是设计地理课堂教学的重要手段和途径，是为了让学生有更加深刻的体验和给学生营造一种

学习的环境和氛围，那么利用这些素材"讲好地理故事"就是地理教学中对核心素养的培养。"讲地理故事"是经常用到的一个组织教学的方法，故事是学生从小认识世界的门户，学科故事是将学科知识与故事情节结合的一种形式，与普通地理情境相比，地理故事更具有吸引力和感染力。

在《地理学为什么重要》这本书中，作者从一个又一个地理故事中阐述了什么是地理学、我们为什么要学习地理学。其中有一个例子是"乍得湖的萎缩对周边人们生产、生活方式的影响，最终导致了乍得湖地区社会的动荡"。在这个故事中，我们看到从人地和谐到人地矛盾，一个看似没那么重要的湖，却成为整个社会进程中的重要一环。各地理要素的相互影响相互制约，最终导致了人类社会的大变革。

人地关系是地理学科研究的核心内容，地理环境中的人类活动是地理学研究的焦点。人与自然之间、人与社会之间的故事有发展起伏、有矛盾冲突也有深刻意义。对地理情境进行故事化的处理，更容易把学生的关注点带入到情境中来，在引起学生共情的前提下，使学习的主动性得到最大限度的发挥。在这个过程中，学生不但在学科知识和能力上有所提升，地理故事中所蕴含的道理也使学生的人格品质和思想观念得到塑造和发展。

结合教学实践，可以把地理故事归纳为学科经典故事、"我"与地理的故事、讲好中国故事三个类型。

1. 学科经典故事，即科学家的故事或者地理学经典案例故事

每个学科都有自己的经典故事，这些故事在教师们讲到某部分内容时，都会被提到。例如在讲到《海陆变迁》这部分知识时，教师们都会讲到魏格纳的大陆漂移学说，以及从大陆漂移学说到海底扩张学说再到板块构造学说的发展过程。在提到魏格纳从一幅世界地图中发现了陆地轮廓之间的关系时，学生们都会为好奇心和观察力成就了这个伟大的发现而惊叹。魏格纳的理论并没有得到当时学界的认可，因为人们已经习惯了用固有的理论来解释一些现象，有勇气推翻千百年来的旧框架去提出新理论的人毕竟是少数。后来，魏格纳为了证明自己的学说，四处寻找证据，最后不幸在科考的路上遇难。这个地理小故事，不仅让学生学习到了地理知识，更加体会到了从地理发现到地理学说的发展过程充满艰辛。

类似的小故事还有很多，从天圆地方到观察月相和远去的帆船，再到

宇航员太空观察，人类对地球形状的认知过程本身就是一种科学研究的发展历程。而斯科特和埃蒙森的南极登陆赛，更是地理知识和实践能力在实地环境中的验证。地理学科还有很多类似的故事，就像“牛顿与苹果”对物理学科具有经典意义一样。黄土高原的水土流失、非洲热带草原动物大迁徙、巴西热带雨林的破坏、南极北极科考……如果能把这些经典案例从一个个小故事的角度挖掘出来，或作为教学导入吸引学生兴趣，或用作地理情境创设来促进学生思维和价值观的提升，都能让地理课堂变得更加生动。

表 7–8　《巴西》课例节选

教学环节	师生活动
活动二：【雨林去哪儿了?】	【学生活动】 引导学生综合分析地理图像提取有用信息，推测：巴西雨林的开发方式可能有哪些？小组讨论并填写在学案中 【叙述】在学生回答的基础上补充介绍巴西木炭消费和快餐业“吃掉亚马孙”对于热带雨林的破坏 【转承】巴西面临着经济发展和保护雨林的双重压力，该如何从中寻找到平衡点?
活动三：【拯救雨林】	【提问】拯救雨林哪些角色应该参与其中? 【叙述】介绍联合国、巴西政府、公益组织、企业、个人在保护雨林过程中可以采取哪些方式以及近些年雨林保护取得的可喜变化 【提问】但是只保护不开发就是可持续发展吗? 进一步引导学生思考从可持续发展的角度提出解决措施 【叙述】介绍巴西的“酒精计划”，利用甘蔗种植缓解能源紧张进而减少对雨林的破坏，获得经济、生态和社会的三丰收

热带雨林是地球环境中至关重要的一环，巴西热带雨林的生态意义和现状是学生了解人地关系的一个经典案例。《巴西》这节课的亮点是以“亚马孙雨林”为情境，以小见大，总结归纳可持续发展的真正内涵。探秘活动均依托丰富的图文资料，但又有所侧重，活动二主要通过大量图文资料培养学生提取信息、总结归纳的能力。教师在教学中加入“麦当劳吃掉亚马孙”这一案例引发学生的深层思考，将遥远的亚马孙雨林与学生的生活实际相连，进一步明确“全球问题人人有责”的观点。紧接着活动三通过两个设问“拯救亚马孙雨林谁该参与其中?”和“只保护不开发就是可持续发展吗?”引导学生关注身边小事，为可持续发展贡献力量，让学生明确可持续发展是由经济、生态、社会可持续共同组成，缺一不可。

2.“我”与地理之间的故事，即学生身边的地理故事或学生学习地理的故事

地理的重要学科价值在于“来源于生活，应用于生活”。在日常教学中，学生对老师创设的情境提不起兴趣来，很多时候是因为他们感觉这个情境跟自己没什么关系，不能建立起共情。而当他们意识到自己就是这个故事中的一个人物，这个故事与“我”息息相关时，学生的探究热情就被激发出来了，地理学习过程中的参与度就会更高，学习也会更加深入。

表 7–9 《聚落》课例节选

教学环节	教师活动	学生活动	设计意图
走进开罗	【播放视频】开罗城市发展 【组织学生活动】提供图文资料，组织学生讨论： 1. 观察开罗建筑景观风貌，分析城市建筑特色与地理环境的关系？ 2. 思考：开罗城市发展中产生了哪些问题？ 提出问题引发思考：探讨缓解“大城市病”的措施。 如何保护和发展这座历史文化古城？ 【小结】保护传统聚落的意义和措施	学生观看视频，引发思考；根据图文资料，小组探究问题	让学生立足于区域背景，在真实情境下理解影响聚落发展的地理要素和问题
千年古都新故事	【组织学生活动】 从北京城市定位看古都的保护与发展	各学生小组讨论并畅谈想法	拓展思维，树立发展理念
课后探究	布置课后探究活动	了解课后探究内容	激发学生探知欲

《聚落》这节课，源起埃及首都开罗发展过程中的古城保护与现代城市发展之间的矛盾，而落脚点在于学生所生活的这个千年古都的未来与展望。透过开罗看北京，我们所生活的有着悠久历史的现代城市就会与一个中学生的关系变得更加亲密。首博的展览和绘画作品征集，让地理课堂从学校延伸到了生活中，学生们可以利用各种平台继续对传统聚落保护与发展进行研究，也可以发挥美术方面的特长，在画布上表达自己对生我养我的北京城的美好期待。

西城区地理教研员邬雪梅老师评价这节课的时候，提到了以下几点：这节课是在充分考虑学情的前提下设计和展开的，教师所选资料的复杂性、问题设置的综合性都要求学生有更深入的探究。本节课所选取的“开罗城市发

展”这一案例，既具有一般城市发展中的共性问题，也有开罗的个性问题。学习过程中古城保护与城市发展的矛盾让学生有了不同层次的思考，最后回到学生所生活的城市，实现了学生对既有知识的应用、思维角度的扩展和解决实际问题能力的提升。

课堂教学《地图——野鸭湖观鸟活动》

学生作业（广西涠洲岛平面图）

陶然亭定向越野活动

图 7–4　《地图》一课的主要学习活动

在《地图》这部分教学中，教师在课堂上把自己在野鸭湖景区使用地图进行不同的观鸟活动的事情设置为情境，以介绍“地图三要素”中的方向、图例和注记、比例尺这些知识，体现读图能力。教师把自己的亲身经历设置为课堂活动，通过“帮助教师确定路线、量算距离和设计游览活动”这样一些任务，让学生在情境中不断学习提高，有的学生课后就去野鸭湖实地体验了一下。课后作业布置“绘制平面图”的任务，进一步帮助学生掌握地图的相关知识。学生们有的画教室或家庭的平面图，有的画公园平面图，有的学生在自己外出旅游活动中设计旅游图。而在学期中间的外出实践中，地理老师设计的公园定向越野活动引起了学生的极大兴趣，报名参加地理学科实践的学生非常多。在野外实践活动中，学生在课堂上和作业中不断夯实提升的学科素养得到检验，使用地图的能力大大提升，活动结束后学生还进行了“定向越野”试题编写活动，把自己遇到的问题变成小试题来考其他同学。

“我”与地理的故事不仅仅局限于利用学生身边的地理素材创设情境，它还可以理解为“我”学习地理的故事。“小球大世界”地球仪制作评比活动是学校地理组多年来组织的学生活动中的保留项目。举办这个活动的初衷不只是想让学生们在制作的过程中学习地球和地球仪的相关知识，更希望她们能够发现问题、想办法解决问题。

在交流制作心得时，很多学生说“怎样把经纬线画准确可难住我了”，于是教师设置了“精确经纬奖”；为了做地球仪，有的学生拆了自己儿时的玩具，有的用到了篮球和足球，有的拆了家里闲置的衣服架子，于是他们获得了“材质环保奖”；有的学生说“我不想做一个普通的地球仪，我想把所学的知识画在地球仪上”，于是我们就看到了学生们的地球仪上不但有海洋、陆地、经纬网，还有热量带、东西半球分界线、高中低纬度的划分，他们获得了“科学实用奖”。当然，也有些学生把地球仪当成了一件艺术品，在自己的设计中加入了奥运精神和理念，甚至有的学生运用物理课学到的电学知识，让地球仪成为一个小夜灯，于是老师设置了“最佳视觉奖”“天马行空奖”和“玲珑可爱奖”。这次活动得到了全校师生的关注，累计回收选票约500张，参与度很高。除此以外，地理组还举办过地理新闻播报、探秘北京中轴线、参观城市规划展览馆、参观地理研究所和杂志社等，还作为西城区主力参加了海峡两岸中学生地学交流活动。

从以上课例和学生活动中不难看出，讲好学生身边的地理故事，正是充分利用了课上和课下的教学资源，让学生在地理故事中有了自己的位置和角色。以往“老师提出的问题”变成了“我遇到的问题”，“要我回答的问题”变成了“我要解决的问题”，“我没什么可说的”变成了“我有太多的体会想跟大家分享”。“爱生活、爱地理”不再是一句口号，观察生活、钻研地理知识和原理、在生活中应用地理素养解决遇到的各种问题成为学生的习惯，地理学科的育人价值也得到了真正的体现。

3. 讲好中国故事，是中学地理学科的使命和学科价值的重要体现

教育的根本目的是立德树人，地理学科与其他学科一样，承载着培养合格公民的责任。十几亿人口生活在这样一片辽阔富饶的土地上，每天都发生着许多故事，所以地理学科故事中不能没有“中国故事”。中国故事从根本上讲，是中国人的故事，而研究人地关系是地理学的核心所在。在地理课堂中，二十四节气蕴含着几千年的农业智慧，闽宁镇的脱贫致富、塞罕坝的绿水青山体现了因地制宜思想。在秋分节气，教师们利用中国农民丰收节的契机，让学生在体会丰收喜悦的同时了解气候对生产生活的影响。当新疆棉事件发生时，教师从农业发展的角度，让学生看到新疆棉花得天独厚的优势和现代化的生产方式。通过对比两次青藏高原大科考，让学生体会青藏地区对

我国乃至亚洲的重要生态意义，感叹祖国科技的发展和经济实力的提升是科学研究的强大后盾。在讲非洲的现状和发展时，教师加入了中国援建非洲的素材，让学生体会到中国的大国担当和风范。

表 7–10　《中国的人口》课例节选

主要环节	师生活动	设计意图
导入新课 创设情境	【导入】观看第七次人口普查宣传片 【提问】为什么视频里说“每一个数据都关乎你我的未来，每一份参与都关乎国家的未来，大国点名，没你不行！” 学生梳理思路认真聆听	通过视频创设情境，结合视频中的素材引导学生思考，激发学生的兴趣
活动一： 【小小普查员】	【明确任务】针对人口指标你会在问卷中设计哪些调查项目？ 学生通过小组讨论，设计问卷项目，完成学案	明确描述人口特点的主要指标，初步掌握设计问卷的思路，为后期运用问卷星进行问卷制作奠定基础
活动二： 【数据分析师】	【明确任务】请你通过分析数据描述我国的人口现状。 讲解：人口总量与年均增长率 任务一：人口空间分布 【提问】如何科学地对比各地区的人口数量？ 任务二：人口年龄构成 【提问】分析人口老龄化产生原因。可以彻底取消“计划生育”吗？ 学生分组选择任务，通过分析资料和图表，讨论得出结论	利用信息技术将普查数据制成的图表，学生小组分析数据描述我国的人口特征，同时利用白板的交互功能展示学生的思维过程
活动三： 【政策智囊团】	【提问】人口老龄化会带来哪些问题？ 【明确任务】围绕人口老龄化带来的问题，请大家试着为国家献计献策。 学生分组讨论，提出观点并讨论完善思路	利用 ppt 展示图片和动画，拓展学生的思维宽度，让学生体会到问卷调查结果对于生活的指导意义
课后探究	我的问卷故事： 围绕我国人口现状中的热点问题，运用本节课介绍的“问卷调查法”，设计问卷、分析数据、探究原因、并试着提出可行性建议，最终形成调查报告	利用问卷星等程序设计问卷，整理分析数据，形成调查报告

“大国点名，没你不行”，我国正面临从“人口大国”向“人才强国”转变的时期。《中国的人口》这节课，想向学生讲述的就是这样一个中国故事。老师用问卷调查这样一种科学研究的方法作为线索，让学生以问卷调查员、数据分析师、政策智囊团这样三个角色参与到第七次人口普查中。学生在掌握了人口相关知识的同时，对人口普查这样一件国家大事的目的和意义有了

更加深入的理解，对“二孩、三孩政策”“延迟退休”这些热点词语有了地理学角度的认知。通过这节课树立了正确的人口观，弘扬了尊老爱老的中华传统美德。

西城区地理教研员宋颢老师点评这节课：立意高远，体现了地理课堂的育人价值，提升了学生的社会参与度和公民责任心。素材很新，教师对教学资源的整合非常用心，激发了学生兴趣，也给了学生思考的空间，让学习过程真正的发生。情境创设体现了任务驱动式学习的优势，生生互动和师生互动让课堂活了起来，这是一节真实鲜活的课堂，学生的体验感很强。使用问卷调查的方法让学生接触一种学科的研究方法，这是让学生受益终生的。

综上所述，地理学科教学中要关注图文表达的创新性，重视真实情境下的问题解决，在学习中要实现学生学习成果的展现和学科育人价值的发挥。当然，提倡故事化的教学不代表教学的主要目的是讲故事。提倡讲好地理学科故事，就是想让“来源于生活，应用于生活”的地理课活起来。讲地理故事只是创设地理情境的一种方式，“是否有利于学生的深度学习和学科素养的提升”才是检验其价值的重要标准。

四、整合教学资源，优化教学方式进行单元教学研究与实践

为促进华夏女中教师队伍建设，更好地适应深化教育改革产生的学校环境、学生构成、家长需求以及社会期望的巨大变化的需要。生物组教师认真学习和领会党的十九大以来中共中央和国务院颁发的有关义务教育的文件精神，研讨优化生物教学方式，探索全面提高课堂教学质量的具体措施。为了打造优效、生动的生物课堂，提高自身的教学能力，生物组教师在进行单元教学探索中整合教学资源、优化教学方式，进行了一些研究和实践。

核心素养是知识和能力的合成体，是一种综合素养的体现。生物学科的核心素养包括生命观念、科学思维、科学探究和社会责任四个方面，增强学生核心素养的生物课堂教学，强调以重构知识为依托，以学习活动为主线，以师生互动为动力，以融合技术为保障，以课堂氛围为评价。知识梳理和重

构是解决“教什么”问题的关键，生物组教师重视知识的整合重构，以多种教学实践推动教师对知识重构的探索，以单元教学促推优效课堂。

（一）优效课堂始于教学资源梳理和重构

1. 对不同教材、概念进行优选和重组

为满足学生的学习需求，提升学生的生物学科核心素养，在学生学习过程中，教师需要以主题为单位，将课程内容分成不同的单元，引导学生进行深度学习。单元主题既可以是当前教材中设定好的单元或章节的主题，也可以将不同版本教材中的章节内容、概念进行优选和二次加工，重新整合后形成新主题。生物课标的“课程内容”中列出了 50 个重要概念，每一个概念对应的课本内容有多页，不同版本的教材内容与课程内容各不相同，备课时必然要选优和重组。下面以“植物的呼吸作用”这一单元的教学设计为例：

“植物的呼吸作用”单元的教学知识体系以学生学习活动为主线，围绕植物的呼吸作用这一重要概念的形成和应用依次展开。课程标准对本单元的要求是：教师帮助学生形成“在生物体内，细胞能通过分解糖类等有机体获得能量，同时生成二氧化碳和水”这个重要概念，并建议组织学生调查生产中利用植物呼吸作用原理的有关措施。教师对不同版本教材的比较研究得知，有关“植物的呼吸作用”单元知识结构，各个版本的教材基本相同（见图 7–5）。

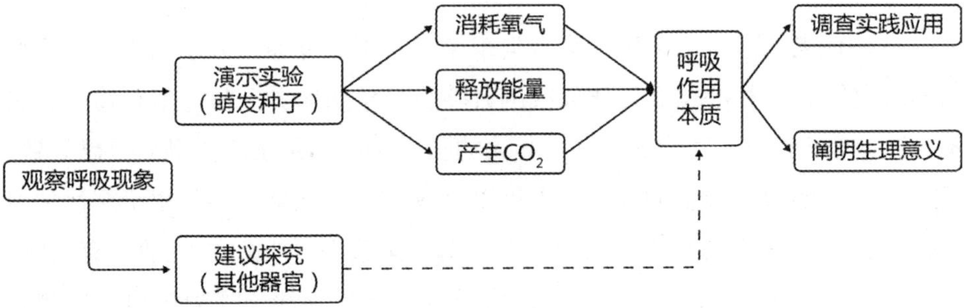

图 7–5　“植物的呼吸作用”单元知识结构

这个知识体系顺应学生的认知规律，从现象到本质、从具体到抽象，由感性到理性、由原理到实践应用，内容结构有利于学生学会学习和思维。但是教材对“细胞通过分解糖类等有机物获得能量”这个命题，却普遍缺乏妥善的应对策略，既没有设计引导学生探究的可行性实验方案，也没有提供能够引发学生联想、分析和推理的相关事实或实验资料。此外，城市中的学生难以“调查生产中利用植物呼吸作用原理的相关措施”，但教材没有作出相应的调整。针对以上问题，教师在备课过程中需对知识进行再组织、再加工和再创造，单元重构如图 7–6 所示。

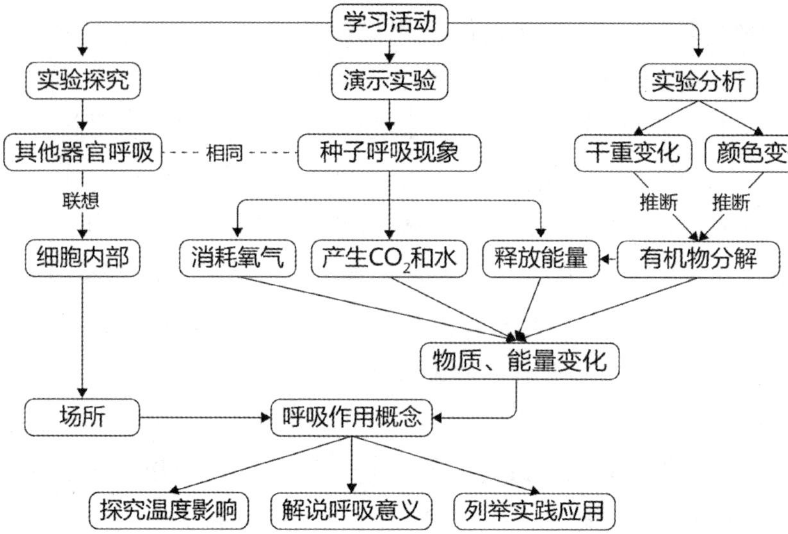

图 7–6　“植物的呼吸作用”知识重构框架

任玥僮老师通过多渠道搜集资料来突破“细胞能通过分解糖类等有机物获得能量”这个核心概念，比如我国万吨货轮“居庸关”号在航行途中，装有 3700 吨玉米的二号舱发生冒烟起火的险情。原因是玉米受潮后自燃导致。这一实例说明植物细胞的呼吸作用可以释放能量。此外，还利用研究性学习活动时间，组织学习小组成员设计并实施“萌发种子呼吸过程消耗有机物”的探究实验活动，收集和整理实验数据后，绘制成种子呼吸过程有机物含量变化的曲线图；与此同时，小组成员利用种子所含淀粉加碘液后的颜色反应，定性测定种子呼吸过程淀粉含量变化。

这些通过实验探究获得的第一手资料和检测样品，为本单元知识整合提供了丰富的素材。此外，解说植物进行呼吸作用的生理意义，列举应用植物呼吸原理与日常生活的调查资料，设计“探究温度影响植物呼吸作用”

的实验方案等活动，则有助于学生进一步深入理解和应用呼吸作用这一概念。

2. 依据知识结构逻辑与学生认知逻辑之间的关系进行重组

教材的编写顺序与学生习得知识的规律有一定区别。例如，课本正文的撰写顺序通常是：概念、例证、应用。而学生习得知识的一般规律是：例证分析、抽出本质、形成概念、迁移应用。所以，教师备课要协调课本知识结构逻辑与学生认知逻辑之间的差异，使单元知识结构及其呈现方式有利于学生的学习和思考。

课标对“内分泌系统及调节”的内容要求是：举例说明人体的激素参与生命活动调节，并建议组织学生收集糖尿病或地方性甲状腺肿病的资料。通过本单元的教学活动，学生领悟到：激素是内分泌系统分泌的一类微量、高效的信息物质，通过内分泌系统和神经系统共同调节人体的生命活动。

本单元的学习重点在于让学生深入理解激素的调节作用，但教材中的方法性知识很少，知识的结构逻辑与学生的认知逻辑也不协调。依据课标要求，概括激素参与调节的各项生命活动，以及激素调节与神经调节之间的区别与联系。本单元教学安排两课时，其教学活动流程见图 7–8。

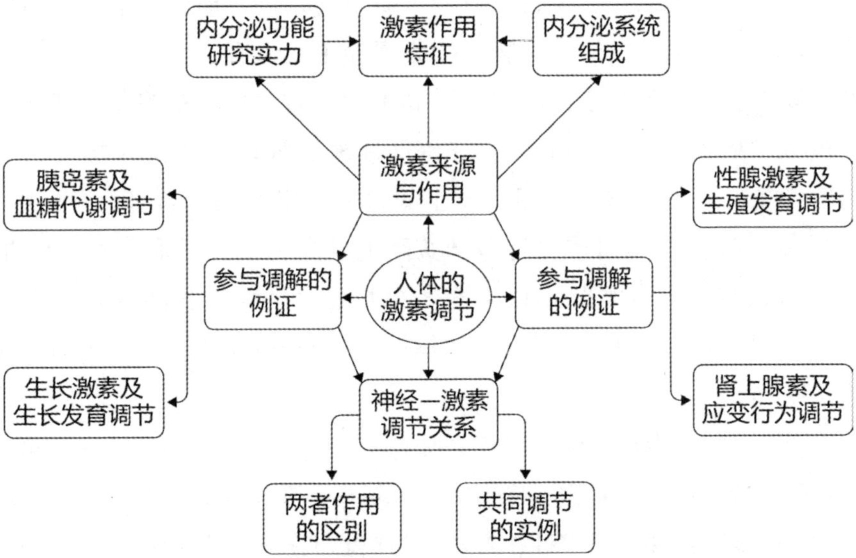

图 7–7　“人体的激素调节”单元重构知识结构框架图

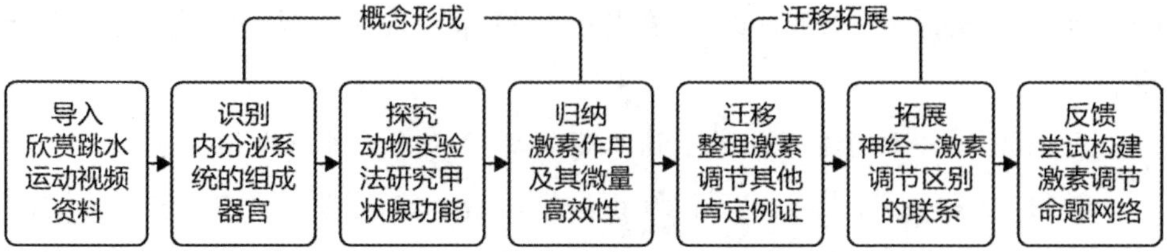

图 7–8 “激素调节”教学活动图解

通过调整后的教学安排，学生可以充分深入理解激素种类、来源、作用，以及参与生命活动调节的实例等这些既有事实性，又有概念性的知识，并进行一定识记的方法性指导和相关知识的拓展，教学效果明显改善。

3. 根据学生的学习和认知水平，对知识进行重组

教学中与课标配套的课本内容具有弹性和选择性，教师备课时需要依据学生的学习和认知水平，对其内容做出适当的取舍、调整和重组。

“课标”在“生物圈中的绿色植物”主题教学中提出，教师要帮助学生形成的重要概念有：绿色开花植物的生命周期，包括种子萌发、生长、开花、结果与死亡等阶段。依照课标精神编写的北师大版生物学课本（七年级上册），设置“种子萌发和幼苗形成”一节教材，通过本节的学习活动，学生能够识别种子结构，学会探究种子萌发的条件，描述种子萌发和形成幼苗的过程。从培育学生的生物学核心素养角度分析，本节知识结构由浅入深、逐层递进的脉络不甚清晰，不利于学生对知识体系的深入理解、贮存、提取和应用，也不利于学生进行理性思维训练。教材为学生探究种子萌发的条件创造了条件，但对学生的自主探究和创新学习尚有局限性。尤其是种子萌发的基础知识与播种实践的联系薄弱，不利于培养学生的实践能力。鉴于课本本节知识结构体系与培育学科素养间存在差距，在深度学习理论的启示下，中考复习时对有关种子萌发和幼苗形成知识加以重构。

从图 7–9 可以看出，经过马爽老师重构后，本节复习内容以种子萌发的结构基础、成苗原因、过程、应用为主线，内容较单元教学有所拓展。重构知识的结构逻辑严谨，事实性、方法性与概念性知识搭配合理，且密切联系生产实际，按其内容深度层层递进。复习方法从梳理、探究、分析到拓展，

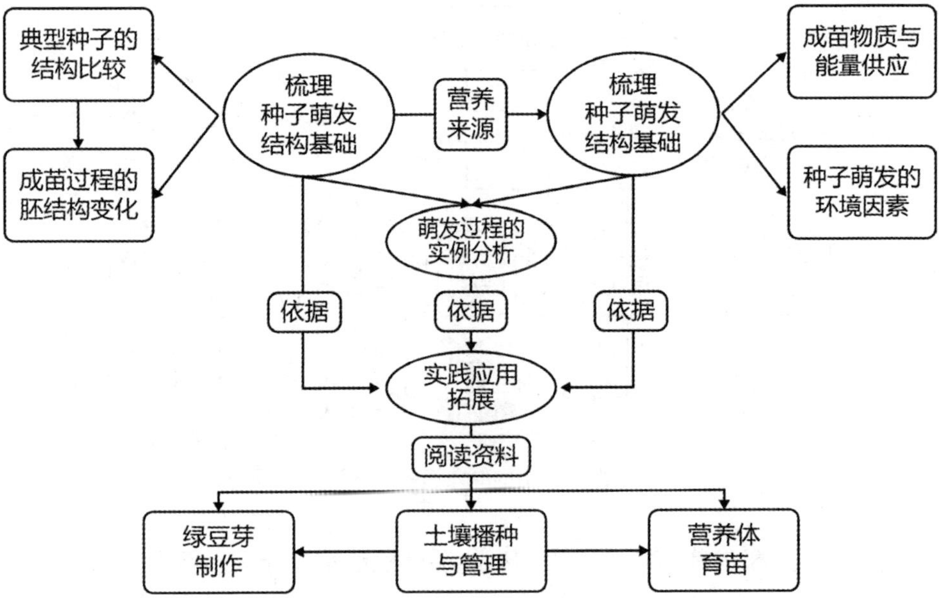

图 7–9　“种子萌发与播种”单元重构知识结构框架图

从已知到未知、从具体到抽象、从理论到实践，与学生的认知逻辑相协调。重构的知识体系有助于学生参与复习过程和培育核心素养，提升学生分析问题和解决问题的能力。

4. 结合传统文化、生产生活实际对知识进行重组

党的十九大以来，关于义务教育改革的文件一再强调要加强和弘扬中华民族传统文化、革命历史优秀文化、社会主义现代化建设创新文化。所以，教师备课时要适当更新学科知识，增加“三优”文化素材，坚持理论联系实际，这些都涉及单元知识的调整和重构。重构的单元知识结构是学习目标表述的依托，是学习活动程序编制和教学模式选择的依据。

生物中考复习主要是围绕重要概念展开的主题复习，从主题复习完成至中考期间还有几个弹性课时，教师通常设计并开展某些综合应用练习活动，进行专题复习。随着中考主题复习和专题复习的推进，学生不但认识到绿色植物在生物圈中的重要地位，而且还领悟到“生物圈中的绿色植物”主题在课程内容体系中的地位（见图 7–10），教师将植物代谢、生殖和发育等知识列入复习专题，帮助学生深刻认识生命的奥秘，从而提高生物学科核心素养。

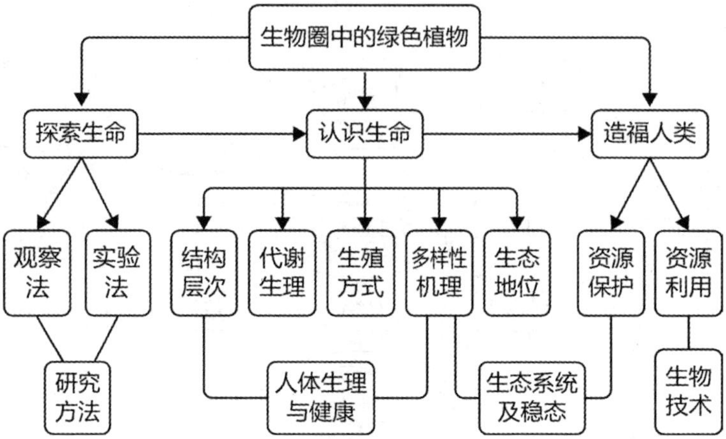

图 7-10 “生物圈中的绿色植物”主题地位示意图

许多学生家里栽培各种花卉，有的还种植油菜、韭菜、草莓等果蔬。学生周围的这些真实情境，为她们获得感性认识创造了条件，但这些感性认识难以作为学生参与互动交流活动的支撑。生物组智冠华老师根据专题复习内容，将草莓生活习性、栽培管理技术、相关基础知识进行整合，重构知识结构框架（见图 7-11）。

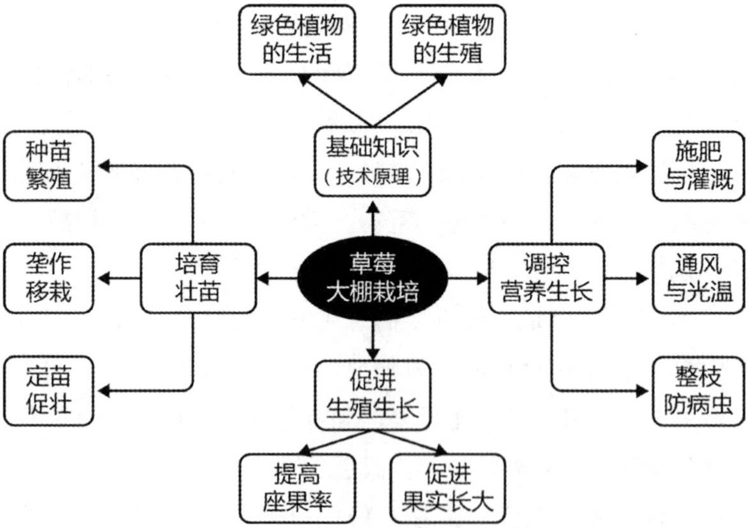

图 7-11 专题复习内容结构框架图

智冠华老师整合相关教学资源，组织学生实地参观草莓大棚栽培，聆听基地老师讲解草莓的生活习性和栽培管理技术；以草莓栽培的真实情境、技术问题引领学生参与专题复习的交流活动，使学生体会到理论联系实际的真谛，增强参与互动交流的信心。复习提纲中的阅读资料，不但帮助学生认识草莓的营养价值、药用价值和医疗价值，也体会到中华民族优秀传统医药文化的重要价值。其次，运用基础知识对草莓生长发育各个阶段的生活习性做出科学解释，最后揭示栽培技术的应用原理，提出富有创新性的问题解决方案。这种应用节点凸显了理论联系实际、学以致用的特色，是综合应用的最高层次。

（二）生动课堂重视优化教学方式

《中共中央国务院关于深化教育教学改革全面提高义务教育质量的意见》中强调，课堂是实施素质教育的主阵地，要优化教学方式，切实提高课堂教学质量。文件提出“坚持教学相长，注重启发式、互动式、探究式教学，并融合运用现代信息技术与传统教学手段，开展情景教学”，这个纲领性文件为解决“怎么教”的问题指明了方向。

以李学凤老师的“植物的蒸腾作用”单元教学为例。为了解决好“怎么教”的问题，使蒸腾作用的知识体系顺应学生的概念学习和思维过程，在备课及教学设计过程中，李学凤老师将“蒸腾作用”单元知识点及活动加以梳理和重构（见图 7–12）。

李学凤老师围绕着核心概念设计创新实验并开展多种学习活动，首先提出问题“为什么说大树底下好乘凉?”在众说不一的时刻，由部分同学演示

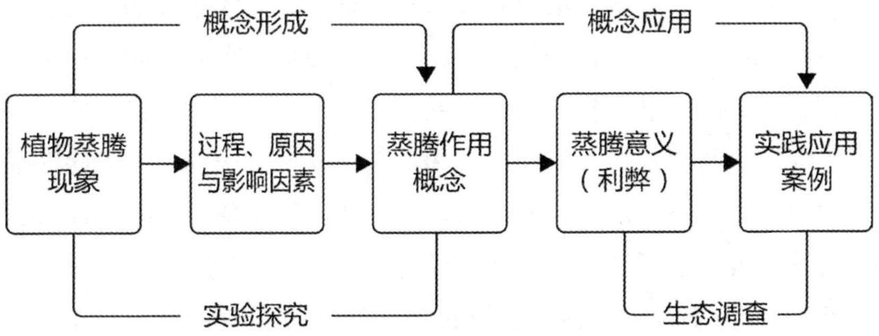

图 7–12　“蒸腾作用”单元知识点及活动框架图

他们课前制作的植物蒸腾实验装置，用水珠产生的真实情境启发学生思考：这些水的来源及其转移形态，学生不难作出判断：植物体内的水分以气态形式散失到体外空间，由此导入蒸腾作用教学。教学时，首先启发学生依据蒸腾现象，对植物体内水分的变化态势（事件）作出判断，即液态水—气态水—扩散体外。进而依据叶片内液态水存储的空间，推断水化气的发生部位、必要条件及影响因素；依据叶片内水蒸气暂存的空间结构，推断水蒸气扩散的主要通道、限定条件及影响因素。然后，通过表格形式将上述推断加以比较与归纳。

表 7–11　推断植物蒸腾作用发生的过程与原因表

发生过程		发生原因	
事件	发生部位	条件	影响因素
水化气	叶肉细胞表面	水受热	光辐射、气温高
气扩散	叶表皮气孔	气孔开启	水分多、叶硬挺

对气扩散通道及气孔状态的推断，则需要设计实验进行验证，通过交流同学们取得共识：在温度适宜条件下，含水量高的叶片硬挺，气孔开启；萎蔫的叶片，气孔则关闭。然后，学生亲自制作菠菜叶片临时玻片标本，观察叶片含水量对气孔开闭的影响。实验结果证实：气扩散主要是通过气孔实现的。这些启发式、互动式、探究式的教学方式环环相扣，将本节课的重点难点逐一突破，学生像悬疑探案一样一步一步深入探究植物蒸腾作用的过程、场所以及原理，在体验中学习，实现知识的同化、能力的提升。本节课的创新之处在于打破传统的讲授式教学方法和单纯的情景式教学，真正使学生成为学习的主体，通过思考、实验和观察等多种方式，收获知识、提升能力。

《生物学课程标准》在人体生命活动调节这部分要求教师帮助学生形成的重要概念有：神经系统和内分泌系统调节人体对环境变化的反应及生长、发育生殖等生命活动。在其具体内容和活动建议栏目中要求学生能够描述神经系统的组成，概述人体神经调节的基本方式，并观察人或动物的某些反射活动，说明其意义。因此，以课程标准为依据编写的各个版本的教材都在“神经调节”一章中设置“神经系统的组成”“反射是神经调节基本方式”等学习单元，反射在此单元中占有的地位如图 7–13 所示。

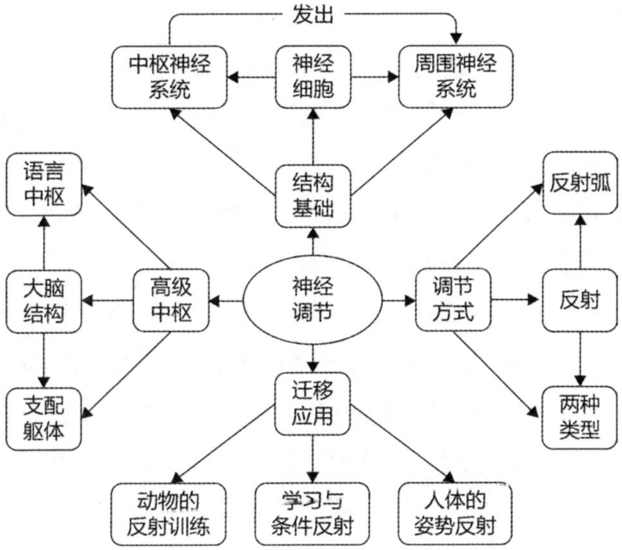

图 7–13　“反射”概念单元在“神经调节”一章的地位示意图

“反射是神经调节基本方式”单元包括：反射、反射弧、非条件反射和条件反射等知识点，教师对“反射是神经调节基本方式”单元教学程序的设计见图 7–14。

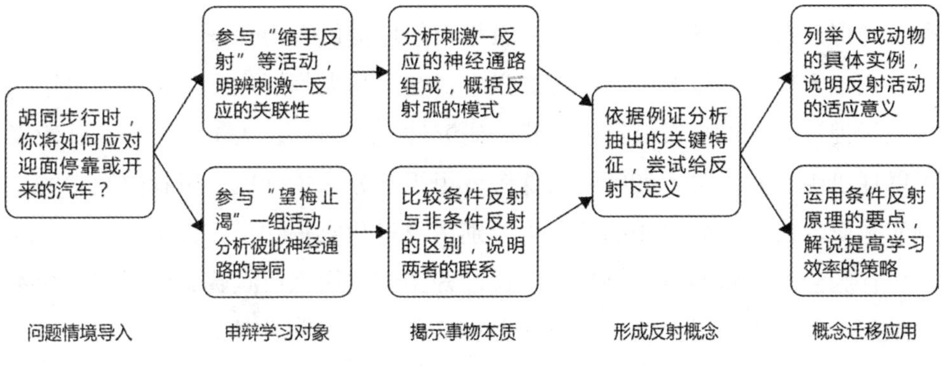

图 7–14　反射概念教学设计思路

首先请同学们议一议：当你行走在胡同里，迎面开来一辆汽车时，你将怎样应对呢？如果是一辆停靠的汽车挡着你的去路呢？无论你是“让路”还是“绕行”，都是通过判断对汽车（刺激）做出的防卫性反应。人与动物对刺激产生的反应称为反射。由此导入本单元课题——反射是神经调节基本方式。接下来组织学生参与缩手反射活动，明确反射是刺激引起的机体反应。然后，鼓励学生们思考、议论并列举亲身体验或观察过的一些反射活动，他们先后说出膝跳反射、搔痒反射、眨眼反射、吮吸反射，以及躲闪反射和掩耳反射等。进而教师借助投影展示植物向光弯曲生长图片，让学生观看受刺激的含羞草小叶合拢的视频，让学生明辨这些实例属于反射概念的否定例证，从而促使学生认识反射与应激性的相似性，以及两者之间的本质区别。为了帮助学生进一步理解反射弧是实现反射的结构基础，再以缩手反射的神经通路为依据，引导学生用层级概念图的形式对反射弧的固定模式加以归纳，并依次解说反射弧各部分结构的功能特征。这样，不仅引领学生完成由形象思维向抽象思维的过渡，而且为概括出各种反射活动共同的本质特征做好铺垫。接下来探索“望梅止渴”的神经通路，课前对学习小组长进行培训并向各个小组布置具体任务，该教学环节由学习小组长负责组织本组成员的探究学习活动。师生共同尝试依次构建该组唾液分泌反射的反射弧模型，并进一步引导学生区分两种反射的本质区别，最后以现场观察仓鼠逃生实验来让学生领悟反射的适应意义。通过一系列环环相扣的教学环节使学生把动手与动脑结合起来，将探究学习与理性思维融合起来，学会学习和思维，培养创新意识和解决问题的能力，让学生在真实的实验活动中体验反射这一重要概念的形成过程，从而为提高课堂教学有效性提供有力保证。

在“人体的激素调节”单元教学中，智冠华老师引领学生开展“用甲状腺激素促进桑蚕幼虫发育”项目化的研究性学习活动。为了验证甲状腺激素可以促进生长和发育，教师早在课前就组织部分学生开展了甲状腺激素的动物实验研究活动，研究小组的学生分别用蝌蚪和家蚕幼虫作为实验材料，采取甲状腺激素与饲料混合饲喂法，设计并实施“探究甲状腺激素影响动物生长发育”的实验计划，同学们在历经 45 天的实验过程中，坚持按时饲喂、观察、测量和记录，获得具体翔实的实验数据，并分析数据得出结论。教学时，教师让参加研究活动的学生汇报设计的实验方案和实施过程，展示整理实验数据而绘制的两组曲线图（见图 7–15），之后让全体学生共享这份动物实验探究成果，分析实验数据并得出结论：微量的甲状腺激素对动物生长发育有显著的促进作用。

初中教材中没有系统地介绍蛋白质性质及其影响因素，学生对蛋白质结

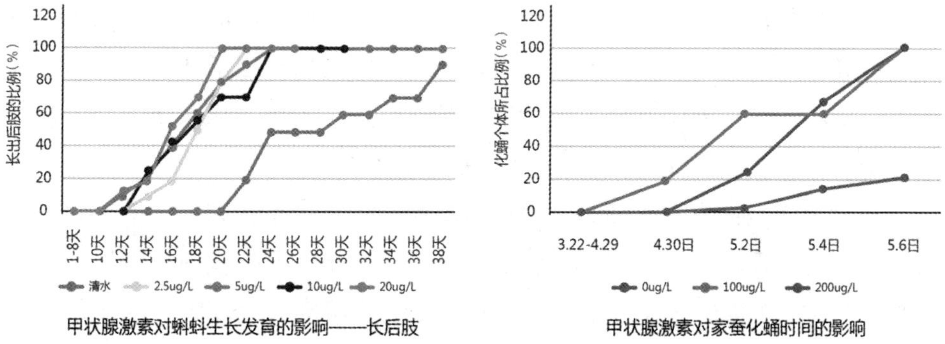

图 7–15　甲状腺激素对蝌蚪和家蚕生长发育影响的曲线图

构、性质和功能三者的关系理解不透彻，很难认识和理解蛋白质结构与功能的关系。为了让学生探讨和认识蛋白质变性的概念和影响因素，赵竹老师通过学生兴趣小组开展研究性学习活动，研究日常生活中导致蛋白质变性的环境因素，用不同凝固剂制作食用豆腐，并分析制作过程中用到的原理（见表 7–12）。开放的探究性学习活动，使学生真正理解了蛋白质的结构和功能之间的关系。

表 7–12　探究重金属离子影响蛋白质性质的实验数据及分析结论

编号	A	B	C	D
样品（2ml）	清水	蛋清	牛奶	豆浆
处理（硝酸铅液）	0.5mL	0.5mL	0.5mL	0.5mL
实验现象	无变化	迅速凝固	快速黏稠	渣样沉淀
分析结论	Pe^{2+}（重金属离子）能够使蛋白质沉淀			

教师以课外小组探究蛋白质性质实验初步尝试挖掘和捕捉教材中的生活信息，围绕某个重要概念开发一些生活化、趣味性的探究学习活动。这样的教学实践，使实验探索不仅有助于提高教师自身的专业素质，而且有助于扩大学生的知识视野，提高学生学习生物学科的兴趣，培养学生的生物学科核心素养。

近年来，学校生物组教师加强集体备课，认真研读教材和相关教学资料，尝试单元教学知识重构；课堂教学重视开发各种教学资源，探索传统教学手段与现代信息技术的融合应用，尝试开展研究性学习活动，重视积累点滴经验和提升教学水平。五年来，组内四位教师先后承担了 9 节市、区、校级示范课和研究课展示活动。疫情期间精心打造 7 节市、区级线上课，并积极参加各级各类教学比赛，取得了理想的成绩。

教学论文是促进学生核心素养发展的经验总结，是在教学理论指导下进行教学研究和课堂教学实践与创新的结晶。生物组教师们撰写教学经验论文 9 篇，先后有 4 篇论文在《生物学通报》等国家级刊物上发表，在北京师范大学举办的“全国教材经验交流”大会上进行说课展示。这些活动提升了教师的业务水平，为教师成长提供了新的机遇，帮助教师以一个新的视角去理解和诠释生物教育事业，这些都会不断激励教师们更加坚定不移地秉承不断提升教学业务水平的目标而继续努力前行！

五、立体化打造学科活动体系，全方位发挥历史育人功能

历史学科活动是历史课堂的有效补充与历史学习的有效载体，对于历史教育实现育人功能有着潜移默化的作用。华夏女中结合学生特点、学段特点、学校特点、学科特点，聚焦“主题学习”，基于课程标准要求、指向核心素养培育、体现学科融合与能力综合，设计并建构了兼具综合性、主题性、多样性、阶段性、开放性、发展性的初中历史学科活动体系，并努力使历史学科活动成为常态教学中培育核心素养的有效途径。初中历史学科活动体系的建构对进一步贯彻“立德树人”的教育方针，促进学生全面成长与教师专业发展起到积极作用，也为“双减”政策的落地提供了学科视角和实践思路。

（一）铸魂育人：构建初中历史学科活动体系的背景

1.以“立德树人”为目标，发挥学科育人功能

作为人文学科，历史学科的优势在于蕴含着诸多教育因素，使学生在学习历史的过程中不断提高思想品德，成为全面发展的社会主义建设者和接班

人。在“以活动促发展”的理念下，历史教师可以积极开展课内、课外的学科活动，突破课堂时间、空间的限制，补充课堂教学的不足，让学生在参与、体验、实践中体会、感悟、成长，从而得到全面的发展。

2. 以教育改革为方向，提升学生核心素养

学科活动是培养学科核心素养的重要教学手段，以活动的形式有效补充传统课堂教学的不足。而构建学科学生活动体系，让活动更有设计感、针对性，并形成支持能力、素养提升的阶梯，让学生学起来轻松、高效且有趣，可以更好地提高学生的学习能力、实践能力、创新能力。

3. 以“双减”政策为要求，实现学业减负增效

提质、减负、增效一直是教育改革的目标与方向。2021 年 7 月 24 日，“双减”政策正式出台。在“双减”的大背景下，初中历史学科活动更应充分考虑学段特征与学生情况，融趣味性和知识性于一体，调动学生的积极性，起到减轻学生负担，提升作业质量的效果。课后服务等要求也为历史学科的学生活动开展提供了更充分的时间、空间保障。

（二）聚焦主题：构建初中历史学科活动体系的实践

在初中历史教育中，强调基于历史主题和结构化知识学习的“主题学习”有助于学生发挥自己的个性，实现从浅层学习到深度学习的转变，已成为一种趋势。在充分开发和利用历史课程教育资源的基础上，聚焦历史核心学习主题开展形式多样的历史课内、课外的学生活动，既是历史课堂教学的有机延伸和拓展，也是提升学生学科核心素养、促进学生深度学习的有效手段。

本文所说的基于“主题学习”的初中历史学科活动，是指围绕历史学科主题进行的学习、体验与探究活动，既包含依据统编版初中历史教材的既定单元与课程内容开展的历史活动课，也包含以统编版初中历史教材为基础进行整合与设计的学科活动，还包含与历史主题密切相关的跨学科的体验与拓展的学科活动。华夏女中基于“主题学习”，以内容贯通、形式结合的方式设计了一系列符合课程标准、指向核心素养、适合于初中不同学段的立体化的历史学科系列活动，并逐步构建了较为完整的初中历史学科活动体系，主要包括以下类型的活动：课堂活动课程、课后学科活动、研学体验活动、校本选修课程、历史兴趣小组以及依托于市区资源开展的社会大课堂等。

（三）科学施策：初中历史学科活动设计和实施的原则与策略

构建初中历史学科活动体系不等于众多活动的集合体，而是要有一以贯之的设计理念，结合实际情况体现学生、学校、教师的相关特点，形成学科活动设计与实施的系统性，为学生搭建培养学生能力与素养发展的阶梯，促进学生的全面发展。

1. 活动目标：指向核心素养，突出综合性

历史学科活动是学科课程的有机组成部分，根植于课程标准，应围绕历史学科的核心素养设计与开展。初中历史学科活动的设计目标，除学业能力与学科素养外，更期待学生在参与、体验中通过动手提升实践能力，通过探究提升创新意识，通过展示收获更多自信，以促进学生的全面发展。

"复兴之路"——中国近代史大事件图文展

初二历史备课组组织了中国近代史大事件图文展活动。活动形式为以班级为单位创作主题图文展板（百年忧患、同仇敌忾、民族复兴、觉醒时代等），组成年级长卷，布置在年级楼道，以"复兴之路"的形式呈现，既复习巩固知识，提升逻辑思维，又锻炼学生能力，展现创造才能，促进合作交流，同时还可以培育家国情怀。

2. 活动内容：明确学习主线，保证主题性

为更好地观照知识间的内在联系，揭示知识背后蕴含的价值，实现高质量的深度学习，历史学科活动要尽可能摆脱某一节课的具体知识内容。活动在内容设计上应以教材为参考，在单元或者阶段的基础上进行整合，在历史发展主线的大单元或者大阶段的学习目标下进行设计，借助活动的形式为学生创设深度学习的情境，让学生围绕具体学习内容，在认知、思维、情感、意志等方面全面参与和全身心投入，运用已知的历史知识和学科思维方式实现自主学习。在主题学习下进行个性化学习，是以学习者的直接经验为基础而对学科知识的综合运用，是对学科逻辑体系的超越。

表 7–13　华夏女中初中历史学科活动主题

<table>
<tr><th>学段</th><th>教材内容</th><th colspan="2">活动大主题</th></tr>
<tr><td rowspan="2">七年级</td><td rowspan="2">中国古代史</td><td>传统文化</td><td rowspan="6">史料阅读
史学入门</td></tr>
<tr><td>考古文物</td></tr>
<tr><td rowspan="2">八年级</td><td>中国近代史</td><td>抗争探索</td></tr>
<tr><td>中国现代史</td><td>发展成就</td></tr>
<tr><td rowspan="2">九年级</td><td rowspan="2">世界历史</td><td>多元文明</td></tr>
<tr><td>国际视野</td></tr>
</table>

3. 活动类型：实现全员参与，注重多样性

从学生参与的角度上，一方面，历史学科活动要确保每个学生都有机会参与到活动中来。所以在主题与形式的选择上应该考虑大众化的需求，选择学生能接受和参与的形式。另一方面，还要考虑参与学生的个性与特长，关注学生的特殊性。教师可以根据学生的兴趣、爱好、特长、个人意愿，综合各方面因素，可以开设兴趣小组、选修课，设计以集体为单位的参观学习活动，或者在不同的活动中组成活动小组，通过分工合作的方式完成活动任务。初中历史学科活动体系应包含个体、小组、集体等多种形式，努力满足每一个学生的发展需求，使全体学生都能从不同角度和不同方式展示自我，实现成长。

少年历史论坛

“少年历史论坛”由北京师范大学历史学院主办，以历史论文为载体，以小组展示和大会展示为导出，引导年轻学子进行历史研究和历史论文撰写，在北京市乃至全国中学界影响广泛。对于初中阶段的学生来说，并非全体同学有历史研究和撰写历史论文的意愿与追求，但一定会有对历史感兴趣，志在尝试或从事历史研究的同学愿意参与论坛活动。为满足这部分同学的发展需要，历史教研组带领部分同学组建兴趣小组，修习历史论文写作，并参加第三届、第四届全国少年历史论坛活动，提交优质论文 11 篇，3 名同学的论文获评全国优秀论文，并进行了论坛展示。历史论文的写作有助于学生进行历史学习、提高阅读和思考深度、广度，能够促进学生关注国家、社会与人类的重大问题，也有

益于学生涵育创新意识，锻炼了分析问题和解决问题的能力，提升了历史学科素养，增强对社会、对国家的责任意识。

4. 活动设计：尊重发展规律，体现阶段性

在实际一线教学中，教师普遍能够感受到七、八、九年级学段的学生在认知、表达、理解等方面存在差异。因此，历史学科的活动设计也应充分尊重学生的发展规律，考虑学生的学段特征，体现出活动设计的阶段性。七年级，是小学阶段向初中阶段的过渡时期，历史学科作为学生新接触的一门学科，活动应重参与、重体验，提升学生对历史学科的感性认识，提升学生对历史学科的兴趣；八年级，是学生青春期典型特征的爆发期，学生已经掌握了学科学习的基本方法，活动应重实践、重创造，满足学生个性发展的需

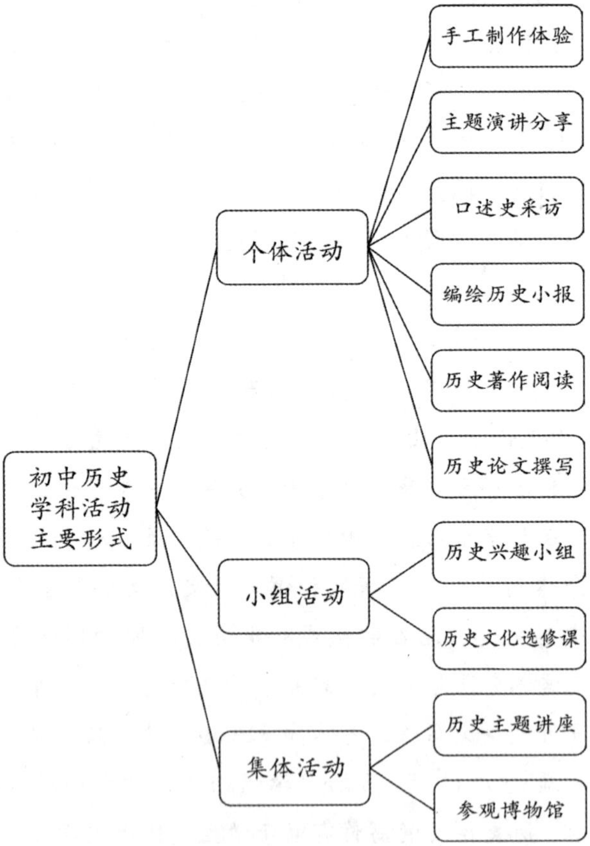

图 7–16　初中历史学科活动的主要形式示意图

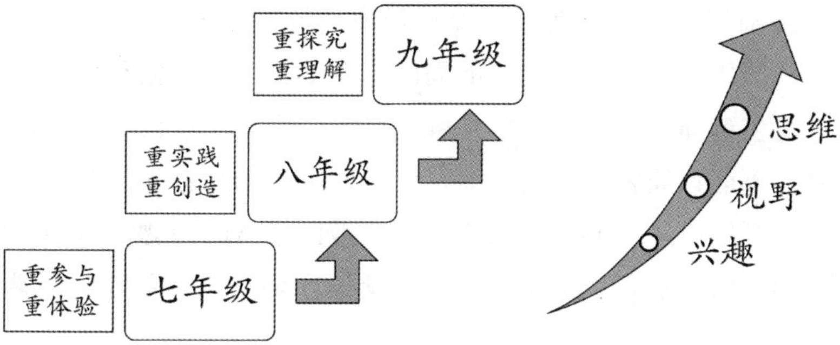

图 7–17　初中历史学科活动的学段设计

要，开拓学生视野，并逐步提升学生对历史学科的理性认识；九年级，基于中考的需要以及学生素养发展的需求，学科活动应尽可能地提升学生的思维能力，并提高实效性，重探究、重理解，为学生的中考复习以及升入高中阶段奠定坚实基础。

“古人的生活”——陶泥、竹筒制作体验

历史学科是升入初中的学生要面对的一门崭新的学科。在七年级初始阶段，学生的思维发展与认知水平还没有明显提升，也没有形成对历史的理性认识，没有掌握历史学习的学科方法。为了充分调动学生的学习兴趣，教师首先要把课堂教学设计得丰富多彩，同时要多采取活动的方式让学生参与、体验，在感受中加强学生对历史学科的感性认知，逐渐过渡到理性思考的阶段。在七年级上学期，初一历史备课组以“传统文化”为主题设计学科活动，利用课堂活动课，让学生进行陶泥、竹筒制作。在陶泥活动课上，教师带领学生了解了中国古代陶器悠久的历史，认识了种类丰富、用途多样的陶器，初步体验古人捏制陶器的过程。在竹筒活动课上，教师带领学生梳理了我国书写材料的变化过程，以“里耶秦简”为例指导学生认识竹简的史料价值，以小组合作的形式体会竹简的制作、书写过程。

5. 活动资源：突破课堂教学，突出开放性

《义务教育历史课程标准》提倡教学方式、方法和手段的多样化。华夏

女中学生基础较好，思维活跃，视野开阔，对历史学习有兴趣、有热情。因此教师开展历史学科活动更不能局限于课本，应当深化和拓宽，尽量为学生提供可供选择的余地，用好课程、个人、家庭、社会等活动资源。活动的地点也不应该局限于教室，而可以走向宽广的社会生活领域，比如以家庭为单位开展口述史调查，利用好北京地区丰富的博物馆资源进行参观学习。活动的时间也可以从课内向课外延伸，充分利用寒暑假、课后服务时间。

“京史子集”——北京历史文化资源调研报告集

初二历史备课组为学生设计了寒假作业：北京历史文化资源调研（中国近代史部分）。本次活动以“近代史的北京”为时空线，以“人、事、物”为内容线，以“背景、内容/过程、影响”为结构线进行设计。学生利用假期参观北京地区与中国近代史有关的博物馆、遗址遗迹，如圆明园、北大红楼、卢沟桥等，并制作相关调研报告，在开学后进行课堂展示。在此过程中，学生充分利用了个人、教师、同学、家庭、网络以及北京地区的文史资源进行学习，即个人搜集资料、实地参观，小组合作探究、家庭亲子参观、教师学法指导。北京历史文化资源由学生调研、总结，因此本活动借古籍之名命名为“京史子集”。

6. 活动评价：追求多元评价，重视发展性

评价的主要目的是为了全面了解学生的学习历程，激励学生的学习和改进教师的教学。首先，在评价的实施过程中应注重评价主体的多元化，注重教师评价、学生自我评价与同伴评价的相互结合，还可以增加家庭评价与社会评价。其次，美国心理学家加德纳的多元智能理论认为人至少有七种不同类型的智力。历史学科活动体系在评价内容上应具备多维化特征，即从单一角度评价转向多角度评价，从甄别式评价转向发展性评价，给予学生多元评价、正向反馈，保留学生的发展空间。最后，历史学科活动体系涉及活动种类丰富，因此评价方法也应多样化。活动评价方法可以包括非正式的一般性了解（比如口头提问、观察和非正式的谈话等），日常性的学案填写与纸笔测试，开放性提问，活动成果展示、交流、学科竞

赛评比等。

以手绘史——中国近代史主题漫画大赛

创作历史漫画是学生喜欢的方式，它用灵活多样的手段，复习历史知识，展示学生作品，有助于打破传统知识竞赛模式的桎梏，让趣味与深度并存，引人开怀、发人深思、启人心智。八年级历史漫画创作大赛与作品联展向学校各个年级的学生家长开放展示和投票，包括线下、线上两个部分，并欢迎学校各位老师参与评选。通过收集问卷，得到了众多好评与反馈。活动评价的主体包括教师（指导和点评）、学生（提交个人认可的最佳作品）、同伴（评比展示）、家庭与社会（评比展示）。评价的内容包括学科知识、学科思维、艺术创作等多方面。评价的形式为活动成果展示、交流与学科竞赛和评比相结合。在评比过程中，兼顾学科性、艺术性与综合性，设置各类奖项，满足学生的多元发展需求。学生作品也可以择机参加全国中学生历史漫画大赛。

（四）且行且思：构建初中历史学科活动体系的思考

1. 以活动促发展：利于学生全面发展

活动的主体是学生，学生的成长发展是最能体现活动的价值与意义的。一方面，从活动目标的落实上看，活动有助于学生从知识、能力、素养等方面得到提升。另一方面，从学生参加各种历史学科活动的反馈以及学生结束初中阶段历史学习的总结来看，学生的收获不只是一个作品、一次体验，还有在知识、兴趣、视野、能力、素养等方面播下的“历史”种子，不论是正在等待萌发还是已经破土而出，都会为学生的高中学习打好底子，为学生的终身学习奠定基础。各类活动也为学生搭建了班级之外的展示平台，有助于学生增强自信、收获成长。

2. 以活动促发展：促进教师专业发展

借助学科活动展开教学活动，是对教师能力与素养的考验。第一，教师需要具备较强的开发学科活动的设计能力。历史学科学生活动在没有标准教材的基础上，突破原有的课程结构，在相对广域的课程环境中自主、自由、灵活地引导学生选择活动主题或课题，安排活动过程与评价标准，实现教学目标。第二，教师需要具备较全面的跨学科知识。历史学科活动多为跨学科实践与体验。为设计出合理且有效的活动，构建初中历史学科活动体系，历史教师必须有针对性地学习、充电。第三，教师还具有较强的组织学科活动、管理与协调能力。历史教师的知识、能力与素质，都在构建初中历史学科活动体系中得到了充分锻炼。近几年，华夏女中全体历史教师均以骨干教师或核心成员的身份活跃在学校的各级教育教学团队中，在教学之外也承担着管理、培训等工作，部分教师担任区级兼职教研员，多次承担区级以上公开课，撰写的论文、案例也多次荣获国家级、市级、区级等奖项。

3. 以活动促发展：助力学校持续发展

历史为国家要求开设的必修课程，初中历史课以统编教材为依据，以唯物史观为指导，使学生通过学习，掌握基本的历史史实，形成正确的历史认识。而在课后，借助历史学科活动，学校有计划地开设人文历史类选修课、组建人文历史类社团、设计以历史文化为主题的研学或实践活动，有助于打破学科间的界限，培养学生对事物的整体认识能力。构建初中历史学科活动体系，设计适合跨学科融合的学科活动，打造涵养人文精神、提升人文素养的文科综合课程，形成文化氛围浓郁的校园风气与积极向上的生态，可以助力实现学校的培养目标，促进学校的持续发展。

构建初中历史学科活动体系是华夏女中结合学生特点、学段特点、学校特点、学科特点，通过三年的实践、规划、总结，进行的一次尝试。该体系聚焦主题学习，兼具综合性、主题性、多样性、阶段性、开放性、发展性，注重知识传授和素养提升的同步进行，在一定程度上弥补了历史常规课的不足，形成了对能力、素养的发展阶梯，有效提升了学生在历史学习中的自主性、探究性、开放性、社会性与实践性，使之成为实现历史学科功能的有效途径，进一步促进了学生的全面成长、教师的专业发展，并有助于在“双减”政策背景下更好地发挥学校的教育功能。该体系尚在建设与完善之中，也存在诸多不足，期待在持续改进之下，能为初中历史学科活动的设计开展、体系建构提供更多可借鉴、可操作的实践策略和方法。

六、以研促教，创新变革，组建研究型物理教研组

2015 年，华夏女中融入实验教育集团，同年教育部提出学科核心素养要求，2017 年物理学科核心素养确定。华夏女中物理组在实验教育集团的引领下，借助教师成长项目专家指导得到快速成长，在变革创新中逐渐发展为研究型教研组。教师们研究教学教法，通过参与课题研究、撰写论文、做公开课等活动，不断进行探索与实践。

（一）物理学科核心素养

物理学科核心素养是学生在接受物理教育过程中逐步形成的适应个人终身发展和社会发展需要的必备品格和关键能力，是学生通过物理学习内化的带有物理学科特性的品质，是学生科学素养的关键成分。

物理学科核心素养包括物理观念、科学思维、科学探究以及科学态度与责任四个方面。

物理观念：从物理学视角形成的关于物质、运动与相互作用、能量等的基本认识，是物理概念和规律等在头脑中的提炼和升华。

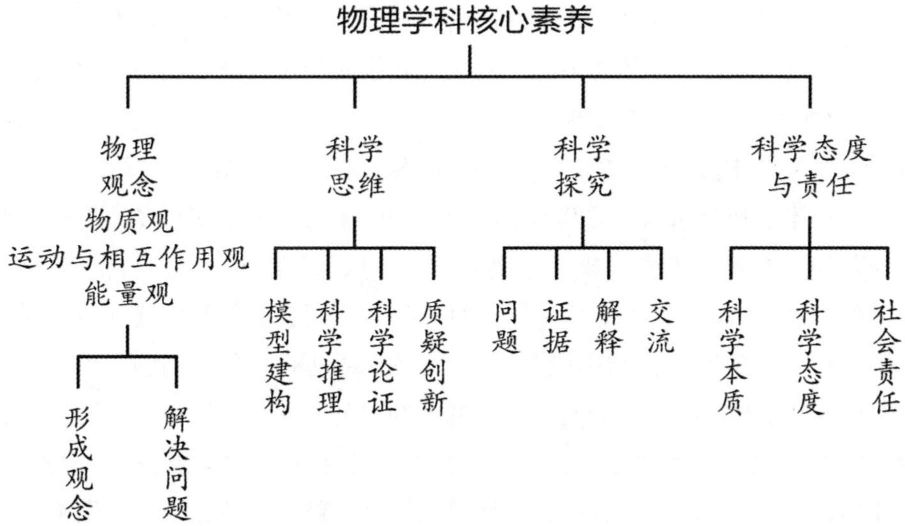

图 7–18　物理学科核心素养示意图

科学思维：从物理学视角对客观事物的本质属性、内在规律及相互关系的认识方式，是基于经验事实建构理想模型的抽象概括过程；是分析综合、推理论证等科学思维方法的内化；是基于事实证据和科学推理对不同观点和结论提出质疑、批判，进而提出创造性见解的能力与品质。

科学探究：提出物理问题，形成猜想和假设，获取和处理信息，基于证据得出结论并做出解释，以及对实验探究过程和结果进行交流、评估、反思的能力。

科学态度与责任：在认识科学本质，理解科学、技术、社会、环境（STSE）的关系的基础上逐渐形成的对科学和技术应有的正确态度以及责任感。

简单地说，物理课的核心教学目标就是传授知识、培养能力、指导方法、启迪智慧、提升分数、造就人才。为此要求教师从专业知识上进行深入研究。

（二）基于物理核心素养培养策略的研究

1. 变革课堂教学方式，优化学生学习课堂

2015年，华夏女中成为实验集团的一员，新环境、新契机、新挑战、新生源要配有新的、更适合的教学模式。新课程和合校更要求以学生发展为本，课堂上突出学生的主体地位。但是华夏女中生源层次不同与提高课堂效率形成了一对尖锐的矛盾，为了解决这一矛盾，物理组教师尝试着在课堂上实施分层设问以提高学生学习物理的兴趣和解决物理问题的能力，找到了适合华夏女中学生发展的教学模式。

学生从初中升入高中后，学习的课程难度加大，思维由感性上升为理性，由具体上升为抽象，尤其对于高中物理的学习，更是使很多学生感到困难与苦恼。有些原来学习成绩不错的同学，成绩有了很大的滑坡。究其原因，是因为进入高中之后，学生的个性智能在学习任务加重的情况下表现出明显差异，很多学生上课能听懂，在老师的引导下可以分析问题，但一旦没有了老师的引导分析，遇到复杂一些的问题，就无从下手了。一方面，由于学生的智力水平、理解能力、学习习惯等因素不同，学生出现了很大的层次差异；另一方面，合校后年级班级规模缩小，班级人数也少，学生参差不齐，很容易受到周围学生的习惯影响。统一的教学模式已经不能满足学生的

个性化需求，因此针对学生出现的层次差异，教师们尝试过“翻转课堂”“分层教学”“分层设问”等方法。经过一段时间的尝试，在习题课中尝试着采用分层设问教学模式，在一个班级人数少、全部是女生的课堂中收到了较好的教学效果。

在实施分层设问教学过程中，通过所设置的问题，让不同层次的学生回答不同难度的问题，让她们在探讨与分析过程中，应用所学知识，学会表达、化难为易，让层次高一些的学生分析较难的问题，层次低一些的学生分析较易的问题，互相研讨，共同学习，然后总结出解决问题的基本思路和方法。

在高一物理课上，教师有效地针对学生的差异设置符合学生认知规律的不同问题，坚持因材施教的原则。根据学生的差异特点，有的放矢，因势利导地采取不同的教育措施。差异教学就是依据这一原则，要求教师从不同层次学生的实际出发，处理好集体教学与个别教学的关系，在面向多数前提下照顾好少数，对学生的差异赋予不同的要求，使所有学生都能在原有的基础上得到发展与提高。充分调动学生的主体作用，使他们在目标导向下主动学习，收获成功，得到激励。

2. 加强科普阅读指导，拓展课堂阅读教学

在研究女校分层教学的基础上，物理组教师还对女校初中物理教学课堂拓展阅读教学进行尝试，形成适合女校的研究策略，开展了通过物理科普阅读提升初中女生物理核心素养的实践研究。

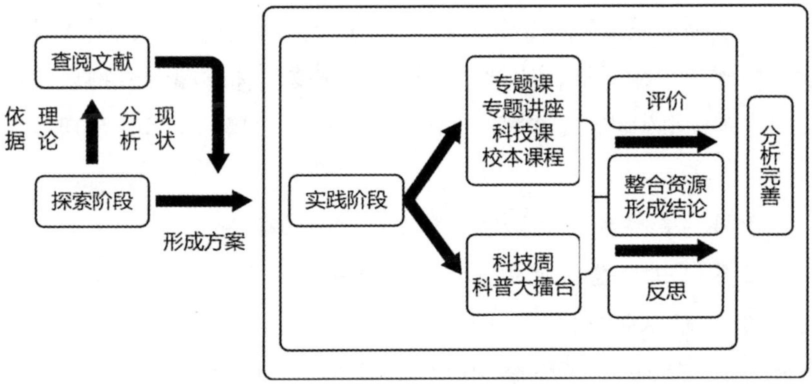

图 7–19　操作层面路线（实施流程路线）

理论层面路线（体现课程实施中各维度之间的关系）

视角：性别影响学生阅读兴趣，女生阅读关注度与男生不同。

认知：教师引领关注物理科普阅读，增强科普类阅读量。

思维：学生系统学习如何进行物理科普阅读，提升物理学科思维。

规律：运用物理学科思维，联系实际问题，寻找相互关系，实现由解题（一对一）到解决问题（一对多）的模式的转化。

（三）物理学科核心素养培养的教学实践

经过五年的教师成长项目系统培养，物理组依照科学的研究途径，制定出可操作的研究策略，教师们在一线授课中将理论与实际结合起来，形成优质的实践成果。

1. 物理核心素养下的生活化教学实践

学生对“时间”有充足的生活经验，有个性化理解，同时也运用过大量的测量时间的工具，亲身经历过测量的过程，部分学生通过网络、科技馆等途径了解到其他的时间测量的器械。这些学生已有的知识储备有助于深化对该概念的认识，在学生已有的生活化经验之上，教师设计了该课的教学，并通过实际教学进行了实践和反思。

（1）基于物理观念，重现生活情境

人们常说有些学生对物理很容易入门，学习起来容易“上手”，对物理有“感觉”，这些容易上手的感觉其实就是学生对生活的直觉。有丰富生活体验的学生，在学习物理时会有更多的感知。所以联系生活就是物理课堂中的一项必要工作，教师就是要找到最符合学生认知的生活实例，穿针引线般地将生活情境与物理情景相对接，让学生身临其境感受和体验蕴含着物理知识的生活现象，进而觉得生活就是物理，物理就在身边。如对“时间”的理解：

教师问：“同学们，说说你们自己对时间的理解。”

学生答：“老师您提问用了 5 秒，这是时间”“这节课 40 分钟，这也是时间”“现在是 9∶05”……

教师问：“5 秒、40 分钟、9∶05，这几个时间你是怎么知道的？”

学生答：“教室前面挂着表”“我戴着手表（电子表）”“手机也能

看”……

教师问：“这么多答案都对，这些都是能够测量时间的工具，谁给讲讲怎么用这些器材？”

学生答：“太简单了，指针指哪就读哪，显示器显示几就读几！”

教师问：“那指针、显示器怎么变化啊，有没有什么规律啊？”

学生答：“每过一秒钟手表秒针走动一格，手机显示器一秒钟秒位上变动一个数。”

教师问：“总结得很到位，手表、手机是不一样的东西，但在测量时间的方法上却有相同的部分，这是……”

学生抢答：“秒针（电子屏）都在随着时间有规律地改变！”

如果教师只问什么是时间，这个问题太大，学生的答案会过于发散，如果只让讲讲怎么测量时间，学生会觉得生活经验都会，太过简单。教师恰恰要掌握好引领学生在感受生活经验的同时又能总结出新的认知观念，这样学生会觉得生活中有物理，用物理提升对生活的认知。

（2）基于实验探究，挖掘生活本质

如“时间”一课的实验部分。

教师问：“同学们总结生活中测量时间的工具，它们都满足‘某物体（指针）随时间规律的变化’，那么物理实验室也有满足该特性的测量工具——秒表。”

学生练习使用秒表，并与生活中常用的表做对比。

教师问：“我们会使用秒表了，那小组成员能否利用老师给的器材（秒表、螺母、不同长度的长细线多根、铁架台）完成书后‘动手动脑学物理—4’的问题（结合图中单摆，测出摆动一个来回的周期并做一个周期为 1 秒的摆）呢？”

学生陷入沉思，部分小组讨论并尝试结合书中图组装器材并测量。

教师问：“各组都组装并尝试测量周期，哪组跟我们说说你们的设计及过程？”

表 7–14　学生展示操作方案表格

学生方案	操作步骤	操作后学生小组讨论评价
一组	将单摆上拴好的螺母举到适当高度，松手释放时开始计时，当摆回到最高点时再摁表计时结束	多次测量后发现各组数值相差较大，故这种操作误差大，不宜使用
二组	在方案一的基础上将手放到螺母会通过的最低点，开始释放计时，手感到疼（螺母打到）计时结束，测出的时间乘以 4 就是一个来回的周期	由于测量时间过短，且不同人反应时间不同，测量误差较大

教师说："设计的方案理论都对，实际操作误差就较大，能否改进测量方法减小误差呢？"

学生再沉思，答："多次测量可以减小误差，我们可以做 10 次测出总时间再除以 10 就是一次的周期。"

操作后学生小组讨论评价：该方法能较准确地测出单摆周期，其中老师给的 1 米的摆长做的摆周期刚好是 1 秒。

教师 ppt 展示老式摆钟，学生恍然大悟，原来这个简单的摆就是民国时期家用钟表的雏形。

（3）基于科学思维，总结生活共性

相似的物理情景，一定存在某种"共性"，而这个"共性"其实就是其物理原理。作为任课教师应该从生活实例出发，与学生一起通过观察找到共性表象，构建出物理模型，通过科学推理，层层剥开生活的"茧"，探究其内在的理性本质，然后站在生活的"内心"去理解其"外在表象"。以"时间"一课的拓展部分为例，教师带领学生追寻历史足迹，体会物理科学思维的核心思想。

教师问："我们现在用手表、电子表测量时间，实验室用秒表，民国时期用摆钟，那古代人用什么测量时间呢？他们那时可没有能生产这些精密仪器的水平。"

学生答："书上介绍了日晷。""我看电视，外国那时用沙漏。"

教师问："都对，我国早在夏朝就发明了优于日晷和沙漏的仪器——漏壶（ppt 展示三种测量工具的图片），三种古代的测量工具结构相差很大，那你们能结合老师放的视频（仪器使用方法）总结一下这些仪器的共性原理吗?”

学生沉思。教师用视频展示各种仪器的使用过程。

学生答:“这些仪器都有某个部分会随着时间有规律地变化。”

学生抢答:“老师，那就是只要能满足物体随着时间有规律地变化就都能当测量时间的工具，那我能设计出新的测量工具!”

教师说:“期待你的新作品!”

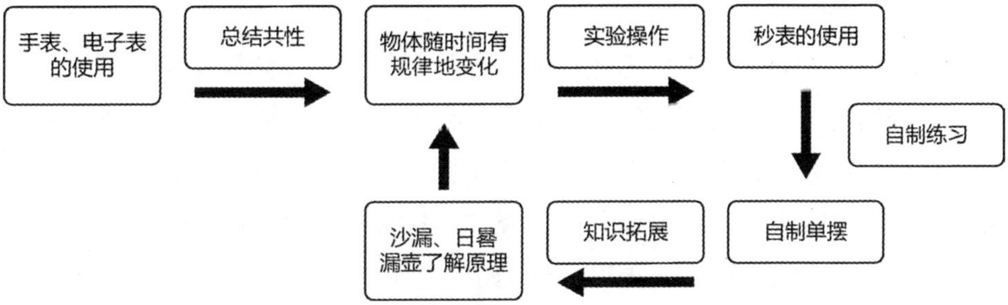

图 7–20　整节课教师的引导情境图

2. 物理核心素养下的阅读类课程教学实践

（1）立足课本，由此及彼，挖掘章节阅读资料——读进课本

课堂拓展阅读是针对教材和课堂教学而言的，离开了教材就无所谓课内外衔接，也就谈不上向课外延伸，所以物理课堂拓展阅读要建立在用好教材的基础上。用好教材的关键在于教师在钻研教材时要精选、深挖，使拓展的面与课堂知识点有机地联系起来，并在课堂教学中恰到好处地实施。

在实际教学中有以下案例：在讲授人教版八年级上册《机械运动》这一节中，常规的授课内容是让学生会认识长度、时间物理量及换算并运用测量路程与时间的测量工具，但能力较强的学生会发现书上的小资料中给了 1 米和 1 秒的定义。如 1 秒定义为：铯 133 原子振动 9192631700 次所需的时间为 1 秒。这个定义让初学物理的学生觉得太过深奥，在看过定义以后再问学生什么是“时间”？学生会觉得与以往认知产生巨大差异，很难作答。为了突破这个难点，教师在尊重课本的基础上，又选取了课后《科学世界——国际单位制》和《科学·技术·社会——伽利略对摆动的研究》两篇文章进行拓展延伸，第一篇带领学生理解为何要制定国际单位，对课本中物理量及单位的制定有完整的认识，第二篇文章让学生了解古人是如何认识时间这个物理量的过程，从观察现象—提出疑问—给出猜想—实验证实，进而发现摆的等时性，从而可以用摆来测定时间，随着科技的进步测量工具的精度提升，单位时间的定义也越发精准。教师通过借助课后的小资料及拓展阅读，引领学生对课堂知识的深入理解，同时也对课堂内容做了拓展延伸。

（2）结合资料，走进中考，剖析中考科普阅读——读懂中考

2015 年，中考增设了科普阅读题，通过考题可以考查学生物理知识与实际生活的联系，这要求教师要带着学生回归课本，重视物理科普。结合近 6 年的科普阅读题，考题类型主要涉及“前沿科技”“物理学研究方法”“科学常识”“初高中衔接科普知识”等，如果漫无目的地让学生全面阅读科普、科学知识，看似增加了学习广度，扩大了学习视野，但实则是增加了学生的学业负担，故教师要适当整合，利用有限教学时间制定适宜学生选读且针对中考的相应教学内容。

又如初中物理的常用研究方法之等效替代法在很多个实验中都会涉及，常见的有平面镜成像、力的合成、等效法测未知电阻，它们分别体现在以平板玻璃替代平面镜、合力作用效果等效于分力作用效果、已知阻值与未知阻值作用等效。单从授课内容上看，除了研究方法用到“等效替代”法这个词外，好像没有其他共同之处，这时我们不妨结合中考科普阅读，深化理解这个方法，将实验中的共同点进行连接整合。在初三下学期复习课中让学生阅读 2018 年丰台区科普阅读文章《等效替代》，文章中特别形象地利用“曹冲称象”这个故事阐述了该方法的精髓，学生阅读后总结发现曹冲称象分为以下四步：1. 大象上船。2. 划刻痕。3. 大象下船，石头上船。4. 石头加到刻痕处，则大象重等于石头重。而且 1、3 步不能颠倒，必须先上未知物体再上已知物体。于是小组进行讨论，发现其他使用该方法的实验也都采用如此原理。以其中的等效电阻为例，学生有如下总结：

表 7-15　要素分析情境表

要素	曹冲称象	特殊方法测电阻
一个未知的不能直接测量的物体	大象	未知电阻
一个能体现"等效"的工具	有刻印的船	电流表（或其他仪表）
一些质量可知的物体	石头	电阻箱（或其他元件）
两次要分步操作不能同时完成	先称象后称石头	先接通未知电阻支路再接通已知电阻支路（两个开关）

如此的授课方式使学生感觉中考科普阅读并不难，而且还特别有用，可以将不同种类的知识进行联结整合，放在复习课中让学生利用科普阅读解决以往所遇问题，也更能激发学生充分利用潜藏的已有知识，学以致用，同时也让课程更加生动有趣。

总之，教师需要在学生与课本知识、中考内容之间搭起一座桥梁，引领学生在巩固课本知识的同时联系到考试，不仅更接地气，而且还能提升对固有知识的认识能力。

特级教师扈之霖老师曾说过："阅读是人类的第一核心要素，要从物理课堂培养学生的终身阅读能力。"在落实核心素养下的当代物理教学中，课堂拓展阅读必须要立足课本，又要跳出课本，把学生带进更全面的物理世界。这样不仅会大大提高物理学习的兴趣，更重要的是培养了学生的物理综合素养，进而才能把物理课上获得的物理素养在生活中得以拓展延伸。

近些年来，华夏女中物理组借助教师成长项目，从培养途径、培养策略开始研究，通过特级教师面授指导，物理组制定出《物理课堂评价标准》，并完善了课堂评价的研究过程，进而形成了女校物理课堂教学课程评价体系；通过导师五年来的听评课以及在专家指导下进行的区级科研月展示课、优效课堂展示课以及多次区级研究课的教学实践，检验了物理组在研究培养途径和培养策略的理论方法，并完善了研究过程，使教师在能力水平上得到了提升，在教学资源上整合出《女校初中物理教学简案集》，得到了经实践后的物化成果，并最终形成了华夏女中物理组教学研究的可操作可借鉴的研究方法。

第八章 “双减”落地，培养德智体美劳全面发展的建设者

中共中央办公厅、国务院办公厅印发的《关于进一步减轻义务教育阶段学生作业负担和校外培训负担的意见》于 2021 年 7 月正式出台实施。“双减”政策的根本目的是强化学校的育人主阵地作用，让教育回归育人本质。对学校而言，这一政策的出台既是机遇也是挑战。怎样满足大量校外培训机构撤出后学生的个性化需求？如何实现配套教育的有效供给？怎样发挥课堂的引领和主导作用，提高教学效果？如何真正通过教育教学，全面提升学生的学科素养，培养学生的公民素质？……这些都成为摆在教师面前亟待解决的问题。几年来，华夏女中各学科教师始终把“立德树人”作为教育教学的根本目的，把全面提高学生知识能力、思维和价值观作为追求的目标。教师们在打造校本课程、创设学科特色社团活动、引导学生自主探究和发展方面做了大量尝试并积累了大量经验和成果。

一、超大单元体育教学

“双减”，减的是作业和校外培训负担，“增”的是质量和效果，学校教学对体育课有高强度高密度的要求，让孩子们懂得好体能的重要性，在“双减”政策提出之前，华夏女中已经在实施大单元教学，为了更符合教学改革的要求，华夏女中制定了更科学的大单元教学计划并付诸实施。

(一) 超大单元体育教学设计的出发点

真正达到“双减”的要求，实现体育增质、增量的目标，除了有政策保障、资源保障外，更需要的是学校对这项工作的指导和体育部门对工作的扎实推进。因此，在开展超大单元教学计划前，学校需要制定一个指导工作开展的方针。

1. 落实国家教育发展战略

教师是体育教学最基础最重要的落实者，通过听会议、学文件、请专家等方式，引导一线体育教师了解国家的“双减”政策，理解体育与“双减”的关系，指导教师工作的发力点。

围绕“双减”政策，通过教会、勤练、常赛的方式，旨在实现“享受乐趣、增强体质、健全人格、锤炼意志”的全方位育人目标。

2. 制定学校体育培养目标

体育的《课程标准》谈到体育与健康课程的核心素养包含运动能力、健康行为、体育品德三个方面。

在体育运动学习中，学生能掌握一至两项体育技能，提高身体素质，灵活使用技战术，是学习的基本要求。在学习后，学生懂得运动的比赛规则，拥有该项运动的专项意识，并且能够诠释运动的精神，约束自己的运动行为，则是进阶要求。最后，运动后，学生能了解该项运动背后的文化，并且能将运动的规律迁移到其他运动中，能将运动的精神迁移到生活中，诠释体育运动的精神，则是高阶要求。

在培养目标上，学校旨在培养全面发展、独立自信、智慧优雅的现代女中学生（WISE Girl）。因此，制定的学校体育核心素养的培养目标是通过知识学习、技能组合、项目综合学习、体能素质提高和拓展学习达成，使学生拥有出色的体能素质、综合的球类运动能力以及全面的身体活动能力。在健康行为上，拥有良好的运动习惯，能制定自我运动处方，检测并调整自己的身体健康情况，能自我调整情绪状态。在体育品格方面，使学生体现相互尊重、团结协作、敢于冒险和超越自我的精神。

体育教学改革后，教师的发展需要制定新的目标。除了要拥有学科教学素养、学科教学视野、学科教学能力这些基本条件外，还必须拥有学科创生能力。新的教学改革要求一节课堂中包含“学练赛评”四个内容，那么，教师在教学时也要采用更多变的教学方式，比如，通过引入学习、问题学习、体验学习、讨论学习等激发学生的学习兴趣与热情。创设教学情境，给学生一个真实的场景，帮助学生实现教学内容的巩固，发现学习过程中出现的问题，找到解决问题的方法，这是教、学、评三者的融合，也是学生提高练习密度和强度的重要手段。另外，学生是一个情绪不稳定、行为多变的个体，体育教师在教学时也会涉及生理、心理、数学、物理、社会等多学科交叉的内容，因此，体育教师应该具备多学科的知识储备和教学能力。

3. 体育教师全员参与超大单元体育教学设计

要将超大单元的计划落到实处，需要整个体育团队每个体育教师的参与。华夏女中采用的方法是，首先实行备课组长轮岗，以备课组为单位，每个人负责一个超大单元的教学设计，最后提交备课组长修改。全组进行商讨，对大单元中学习目标的确定、教学设计、学习内容的安排、学习收获以及成效进行评估，听取修改意见，确定该年级的三年教学计划并实施。经过实施、评价、修改，最终生成可循环、较完善的超大单元设计内容。

（二）符合校情、学情的超大单元教学设计

《义务教育体育与健康课程标准（2021 版）》在设计思路中明确提出“根据学生的运动兴趣和运动需求，3—8 年级在六类专项运动技能系列中选择运动项目进行完整、系统的大单元教学；在 9 年级可以让学生选择运动项目进行学习”。

其中，六类专项运动技能包括：田径、球类、体操、游泳或冰雪、武术、民族民间传统体育活动。单个运动项目的内容又包括基本知识与技能、技战术运用、一般体能与专项体能、规则与裁判方法、观赏与评价、展示与比赛 6 个部分的内容。华夏女中根据文件的规定与要求，结合校园环境、设备现状，设计了符合学情的体育教学计划。

表 8-1 华夏女中初中阶段体育教学计划表

核心素养目标	学段	学习项目	内容要点安排	课时
拥有出色的体能素质，能自我调整情绪状态；相互尊重，激发体育学习兴趣	7年级上	田径类：跑的能力	1. 理论知识学习：(1) 奥运会田径类项目的分类及介绍；(2) 不同类型跑者跑姿及肌肉纤维的构成；(3) 冬奥会冰雪项目介绍及分类 2. 技能：团队拓展游戏、短距离跑、接力跑、障碍跑 3. 一般体能与专项体能：臀、腿、腰、腹、上肢体能课程；折返跑耐久训练、爆发力训练 4. 规则与裁判方法：技能教学项目裁判的方法教学 5. 展示与比赛：运动会裁判与运动员的参与	45
		体操类：支撑能力	1. 理论知识学习：(1) 运动处方制定的原则与方法；(2) 体操项目分类及介绍；(3) 体操项目的作用及需要的素质 2. 技能：体操技巧、支撑跳跃、双杠 3. 一般体能与专项体能：臀、腿、腰、腹、上肢体能课程；胸大肌、肱三头肌爆发力、耐力训练 4. 规则与裁判方法：体操项目支撑跳跃与单杠项目的评分标准 5. 展示与比赛：跳山羊接力赛、体操全能赛	45
	7年级下	田径类：跳的能力	1. 理论知识学习：(1) 运动损伤的应急处理；(2) 心肺复苏方法教学；(3) 田径跳跃项目分类及讲解 2. 技能：跳远、三级跳远、跨越式跳高、背越式跳高 3. 一般体能与专项体能：臀、腿、腰、腹、上肢体能课程；跳跃能力训练 4. 规则与裁判方法：田径跳跃类项目裁判的方法与教学 5. 展示与比赛：年级田径跳跃比赛	45
		武术	1. 理论知识学习：(1) 武术项目的分类及介绍；(2) 教学内容视频展示 2. 技能：健身短棍、健身南拳、武术对练拓展 3. 一般体能与专项体能：臀、腿、腰、腹、上肢体能课程；柔韧素质、灵敏素质、平衡能力训练 4. 规则与裁判方法：健身拳、棍的评判方法 5. 展示与比赛：比武大会	45

续表

核心素养目标	学段	学习项目	内容要点安排	课时
综合的球类运动能力，能制定自我运动处方，敢于冒险、团结协作	8年级上	篮球	1.理论知识学习：(1) 篮球竞赛组织与编排；(2) 篮球运动发展概述 2.技能：篮球基本技术、篮球战术组合 3.一般体能与专项体能：臀、腿、腰、腹、上肢体能课程；变向能力、灵敏素质 4.规则与裁判方法：篮球比赛执裁方法教学 5.展示与比赛：篮球球操比赛、篮球技巧比赛、年级篮球赛	90
	8年级下	排球	1.理论知识学习：(1) 排球竞赛组织与编排；(2) 排球运动发展概述 2.技能：排球基本技术、排球战术组合 3.一般体能与专项体能：臀、腿、腰、腹、上肢体能课程；弹跳能力、爆发力 4.规则与裁判方法：排球比赛执裁方法教学 5.展示与比赛：排球垫球比赛、年级排球联赛、师生对抗赛	90
拥有全面的身体活动能力，拥有良好的运动习惯，超越自我	9年级上	1.田径类投的能力 2.指向中考的专项练习	1.理论知识学习：(1) 体育锻炼的重要性；(2) 体育中考选项分析会 2.技能：实心球、中考三项技术动作巩固 3.一般体能与专项体能：全身综合素质训练 4.规则与裁判方法：中考三项的考核要求 5.展示与比赛：体能挑战赛	50
	9年级下	1.指向体育中考专项练习 2.拓展课程	1.理论知识学习：(1) 体育中考考前准备会；(2) 中考总结会 2.技能：体育中考专项训练，瑜伽、ZUMBA、拓展活动、有氧减脂操 3.一般体能与专项体能：全身综合素质训练。 4.规则与裁判方法：中考考核方法教学 5.展示与比赛：中考模拟、体育中考、舞蹈大赛	50
拥有突出的专项运动能力，拥有丰富的体育运动知识，在生活中诠释体育运动精神	课后服务	学生自主报名的拓展课程学习	1.理论知识：(1) 舞蹈表演观演；(2) 排球比赛观演；(3) 芭蕾舞演出观演；(4) 龙舟赛观演；(5) 歌舞剧演出观演 2.技能：排球、篮球、啦啦操、舞蹈、田径、皮划艇 3.一般体能与专项体能：全身综合素质训练 4.规则与裁判方法：专项体育技能的裁判方法 5.展示与比赛：西城区中小学生篮球比赛、排球比赛、啦啦操比赛、舞蹈比赛、田径比赛、龙舟赛	

这个体育教学计划表安排了田径类跑、跳、投的能力，体操类支撑能力，武术，球类中篮球和排球的能力学习，落实大单元教学的要求，让每一个单项学习都在40课时以上。在每一个单项学习时，安排了理论知识的学

习、一般体能和专项体能练习、技能学习、规则与裁判方法、展示与比赛等内容。真正实现新时代大单元改革中培养学科核心素养、进行深度学习、体现项目特性、创造真实情景、实现学练赛一体化的核心理念。

（三）超大单元教学落实的关键要素

有些内容在三年的教学当中占的比例较大，应如何开展进阶性学习？有些单元的技能教学，需要多方面的提高才能达到技能培养要求，应该如何开展教学？现就关键要素的落实方法进行介绍。

1. 体能训练

体能训练，是每一个单元都需要学习的基础能力，因此，每一个年级都有一个完整的单元体能训练计划，每周安排一节体能训练课。

体能训练的形式如下：课程开始后，学生围成一个圆圈，教师站在圆圈中间。在音乐的伴奏下，以简单有趣的有氧动作为基础，相应进行各关节的活动，在每次相应活动后融入手臂、背部、胸部、腰腹部及臀腿部的力量练习动作。在练习的最后融入综合的素质练习，以提高学生的体能素质。例如，快速摆臂对提高 800 米和 1000 米冲刺阶段的力量是非常重要的辅助练习，将快速摆臂的练习安排在体能训练课程中上肢力量训练之后进行，让力量训练与快速爆发力的训练融合到一起。另外，在全身力量训练及高强度的高冲击步伐练习后，加入 30 米的加速跑练习，让学生在身体疲劳的情况下，对心脏进行再刺激，可以提高学生的心肺耐力，是在身体出现极点时轻松克服极点的较好方法。

这种体能训练形式，不受场地的限制和天气的影响，大大提高了阴雨天气体育课的利用率，学生运用自身重量的练习方法，在保证时间的前提下对某一个部位进行不同节奏的反复刺激，可以提高肌肉耐力，保证课堂训练强度，更有利于身体素质的提高。

2.“学、练、赛、评”如何在教学设计中显现

学习，主要针对新知识，体现递进学习的关系。以排球单元为例：初二阶段，学生进行垫球、下手发球等基本技术的学习，同时对排球规则有一定的了解。初三开展排球技术组合单元学习。教学的主线是围绕传球、扣球、上手发球等技术进行教学，帮助学生掌握关键性排球技术。进而通过不同位

置的传球学习，五人接发球、一三二接发球阵形的战术配合，实现学生运动能力、健康行为、体育道德三个核心素质的提高。

练，主要是针对学习的新内容，运用多样的练习手段和方法。第一个排球单元，学生已经学习了垫球、下手发球，在这个基础上学习传球、扣球、上手发球的技术动作，掌握动作要领。在排球学习的第二个单元，学生要进一步掌握传球的技术及赛场应用方法，学会网前 2 号位和 4 号位传球的动作要领，通过练习，不断提高成功率。

赛，主要是提高学生兴趣，丰富教学，实现教学目标。在排球单元教学中，能够在二传成功的基础上，在比赛中成功进行扣球过网。在教学比赛中，能够运用五人接发球、一三二接发球阵形的战术配合等，使学生达到更高的目标。

评，主要是评价学生的课堂表现，动作技术的完成情况。让学生客观认识自己的水平，懂得欣赏评判一场比赛，养成良好的锻炼习惯，提高安全锻炼的意识与能力。在比赛出现失误或发挥失常时，能在教师的指导下自我调整情绪，主动交流，通过同伴的互助，激发向上的情绪。

（四）持续性评价超大单元体育教学效果

持续性评价是根据教学设计制定目标，在整个教学过程中，通过各种手段，评价学生的学习效果是否达到预期的一种手段。在大单元教学设计中，持续性评价应该分为教师评价及学生评价两个方面。

表 8–2　教师教学效果的评价

时间	评价目标	评价任务	评价标准	评价方式
课前	教学设计的合理性	检查教学设计“学练赛评”四个方面	是否在“学练赛评”四个方面进行合理的安排，有恰当的教学过程	查看教学设计
课中	提高身体素质	检查课程强度、密度是否达到学生锻炼目标	教学精炼、训练频次多、训练强度大	查看学生的心率、是否出汗
课中	教学场景设计合理性	教学情境的创设是否合理，是否能激发学生的学习兴趣	组合练习密度大、学生积极主动练习	观察学生的参与状态、出汗程度、参与人数

续表

时间	评价目标	评价任务	评价标准	评价方式
课中	技能掌握	通过比赛，观察学生对教学技术、教学组合的掌握程度	比赛当中，学生能自如运用教过的技术，运用组合技术	教学技术、组合的使用次数统计
课后	课程及时调整	根据学生情况及时调整教学安排	能否在总结中及时发现学生问题，在下节课中及时调整	观察老师的评价语言

对于教师的持续性评价，可以通过课前查看教案的方式，帮助教师找到教学设计中存在的问题，完善大单元教学设计。课程改革后，体育课最基本的目标是促进学生的身体健康，因此，课堂教学强度和密度是评价教师课堂是否务实的重要指标。另外，比赛和教学场景的设计，是检测课堂的设计是否能激发学生参加体育学习的内在动力，是否能有效运用技术组合的重要手段。

表 8-3 学生学习效果的评价表

时间	评价内容	评价方式
课堂学习	积极完成练习	查看学生心率、查看是否出汗
	勇于提问	发言次数
课后练习	喜欢课堂教学	课外参与该项目活动次数
	运动积极性高	按时完成体育运动打卡
自主发展	养成体育运动习惯	参加课外比赛的次数、参加体育活动次数

对学生的持续性评价，是为了实现核心素养所进行的综合评价，目的主要是评价学生在课堂学习过程中，是否能积极地参与体育活动；课后能否真正将学习的知识应用和迁移到生活中，能够有较高的运动积极性，最终养成终身进行体育运动的习惯。这种评价主要是为了评测学生体育行为的可持续发展性，是一种激励性的评价。

总之，持续性评价是对教学全过程的检验，既能帮助教师改进教学方法，检查和总结教学目标的完成情况，也能了解学生学习的过程及表现，诊断学生的学习效果，综合评价学生掌握技能的现状和能力，是对学生知识、能力、品德及教师落实效果的综合评价，是一种积极的评价。

二、体现深度体验式领导力培养的“其美啦啦操”社团建设

集团化办学以来，如何建设具有女子特色的教学课程，探索女中学生全面发展的成长路径，是教师自主课程教学中面临的最大挑战。“其美啦啦操”社团主要通过深度体验式的学习活动，提升学生的体育技能，探索如何锻炼学生突破性别限制，激发学生的个体领导力，培养独立思考、能力突出的现代女中学生。

（一）社团深度体验式领导力培养的建构

社团深度体验式领导力是让学生在教师的“领导力”培养目标导向下，参与有课程结构、有教学设计的社团活动，在社团学习活动中掌握学科的基本思想、建构知识结构、理解和评判学习的过程，通过自我反思，生成新的知识，能够用学到的知识解决现实中的问题，形成积极的学习态度和价值观，并能够成为有影响力的领导者，带领他人一起学习，获得全方位的成长。

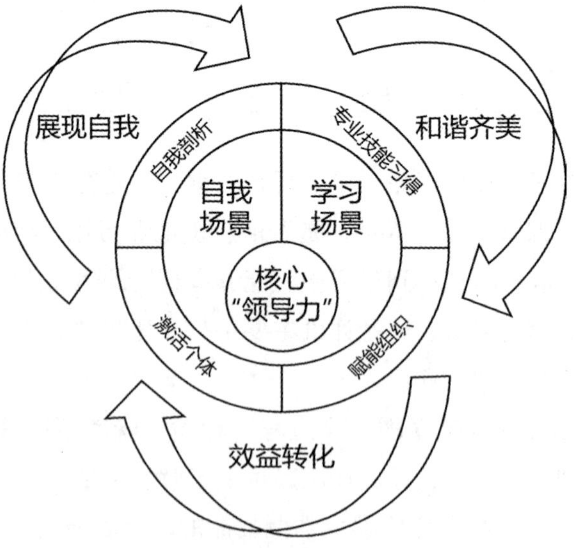

图 8–1　社团深度体验式领导力的课程结构图

啦啦操社团通过对“自我与学习两大场景”下深度体验式活动的挖掘，构建了以发展领导力为核心的课程结构。社团培养的技能目标是啦啦操专项技能，能力培养的核心是领导力的养成，即社团成员在活动中积极参与，充分展示自我，主动发展，既能互相媲美，又能和谐发展。

1. 自我场景

自我场景包含自我剖析和激活个体两个方面。

啦啦操队的种类如此繁多，成立社团后，团队应该朝着哪个方向更好地发展呢？为了让学生有明确的定位，教师首先对啦啦操项目进行了视频直观展示和语言讲解，让学生分析自己拥有的与啦啦操相关的技能优势。在成立一队时，报名的学生多半是拥有民族舞蹈基础的学生，她们认为自我柔韧性较好，身体的延展性较强，但是缺乏足够的身体控制能力。因此，一队成员认为“爵士啦啦操”更符合自身的优势，把爵士啦啦操设置为主攻方向，队员需要提高的是啦啦操学习必需的身体制动性及爵士啦啦操的专项能力。

自我剖析是对自我的认知与定位，能够促进自我生成并让学生在学习时更有动力。

激活个体包括挑战并达成目标、体育活动的广泛参与以及极限环境下的有效行为三个方面。

如何让队员们合理规划自己的时间，挑战看似不可能完成的任务呢？首先，每个人准备一个本子，按照时间顺序把自己今日要办的事写到本子上。当事情与现实时间安排冲突时，在随后的时间里，按照时间的要求完成剩余事务，将未完成的事务放置到最后完成。经过长期习惯的培养，提高对时间的管理能力。

社团活动仅为学生生活中的一部分，应该鼓励学生们积极参与学校和外界组织的各种体育活动，将社团活动的团队精神迁移到其他体育活动上。

在团队组织的过程中，教师引导、锻炼队员根据不同的场景，做出有效的行为，是锻炼学生处理问题能力的重要方式。在后台准备入场时，没有教师全程跟随，对于场地位置大小、每一个队形位置的把控、注意事项等，完全由学生自我管理。教师引导团员进行场景构建的方式是，让团员在脑海里想象即将参与的活动发生的过程，记录每一件需要完成的事。根据事件写出最有可能发生意外的情况，写出相应的措施，从而帮助学生加强领导力方面的计划性，提升领导预判未知事件并紧急处理应急事件的能力。

2. 学习场景

学习场景包含专业技能习得和赋能组织两个方面的内容。

（1）专业技能习得

专业技能的习得包括发挥个人优势、社团发展的规划、专项技能的学习以及拓展知识的深造四个方面。

在教学训练过程中，需要体现单性别优势，打造多维度的学习特色，培养学生发挥个人优势的领导力技能。具体做法是，在团队会上，每一位成员写出“我的优势”，随后回答“我的优势在本次比赛准备过程中能怎样发挥”，确定由谁去负责某件事情并落实后，要总结“我的优势发挥后效果如何”以及“获得这样的效果，我下次该如何进一步发挥优势”。经过这样的学习，突出学生的个人优势。

在社团发展的规划上，教师希望学生做到“强他人之所强，精他人之短板”。教师要带领社团成员进行自我优劣势的分析，要保留社团成员在小学阶段学习的舞蹈基本功，将其强化并迁移到啦啦操学习上。而后，尝试学习街舞啦啦操，做之前没有的内容，实现技能交叉，帮助学生提升综合技能。

专项技能的学习是成为一名出色领导者最重要的因素。在社团教学中，注重基本功的落实，保证每周进行一次体能强化练习，提高学生学习啦啦操的专项素质。

最后，通过视频和现场观摩的方式，让学生进一步了解啦啦操项目的发展水平，拓宽视野，引导学生主动思考。

（2）赋能组织

赋能组织包括个人与团队的沟通能力培养、互助解锁新技能的能力，以及个人与团队合作的组织能力。

个人与团队的沟通能力培养，主要体现在社团成员日常的交流上。教师要求学生“做有助团队成长的事，讲有利团队发展的话”。在每一次的交流中，教师要求每一位同学讲出这节课上表现优秀的三个地方。要提出批评意见时，应该先肯定优点，再提出意见，并且一定要跟上一个该意见的有效改进措施，以培养团员正向的沟通能力。

解锁新技能的能力。在技巧的学习上，教师采取的教学方法顺序是：教师讲解，单个学生示范，其余学生动作模仿，再找学生总结技术要点，教师再改进教学方式。在完整舞蹈的学习上，教师采取的教学方法顺序是：将学习的视频发给负责的团员，让她们先自主学习，再由先学会的团员在课上将学习内容转教给新团员，角色互换，最后由教师纠正。

个体与团队合作的组织能力。首先，教师会通过多次表扬的方式，树立高年级团员师姐的威信。其次，教师放权给团长，让团长拥有管理同伴的能力，树立团长的威信。通过榜样的方式，让团员间保持谦虚、持续学习的态度，提高合作效率。

（二）深度体验式领导力培养的效果转化过程

1. 目标牵引

“其美啦啦操”团队作为一个成立刚满 2 年的队伍，即将第二次参加全国比赛。为了更大程度地提高队员素质，锻炼队员们的舞台表达能力，学期末，社团紧急召开工作计划会议，与学生商讨具体事宜，明确比赛的意义，决定以展示原创作品、保留规定动作作为参赛思路。基于队伍年轻、比赛经验不足的现实，团队确立了在规定比赛中获得前三名、在原创作品中获得名次的目标。

2. 行为落实

确定参赛目标后，引导学生制订具体实施步骤。包括固定完成一周两次啦啦操技巧的练习，服从团队多数同学的选择，进行课后加训。帮助学生全身心地投入，放松情绪，认真训练，以提高排练的效率和节目质量。

3. 持续改进

在学习过程中团员们遇到了三个问题。一是技术层面的问题，动作中非整一拍的零散动作较多，在完成动作时，由于学习时间较短，身体不能很好地制动，导致动作节奏不和谐。二是整体性的问题，23 位同学不能形成很好的一致性。三是情感层面的问题，作品中有情绪的表达，不同于以往的标准化笑容，学生情绪随着音乐内容变化显得尤为重要。

在教师分析了存在的问题后，学生们召开社团会议，寻求方法解决问题。她们决定从以下方面进行改进：一是在课上认真记录老师纠正的技术要点，找到一位动作最标准的同学，录制示范视频，其余同学跟随视频完善自己的动作；二是周末加课，寻求老师的帮助，对动作进行反复打磨。在整个作品完成后，让老师找同行对作品提出修改意见；三是为了能更好地把握音乐的情感，通过反复聆听音乐，将自己代入角色落实情感。

4. 目标达成

经过这样一个具体的学习过程，学生不但掌握了具体的做事方法，还学会构建思维框架，团员们形成了做事的思路与方法，让知识具象化应用在工作中。最终，身着白色短裙、笑靥如花的华夏“其美”少女们，在饱含情感的、唯美的音乐声中完成了精彩的展示，获得了全国啦啦操联赛“公开少年乙组爵士自选”第二名的好成绩。

深度体验课程的效能转化，主要是通过教师的引导、学生的反思和主动探索来实现的。

（三）深度体验式领导力培养的效果

1. 发现个体成长关键的有效行为

首先，培养抗挫折抗压力的能力。学生们能够很好地平衡学习与训练之间的关系，在遇到学习难题感到沮丧时，依旧能在换上训练服装后，在舞台上绽放笑脸。在学习中，她们尽全力完成，但也能清楚地意识到，第一名只有一个人。就像舞台上，站在中间的只有一个人，但是，这不代表别的人不重要，没有共同的努力，就没有很好的舞台呈现。通过与团队的交往，在思考中树立正确的价值观。

其次，能找到自己的榜样，建立属于自己的风格。通过学习，学生们懂得通过网络、新闻等，寻找自己的榜样，比如科学家、专业领域内的佼佼者，等等。学生们也可以在学校内找到她们一直想要努力追赶上的人，并且不断地向榜样靠近，学习榜样做人做事的方法，学习榜样的品格特点，形成积极的引导。

最后，提高时间管理能力和自律性。通过社团课程的学习，学生们懂得了做事情要有计划性，因此，做事情从开始计划，到实施计划、总结复盘，再到评估以及再次计划的整个过程，逐渐成为学生的日常行为方式。

2. 提升新团队的战斗能力

团员们共同商讨，制定了社团章程，明确了社团的目标、宗旨、社团基本义务、队员的基本义务、权力、纪律等社团组织细则。她们能够在学习的过程中，总结经验，并撰写成文。通过总结，反思，达成共识，制订和落实行动计划。在比赛过程中，出现问题时，她们能及时地进行调整修正，对存在的问题进行总结反思，促进了工作的不断完善和优化。

（四）建立多元化评价体系

在团队建设的过程中，教师采用多方面的评价方法评价学生的进步。通过课堂学习是否能够专心听课，是否积极模仿教师动作，是否敢于对不理解的地方提出质疑来评价教学质量；通过学生是否能跟上动作节奏、是否能做示范动作、动作是否标准来评价课堂学习效果；通过课后学习打卡是否及时、自学动作的节拍数量、技术动作完成的个数来评价学生对课后复习的掌握程度；通过课后参加体育活动的数量、体育活动的时间长度来评价学生自主发展的能力。

总之，通过多元化手段评价学生在课堂上的收获。学生在进行自我评价、他人评价、事物评价时，总能发现自己和他人身上存在的闪光点，看待事物总是正向的、阳光的。同时，学生从评价中也能分析自己和团队存在的不足，精准找到问题并提出解决方法。

三、以合唱团为载体探索女校音乐教育发展之路

合唱是声乐的最高形式，国内外在合唱方面进行的积极探索，已有几百年历史。华夏女中近年来开设了丰富的适合女生发展的特色校本课程。学校音乐组教师发挥自身特长，以校合唱团为载体，注重女生生理、心理特点以及音乐学科的综合属性，探索出以音乐为本、提高审美素养，学有专长、提高专业技艺，丰富校园文化、平衡教育生态，构筑学科综合、注重创新实践的适合女校合唱发展的特色艺术教育之路。华夏女中合唱团为童声合唱团，始建于2017年，合唱团成员全部来自初一、初二年级女生，学生年龄基本在12岁—14岁，是学校规模最大、人数最多的校级社团。从2018年至2021年，华夏女中合唱团两次参加“西城区学生艺术节”合唱展演，均

获银奖，并于2021年在“北京市学生艺术节合唱展演”中荣获金奖。

（一）建构适合女生特点的音乐教育课程体系及内容要素模型

华夏女中音乐教育以合唱团为载体，扬长避短，研究开发出由音乐必修课、音乐专修课、实践活动课和综合融合课四大课程模块构成的女中音乐教育课程体系和内容要素模型。

1. 华夏女中音乐教育课程体系

在多年教育教学实践中，华夏女中逐步形成了以音乐必修课为基础，以合唱团为主体，与选修课相融合，形成兼收并蓄、交汇融合的音乐教育课程体系。

音乐必修课程——创设丰富的课堂实践活动，提高全员合唱水平。音乐必修课由唱歌课、欣赏课、拓展课三大要素组成，在教学中，根据初中女生的嗓音特点，加强对变声期嗓音的保护，深入挖掘、整合教材中的曲目资源，选择适合学生的音乐作品进行教学。

音乐专修课程——通过“合唱团”和“视唱练耳”教学提高专业合唱能力。在“合唱团”和“视唱练耳”排练学习过程中，通过专业的基础训练和不同难度等级、不同时期、不同风格合唱作品的学习，整体强化专业合唱能力。

实践活动课程——带动学校“合唱节”活动，提高学校艺术活动整体水

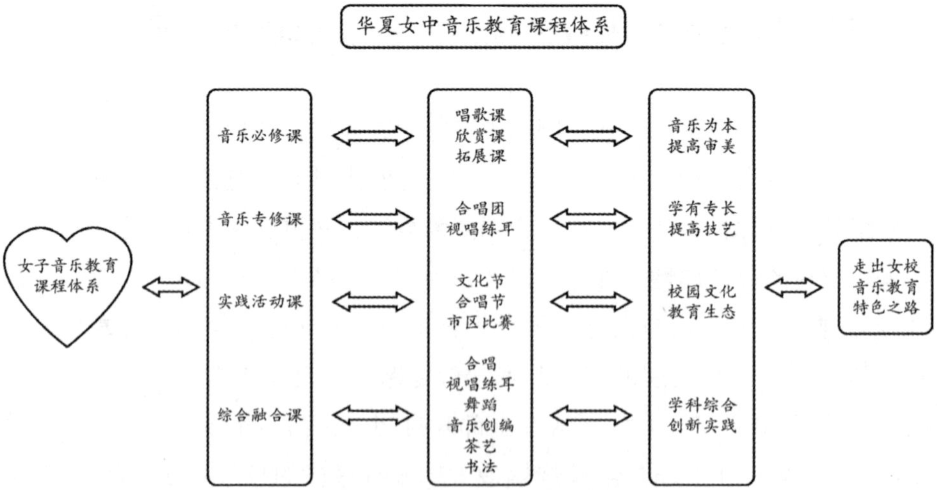

图8–2　华夏女中音乐教育课程体系

平。合唱团将参与学校各类艺术活动作为重要目标，将艺术实践活动纳入教学课程，有效整合课堂教学与实践活动，培养了全体在校学生演唱歌曲的兴趣与爱好，树立了学生正确的合唱概念和意识，学生的合唱技能以及合作意识普遍提高，通过参加市区比赛，全面提高了华夏女中合唱团的影响力。

综合融合课程——合唱与我校其他校本选修课程内容相融合。华夏女中合唱团注重与音乐创编、书法、茶艺、舞蹈等其他校本选修课程内容的"综合、融合"，构筑了合唱团和其他校本选修课之间的桥梁。

2. 华夏女中音乐教育课程内容要素模型

教师在日常排练教学工作中，以不同的内容进行尝试、对大量的数据进行分析，从而建构出适合女生生理及心理特点的、提升整体合唱水平的女中音乐教育课程内容要素模型。

表 8-4　华夏女中音乐教育课程内容要素模型表

音乐必修课程	唱歌课	运用首调或固定调识读两个升、降记号内的乐谱
		具备基本的歌唱技巧，参与二声部歌曲演唱
		了解基本指挥图示，对指挥的动作做出正确反映，积累合唱经验
		每学期背唱 3—5 首歌曲
	欣赏课	运用音乐基本要素分析不同音乐主题的特点及其对音乐表现的作用
		视唱、模唱、背唱音乐主题并理解其表达的意义
		掌握所学音乐作品的体裁形式、风格流派，体验、感悟音乐作品的情感，具备一定音乐想象力
	拓展课	恰当运用身体律动等形式表现音乐情感
		模仿完成 2—4 乐句的旋律编创
音乐专修课程	合唱团	熟练掌握正确的歌唱技巧和方法
		准确、快速识读合唱作品中各声部乐谱
		演唱至少三个声部以上的合唱作品并保持声部间的和谐均衡
		辨识合唱作品中常见音乐术语及其含义
		能对指挥的动作做出恰当的反应，理解作品的艺术内涵和表现要求
		具有良好的沟通合作能力，体现团队精神
		主动参与组织班级、年级和学校各项音乐活动，起到引领、带头作用

续表

音乐专修课程	视唱练耳	听辨音高（音级　音程　和弦）
		节拍与节奏
		听记旋律
		二、三、四声部视唱
实践活动课程	“课程”与“活动”整合	校级文化节
		校级合唱节
		教师节
		“睿智女生”颁奖典礼
		市区级学生艺术节合唱展演
综合融合课程	与合唱团有机联系	视唱练耳选修课
		音乐创编选修课
		茶艺选修课
		书法选修课
	与音乐课有机联系	舞蹈课

在音乐必修课中，把音基知识、识读乐谱、多声部合唱等融入每一节音乐课中，通过独唱、小合唱和合唱等形式，让每一位学生都能在合唱中体验到声音的和谐统一、美妙的多声部和声、丰富的多声部织体，激发学生的歌唱兴趣，提高学生的歌唱能力，同时还培养了学生们的团结协作精神和舞台表现能力，帮助树立了正确的合唱概念和意识。

案例：在2019年北师大实验中学优效课堂——唱歌课《青年友谊圆舞曲》中，将识谱（五线谱）、视唱、歌唱的能力训练贯穿在整节课中，教学过程科学合理、循序渐进，采用既面向全体、又分类要求的分层教学，既保护了能力相对较弱同学的自尊心，又提高了能力相对较强同学的学习热情。在2020北京市基础教育优秀课堂设计——欣赏课《在中亚细亚草原上》中，运用舞蹈语言表达音乐作品，注重音乐实践，关注学科综合，构筑了“综合型”音乐课堂。在2021年国家中小学网络云平台——欣赏课《韵律金声忆峥嵘》中，引导学生学习作品中不同的演唱形式，感受合唱作品中各种演唱形式的独特魅力。

在音乐专修课中，注重合唱技巧，音准、节奏、和声、分析乐谱、声部配合等相关音乐能力得到显著提高。

在实践活动课中，合唱队员们成为各班文艺活动的骨干力量，在指挥、伴奏、领唱、改编作品等方面处处能看到她们的身影，她们的示范带头作用也影响并带动着班级及年级的文化氛围。

在综合融合课中，积极发挥学生的想象力和艺术创造力，培养学生的实践创新素养。

（二）逐步建立学校音乐教育资源库

近年来，通过不断积累，音乐组逐步将华夏女中音乐教育资源进行全面梳理、整合，包括课程教学、教育教学、相关课题及报告讲座、各级各类市区艺术节合唱展演、校合唱节曲目库、参与学校大型活动、合唱团管理章程等相关资料（文字、图片、音视频、乐谱等），建立了华夏女中音乐教育资源库。

表 8–5 华夏女中音乐教育资源库列表

四节公开课教学设计和课堂实录	2019 年北师大实验中学优效课堂	《青年友谊圆舞曲》
	2020 年北京市基础教育优秀课堂设计	《在中亚细亚草原上》
	2020 年国家教育资源公共服务平台“一师一优课、一课一名师”	《在中亚细亚草原上》
	2021 年国家中小学网络云平台	《韵律金声忆峥嵘》
五次学校大型活动彩排及演出照片	2019 年 10 月华夏女中“睿智女生”颁奖仪式演出	《我和我的祖国》
	2019 年 12 月华夏女中艺术节闭幕式演出	《枳子花开》《渴望春天》
	2020 年 12 月校文化节闭幕式演出	合唱团和音乐创编、茶艺、书法选修共同改编作品《茉莉花》
	2021 年 5 月第三届“韶华之声”合唱节开幕式演出	《枳子花开》《雪花》
	2021 年 9 月实验集团“庆教师节”活动演出	《枳子花开》《雪花》
三次市、区比赛录像	2018 年 3 月“西城区第二十三届学生艺术节合唱展演”银奖	《九儿》《Over The Rainbow》
	2021 年 4 月“西城区第二十四届学生艺术节合唱展演”银奖	《枳子花开》《雪花》
	2021 年 5 月“北京市第二十四届学生艺术节合唱展演”金奖	《枳子花开》《雪花》

续表

课　题	2019 年 12 月西城区教育科学规划“2019 年度教师专项课题” 课题编号：T2019Y0193 课题负责人：赛庆霞 核心组成员：孙澎	《以女中合唱团为载体　探索女校音乐教育发展之路》
带团教师两次报告讲座照片文稿	2021 年 3 月北师大实验华夏女中第二届德育年会	《实验华夏合唱团“带团育人”方略》
	2021 年 5 月第三届“韶华之声”合唱节开幕式讲座	《合而为声　唱响心灵》
校合唱节曲目库、乐谱、录像	2021 年第三届“韶华之声”校合唱节	曲目 12 首
合唱团管理章程	规章制度、评价表	各一份

（三）建立合唱团活动模式及评价制度

为激发学生热情、提高学生参与度与排练效率，培养锻炼学生自我管理能力，华夏女中合唱团采取“教师指导、声部为本、学生自主、以战带训”的训练管理模式与“化整为零、集零为整”的合唱教学模式，积极探寻女中合唱团建设的模式。

2019—2022 年度，华夏女中合唱团每年招收 60 余人，人数比例达到年级的七分之一，是学校十分重要的音乐教育阵地。

1. 训练管理模式——“教师指导、声部为本、学生自主、以战带训”

教师指导——合唱团现有赛庆霞、孙澎两名辅导老师，赛老师负责合唱团整体规划、管理、训练；孙老师协助管理并负责分声部训练。

声部为本、学生自主——学生自我和自主管理的核心是学生干部团队，包括团长 1 人、副团长 1 人、秘书 1 人、声部长各 2 人、声部琴师各 1 人、合唱团钢琴伴奏 1—2 人，学生干部的产生采用学生自荐和老师推荐相结合的方式，每学年换届一次。团长和副团长分别由初二、初一学生干部担任，她们同秘书共同协助教师负责考勤、日常考核、印发乐谱、发布相关通知等事宜；声部长协助教师负责本声部同学歌曲的学唱以及完成情况的督导；各声部琴师按照教师提出的要求，在分声部训练时弹奏本声部旋律，协助各声部长完成各声部歌曲的学唱；钢琴伴奏学生按照教师提出的作品整体要求（速度、力度、音色、音乐表现等），配合指挥和合唱队员共同完成音乐作品。

以战代训——合唱团每年固定参加校内外各级各类比赛和展演，包括市区级学生艺术节、校合唱节、校艺术节等，通过各类舞台实战，及时总结相关经验和不足，逐步提升团队的“作战能力”和梯队建设水平，为团队的长足发展打下坚实基础。

按学校社团工作计划，每年9月，初三年级团员自动离团，初二年级团员微调，采用宣讲、视频等多种形式面向初一年级开展宣传，招募补充团员。

2. 合唱教学模式——“化整为零、集零为整”，建立灵活机动的声部概念

化整为零——根据合唱作品的要求和学生音乐基础的差异，合唱团尝试灵活的排练方式，整体分为三个大声部。由于学校排练场地等客观原因所限，练习时三大声部在不同的场地(音乐教室、餐厅一楼、餐厅二楼）进行，由教师督导，各声部长和琴师共同带领本声部成员学习。

集零为整——训练时，根据不同作品的需要，可以随时进行声部间细节的合练，各声部在和声、音色等方面统一之后，再进行全团的统一合练，进一步打磨音乐作品。

3. 合唱团考核评价——涵盖日常考核、演出、比赛三个方面

日常学习评价包括分声部考核、小合唱考核、自评、他评等考核方式。积极参加各项活动和演出也是考核的重要内容，可以有效调动学生的积极性，确保情绪饱满、准时出勤、积极投入。比赛是考核合唱团整体能力的“金标准”，参赛人员的选拔主要通过日常考勤、声部考核择优录取，通过比赛，进一步锻炼队伍。

近年来，通过不断努力，华夏女中合唱团已成为引领学校音乐教育的排头兵，教学、社会实践成果均产生一定社会影响力。凸显女校特色，鼓励学生广泛参与，融合其他艺术课程和社会实践，引领提高学生的音乐艺术素养，激发对合唱的兴趣爱好，在有共同兴趣的团队中提升合唱的专业技能，实现了“彰显美育功能，提升审美情趣”① 的课标理念。合唱团在不断提高学生合唱专业能力和音乐素养的同时，突出学生个性发展，培养了良好的团队协作精神，同时大大丰富了校园文化，营造了女中良好的教育生态，推动

① 《普通高中艺术课程标准（2017年版)》，人民教育出版社2018年版，第2页。

学生的全面、健康、可持续发展。

四、“三生万物”多元融合书法课程

作为北京市唯一的公立女子中学，在集团化办学的过程中，学校始终努力探索女中学生智慧成长的模式，通过构建具有女中特色的校本课程体系，开展丰富多彩的艺术教育活动，逐步探索适合女中学生发展要求的教育之路。在艺术课程的设置上，初二年级开设书法必修课，初一、初二年级开设书法选修课，并于书法课程设立三周年之际成立“林鹿书院”，丰富学生进行自主艺术学习的空间及资源，在一定程度上，这些书法课程的创新举措填补了女生们所处的初中教育阶段艺术教育内容的空白。

（一）林鹿书院的创立

汉字对于传统文化的传承与发展具有重要的载体作用。同时，女性对于家庭教育、文化传播、社会发展等方面的作用更是举足轻重。因此，在北京市唯一的女中开展成体系的、多元的书法课程意义深远，“林鹿书院”由此创立。

1. 创立书院的初心

“林鹿漫步去，书院闻馨来。”从华夏女中的地理位置看，学校地处红莲路，近莲花池、凉水河，校园环境幽雅、美观，一年三季有花、四季常青，满墙的爬山虎形成一道绿色的屏障，尤其是秋天，校园花香四溢、满墙红色，举步是景。林鹿书院融合自然地理之韵、浸润书院文化，巧借祥鹿之兆寻找命名灵感，以“林鹿漫步，书院闻馨”的主题串联华夏女中的文化，旨在打造一方静谧闲暇且具有深厚文化底蕴的校园文化艺术空间。古语云“林深时见鹿”，希望女中的师生均能凝心沉静，无论是做人做事都能深入钻研，不浮于表面，也不为浮云遮目，可在当下的“深林”之中觅得悠然小路，自得其乐。因此，将其命名为“林鹿书院”。

“林鹿书院”的文化初心包含书法知识提升艺术素养、校本课程体现古典精髓、学科教学融入国学经典、主题活动彰显艺术情怀、时令专题浸润笔

图 8-3 林鹿书院的文化初心

墨巧思、美育德育共育艺术菁媖六个方面，希望“林鹿书院”能够秉承书院气质，延续古时书院的氛围和意蕴，将传统书院文化内核贯穿其中，营造出既满足师生审美需求又符合当代艺术哲学的、具有文化感的艺术美学处所，为师生们提供一个可以读书修礼、习字冶心、作画怡情的艺术空间，成为师生课余时光的好去处。

学校占地面积虽小，但一直以来都尽可能通过图书馆、艺术走廊、喷泉、文化墙等为师生打造富有魅力的校园文化空间。博爱苑作为艺术学科的主要教学场所，在地下一层的空间成立“林鹿书院”，为师生的书画作品提供一方展示的净土，以期帮助女生们浸润传统文化的芬芳。

每一座校园都有属于自己的文化符号与独特个性，如果谈到什么最能涵养女生的艺术才情，唯有“书院”最宜人。相信书院环境的创设，有益于激发师生对传统文化的憧憬和向往，悦享书香、乐享笔墨的态度将慢慢根植在师生的思想和灵魂中，在未来如花绽放。

2. 书院模式的实践探索

2021 年 6 月的“三生万物”书画展是学校举办的首届学生书画展览，也是书法学科在女中设立三周年后的汇报展览，展出的作品涉及篆、隶、草、楷、行等不同的书体和国画作品，均由在校的学生创作完成，体现了学校艺术教育的部分成果。

“三”在中国文化中是极具深意的数字，中国人的诸多文化观念都是来源于“三”。《说文》中说，“三，天地人之道也，从三数。”这意味着“三”

首先体现的是宇宙天地和人生社会的意义，同时，在道家思想中，老子的《道德经》中有“道生一，一生二，二生三，三生万物”的语句，认为“三”是生成万物的基础；除此以外，“三”还代表着象征天人合一思想的“三才”，即天、地、人，其核心思想就是一个“变”字，而天、地、人则构成了“变”的基础。无论是“开始”抑或“变化”，“三”都是很有意义的存在，因此三年课程的探索体悟汇结成为此次展览，作为学科成果汇报亦作为书院活动开启“书院文化”的新篇章意义非凡。本次活动的所有宣传品均为书法教师原创，希望能够彰显书院文化和华夏女生的独特风采。

3. 书院模式的多元价值

书院，古已有之。古代书院，在育人目标上，倡导仁、义、礼、智、信的“五常之道”，以培养“君子”为目标，坚持人格教育和知识教育并重；在育人方式上，倡导师生互动，培养独立研究之精神，鼓励百家争鸣；在育人制度上，实行讲会和会讲制度，订立学规，设立藏书制度，倡导教育与学术相结合、学生自治等，无不展现着古代书院育人制度的精华。书院对培育英才、推动社会文化发展、国家各领域的繁荣进步贡献了不容小觑的力量。将当下的书法教学借力学院育人的力量，将传统文化的精髓融入学生的学习生活中，将古典精髓浸润到学生的思想里，以主题活动丰富艺术情怀，以时令专题浸润笔墨巧思，以美育促德育，不断提升自身的文化内涵。“美美与共，天下大同”，女生们通过女中的教育能够明白文化既是民族的又是世界的，只有保持世界文化的多样性，世界才能更加丰富多彩，充满生机和活力。书法艺术兼取百家之长，历代名家风格各异、志趣不同，名家杰作流传至今，不断滋养着一代又一代的中华儿女，这样的生机和活力正是“大同”之美的真正体现。

书法学习是女生进行美育学习的重要内容，其教育的内容涵盖了美育内容的多个方面。在教育部明确提出了加强中小学书法教育的相关意见并做出具体的课时安排后，在陈宝生部长提出“五美之教”后，相信中小学书法教育将得到一个蓬勃发展的历史性机遇。作为首都北京唯一的一所女子中学，华夏女中身体力行探索中学阶段书法教育的书院式发展模式虽然只是一种尝试，但是这一探索的最大受益者将是在学校就读的女生们。未来，女中可以“书院文化”建设为抓手，以立德树人为根本任务，在传承与创新中深入挖掘传统文化的价值内涵，将“德育”和“美育”结合起来，让传统文化在校园生根发芽、开花结果，焕发出新的生命力，不断滋养着在这里读书、生活的女生。

（二）书法课程体系建设及成果

学校的书法课程秉承学院体系的书法教学理念，系统教授理论知识和书写实践，让女生们感受到高雅艺术的魅力、体悟传统文化的精髓，学会技能，收获成长。对初中生来说，增强汉字书写能力，把优秀传统文化传承下去，是文化自信的重要体现，近年来在国家战略层面越来越受到重视。

学校书法课程的育人理念是：埋下一粒种子，让女生们拥有对汉字的敬畏之心和对书写的热爱之情，让传统文化在学生心中播下无形的种子、扎下牢固的根基；着重培养女生对艺术的感知力，锻炼她们的观察力、专注力和自律性，最大程度发挥书法学习的价值。

1. 书法课程的教学目标及教学内容组成要素

书法校本课程将为同学们呈现更多传统艺术的多元样貌，适当教授理论知识，鼓励书写实践，让同学们感受到书写的魅力、传统文化的精髓，在黑白变化之间学会技能，收获成长。

本课程在导入部分通过书法名家的故事和书法史上的趣闻引起学生的兴趣，通过对各种经典的书法字体、书体的讲授与多媒体示范教学实践的结

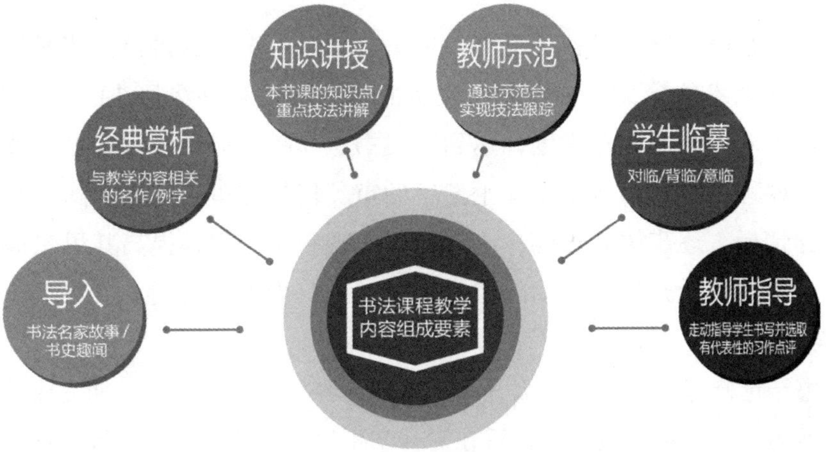

图 8–4 书法课程教学内容组成要素

合，使学生能够初步了解书法艺术的历史发展过程，理解书法艺术的基本知识和理论，掌握书法艺术的审美鉴赏方法，树立正确的审美观念，能使用理论赏析书法作品。在示范环节，通过多媒体展台实现教师的实时书写，帮助学生掌握正确的书写技法，结合学生自主临摹和教师的指导完成书写的实质性提升，真正实现提升书法素养的教学目的。

2. 必修课及选修课的课程设计和教学理念

在课程的设置上，华夏女中初二年级开设书法必修课，初一年级开设书法选修课。书法必修课所授内容分上下两个学期完成，是以提升人文艺术素养、书法鉴赏能力为目的一门必修课程。

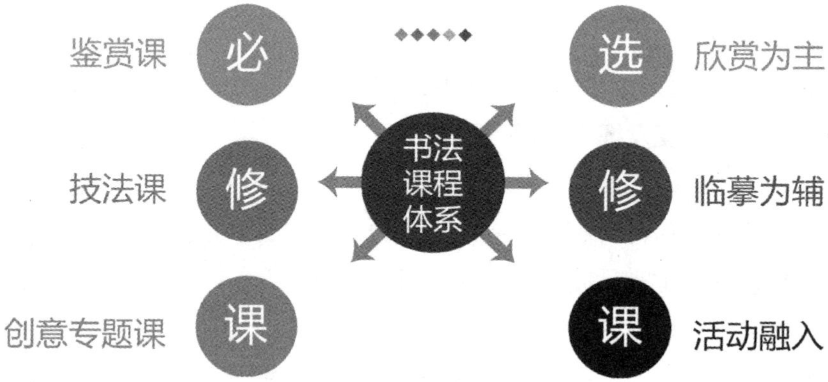

图 8–5　书法课程体系示意图

书法必修课通过对各种字体、书法美学、书法史的讲授，使学生能够理解书法艺术的含义，掌握书法鉴赏的基本方法和书法技法的基本笔法，提高学生对书法的认知程度，达到鉴赏书法作品、提升书法素养的教学目的。该课程着眼于培养初中女生健康的审美情趣和审美能力，陶冶其高尚的道德情操，逐步树立正确、高尚的人生观和审美观，提高其思想道德素质和文化素质，开拓学生们的艺术视野，进一步提高爱国主义热情和民族自信心。

书法选修课面向初一年级开设，所授内容分为上下两个学期完成，主要以鉴赏为主、临摹体验为辅，旨在提升学生对于书法艺术、传统文化的兴趣和素养。

表 8-6 书法课程设计

书法必修课（初二年级）	鉴赏课	欣赏历代名家名作
		掌握赏析、评价书法作品的语言
	技法课	掌握不同字体的基础笔法
		具备自主临摹的能力
	创意专题课	结合传统文化
		结合节气、时令
		结合校园文化、德育
书法选修课（初一年级）	欣赏	进一步提升欣赏水平 提高审美标准
	临摹、创作	提高学生临摹的能力和自主创作的意识 增强创作能力和风格的多样性
	参与活动	提高对书法学习的兴趣 准备能够参与活动的作品

无论是必修课还是选修课，在技法上均遵循“篆隶筑基·楷书深研·行草体悟·创意书写”的课程架构，全方位提升学生的鉴赏水平和技法水平，以培养学生对书法美的感受能力，从而提高学生的书法审美水平，提高艺术素质，激发创造精神，陶冶审美情趣，增强爱国情操，实现艺术素养的综合提高。

图 8-6 书法技法课程设计

技法学习部分的设计理念是“以古为上”，选取历代经典名家名作进行细致临摹，通过技法的提升来增强对于书法艺术的理解和体悟。引导学生“多多欣赏、多多临摹、多多对照、多多请教”，在一年的书法学习过程中真正有所收获。

教师在指导学生进行书法学习时，注重引导她们有“我”的书写意识。如晚清的著名书法家吴昌硕的书学心得可以用“与古为徒、朔古探源”来归纳，石涛、八大山人亦提倡“学古”，但他们能够“变法适意，自出新意，

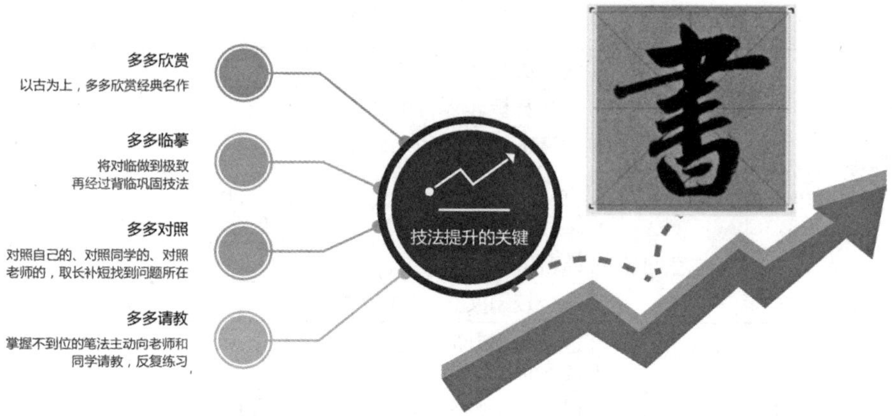

图 8-7　教师设计书法技法提升关键示意图

不泥古人”。欧阳修在《笔说》中云：“学书当自成一家之体，其模仿他人，谓之奴书。”无论古今，在艺术领域之中的探索切勿陷入一味模仿的泥淖，而应汲古承今，自出新意。在学古的基础上，不断寻求新的突破，才能为艺术创作注入源源不断的新鲜生命力，这一点在华夏女中的书法教学中也十分重要。

课程的设计致力于培养学生们成为“会看 + 会写”书法的优雅女生，为成为“爱书者”甚至“善书者”储备知识和技术。其实，书法艺术中各书体均有相通之处，在练习技法时能够处理好专精与博涉的关系对学生们成为“善书者”尤为重要。作为教师，应告诉学生，“善书者”是能够兼容草书与楷书之笔意、触类旁通的学书者，能够在众多经典的书法作品中发现隐秘的关联并为我所用，这其间只可意会不可言传的书之妙道就在日复一日的书写观察与实践之中愈发显现。因此，每个学书者的探索与发现均有不同，长期创作后形成的艺术面貌也因人而异。无论是钟张、二王抑或王铎、八大山人，都是通过将前人的笔法融合创新，才形成自身独特的艺术风格的，在日常的教学和活动中，华夏女中注意向学生们传递这样的理念以培养学生的艺术修养。

3. 书法课程的教学成果

华夏女中现有一名专职书法教师，开设书法必修课程、选修课程，组织社团活动。近五年来，学生多次在市区级书法比赛中获得佳绩（见表 8-7）。

表 8–7 华夏女中学生在市区级书法比赛中的获奖情况

<table>
<tr><th colspan="2">活动名称</th><th>获奖情况</th><th>参与人数</th></tr>
<tr><td rowspan="6">书法
2016 年 9 月至今（按时间顺序）获奖名称</td><td>2017 年兰亭杯比赛</td><td>1 人获二等奖</td><td>—</td></tr>
<tr><td>2019 年西城区艺术节“我和我的祖国”</td><td>1 人获一等奖</td><td>7 人</td></tr>
<tr><td>2020 年西城区第二十三届艺术节</td><td>2 人获一等奖
4 人获二等奖
4 人获三等奖</td><td>14 人</td></tr>
<tr><td>2021 年兰亭杯比赛</td><td>1 人获一等奖
1 人获二等奖
3 人获三等奖</td><td>24 人</td></tr>
<tr><td>2021 年西城区中小学师生“家风扬正气 廉昀润人心”书画作品展</td><td>3 人入展</td><td>—</td></tr>
<tr><td>2021 年北师大实验华夏女子中学首届学生书画展暨书法学科设立三周年汇报展览</td><td>32 人入展</td><td>122 人</td></tr>
</table>

在书法课程中，学生们不仅临摹经典，也会准备各种比赛作品。教师既鼓励学生学习历代书家的经典作品，汲众家之长，也要指导学生通过临摹培养一定的创作能力。在学古的基础之上，不断寻求新的突破，才能为艺术创作注入源源不断的新鲜生命力，教师在课程内容的设计上也考虑到了这一点，设计出了适合女生的、入古出新的学习内容和教学模式。

（三）探索中的反思

几年的探索和实践表明，书法课程应该具备培养女生高尚文化素养和审美情趣的功能。女生们接受书法教育，在耳濡目染中提升古典主义审美能力，更有益于提升其文化素养和综合能力。历史上，许多成就斐然的书法家也是著名的文学家。从现代的教育意义来看，中小学的书法教育应注重学生的“内外兼修”，其书法作品才能呈现出高雅的艺术趣味，在众多的书法作品中脱颖而出。所以，教师应该结合语文教学使学生掌握丰富的文学知识，并充分发挥书法教育在素质教育中的德育、美育功能，提升女生的个人修养。未来，有计划地开设跨学科类的课程也是有益的尝试。

“观乎人文，以化成天下”。相信学校能够传承书院文化理念，在传统文化教育方面不断探索，多措并举，推动传统文化在校园落地生根，不断取得新的突破和成果；引导师生传承经典，让中华优秀传统文化的甘泉滋润师生心田。教育师生尊崇品德，向善向上，坚定文化自信，担当文化使命，不负时代嘱托。

五、“以艺启人·以舞化人”的女校舞蹈课程

舞蹈是以肢体为媒介的情感艺术，是对生活的加工与美化，是美育教育的重要组成部分，也是“双减”的亮点。“用艺术点亮人生，用舞蹈浸润心灵”是舞蹈普及教育的重点。目前，华夏女中开设舞蹈课程不仅是为了丰富校园文化，更重要的是通过舞蹈舒心减压，培养坚定意志，建立文化自信。结合培养目标，通过三年的课程实践，华夏女中已形成了女中独特的舞蹈课程风采与育人模式，努力为新时代造就更多德艺双馨的优秀人才。

（一）普及课程·以舞化人

舞蹈是一种文化、教育和信仰，它来自民间，源于生活，规训于课堂，展示于舞台。舞蹈在专业院校是为了培养一批批优秀的传承者，在普通中小学是为了通过艺术传达一种“美”，这种美不仅是自我塑造、文化传播，更是一种思维提升。

1. 课程教育教学目标思考

作为中国舞蹈的学习者和教育工作的主导者，舞蹈教师始终希望能够通过艺术教育将“美”与“文化”传播给更多的人，促进学生的全面发展。2018 年，北京市提出了“舞蹈 +”的概念，意味着艺术教育已经随着教育改革进入了新的发展阶段。在华夏女中舞蹈课程中，“+”是遵循专业自身的优势，对传统的形式进行优化升级转型，但是不能破坏传统文化的地基。将舞蹈与各学科进行有效融合，来丰富课程内容，提高学生兴趣，使学生能够在舞蹈课程中巩固学科知识，也可以利用学科知识来了解舞蹈。

2. 以肢体表达构筑“多彩”课堂

肢体表达是一种无声的语言，魅力在于有文化的奠基，有形式的支撑。在专业发展上仅仅引入“舞蹈 +”学科融合的方式是远远不够的，最终还要

以实现“五育并举、五育融合”为目标，推动学生全面发展，促进校园文化建设。

第一，设置以美化人的教学计划。使学生在领受中华民族传统文化美的过程中，增强民族自信；在了解不同民族和世界各地的多样文化美的过程中，懂得兼收并蓄。

第二，鼓励以智启人的教材编排。把握学生兴趣，探索学科融合，借助舞蹈艺术的功能提升学生的想象力，激发创造力，增进学生的信息交流，鼓励参与文化传承。

第三，实现以体塑人的教学要求。在教学中要放大舞蹈的肢体能量，要求教师紧跟时代发展，完善教育体系，加强舞蹈素质教育，结合学生身心发展情况，以肢体动作为媒介，培养学生正确的审美观，引导学生学会生活、学会学习、学会做人。

第四，实施以德立人的教学过程。坚持理论联系实际，有意识地针对学生的反馈进行整合，再通过实践的体会，使学生在舞动过程中自我感受、相互指导，从而达到和谐合作和交流。

第五，推进以劳树人的引导方式。劳动是创造价值，走向成功的必经之路，它并非只是一种单纯的体力活动，还是一种可以提升学生的责任意识、合作精神、自我管理能力的重要教育实践途径。

3. 身心共舞和谐统一

舞蹈不是靠消耗体力来输出，而是运用简单而富有内涵的动作进行仿人、叙事、传情。舞蹈可以影响人的心理活动，当人体感觉系统在感受肢体动作信号刺激时，就会形成不同的心里感觉。在练习时，舞者通过心无旁骛地去感受舞动中的肢体感觉与情感，使身心达到和谐统一，内心情感与身体语言得以共鸣，从而有效调节人的心理状态。

观察是舞蹈教学过程中的重点，要求教师发现问题时及时进行了解与反馈，做到早发现早干预。在课堂中，多采用即兴互动的形式，以游戏的方式突破学生的心理障碍，学习接纳自己和信任他人；让学生在互动中打开心灵窗户，重新认识自己；在他人的有效疏导下，让所有好与不好的心理状态得到释放，“重新出发，从心出发”，用肢体把这份美好表达出来，把不好宣泄出来。

4. 存在的问题与解决方法

教师通过长期的教学实践发现，校园舞蹈教育起初难免会受到“快节奏”文化带来的影响，在教学过程中往往为了实现专业价值而忽略教学对象的感受，一味单纯地教授动作让学生模仿，而忽略了“美”的引导。在艺术的领域里，有的时候没有固定教材反而是一种自然教材，学生的举动就是教材产生的源泉。这种教材是对教师的考验，是对学生的激励。这种方式起初会考验教师的应变能力，在长期经验积累的基础上，教师一般都会在开学做教学设计时将设计内容分为多个板块，以应对不同场景下学生出现的状况。无论是怎样的上课形式，舞蹈课程的教学目的是不变的。不能为了达到某种效果而忽视学生当下的情绪状态，所以教师要设计多种教学内容，给予学生更多的舒适感。

（二）社团训练·以技立人

校级舞蹈社团成立于 2018 年，与普及课不同的是招生对象一定是有基础并对舞蹈有兴趣的学生，通过双选的原则，录取有潜力的学生进行培养。课程形式倾向于专业化、系统化，希望她们能够通过系统的学习，坚持自己的兴趣，充实学习生活，培养坚强的毅力，树立吃苦耐劳的精神，成长为德艺双馨的人才。

1.“和实生物，同则不继”的发展方向

有温度的社团管理是华夏女中舞蹈社团的一大特点，除了常规管理外，还会涉及校园生活的方方面面。舞蹈艺术教育作为基础教育，其目的在于培养人，而非专家。学校舞蹈团的训练目的有以下两个方面：一方面，通过演出、比赛，展示素养教育的成果，体现舞蹈训练的重要作用；另一方面，通过严谨系统的训练，可以培养学生吃苦耐劳的意志品质；提高队员的体能和协调性，还可以增强队员的团队精神以及集体意识，潜移默化地影响学生的道德品质规范。

舞蹈训练严谨规范，所有人都要始终坚持自我服务、自我管理、自我教育的宗旨。学期中会设置不同的主题会议，不仅涉及专业发展，还涉及学科学习计划和反思等方面。让同学们在重视专业学习、拓宽知识面的同时，认清“我要学”和“要我学”之间的关系，借助学习一技之长，提高自身素质。

2. 以人为本，求真务实的编排思想

华夏女中舞蹈团建团已有三年之久，初期是以学习剧目为主，随后开始尝试自编校园集体舞。2021年编创了两部原创舞蹈作品《竞艳》《冰刃之尚》，分别包揽了第二十三届西城区艺术节舞蹈展演的金、银奖，其中《竞艳》获得了第十七届北京市舞蹈大赛群文青少组表演二等奖。

如果说《竞艳》有着求真务实的创作初衷，那么《冰刃之尚》则是以人为本的作品代表。前者从女校学生成长特点出发，借助朝鲜族舞蹈风格表现成长在豆蔻年华之际的女生如花儿般美丽，如花儿般千姿百态，竞相盛开，仿佛开满了整个女中校园。后者敢于打破局限，迎刃而上，根据某一服装特点进行主题设计，充分发挥学生的主观能动性，运用舞蹈融合花滑的形式去展示“冰与雪”的过程，从而达到对自我的挑战和对艺术之美的追求。

我校语文组谢华老师为《竞艳》题词：似婴儿般酣甜，花骨朵正等着春风和春雨把她们唤醒。听，春风来了；看，春雨来了。花朵从嫩叶间探出头来，好奇地打量着春的世界——红似火，粉似霞，白如雪，黄似金，紫若葡……百般红紫斗芳菲。一时，万花竞放，芬芳吐香，遏云歌响清，回雪舞腰轻。

图8-8 《竞艳》

课间操是学生在校期间每天必做的一项体育活动，也是校园文化建设的重要内容和综合反映。2016年，随着“健康中国”理念的提出，人们对生活质量和身心健康开始日益重视。结合初中阶段的成长特点和兴趣爱好，将集体舞纳入校园文化建设中，不仅可以增强体质，促进中学生身心的和谐发展，还有利于缓解学习压力。从《爱我中华民族韵律操》的推广，到《夏天的微笑》《向快乐出发》的体验，再到学生自编操《健康动起来》的实施，随着活动内容的丰富与创新，课间操逐渐成为深受师生喜爱的校园文化活动形式。

3. 技艺通融，勠力同心的育人模式

一部成功作品的背后一定有一个强大的团队，只有发自内心的追求和同心协力的信念，才能越走越远。在2021年新编创的两部作品中，除了43名优秀的舞者外，还有全力支持的家长团队，有甘愿付出、任劳任怨的志愿者团队，还有心灵手巧、智慧无限的体音美团队。学生家长学化妆，做好幕后整理工作；音乐老师负责音乐剪辑；美术老师负责带领学生绘制道具；体育老师负责头饰制作与道具运输；学生们负责整理衣物和道具收纳，并辅助老师熨烫服装。过程中尽可能地让学生参与其中，体验一部作品幕后的每一项工作。想必会有很多人说，为什么不直接购买？因为亲手制作的要比用金钱换来的更有意义、更有价值、更能以艺达情。希望学生在舞蹈团的每一天里都能有不同的收获，将舞团精神运用到生活中。

（三）美美华夏·以美育人

舞蹈教育是有温度的艺术教育，教师肩负着学生成长的重担和民族的责任。在落实学校培养目标的同时，谨记责任与初心，不断提高美育涵养、人文素养，强调理论与实践相结合，触类旁通，拒绝单线纵向延展。

1. 坚持求同存异

教学是一种育人的工具，而学生永远是教学研究的对象。在教学中，一定要时刻关注学生的状况，不能为了集体成果忽略学生的个性发展。教学内容不能一成不变，方式方法要随学生的变化而调整。因此，教学活动应针对学生的个体差异因材施教，从而调动学生的主观能动性。在作品题材选择中如何适应时代发展，如何让学生通过肢体去表达，有些思想和内容不是强加给学生就能达到预期的效果，更多的是要走进学生内心，发现她们对同一事物的不同看法，从而摩擦出超越预期的火花。作品《冰刃之尚》《健康动起来》，就是以学生为主体，教师做引导合作出的成果，内容符合主题思想，动作难度适宜。在学期总结中初三学生说道：两年的舞蹈素养课学习，两年的舞团实践，在训练中尝遍酸甜苦辣的同时，个人的身体素质得到提升，自理能力大大增强，同学之间相互鼓励、出谋划策，不仅增进了友谊，也给予彼此信心和力量。看着自己编创的动作出现在作品中，那种感觉真好。

2. 寻求臻于至善

哲学家雅斯贝尔斯说：“教育的本质意味着，一棵树摇动另一棵树，一朵云推动另一朵云，一个灵魂唤醒另一个灵魂。”任何事物都不是一蹴而就的，教育更是如此，只有不断研究教育、研究学生，才能真正实现育人的目的。舞蹈也不例外，一年复一年，有踢不完的腿，练不完的舞，只为了舞台上那仅仅几分钟的展示。舞蹈不是一项竞技，不需要用秒表计时，不需要用分数衡量，它是一种素质的培养，是一种精神的塑造，是对认知的提升，更是在长期坚持下形成的无法用成绩来衡量的身心成长变化。作为旁观者与监督者的家长表示：“每次训练回来，孩子给我看她汗水湿透的衣服和满脸的骄傲，尤其是舞蹈获奖之后欣喜若狂的样子，孩子满满的正能量和荣誉感千金难买，对毅力和心智的磨炼是最珍贵的。”还有的家长表示：“舞蹈陶冶情操，让孩子快乐成长，不轻言放弃，不断努力提升。舞蹈团给学校争得的荣誉，是老师和孩子们的辛勤汗水换来的。”教育是用爱浇灌、用行动感化的结果，只有教育者会引导，参与者才能更配合，监督者才能更认可。所以，教育需要臻于至善，紧随时代发展时刻做好准备。教学的亲和力，会使学生感受到压力之外的温暖；教学方式的独特性，使学生始终对课堂保有一份好奇心；教学用语的生动性，点燃了学生心中的情感之火。

总之，美无处不在，育浸润其中。苏霍姆林斯基说过：“学生来到学校里，不仅仅是为了取得一份知识的行囊，更重要的是为了体验学习的成功和快乐。”美育既是情操教育也是心灵教育，通过美育工作，发扬“五育并举”，实现多彩课堂，引领学生树立正确的审美观念，把优秀传统文化深植于学生内心。因此，做好教育，做好特色教育是当代社会发展的重要工作。

六、播下心理健康的幸福种子

后疫情时代，青少年的心理健康问题越来越凸显，这给学校的心理健康教育工作带来了极大挑战。华夏女中在实现集团化办学后，学生的学业成绩表现优异，但是她们的幸福水平却没有得到有效提升。如何在《中小学心理健康指导纲要》的引领下更好地解决学校的现实困境是学校一直在探索的问题。学校的解决方案是从培养健全人格的立场出发，通过建构一种发展性的、支持性的、生态性的大心理健康教育系统，以帮助她们实现身心和谐可持续的发展。在学生心里种下一颗关于幸福的种子，静待萌芽与绽放。

（一）培养幸福健康的女中人

1. 女中学生的心理健康问题需要重点关注

有研究者认为，几乎国内外所有的研究证据都表明，在青少年群体中，女生的心理健康水平低于男生，并且这种差距随着年代的变迁呈逐渐增大的趋势。[①] 这说明女中学生群体的心理健康问题需要特别关注。2021 年 7 月，教育部印发了《教育部办公厅关于加强学生心理健康管理工作的通知》，文件提出要通过加强心理健康课程建设，大力培育学生积极心理品质，增强学校、家庭和社会教育合力等方式加强源头管理，全方位提升学生心理健康素养。这与学校的心育追求不谋而合，如何从源头上解决学生的心理问题持续增多的困境，是我们一直在研究的命题。

2. 从提升幸福素养入手预防心理问题

1998 年，在美国心理学会主席的就职演说上，马丁 · 塞利格曼向与会者阐述了“积极心理学”的理念，使心理学的研究与实践方向开始转变。与传统心理学相比，积极心理学的革新理念在于从疾病模式转向健康模式。如果说传统心理学的研究更多的是关于如何从“–1”到“0”，那么积极心理学关注的就是如何从“0”到“1”。

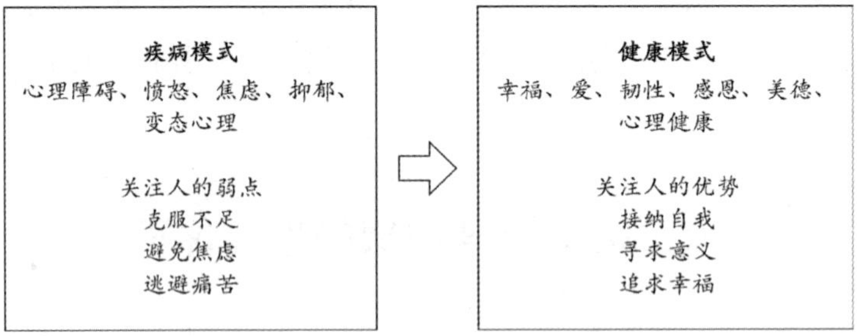

图 8–9　从疾病模式向健康模式的转变

① 俞国良、王浩：《文化潮流与社会转型：影响我国青少年心理健康状况的重要因素及现实策略》，《西南民族大学学报（人文社科版）》2020 年第 41 期。

积极心理学在教育领域的应用促成了积极教育的发展。积极教育旨在培养学生的积极品格及创造幸福人生的能力，不仅注重学生传统的学业技能，还致力于培养他们健全的人格品质，提升他们的情绪管理、人际交往、生活投入、建构意义等核心能力，以帮助学生追求有价值感、意义感、幸福感的蓬勃人生。积极教育所致力于实现的目标是将整条学生心理健康的钟形曲线往正向、积极的方向上挪动，提升整个学生群体的心理免疫力。①

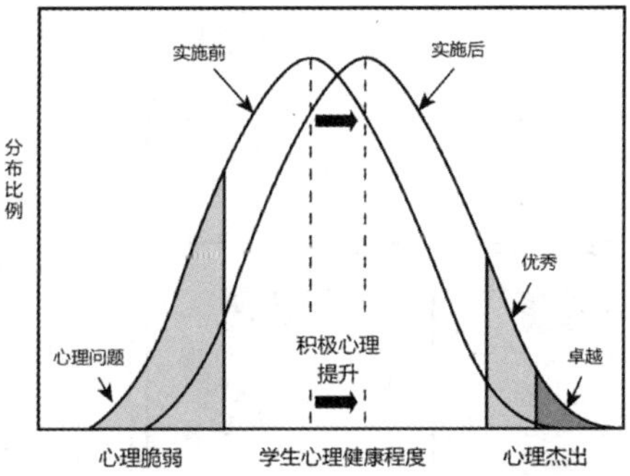

图 8–10 积极教育的预防性原理

因此，学校以马丁·塞利格曼教授在幸福 2.0 理论② 中对幸福的定义为核心共识，以学生的现实需要为出发点，以学生的幸福健康成长为落脚点，尝试建构一种发展性、支持性、生态性的“大心理健康教育系统”，开启了心理健康教育模式的改革探索之路。

（二）大心理健康教育系统助力学生幸福成长

华夏女中的“大心理健康教育系统”是一种发展性、支持性、生态性的新时代中学心理健康教育工作范式。该范式以学生现实需要为出发点，以学生幸福健康成长为落脚点，主要通过对“幸福能力培育系统”“心理健康服

① 曾光、赵昱鲲等：《幸福的科学——积极心理学在教育中的应用》，人民邮电出版社 2018 年版，第 8—13 页。

② 马丁·塞利格曼教授认为，幸福 2.0 不是某一种真实的东西，而是由若干可测量的、真实的元素建构而成的概念，每个元素都能促进幸福，但没有一种可以单独定义幸福。在幸福这个概念中，包含了 5 个元素，它们分别是积极情绪（Positive emotion）、投入（Engagement）、人际关系（Relationship）、意义（Meaning）以及成就（Accomplishment），简称 PERMA。在对幸福 2.0 的持续追寻中，我们期待着生命由此变得更加丰盈、蓬勃。

务系统”的双系统建构，通过对“家校社协同育人路径”的优化，整合学校、家庭、社会等不同领域的各类资源要素，为学生创造一个能够获得健康、幸福发展的心育生态环境。

大心理健康系统主要由 A、B 两个子系统构成，包括旨在提升学生幸福感与心理健康水平的幸福能力培育系统和旨在帮助学生应对心理问题、保护学生生命安全的心理健康服务系统，前者的功能重点在于预防、后者的功能重点在于支持。

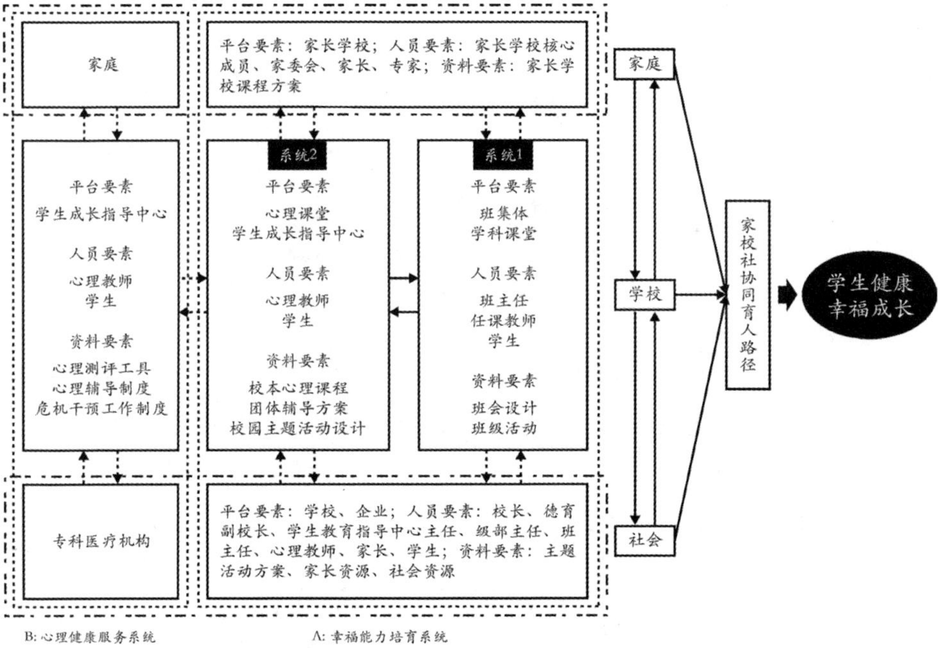

图 8–11　大心理健康教育系统

在幸福能力培育系统的核心部分，根据系统要素与学生之间发生交互关系的频率高低可以划分为两个子系统，系统 1 是与学生发生互动频率最高的，主要发生场所在班集体和各个学科教学课堂内，能够对学生施加影响的是班主任、任课教师及同伴；系统 2 是与学生发生互动频率较中等的，主要发生场所在心理课堂内和学生成长指导中心，能够对学生施加影响的是心理教师和同伴。

学生的幸福成长同时需要借助家庭和社会的力量。幸福能力培育系统中家庭层面重点依托家长学校平台，由家长学校核心成员和家委会牵头组织，通过多样化的培训方式，逐步提升家长的心育素养。幸福能力培育系统中社会层面重点依托学校和社会的相关平台，将社会中的优质资源引入校园，帮助学生开阔视野、树立人生理想、实现自己的生命价值。

心理健康服务系统更多依托的是学生成长指导中心，主要为存在心理困惑、产生心理问题以及遭遇心理疾病的学生提供支持，目的在于帮助她们解决问题，逐步恢复到和谐健康的心理状态之中。这个过程中，同样需要充分调动家庭的力量以及社会医疗机构的专业支持，共同帮助学生应对困境。

大心理健康教育系统的具体工作模式见图 8–12。

1. 打造幸福能力培育系统

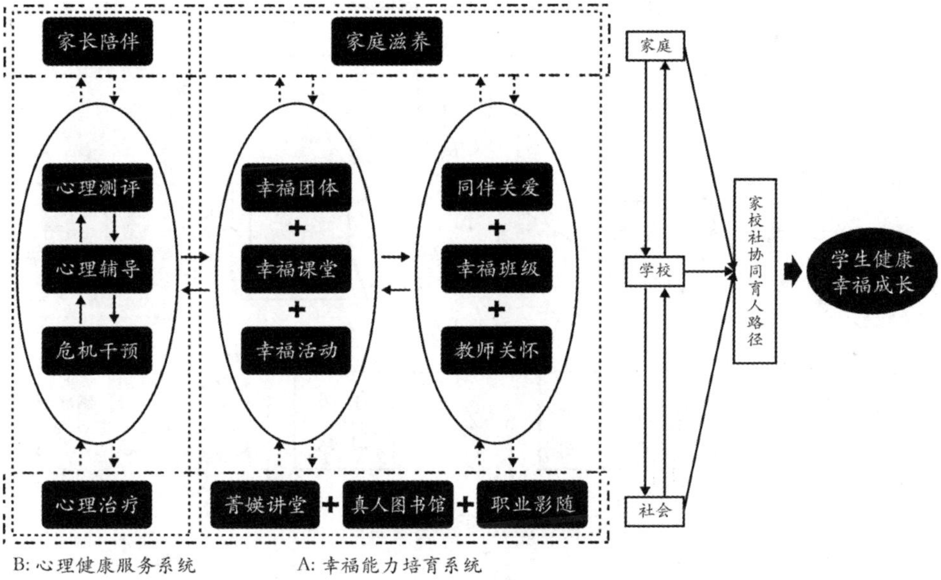

图 8–12 大心理健康教育系统工作模式

（1）为学生创造幸福成长的班级生态环境

学生在校园内的主要生活场景是在班级内部，接触频率最高的人是各学科授课教师、班级内的同学朋友以及提供各项服务的学校职工。为此，学校打造了指导型教师培养项目，通过积极心理学全员培训帮助学校职工提升关心、关注、关怀学生的意识，帮助学科教师发展成长型思维，使他们具备发现学生优势以及与学生进行正向沟通的能力，帮助班主任提升建设幸福班集体的能力，通过充分凝聚职工、教师、班主任的力量共同为学生创造幸福成长的班级生态。

（2）帮助学生提升幸福的素养

学生升入初中后，生活中的压力源不断增多，这需要她们不断提升自身的心理素养，懂得积极面对问题、解决问题。针对学生的独特心理特征，学校以幸福课堂、幸福活动、幸福团体等作为载体，围绕“积极学习”“积极自我”“积极情绪”“积极关系”“积极成长”五大模块展开，以培养学生的积极心理品质、提升学生的心理免疫力为核心理念，创设了心理校本课程体系。

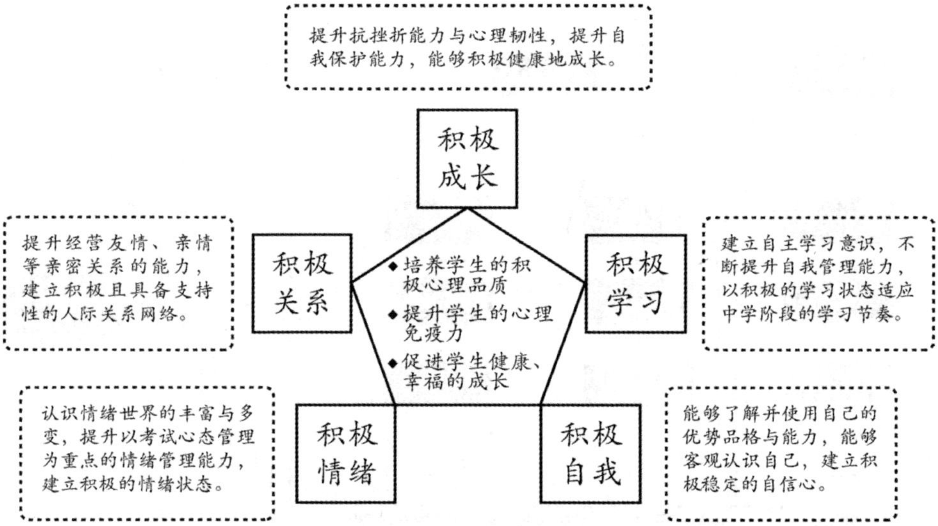

图 8–13　课程模块目标

心理校本课程以校本专修课程为主，以成长课堂为辅，辐射全校三个年级。具体见表 8–8。

表 8–8 心理校本课程设置

<table>
<tr><th>开设年级</th><th>课程类别 / 名称</th><th>授课对象</th><th>授课方式</th></tr>
<tr><td rowspan="2">初一年级</td><td>校本专修课程
《少女课堂》</td><td rowspan="2">初一年级全体学生</td><td>行政班授课：每学期教学计划 16 周，每周 1 课时，共计 1 学年、32 课时</td></tr>
<tr><td>成长课堂
《幸福成长大课堂》</td><td>年级讲座、校园活动</td></tr>
<tr><td rowspan="2">初二年级</td><td>校本专修课程
《少女课堂》</td><td rowspan="2">初二年级全体学生</td><td>行政班授课：每学期教学计划 8 周，每 2 周 1 课时，共计 1 学年、16 课时</td></tr>
<tr><td>成长课堂
《幸福成长大课堂》</td><td>年级讲座、校园活动</td></tr>
<tr><td rowspan="3">初三年级</td><td rowspan="3">成长课堂
《幸福成长大课堂》</td><td rowspan="2">初三年级全体学生</td><td>班级活动：幸福微习惯</td></tr>
<tr><td>年级讲座、校园活动</td></tr>
<tr><td>初三年级部分学生</td><td>小团体辅导：每学期开设 1 期，计划 6 周，每周 60 分钟，共计 2 学期</td></tr>
</table>

（3）指导家长为学生创建滋养型的家庭生态环境

心理学研究显示，个体的原生家庭关系氛围，包括父母、亲子在内的关系质量，是其心理成长状况的核心影响因素。[①] 为帮助家长提升家庭教育效

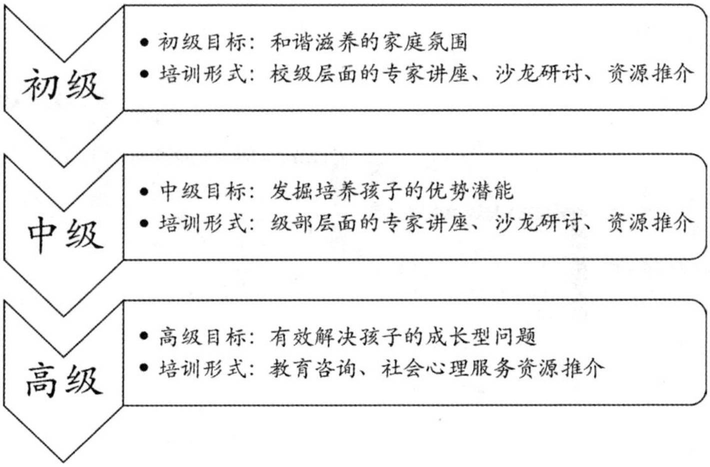

图 8–14 滋养型家长培训项目

① 刘海骅、徐凯文、庄明科：《高校心理危机干预工作的思考与尝试》，《北京教育（高教）》2014 年第 3 期。

能，学校借助家长学校平台，开发了滋养型家长培养项目，项目以专家讲座、沙龙研讨、资源推介、教育咨询等多种方式开展活动，自2016年至今已经举办了近20场活动，在家长群体中取得了热烈反响。

（4）挖掘社会教育资源帮助学生树立人生理想

北京大学心理学系李松蔚博士曾在访谈当中谈到，在未来社会，一个人得觉得自己活着有意义，这是唯一重要的能力。马丁·塞利格曼教授提出的幸福2.0概念也同样强调意义感对于蓬勃人生的重要性。学校借助英国文化教育协会的“未来菁媖”公益活动平台创设了“菁媖讲坛”活动，借助家长及集团校校友资源创设了“真人图书馆”活动和“职业影随”活动。通过一系列“引进来＋走出去”活动的开展，引领学生树立人生理想、实现生命价值。

2. 优化心理健康服务系统

该系统主要是通过心理测评、心理辅导和危机干预三种方式发挥作用。

心理测评的目的在于通过科学数据把握学生的成长需求与心理健康状态，为学校教育教学实践提供指导建议，及时发现可能处于困境当中的学生并为她们提供支持和帮助。该项工作在严格遵循伦理的前提下展开，具体方式见图8–15。

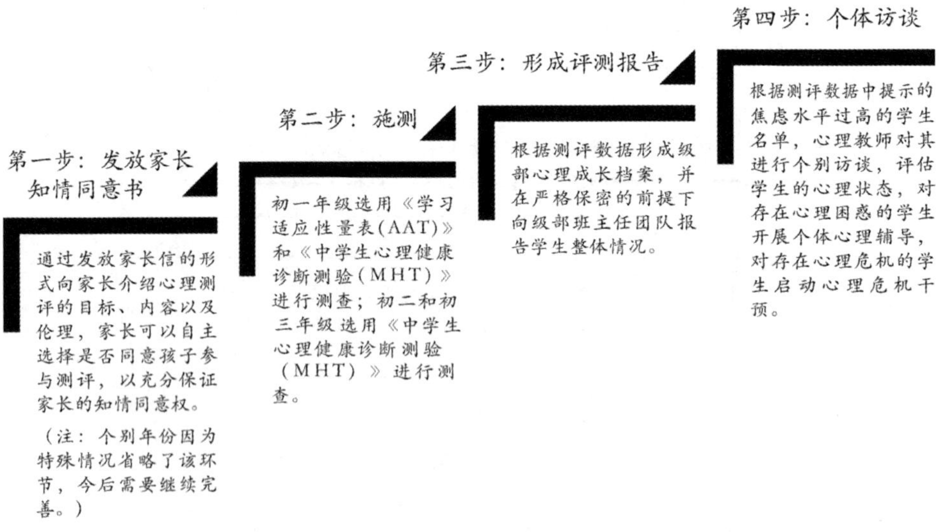

图8–15　心理测评工作流程

个体心理辅导面向全校范围内的学生开放，学生如果遇到心理方面的困惑可以到学生成长指导中心进行辅导预约，并按照约定时间同心理教师进行会谈。

学校参照集团校本校的相关制度制定了心理危机干预制度。该项制度以“生命第一、面向全体师生，预防为主、个别性对待、协调合作”为工作原则，以“教育与预防系统、三级预警系统、应急系统”为工作体系，及时发现重点干预对象，迅速开展相关工作，维护学生生命安全。

图 8–16 心理辅导预约指南

（三）幸福的萌芽与绽放

学校的心理健康教育工作充分整合了学校、家庭、社会的教育资源，全方位地提升着学生的幸福水平。通过对大心理健康教育系统的不断建构完善，校园里的学生越来越呈现出一种积极、阳光的成长状态。幸福的种子开始萌芽，静待绽放。

1. 培养自信乐观的性格

围绕自我层面的话题，学校引导学生做了诸多探索。以乐观为例，马丁·塞利格曼在《教出乐观的孩子》中提到，人们对发生在生活中的事件进行归因时存在“乐观的解释风格”和“悲观的解释风格”两种思维方式。[①]在心理课堂的讲授和探讨中，会发现大部分学生能够做到使用乐观的解释风格看待生活当中发生的事件，小部分学生会有意识地将自己的悲观解释风格转化成为乐观的解释风格。学生在思维层面发生的转变是她们养成自信乐观性格的重要基础。

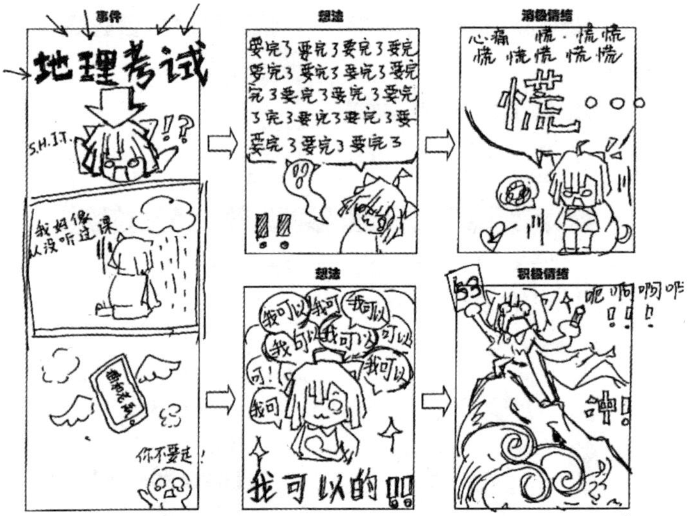

图 8–17　学生图绘的乐观思维方式

2. 养成积极愉悦的情绪

积极情绪的拓展—建构理论告诉我们，拥有更多积极情绪的学生更容易有高效投入的学习状态，更容易保持灵活、开放的思维状态，也更容易与他人形成和谐的人际关系。通过专题学习，学生能够做到以发现美好的眼睛看

① ［美］马丁·塞利格曼、卡伦·莱维奇、莉萨·杰科克斯、简·吉勒姆：《教出乐观的孩子》，洪莉译，浙江人民出版社 2013 年版。

待生活，主动为自己创造丰富多彩的积极情绪。课堂内外，无论是学习还是休闲游戏，校园里随处可见学生们的阳光笑脸。

3. 建立爱与支持的关系

在探索社会支持网络的主题学习中，学生们能够感受到非常多的爱与支持，有的学生在谈到身边人给予自己温暖和支持的小事时流下了感动的泪水。

与此同时，校内的一项访谈调研资料显示，学生们一致认为校园欺凌是不可能发生在自己的班级当中的，这展现了她们对于班级内部和谐人际关系的信心。

图 8–18　学生图绘生活中的美好

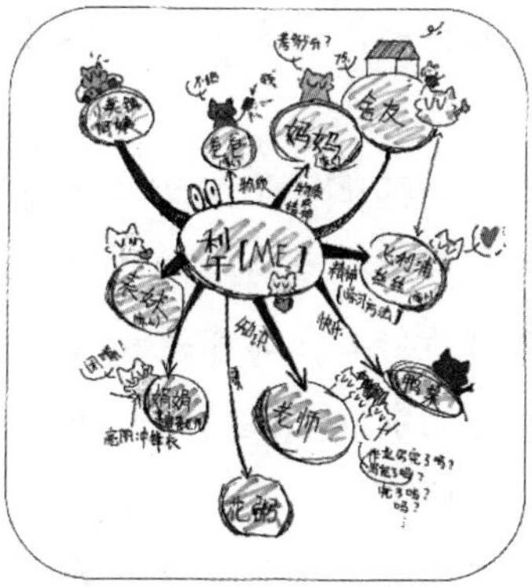

图 8–19　学生图绘自己的支持网络

4. 树立清晰坚定的目标

学生在一系列的学习探索活动当中逐步清晰了目标，树立了自己的人生理想，能够在梦想的引领下充分追求生命价值的实现与升华。

学生在菁媖讲坛活动后写道：

值此三八妇女节之际，我有幸能在现场听到十几位精英女性的分享。让我思考到有时候我们认真努力去追逐梦想，不仅是为了有一天能在舞台上闪耀，更是丰富自身阅历，体验为自己而努力的成就感。没有经历低谷和巅峰的人生终究是遗憾的，难能可贵的是我们如何从低谷中走出来。古茜老师曾经是那么被怀疑，刘岩、闫惜民老师曾经是那么痛苦，身心饱经折磨，但她们大胆创新，不畏流言，重新振作，再次攀上了人生的高峰，这一次是安全的高峰，愿我们都能在努力拼搏中，在充满荆棘的危险道路上，找到属于自己的安全高峰。

学生在参加“真人图书馆”活动后的感受：

路，要自己走，只有付出自己的努力，才会收获彩霞。这是今天真人图书馆的嘉宾们为我们留下的启示。或许，在聆听家长们的讲座之前，我们对于“梦想”的概念还是模模糊糊，甚至于对自己的未来还没有任何规划。但是，当三位家长分享他们的追梦历程时，一个梦想的雏形已经渐渐在脑海中浮现。有了梦想，就有了目标和努力的方向。如果我们珍惜现在的时光，努力学习，奋力拼搏，同时讲究合适的方式和方法，那我们一定会“长风破浪会有时，直挂云帆济沧海”！

在“职业影随”活动中，一名学生在参观完中国国家地理杂志社后写道：

我本来以为编辑这个职业只是改改稿件罢了，这次却发现并非那么简单。编辑们的工作其实是相当烦琐的，一本杂志的制作要经历很多次的修改，这需要编辑们的耐心。那可是相当不容易的！要顶着上司的批评与压力才将这么精美又准确无误的期刊送到我们手上。但是编辑们都热爱这个职业，所以坚持不懈。参加了这次活动，我对我的未来有了更多思考，但不论如何，从现在开始要好好读书！在生活中也要不怕困难和挑战，勇于面对，成就更好的自己。

党的十九大报告指出：“中国共产党人的初心和使命，就是为中国人民谋幸福，为中华民族谋复兴。”[①]2021全国两会期间，习近平总书记谈道：“教育，无论学校教育还是家庭教育，……要从一生的成长目标来看。如果最后没有形成健康成熟的人格，那是不合格的。”[②] 为了实现学生的幸福成长，华夏女中在大心理健康教育系统的建构过程中探寻思索解决方案，研究、实践、改进的步伐一直在路上。

① 习近平：《决胜全面建成小康社会 夺取新时代中国特色社会主义伟大胜利——在中国共产党第十九次全国代表大会上的报告》，人民出版社2017年版，第1页。

② 《“我们来共同关心这些教育问题”（微镜头·习近平总书记两会“下团组”·两会现场观察）》，《人民日报》2021年3月7日。

结　语
回顾与展望

高素质教师专业发展校本培训是一项系统工程，涉及学校领导的统筹设计、培训组织的协商合作、专业人员（专家名师）的聘请重用、全体教师的广泛参与；涉及学校教育和管理观念的变革，教育教学行为和学校管理行为的变革。回顾过去六年，教师专业发展校本培训研究实践使华夏女中教师的专业知识（关键）、教学行为（核心）、研究意识（突破）发生了巨大的变化，在市区教育教学和教育科研工作中逐渐有了华夏女中教师的身影，并进而引发了学校教师“自信自立、自强不息”的彻悟与变革，助推了学生的自主成长和健康发展，促进了学校教育教学工作质量的显著提高。

一、教师专业发展校本培训是一项系统工程

校本培训是在教育行政部门、教师培训机构的规划指导下，由学校校长组织领导，紧密结合学校工作实践，制订教师培训计划，建立教师培训档案，以提高学校教学质量和办学效益、促进教师专业发展和职业修养为目的的形式多样的教师在职培训形式。

（一）教师专业发展与校本培训

教师培训走向校本，也就是走向每一个教师自己生活的舞台，能够更加关注教师的生存空间和成长方式，还能够更大程度地激发教师的创造热情，使学校更具活力、更有效率。

华夏女中的校本培训立足于教师的工作岗位，有极强的针对性，以此谋求建设一支具有健康的心理品质、健全的人格、扎实的科学文化基础、较强的创造能力和有特色的师资队伍。校本培训实现了教师发展与学校发展的高度统一，促进形成学校素质教育的办学特色。

（二）促进教师专业发展的校本培训是一项复杂的系统工程

校本培训的要素应该包括学校领导（统筹设计）、培训组织（协商合作）、专业人员（专家名师聘请重用）、学校行政管理（组织与实施）、全体教师（广泛参与）、专业信息（融媒体资源）等，促进教师专业发展的校本培训是一项复杂的系统工程，需要关注每一个要素并尽可能地充分发挥其作用，在个性和共性上满足学校和教师发展的双重需要，真正促进学校和教师的高质量发展。

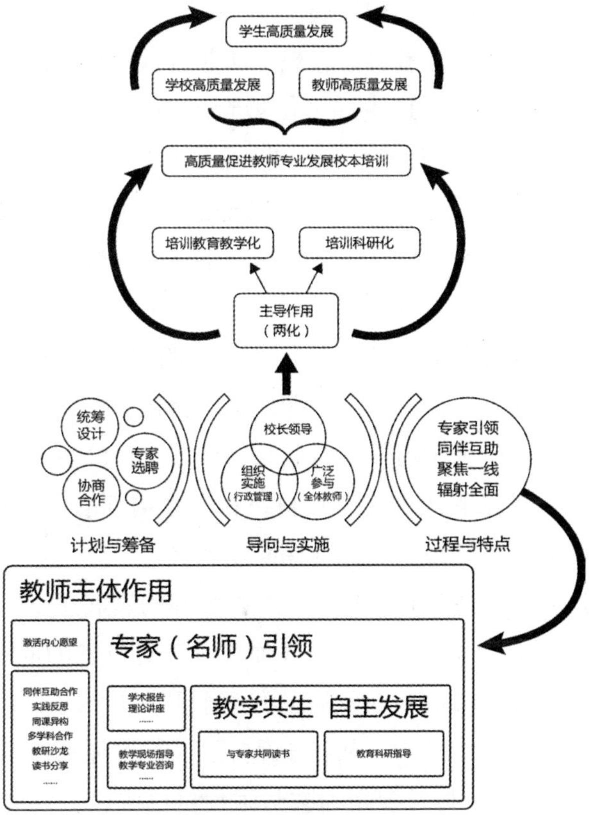

图 1 校本培训系统图和工作模式

1. 校长在校本培训中的主导作用

学校的核心要素是教师，而校长应该是教师专业成长的引领者和促进者。这就要求校本培训的第一责任人——校长，要打破“自上而下”“由外到内”“灌输式”“强迫式”的培训定势，进一步解放思想，转变管理理念，着力把校本培训与教育教学工作紧密结合起来，做到“两化”——培训教育教学化、培训教研科研化，使培训的目标、内容、方法实现与学校工作的重合或部分重合，从而把培训置于教师教育教学能力逐步提高的过程中进行，为教师专业成长提供良好的动力支持。

校长在校本培训中的引领作用归结为以下几点：

（1）思想引领

①学校要确立“教师第一”的思想，要坚持以教师发展为本。“教师第一”的管理理念，其实质就是重视教师的参与意识和创新意识，使教师的才能得到充分发挥，德性得到完善和发展。

②校长必须具有尊重教育的思想，才能自觉呼唤教师的主体人格。著名教育专家李镇西深有体会地说：“我的教育不为领导，不为职称，不为荣誉，只为着我的乐趣本身。”校长要竭力营造一个民主、平等、团结、尊重的组织氛围，尊重教师的差异，尊重教师的人格。六年多的实践证明，尊重教师是激励教师积极参与校本培训的前提和基础，也是校本培训得以顺利实施的关键。

③校长要用合作教育的思想，培养教师的团队精神，引导教师在自主、合作、探究上下功夫，力求准确把握自主、合作、探究三者的关系。要把自主放在首位，同“学会学习”结合起来定位。合作的目的是发挥教师各自的优势，利用互补性来解决问题。项目组在校本培训的整个过程中提倡探究，重视培养教师的探究意识，提升其探究能力。

④校长还要用创造教育的思想，激发教师的发展意识。北京师范大学发展心理研究所所长申继亮提出：“（教师）应该对自己的职业生涯有个规划，凸显个人发展主线。教师专业发展应有两个最基本的条件：一方面需要创造条件完善自己；另一方面，在内心告诉自己，把教师工作当做事业来看，而不仅仅是一种职业。”校长要帮助教师强化自己成长、发展的愿望，只有朝着心中的目标执着努力，不懈追求，才能也一定能不断成长起来。

（2）计划引领

在校本培训过程中，研究制订符合实际情况的计划，是校本培训真正得到落实的关键一步。校长要带领学校领导干部认真分析本校教师的实际情况，结合当前教育教学发展的新形势，把计划制订成能够分解、可以分批分步骤实现的阶段性目标。华夏女中教研室主任殷兆颖每个学期都要征求学校各方面对于教师校本培训的需求和想法，将学校需求、领导干部的意见建议、教师需求进行汇总整合，提交项目组，这其实就是校长带领的学校干部团队对具体的校本培训活动提出的符合学校实际工作需求的要求，校本培训在执行中有具体的干部负责推动和监督执行。这样，学校就把校本培训做到了实处，避免了校本培训动员中豪言壮语、培训计划完美无缺，但到培训过程中却大打折扣、培训结果合作造假，避免了陷入“说起来激动，听起来感动，事后一动不动”的尴尬境地。六年来，华夏女中的校本培训取得了令人瞩目的成绩，学校的计划引领也是重要原因之一。

（3）行动引领

校长要做有胆有识的组织者和有始有终的参与者。作为学校的领导者，首先要在主持制订学校师资队伍建设规划时，把校本培训的实施作为工作的重点纳入学校发展的整体规划中。其次，要根据学校的办学目标和特色，从实际出发，制订校本培训实施的长期规划和学年（或学期）计划，为教师校本培训提供保障和条件。学校要成立由校长牵头，学校管理人员、骨干教师、学科带头人等成员参加的领导小组，互评共勉共进的学习小组，课题实施指导小组，校长导评小组，等等，保证校本培训扎实有序地开展。

校本培训是一项全员参与的系统工程，校长只有自始至终参与，才能把握培训的脉搏，解决培训中不断出现的新问题，从而聚焦主题，点亮价值，指向行动，保证校本培训始终健康地向前发展。

（4）文化引领

学校精神（学校精神是学校文化的历史积淀）的概括，是对教育未来的科学把握，是师生员工的群体价值追求。学校精神的内化（学校精神的形成），需要领导者坚持不懈地有效引导、不断强化，才能逐步成为师生员工的自觉行动。同时，还要通过构建学习型学校，营造“人人都想学，知道学什么，明白怎么学，个个都在学”的浓郁氛围，弘扬学校精神。

校长要让校本培训促成教研文化的形成，营造良好环境。教职工可以自由地对各种问题发表意见，实践自己的教育理想，体验成功的感受。这样，教师才能够在培训中享受生活、发展自我，始终昂扬着校本培训的正气。

（5）机制建设

制订切实可行的计划固然重要，但对执行过程的监督也是必不可少的一环，特别是在教师还没有真正接受校本培训，并没有真正养成良好的教研习惯的时候，监督管理就显得尤为重要。因此，校长要将培训任务分解到每一个领导干部、教研组甚至教师身上，确保落实到人，责任明确，以使校长随时可以对计划执行的过程进行督察和控制，并采取一定的措施确保计划的顺利实施，保证校本培训不走过场。

校本培训能够顺利开展，建立健全奖励机制是一个重要保证。学校要为全校教师建立培训档案袋，把教师在校本培训中所有有价值的资料记录在案，内容包括个人培训计划、培训学习记录、荣誉称号，以及来自不同方面的评价、成果记录、课题研究、撰写的论文、精彩的教案说课讲稿等其他个性化内容。学校年终进行总结表彰，以此作为教师评优评先的重要依据。

2. 教师在校本培训中的主体作用

实践研究表明，高质量教师队伍是校本培训实效性的唯一体现，对提升学校的办学质量最具实际意义。校本培训的宗旨是促进教师的专业化发展，而教师专业发展首先需要激活教师内心的愿望。苏霍姆林斯基在《给教师的建议》里一针见血地指出："真正的教育是自我教育"，教师"真正的专业成长之路是自我成长"。

在学校校本培训的引领下，华夏女中的教师们从"教学反思"开始，以"同伴互助"保障，很多教师在接受培训的过程中心中逐渐萌生了对教师专业发展的愿望，希望成为校本培训的主体，并慢慢发挥作用。

每位教师的成长实际上都是在教学实践中不断分析、思考、改进自己教学行为——即通过自我反思提高教学水平的过程。教育改革在为教师带来前所未有的巨大压力的同时，也带来了巨大动力。这需要教师去实践、去创新，带着理解和问题在教学实践中探究，在教学实践中发现问题，对问题进行分析、思考、判断，整理形成新的认识，再投放到教学实践中去检验。这一过程要靠教师的不断反思来推动，进而打破已有的束缚人发展的陈规，建构新的理念、新的机制。通过这样的反思，教师们不断更新教学观念，改善教学行为，提升教学水平，同时形成自己对教学现象、教学问题的独立思考和独到见解，最终形成独特风格。

我国古代大教育家孔子曾经说道："相观而善之谓摩""三人行，必有我师焉"。可见，教师的成长单靠个人力量显然是不够的，教师教学活动中的同伴互助有利于缩小课程发展与教师实践之间的落差，引发教师之间的相互学习、共同协作与教学研究。因此，同伴的支持与挑战对教师专业发展有着重要的作用。从某种意义上说，这是教师群体主体性的体现。

校本培训项目历时六年，每一年都在不断改进和完善，实践充分证明：在深入推进教学改革的背景下，教师要把专业发展放在一个团队背景下来加以审视。教师团队间的互助合作可以是同学科共同展示一节公开课，也可以是同学科或跨学科共同研究一个课题、开发一门课程，还可以是一次教研沙龙、读书分享活动上的畅所欲言，等等。在教师团队中，教师们的不同教学观念、教学模式、教学方法通过多种形式的教研活动相互碰撞，总会擦出思想的火花。用华夏女中教科研室主任殷兆颖的感受来说，就是：教师互助合作是校本研究的标志和灵魂。在一个教师团体中，能够有不同的思想、观念、教学模式、教学方法的交流是非常宝贵的。它标志着校本培训真正激活了教师专业发展的内驱力。

3. 专家名师在校本培训中的专业引领作用

事实上，处于现实教学研究工作中的华夏女中的教师们普遍十分渴望得到专家名师（专业人员）的指导。无论是区域内还是集团内，同层级的横向支援明显缺少纵向的引领。在当前我国课程发展大变动的时代，先进的理念如若没有以课程内容为载体的具体指引与对话，没有专家与骨干教师等高层次人员的协助与带领，就像"萝卜烧萝卜还是萝卜"，同伴之间的横向互助可能会囿于同水平的重复。当然，专业引领不等同于专家的单边引领，它应该也必须是校本培训团队中引领人员与被引领人员之间的先进理念和实际经验的取长补短，共同促进。

专业引领就形式而言，主要有学术报告、理论学习辅导讲座、教学现场指导以及教学专业咨询、教育科研指导等，每一种形式都有其特定的功用，但就教师专业成长而言，教学现场指导往往是最有效也是最受教师欢迎的形式。华夏女中的校本培训实践证明，专业研究人员（名师）与教师共同备课（设计）、听课（观察）、评课（总结）等，对教师成长帮助最大。

此外，学校还鼓励教师自觉参加各种类型的读书活动并能与专家(名师)面对面地分享交流，因为这也是接受专业引领、提高理论水平的有效途径。专业引领就其实质而言，是理论对实践的指导，是理论与实践的对话，是理论与实践关系的重建，这是华夏女中促进教师专业发展的校本培训向纵深发展的关键。

综上所述，校本培训是一项复杂的系统工程。它需要学校领导的统筹设计、有资金支持聘请和重用专业人员（专家名师）；它需要学校行政管理的组织与实施、全体教师广泛参与；它需要专业信息（融媒体资源）等的辅助支持……校本培训需要建设学习型组织，也促进学习型校园的建设，以促进师生终身学习意识的形成和持续发展的实现。

二、教师专业发展校本培训的成效显著

在教师专业成长项目的实施和深入推进中，华夏女中教师的整体水平不断提升，表现为教职工的专业知识、专业水平、工作态度和敬业精神的显著提高，教师们对工作规律的认识更加深入，工作方法更加系统和成熟，这些都为学校的进一步发展打造了一支水平高、素质强的教师队伍。

（一）基于课堂，以研促教，教师教科研能力实现质的飞跃

在推进新课程、实施新课改的过程中，华夏女中的教师们通过参与课题研究、课程资源建设，以及围绕优效课堂和学科教学知识体系构建开展的教研活动得到了极大的锻炼，课堂教学能力和科研意识及能力在实践中不断加强。

华夏女中鼓励各教研组将培训收获转化为成果，鼓励教师积极参与市区教研活动并承担任务，教师们在各种教育教学比赛中成绩显著。教师的教学教研能力和学生的学科素养培养相互促进、全面提升，学校的中考成绩连续几年名列前茅。

（二）打造特色课程，发挥德育功能，促进学生的全面发展

近年来，华夏女中的学生社团呈多样化发展，舞蹈团、啦啦操、排球队等校级学生社团在市区比赛中崭露头角，少女课堂课程体系不断完善，涵盖学科拓展、生活技能、女性发展、性格培养、心理辅导等多个方面，“菁媖论坛”“书女讲舍”“女中科技节”“女中声乐节”“女中艺术节”等系列活动已经日益成熟、成绩卓然。以上这些成果涵盖了教材教学研究、班级建设、校本课程开发、学生社团发展、学生心理健康等多个方面，体现了“教师专业成长项目”几年来的累累硕果（详见附件）。

（三）走向更高平台，分享教育教学成果，展示女中教师风采

2017 年，宋姗姗老师在中国陶行知研究会女学生教育专委会第 18 届年会“新时代女学生的核心素养及培养研究”学术沙龙上作了题为《体验式教学在女生核心素养培育中的策略研究》的分享交流；2018 年，谢华、张祎老师在中国陶行知研究会女学生教育专委会第 19 届年会暨“全球女性领导力培育”学术研讨会上作了《我们，为何而来》的中英文双语现场演讲。两次在国家级女性教育交流会上的发言，让同行们看到了作为北京市唯一一所公立女校近年来的成长蜕变，也看到了女中的教师队伍在女性教育教学中的探索和追求。

2017 年，华夏女中在推进京津冀教研一体化研究——北京美术学科教研现场会上获得成果展示一等奖；2018 年，孙明杰副校长的《发挥活动育人的功能，提高德育工作的品质》被评为教育部办公厅 2018 年全国中小学德育工作典型经验；2019 年，张雁校长的《培养“睿智女生”的综合实践课程研究与实践》在中国教育学会教育管理分会“新时代中小学实践课程实施与管理研讨会”上获得一等奖，并作学术交流。女中的管理经验和发展模式被推向更高的平台，得到越来越多教育界人士的关注。

2021 年是华夏女中“教师专业成长项目”的收官之年。10 月至 12 月，华夏女中六个教研组（英语、地理、语文、数学、生物、物理）先后举办了市区级教学成果展示活动，完成了包括研究课、创新课、观摩课等不同形式的市区级展示课程共计 16 节。各教研组以主题报告的形式总结几年来的研

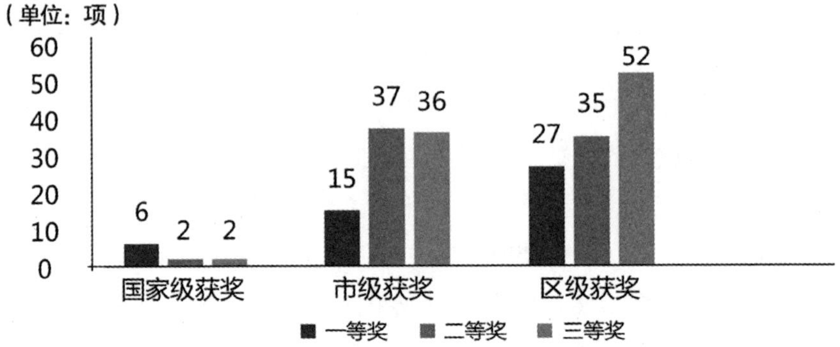

图 2　2015—2021 年教师论文获奖情况统计

究成果，共计 8 人次在展示活动中作主题发言。

本次系列活动受到市区教研部门和学校的高度关注，单次直播点击量最多突破 2000 人。很多家长在线上观看了活动转播，参会的教研员和专家对活动给予了高度评价，一致认为在这六年的成长项目培训中，华夏女中教师们的整体教育教学水平有了很大的飞跃，地理组的“讲好学科故事”、语文组的“整本书阅读”、数学组的“数学课测评研究”、英语组的“教学内容整合评价标准的研究”、生物组的“大单元教学研究”等成果展示，真正体现了理论与实践相结合的研究理念，工作具有先进性和引领作用。

三、教师专业发展校本培训的前景展望

促进教师专业发展的校本培训必将走向校本研修之路。校本研修使作为教师工作实践的主要场所——学校，成为一个有利于教师专业发展的学习型组织，学校尊重教师个体的发展愿望，创设一切便利条件，充分发挥教师个体的创造力和教师群体的合作力，形成一种弥漫于整个组织的学习氛围，并凭借着群体间持续不断的互动学习与实践，使个体价值与群体绩效得以最大限度地显现。

校本研修的要素包括教师及其研修组织、领导与管理、专业人士、专业信息资源等。教师及教师研修组织是校本研修的主体，那些尚未形成教师学习型组织的教师个人自发研修，一般难以体现“校本”特点，算不上严格意

义上的校本研修。

鉴于六年校本研修的实践，对于校本研修未来发展的趋势有如下思考。

（一）教师层面

教师是学校发展的根本，让教师远离职业倦怠、激活教师成长内驱力具有非常重要的意义，校本研训要特别重视这一点。

1. 坚持以人为本，夯实专业基础

要坚持以人为本，充分相信教师，改变被动的管理，培养教师的主人翁意识，增强教师成才的动力。在安排教师工作岗位时，尽可能做到双向选择，充分体现教师的自主性。学校要让每一位教师的专业成长愿望都得到充分的尊重。尊重是调动教师积极性和主动性的重要保证，能够激励教师勤于学习，不断夯实专业基础。学校管理者要坚持在工作中以身作则，突出人本管理，注重培养教师的归属感，树立教师的集体意识、服务意识、创新意识、发展意识，让教师自然而然地走向“不待扬鞭自奋蹄”的专业成长境界。

2. 善用终局思维，做好专业规划

所谓终局思维，简单地说就是做任何事情，都在想这件事未来会是什么样的，用这个判断往前倒推，知道自己当下应该做什么。校本培训应该引导教师善用终极思维思考自己的专业发展，即根据自己的未来发展预期指导自己确定目标，结合学校的发展现状与自己的优势劣势，提出自己的终极目标和努力方向。有了这样的教师专业发展整体认知，教师就可以客观理性地认识到应该如何走好自己的每一步、过好每一个节点。这种专业规划，使教师心中有目标和方向感，自然就会向着自己的目标走好专业成长的每一步。

3. 重视阅读引领，丰厚专业底蕴

教师要做好教育教学工作，就需要具有丰富的教育科学知识和比较丰厚的专业底蕴，构建自己的哲学体系。除开展教学实践外，阅读必不可少。著名教育家朱永新说：“一个人的精神发育史就是他的阅读史。”可见，阅读在教师成长中极其重要。

腹有诗书气自华，最是书香能致远。学校要营造读书氛围、建设书香校园。学校领导要始终坚持带头阅读，在日常工作及教职工大会、各种培训会中鼓励和倡导教师主动阅读，分享阅读书目，交流阅读感受，切实发挥引领和示范作用。学校创造有利于教师阅读的条件，例如提供阅读书目、购买专业书籍和杂志，鼓励教师订阅教育报刊，组织各种读书和分享活动，促进教师成为学习型教师，增强教师的专业底蕴。

（二）学校层面

学校要强化校本培训，促进教师专业成长。坚持“立足课堂，以研促教”的思路，坚持“专家引领、同伴互助、研训合一”三位一体的方式，特别关注教师的信息素养提升和信息技术能力提高，促进教师的专业持续发展。为此，有几个认识需要在此厘清：第一，校本培训应该兼顾知识导向和能力导向，促进教师的全面发展。第二，校本培训要兼顾补偿性导向和发展性导向，兼顾教师发展的共性需求和个性差异，促进全体教师的成长进步。第三，校本培训要兼顾外部调控和自我控制，做好外力助推，同时培养和强化教师的自我管控，促进教师的持续发展。第四，校本培训兼顾“以校为本”和“以师为本”，既体现注重学校的需要，更强调注重教师的发展需求。第五，教师培训要兼顾崇尚简单运用和追求创新，既要把有效的实践探索经验和方法直接应用到校本培训中，又强调要用创新的观念与思想不断研究新情况、新问题，不断构建完善的、富有本校特色的校本培训新体系。

（三）培训层面

1. 重视开展工学互促，不断积淀促进教师专业成长的物质元素

在学习途径广泛多元、知识更新加快的当今时代，教师若是只埋头教书而缺少“充电”，难免会陷入只凭借陈旧知识和经验工作的境地，难以取得相应的专业发展、体会专业成长。“问渠哪得清如许？为有源头活水来。”工作与学习两者合则共荣、分则互损。所以，学校要通过各种途径和方法，引领教师正确处理好工作和学习的关系，不断向书本学习、向专家学习、向同行学习、向社会实践学习，甚至向学生学习。教师要积极有效地养成乐于学习、勤于学习、善于学习的良好意识和品质，努力做到“吾日三省吾身”，坚持把读书、理论学习与工作实践自觉有机地融合起来，从而为促进教师专业发展不断积淀实力、开发潜能。

2. 深入开展校本培训，有效拓宽教师专业成长的综合途径

校本培训要常态化，采用多种形式持续深入推进：第一，定期或不定期采取“请进来走出去”的形式，组织教师开展有目的、有主题的外出学习，安排有序列的培训和座谈，定期进行有针对性的观摩学习。第二，以教研组建设为载体、学科组活动为平台，通过制度推动和激励引领等措施，有效促进同学科和不同学科之间开展专题、教育教学方法、教育科研以及学习心得等的交流活动，以达到互相学习、共享资源的目的。第三，积极开展以同伴互助互动为主要形式的团队建设活动。在全校范围内注重培养不同学科、不同年级的优秀教师和骨干教师，真正打造优秀教师队伍和先进学科团队，逐步取得并放大以工促学的效应。

3. 广泛开展课题研究，有效凝聚教师专业成长精神动力

苏霍姆林斯基曾经说过：“若想让劳动给教师带来乐趣，使天天上课不至于成为一种单调乏味的义务，就应当引导每一位教师走上从事研究这条幸福的道路上来。”

建立和开展校本课题研究是校本培训的重要内容，是建立在教师教学工作基础上的理论学习心得、课堂生成研究、教学细节提炼、学生评价改进、辅导学生分析、课外实践总结，是教师在教海中撷取的一束束浪花。丰富多元、快速有效的校本课题研究，既可以有效引发教师从事研究的成就感，又能够为促进教师专业成长注入源源不断的活力元素。

4. 认真开展文化建设，努力营造教师专业发展的良好环境

校园文化建设既包括校园建筑、基础设施、人文景观等外在的形式，更要包括人本精神、制度建设、思想塑造、理念深植、实践创新等内涵要素，以实现“内涵发展、特色发展”。校园文化建设的层次和水平，无论是对于学生还是教师，无论是对于教学还是生活，始终具有一定的培育力量和潜移默化的功能。例如，备受关注和热议的师德师风问题、减负增效问题等不仅是教师专业发展的有机组成部分，也是校园精神文化建设的重要内容。

总之，教师专业发展是个永恒的话题，是教师生涯永远的课题，它关系到学生、教师共同的发展与成长，伴随着教师整个职业生涯乃至终生。教师校本培训需要深入持久地进行研究，只有调动多方力量、凝聚多方智慧，才能做好这项系统工程。

附　　录

附录 1　市级以上级别论文获奖及发表情况汇总

论文题目	作者	获奖情况	科目
体验式教学在女生核心素养培育中的策略研究	宋姗姗	中国陶行知研究会女学生教育专业委员会第 18 届“新时代女学生的核心素养及培养研究”主题征文比赛一等奖	语文
体能训练新手段在初三体育教学中运动对体育成绩的影响	甘洁莉	第九届中国体育科学大会学术委员会收录为《大会论文集》论文并进行大会报告	体育
指向核心素养的深度学习与教学创新	耿京雯	2020 年全国中小学教师继续教育网优秀论文一等奖	历史
浅谈如何在初三语文教学中培育女学生的积极情绪	宋姗姗	2019 年中国陶行知研究会女学生专业委员会论文一等奖	语文
浅谈“1+3”试验项目中的语文教学对学生核心素养的培养	于佳琦	2019 年中国陶行知研究会女学生专业委员会论文三等奖	语文
性别视角下高中语文读写结合提升核心素养的尝试	皇甫英华	2018 年中国陶行知研究会女学生专业委员会二等奖	语文
“以文入史”连接古今，“以人见史”启迪人生——依托课程资源开发培养学生历史核心素养初探	冯梦璐	2018 教育部“中国梦”全国优秀教育教学论文评选大赛一等奖	历史
浅谈“唯物史观”在中学历史课堂教学中的运用	王　燕	2017 教育部“中国梦”全国优秀教育教学论文评选大赛一等奖	历史
如何提高女生的数学能力	祁俊磊	2017 年获中国陶行知研究会二等奖	数学
鼓起“慢”的勇气　尊重女性个性	于佳琦	2017 年获中陶会“新时代女学生核心素养及培养研究”主题征文三等奖	语文
“蛋白质变性”的实验设计与实施	赵　竹	国家级《生物学通报》发表	生物

续表

论文题目	作者	获奖情况	科目
“植物的呼吸作用”单元教学设计与实施	任玥僮	国家级《生物学通报》发表	生物
基于学生体验的反射概念教学组织	任玥僮	国家级《生物学通报》发表	生物
“发现身边的微生物”实验设计与实施	赵　竹	国家级《生物学通报》发表	生物
培养学生思维品质的高中阅读教学研究	殷兆颖	北京市第五届“智慧教师”教育教学研究成果二等奖	语文
运用思维导图提高女中高中作文教学效率的策略研究	殷兆颖	北京市 2016—2017 学年度基础教育科学研究优秀论文一等奖	语文
高中语文散文阅读教学主问题的设计研究	殷兆颖	北京市 2016—2017 学年度基础教育科学研究优秀论文二等奖	语文
以课程化建设推进整本书阅读的实践研究	殷兆颖	北京市教育学会创造教育研究会 2020 年学术论文评审一等奖	语文
学科教学中的立德树人实践与思考	殷兆颖	2021 年北京市教师“基本功与专业能力”教育教学研究成果三等奖	语文
基于学生核心素养发展的高三新语基题复习备考	于佳琦	2020 年北京市首届教师“基本功与智慧”教育教学研究成果三等奖	语文
科学精神的培育在初中语文阅读课中的渗透	宋姗姗	2018 年北京市教育学会二等奖	语文
家国情怀在初中语文阅读课中的渗透	宋姗姗	2018 年北京市教育学会三等奖	语文
高中语文教学中实施创新教育	宋姗姗	北京市 2016—2017 学年度基础教育科学研究优秀论文三等奖	语文
打开语文之门的钥匙——批注式阅读	李丽萍	北京市 2015—2016 学年度基础教育科学研究优秀论文三等奖	语文
学生微课题社会互动与合作问题解决能力相关性研究	黄　荣	2019 年北京市首届教师专业能力教育教学研究成果一等奖	数学
性别差异教学与最短路径问题	姜　茜	2019 年北京市教育学会数学教学研究会一等奖	数学
关于如何激发高三学生学习动力，指导学法的一点想法	刘斌媛	2019 年北京市教育学会数学教学研究会一等奖	数学
有效利用初中数学专题课初探	吴媛媛	2019 年北京市教育学会数学教学研究会一等奖	数学
北京高考数学最后一道压轴题历时研究及变革思考	黄　荣	2018 年北京市 2018—2019 年度基础教育科学研究论文一等奖	数学
中学生数学抽象核心素养化基本初等函数教学中的表现	徐　丹	2019 年北京市教育学会数学研究会一等奖	数学
走在前做表率　营造书香氛围	程孝桂	2021 年北京市教师“基本功与专业能力”教育教研成果三等奖	英语

续表

论文题目	作者	获奖情况	科目
论文“宅家充电—读书正当时 ——延期开学的线上教学初体验”	郭婷婷	2021年北京市教师“基本功与专业能力”教育教学科研成果征文三等奖；北京市教育学会创造教育研究会2020年学术论文评审三等奖	英语
营造“育以养德”特色班集体	程利军	北京市教育学会教育教学研究成果二等奖	英语
Superkid Heroes Period 1	韩雪敏	北京市教育学会创造教育研究会年综合实践活动课创新案例评比二等奖	英语
首届“北京市中小学英语教育戏剧课本剧剧本评选”	韩雪敏	北京市教育学会外语教学研究会2019—2020年中学组一等奖	英语
思维导图在英语复习课中的应用	张　辉	录入《中学英语活力课堂》（北京师范大学出版社2019年版）	英语
核心素养视角下思维导图在高中英语课堂教学中的应用	高宇华	2019年北京市教育学会三等奖	英语
英文原版电影在高中英语听说教学中的应用	高宇华	2018年北京市教育学会二等奖	英语
贯通培养模式英语听说能力培养目标下的词汇教学	高宇华	2018年北京教育学会三等奖	英语
思维导图在高三英语教学中的应用	张　辉	2017年北京市第八届“京研杯”教育教学研究成果二等奖	英语
论　文“The A to Z Guide to Teaching English”	郭婷婷	2017年北京市第八届“京研杯”教育教学研究成果一等奖	英语
合作学习理论背景下的小组活动在高中英语课堂实施情况的现状调查	刘　琳	2017年北京市第八届“京研杯”教育教学研究成果二等奖	英语
1+3贯通模式话题教学的学生英语听说能力的培养	高宇华	2017年北京市教育学会三等奖	英语
谈信息差任务设计在初中英语教学中的具体运用	崔丽慧	2016—2017学年度北京市基础教育科学研究优秀论文一等奖	英语
最近发展区理论谈高三英语隐性分层教学	高宇华	2016年北京教育学会三等奖	英语
立足课本，以外养内——女校初中物理教学课堂拓展阅读尝试	吴　林	2020年北京市首届教师“基本功与智慧”教育教学研究成果二等奖	物理
疫情下初三物理复习规划初探与后疫情时代物理复习备考策略研究	吴　林	2020年北京市教育学会创造教育研究会学术论文评审三等奖	物理
物理核心素养的科学探究——巧用“曹冲称象”解决特殊方法测电阻问题	吴　林	2019年北京市教育学会创造教育研究会学术论文评审三等奖	物理

续表

论文题目	作者	获奖情况	科目
物理核心素养下的生活化教学实践——以八年级上册“时间”一课为例	吴　林	2019 年北京市教育学会创造教育研究会学术论文评审三等奖	物理
浅谈运用中考模拟试题进行学生物理核心素养之科学态度与责任的培养	吴　林	2019 年北京市教育学会创造教育研究会学术论文评审三等奖	物理
小班化教学在女校的问题及对策初探	吴　林	2017 年北京市第八届“京研杯”教育教学研究成果三等奖	物理
以物理典型试题为例谈分层设问的实施	李海燕	2017 年北京市第八届“京研杯”教育教学研究成果三等奖	物理
浅谈如何做好初高中物理知识的衔接	张慧娟	2016 年北京市基础教育科学研究优秀论文二等奖	物理
“点亮课堂　养育灵魂——熔铸灵动课堂的“合金”	耿京雯	2021 年北京市基础教育科学研究优秀论文一等奖	历史
浅谈初中历史教学中结构化思维运用的尝试	王　燕	2021 北京市“基本功与专业能力”教育教学研究成果三等奖	历史
以笔书史　以手写心——初二年级中国近代史漫画创作大赛	冯梦璐	2021 年北京市“传承红色基因深化实践育人”科学实践案例征集评选三等奖	历史
课堂何处不飞花	耿京雯	2020 年北京市教师“基本功与智慧”教育教学研究成果一等奖	历史
博物于物，深思有据，动之以情——例谈博物馆资源在中国古代史课堂教学中的应用	冯梦璐	2020 年北京市首届教师“基本功与专业能力”教育教学研究成果三等奖	历史
“史料实证”让历史课熠熠生辉	耿京雯	2019 年北京市首届“教师专业能力”教育教学研究成果一等奖	历史
综合开发文史课程资源，全面提升历史核心素养——以高中历史选修《戊戌变法》为例	冯梦璐	北京市 2018—2019 学年度基础教育科学研究优秀论文一等奖	历史
浅谈历史学科核心素养之“时空观念”的落实与提升	冯梦璐	北京市 2017—2018 学年度基础教育科学研究优秀论文三等奖	历史
基于资源整合的地理核心素养培养案例研究——以西北地区为例	李　慧	北京市 2018—2019 学年度基础教育科学研究优秀论文三等奖	地理
神奇又充满生机的“热土”	张曼莉	2018 年北京市基础教育优秀论文三等奖	地理
以初一地图教学为例探索培养学生地图素养的有效方法	张曼莉	北京市 2017—2018 学年度基础教育科学研究优秀论文一等奖	地理
《中国的地方文化》教学改进点分析	张曼莉	北京教育学院 2017 年“新中考制度下初中地理课堂教学改进研究”专题特色项目优秀成果一等奖	地理

续表

论文题目	作者	获奖情况	科目
基于核心素养的“1+3”地理教学初探	徐　磊	北京市第八届“京研杯”论文评比二等奖	地理
论时政新闻与初中道德与法治课堂的融合	陈　进	北京市教育学会创造教育研究会2020年学术论文三等奖	政治
论英语元素在初中道德与法治课堂的运用	陈　进	北京市教育学会创造教育研究会2020年学术论文三等奖；北京市教师“基本功与专业能力”教育教学研究成果三等奖	政治
学生公共参与能力与学科核心素养的培养	王慧娟	北京市第八届“京研杯”教育教学研究成果二等奖	政治
学什么，你做主——《生活哲理》校本课程经验总结	王慧娟	北京市第五届“智慧教师”教育教学研究成果三等奖	政治
培养科学精神的教学策略	王慧娟	北京市首届“教师专业能力”教育教学研究成果三等奖；北京市基础教育科学研究优秀论文三等奖	政治
体育大课间活动在中学实施分析	王德智	2016年北京市教师“基本功与专业能力”教育教研成果三等奖	体育
集团化背景下帮扶校办学的有效路径——以北京师范大学实验华夏女子中学为例	甘洁莉	2021年北京市教师“基本功与专业能力”教育教学研究成果二等奖	体育
校本课程建设与教师专业发展的研究和思考	殷兆颖	北京市2015—2016学年度基础教育科学研究优秀论文一等奖	教科研室
基于核心素养的女子中学校本课程开发的探索与实践	殷兆颖	北京市第八届“京研杯”教育教学研究成果一等奖	教科研室
核心素养视域下以项目学习的方式开发女子中学校本课程的探索与实践	殷兆颖	北京市2017—2018学年度基础教育科学研究优秀论文三等奖	教科研室
聚焦课堂　以研促教——教育集团化背景下教师专业成长探索	殷兆颖	北京市第六届“智慧教师”教育教学研究成果一等奖	教科研室
女子中学特色课程研究	殷兆颖	北京市首届“教师专业能力”教育教学研究成果一等奖	教科研室
基于培养学生创造力的女子中学校本课程建设	殷兆颖	北京市教育学会创造教育研究会2019年学术论文评审一等奖	教科研室
女子中学培养“睿智女生”的课程研究与实践	殷兆颖	2021年北京市“基本功与专业能力”教育教学研究成果一等奖	教科研室

附录 2　市级公开课或评优课情况汇总

题目	作者或授课教师	获奖情况	科目
《台湾省》	李　慧	2017 年教育部“一师一优课、一课一名师”活动“部级优课”	地理
《美国南北战争》	耿京雯	2017 年教育部“基础教育优质教学课例”	历史
《根深叶茂的故事》	宋姗姗 李丽萍	2021 年“名师引领我成长 2021”系列专题课程优质课例课程资料，被全国中小学教师继续教育网录用	语文
《红星照耀中国》之长征专题	宋姗姗	国家级研究课、区级研究课；案例发表于中华人民共和国教育部清华大学主办的《中国多媒体与网络教学学报》2021 年第 1 期	语文
《红星照耀中国》拓展比较阅读	查仕菊	国家级研究课、区级研究课；案例发表于中华人民共和国教育部清华大学主办的《中国多媒体与网络教学学报》2021 年第 1 期	语文
《河中石兽》	查仕菊	2020 年“国家中小学网络云平台”课程录制	语文
《应用文写作课》	查仕菊	2020 年“国家中小学网络云平台”课程录制	语文
《骆驼祥子》导读课	宋姗姗	2020 年“国家中小学网络云平台”课程录制	语文
《伟大的悲剧》	宋姗姗	2020 年“国家中小学网络云平台”课程录制	语文
《盛唐气象》	冯梦璐	2020 年“停课不停学”全国中小学优秀网课案例	历史
口语交际——辩论	查仕菊	2019 年北京市教育学会第三届科研课题研究课二等奖	语文
《圆锥曲线定义再认识》	黄　荣	北京市第三届科研课题研究课（教学基本功）评比一等奖	数学
《初三期中数学学业评价数据分析课》	黄　荣	2021 年北京市教科院基教中心“团队教研创新、专业能力提升”系列活动展示课	数学
《初二上数学期中学业评价数据分析》	祁俊磊	2021 年北京市教科院基教中心“团队教研创新、专业能力提升”系列活动展示课	数学
《期中学业评价二次函数综合题——析题课》	刘斌媛	2021 年北京市教科院基教中心“团队教研创新、专业能力提升”系列活动展示课	数学
《证明 a=b+c 型线段关系——析题课》	霍凯华	2021 年北京市教科院基教中心“团队教研创新、专业能力提升”系列活动展示课	数学
《变异与育种》 《生物与环境》	智冠华	2020 年“北京市中小学空中课堂”初中生物学科授课 2 节	生物
《近代中国经济结构的变动》	冯梦璐	北京市第一届“启航杯”教学风采展示活动二等奖	历史

附录 3　德育论文及班会课例等市级及以上级别参赛获奖情况汇总

类别	成果	获奖情况	作者
课题成果类	《抓住教育契机，创新教育机制，打造女校特色》	北京市首届“教师专业能力”教育教学研究成果二等奖	刘海霞 殷兆颖 马　艳
	《未来菁媖主题活动引领下的 wise girl 女校特色评价机制》	北京市第二届中小学优秀德育成果机制报告类二等奖	刘海霞 孙明杰 马　艳
	《构建女校特色德育课程体系，提高德育实效性》	2018—2019 学年度北京市课程建设优秀成果二等奖	刘海霞 孙明杰 马　艳 闫　磊 王　琰
活动、班会、课例类	《放飞心情，追逐梦想——北师大实验华夏女中第三届女生心理节》课例	2019 年北京市第二届中小学优秀德育成果征集主题教育活动课例类二等奖	孙明杰 王　琰 马　艳 闫　磊
	《我和我的祖国——做“工匠精神”传承人》（班会）课例	2019 年北京市第二届中小学优秀德育成果征集主题班会类三等奖	王　琰
	《一节关于诚信的班会课》	2021 年北京市教师“基本功与专业能力”教育教学研究成果三等奖	李丽萍
研究论文类	《泛在时代的极简主义带班方略之卫生管理》	2021 年北京市教师“基本功与专业能力”教育教学研究成果三等奖	吴　林
	《初始年级如何激发女学生的成长潜能》	2017 年中国陶行知研究会论文评比二等奖	程孝桂
	《马斯洛需求层次论在班主任工作中的应用》	2017 年北京市论文三等奖	高宇华
	《中学心理课校园欺凌辅导的研究》	北京市 2020—2021 学年度基础教育科学研究优秀论文二等奖（第二作者）	王　琰
	《交融，从沟通开始》	2016 年“中国梦·全国优秀教育教学论文评选”一等奖；北京市教育学会第五届“智慧教师”三等奖；北京基础教育科学研究院《北京教研》征文活动三等奖	程孝桂
	《正确解读孩子的言行》	2016 年北京市教育学会第五届“智慧教师”教育教学研究成果三等奖	谢　华

续表

类别	成果	获奖情况	作者
研究论文类	《浅谈职业生涯规划在班级德育中的运用》	2017 年北京教育科学研究院基础教育科学研究所三等奖	宋姗姗
班主任	2021 年获第 34 届北京市中小学“紫禁杯”	优秀班主任称号（二等奖）	杜少琼

附录 4　学生团体比赛市级及以上级别获奖情况汇总

分类	项目	获奖情况	辅导老师
体育	排球	我校排球队 8 名队员代表西城区参加 2021 年北京市青少年排球锦标赛，分获乙组、丙组第一名	赵东阁
	啦啦操	“其美啦啦队”在“2019—2020 年全国啦啦操联赛清华大学站比赛”中荣获“公开少年乙组集体爵士自选”项目第二名	甘洁莉
		“其美啦啦队”参加“2019 年北京市中小学生啦啦操比赛”，获得少年乙组街舞规定动作项目的比赛第三名	甘洁莉 温　馨
		“其美啦啦队”参加“2018—2019 年全国啦啦操联赛中国石油大学站中小学组比赛”，获得爵士规定动作的比赛第二名	甘洁莉
美育	合唱	2021 年作品《枳子花开》《The Snow》获“北京市第二十四届学生艺术节合唱展演”金奖	赛庆霞 孙　澎
	舞蹈	2021 年作品《竞艳》获“第十七届北京市舞蹈大赛表演编创”二等奖	温　馨
	话剧	2021 年《才女李清照》“北京市第二十四届学生艺术节戏剧展演”银奖	李丽萍 薛　艳 于佳琦
		在“对话青春，致敬经典——2020 年西城区百姓戏剧节、西城区学校戏剧联盟演出季”担任《邂逅李清照》《执法如山》指导教师	李丽萍　宋姗姗 于佳琦　赵立超 谢　华　查仕菊 薛　敬　薛　艳
		在“对话青春，致敬经典——2019 年西城区百姓戏剧节、西城区学校戏剧联盟演出季”担任《我家的小精灵》指导教师	李丽萍　宋姗姗 于佳琦　查仕菊
		在“对话青春，致敬经典——2018 年西城区百姓戏剧节、西城区学校戏剧联盟演出季”担任《孔雀东南飞》指导教师	李丽萍　宋姗姗 于佳琦　刘　畅
		在“对话青春，致敬经典——2017 年西城区百姓戏剧节、西城区学校戏剧联盟演出季”担任《我家的小精灵》指导教师	李丽萍 于佳琦 宋姗姗
	美术	2019 北京市“我心中的奥运吉祥物”绘画比赛三等奖	马　敏 杨　杨
	微电影	2018 年联合国教科文组织全委会、中国文物信息咨询中心、世界遗产青少年教育中心微电影比赛中《贵妃扇》获优秀奖	李丽萍 闫　磊

续表

分类	项目	获奖情况	辅导老师
科技	环保	2021 年环保手绢设计三等奖	李学凤等
		2021 年环境调查报告三等奖	李学凤等
	科技节	2018 年第三十六届学生科技节《关于增加微藻生长率及油脂含量以促进北京地区污水治理的建议》科学建议奖二等奖	李学凤等
		2018 年第三十六届学生科技节——第十九届中小学生航天科技体验与创意设计大赛之太空种子种植小能手大赛，中学组种植展示项目三等奖	任玥僮 马　爽

参考文献

曾光、赵昱鲲等：《幸福的科学：积极心理学在教育中的应用》，人民邮电出版社 2018 年版。

教育部基础教育课程教材专家工作委员会：《义务教育地理课程标准解读》（2011 年版），高等教育出版社 2012 年版。

刘月霞、郭华主编：《深度学习：走向核心素养》，教育科学出版社 2018 年版。

中华人民共和国教育部：《初中历史课程标准（2011 年版）》，北京师范大学出版社 2011 年版。

中华人民共和国教育部：《义务教育历史课程标准（2011 年版）》，北京师范大学出版社 2012 年版。

[美] 霍华德·加德纳：《多元智能》，沈致隆译，新华出版社 1999 年版。

[美] 马丁·塞利格曼、卡伦·莱维奇、莉萨·杰科克斯、简·吉列姆：《教出乐观的孩子》，洪莉译，浙江人民出版社 2013 年版。

[美] 亚历山大·B. 墨菲：《地理学为什么重要》，薛樵风译，北京大学出版社 2020 年版。

冯延平、常一民：《中小学教师培训有效性的实践研究》，《中国教育学刊》2010 年第 1 期。

高春香：《德国教师培养培训透视》，《中小学教师培训》2007 年第 2 期。

高春香：《美国教师的继续教育》，《教书育人（教育新理念）》2004 年第 14 期。

何冰：《以课程开发研究促进教师专业成长》，《中国教育报》2021 年 8

月 27 日。

于璎、李红:《影响教师培训有效性的因素与对策》,《继续教育》2008 年第 7 期。

李玉娟:《中小学教师校本培训模式研究》,《中小学教师培训》2001 年第 4 期。

林培英:《论地理教学资源》,《课程·教材·教法》2002 年第 5 期。

刘海骅、徐凯文、庄明科:《高校心理危机干预工作的思考与尝试》,《北京教育(高教)》2014 年第 3 期。

沈克学、何成刚、张克州:《主题学习　史学阅读　问题解决——例谈深度学习视域下的历史主题学习》,《教学月刊·中学版(教学参考)》2020 年第 10 期。

汪瑞林:《推进立德树人的生动实践——2019 年基础教育课程与教学改革观察》,《中国教育报》2019 年 12 月 25 日。

王振存、王北生、张清宇:《未来教师发展的角色定位、专业素养与成长路径》,《河南教育(教师教育)》2021 年第 1 期。

武强:《地理生活素材的故事化与课堂分享》,《地理教学》2021 年第 8 期。

徐秀华:《英国的在职教师培训及其借鉴》,《中小学教师培训》2004 年第 8 期。

姚琳、彭泽平:《当前法国中小学教师继续教育的特点》,《继续教育》2004 年第 3 期。

俞国良、王浩:《文化潮流与社会转型:影响我国青少年心理健康状况的重要因素及现实策略》,《西南民族大学学报(人文社科版)》2020 年第 9 期。

袁新文:《"教育科研月"涌动教研潮》,《光明日报》2001 年 12 月 20 日。

张华:《综合实践活动课程:理念与框架》,《教育发展研究》2001 年第 1 期。

张晓伟:《积极情绪"拓展—建构"理论对心理健康教育的启示》,《赤峰学院学报(自然科学版)》2013 年第 14 期。

朱旭东:《论教师的全专业属性》,《教育发展研究》2017 年第 10 期。

朱永坤:《中日教师继续教育之比较及对我国的启示》,《继续教育》2004 年第 3 期。

朱永新：《新教育实验与教师专业发展》，《天津教育》2007 年第 1 期。

《北京师范大学附属实验中学 2019—2024 年发展规划》，2019 年 7 月。

《关于进一步减轻义务教育阶段学生作业负担和校外培训负担的意见》，2021 年 7 月 24 日，见 http://www.moe.gov.cn/jyb_xxgk/moe_1777/moe_1778/202107/t20210724_546576.html。

《建构校本研训新机制，提速教师专业化发展》，2021 年 10 月 18 日，见 https://max.book118.com/html/2021/1018/7142162002004024.shtm。

《优秀主题班会的“五好”标准》，2011 年 2 月 3 日，见 http://blog.sina.com.cn/s/blog_4b7d7aa80100p457.html。

《中学教师专业标准（试行）》，2012 年 9 月 13 日，见 http://www.moe.gov.cn/srcsite/A10/s6991/201209/t20120913_145603.html。

刘娜：《致孩子：希望你能遇见一位手持戒尺、眼中有光的老师》，2018 年 9 月 9 日，见 https://www.dz211.com/news/show-3049.html。

张烨：《“舞蹈 +”中国传统文化主题美育课程研究》，2021 年度全国中小学舞蹈教师培优计划优秀文集。

视频展示

语文组

华夏雅舍育书女　涵泳名著共成长

数学组

深度学习　自主成长

历史组

从课本中走进历史　从生活中感受历史

地理组

小球大世界

音体美

功夫扇　中国魂

音体美

青春华夏　舞动课间

音体美

华夏 · 艺之梦

英语组

联系生活实际、注重情景教学、培养英语核心素养（初二英语课）

英语组

讲练结合、学考结合，知识与能力并长（初三英语课）

物理组

基于物理学科核心素养培养的教学研究与实践（初中物理课）

化学组

工业炼铁，我也能当小小工程师（初三化学课）

历史组

以学习促成长，以活动促发展（初中历史课）

政治组

搭“阶梯”破难点、促理解（道法复习课）

音体美

注重音乐实践，提高核心素养（初二音乐课）

生物组

基于核心素养视域下的整合教学资源进行单元教学研究与实践

学校生活

青春飞扬　我的华女生活

德育队伍

专业・理性　成长中的德育队伍

青年教师

我和我的祖国　“青花瓷”青年教师队伍

德育活动

特色活动　“菁媖讲坛”回顾

德育活动

韶华之声　合唱节回顾

心育活动

身心健康发展　心理节回顾

体育活动

青春・中国　团体操展示

文艺活动

青・春——首届海棠诗会

艺术活动

校合唱团节目展示

艺术活动

校舞蹈团节目展示

艺术活动

校话剧团节目展示

艺术活动

校打击乐团节目展示

后　　记

2016年10月，指导教师进入华夏女中校园开启对青年教师专业成长的培养项目。2019年底，教师专业成长培养项目工作进入“成果转化·提炼提升”阶段，原定计划在2020—2021学年度各教研组组织承办“市区级开放日活动——学科系列展示交流及主题研讨”，与此同时展示交流各教研组编辑印制的《北京师范大学实验华夏女子中学教师专业成长培训项目——学科教师成长手册》和宣传展板，作为“市区级开放日活动——学科系列展示交流及主题研讨活动”的一部分。

由于疫情原因，各教研组原定于2021年举行的线下“市区级开放日活动——学科系列展示交流及主题研讨活动”被迫“叫停”，改为各教研组在线上开展“学科展示交流及主题研讨活动”，各教研组教师们准备开始制作的“成长手册”和“宣传展板”失去了线下“学科展示交流及主题研讨活动”的最佳时机。为此，2021年10月初，成长项目组与学校紧急商定编辑《高素质教师专业发展校本培训实践研究》专著。由于时间紧任务重、参与人员众多，这一部华夏女中的校本培训实践研究总算在2022年1月寒假放假前接近收笔；虽然多有遗憾，但成果毕竟终于“完成”。

于我个人而言，能够参与其事，是一份荣幸。今天的华夏女中在西城区、北京市，乃至全国“女学生教育专业委员会”中已颇有名气。在近六年的成长项目实践研究过程中，我一直慢慢品味着华夏女中的风采，看着教育新秀们的朝气蓬勃、茁壮成长，从中体会为什么今天的成长项目能够硕果累累、华夏女中能够实现跨越式发展。

若要书写“校本培训实践研究成果显著的关键创新环节”，首先要写在专家引领、文献研究、需求调研的基础上制订的华夏女中校本培训实践研究方案——尊重教师成长的特点，真正关注教师成长的需求并对此进行动态、科学、有效的分析，不仅兼顾新任教师、成熟型教师，同时要发现和培养骨干教师，并为名师的诞生提供丰厚的土壤；通过个性化的定制指导，有针对性地进行校本培训，以教师为本、以实践为基、以生命为重，切实指导教师未来的发展，实现通过校本培训激活教师内驱力的目标要求。

其次，华夏女中探索出教师自主团队合作、聚焦课堂研究实践，将问题转化为课题，以课例研究为抓手、课题研究为突破，进行日常教学实践、研讨和反思，发现并解决问题，提炼并转化成果，再生成新的研究课题，全过程全方位发挥名师引领作用和同伴互助激励作用，在研究中学习、在学习中成长、在成长中出成果，从而形成促进教师专业素养和能力提升发展的校本培训体系和实践模式，促进高素质教师专业发展。这种促进教师专业发展的校本培训策略，将教师成长具有共性的行动路线纳入校本培训实践研究之中，关注到“回应挑战—反思思考—不断变革”这个生成骨干教师乃至专家型教师的关键，及时把各层次、各类型的成果转化成为具有可操作性和可推广性的形式。

若要书写“著书”时的“华夏女中精神”，第一笔当从学校的领导班子写起，华夏女中拥有一支团结合作、求真务实的领导团队。从商定筹划此书到于2021年10月15日至22日完成目录讨论稿和召开出书筹备会，11月15日召开出书正式启动会，刘海霞校长的从容淡定、远见务实，值得大书特书。作为实验中学副校长，刘校长要负责实验集团的工作，要在两校之间奔走，在繁重的工作任务之余亲自撰稿，并负责第三章的统稿工作。12月23日，近35万字的《高素质教师专业发展校本培训实践研究》（初稿）印制出来后，刘校长亲自率领学校领导班子成员，在学期末繁忙的工作之中，推进全书的审阅工作；校长、书记和各位副校长们都在“初稿”上认真批注、写修改建议。在校长的带领下，学校领导班子成员不辞辛苦，为本书贡献力量：张雁副校长承担了第四章统稿的工作；孙明杰副校长亲自撰稿，并承担了第五章的统稿工作；洪霞书记和韩军副校长亲自撰稿，之后分担了徐磊老师第七章和第八章统稿的工作。我有幸近距离观察学校领导团队的工作效率和办事态度，看到他们能兼顾学期末教育教学日常管理工作、撰写专著和统稿修改等截然不同的几件事情，有条不紊、游刃有余地推进工作，便理解了学校能够实现跨越式发展的主因所在。

要写的第二笔是华夏女中拥有的一批拼搏向上、勇挑重担的中坚骨干。殷兆颖老师原是学校教科室主任、成长项目的校方负责人和执行人，2021年3月因西城区教委急需用人并培养后备干部人才，殷老师去西城教委挂职工作学习。新工作岗位任务繁重，但殷老师奋勇当先，利用节假日和每天晚上时间完成了第一章、第二章以及结语部分第一、三节的撰稿工作。在我心中，描述她的“关键词”是“积累”与“实干”。接替殷老师完成成长项目工作的是教学处张晓帆主任，虽然休假在家，却在“责任”与“担当”的驱使下，仍然在线上参加第四章各次研讨会，积极献计献策，反复修改完善，与其他三位老师共同完成了第四章的撰稿工作。

2021年9月，接替张晓帆主任继续完成成长项目工作的是地理教研组长徐磊老师，时值在成长项目工作进入“市区级开放日展示交流及主题研讨活动”和“成果转化出专著”的关键阶段，徐老师不仅圆满地完成了成长项目的收官工作，同时还完成了三个小节的撰稿，以及本书后三章的统稿和全书插图的审阅工作。

还有学生处主任马艳老师、语文组组长薛艳老师、数学组组长黄荣老师、英语组组长刘琳老师、物理组组长吴林老师、生物组组长任玥僮老师、政治组组长张玥老师、体音美舞心组组长王德智老师……他们在繁忙的工作状态下分别完成了各自的撰稿工作，刘琳老师、薛艳老师、黄荣老师还组织并编辑了与此书配套的《华夏女中教学成果汇编集》。

要写的第三笔是华夏女中还有一批不断探索、勇于变革的后备人才。这次出书工作的顺利进行还要归功于学校的这样一支朝气蓬勃、不断探索、勇于变革的后备人才队伍，冯梦璐、于佳琦、宋姗姗、谢华、甘洁莉、赛庆霞、杨杨、温馨、王琰、霍凯华、姜茜几位老师，在完成繁重的日常教学任务之余，将自己的教学经验和感悟撰写成文，使本书的内容变得更加多元化，可读性大大提升。

在与各位领导、教师的反复沟通、不断修改完善的过程中，我眼见这本书的内容愈加丰富、愈加精彩；我也和大家一样，越发感受到华夏女中的魅力。可以说，华夏女中之所以能够取得跨越式发展，不仅得益于传承了实验中学优良的教育传统，更在于华夏女中拥有这样一批挑战自我、不断变革的教师团队。正是这种追求发展、追求卓越的专业精神和态度，成就了华夏女中的跨越式发展和取得的显著教育教学成果。

借此机会，衷心感谢成长项目组语文指导教师黎松龄老师和语文组曹馨宁老师，她们两位共同负责全书统稿和三次校对工作；衷心感谢人民出版社及陈百万、李源正两位编辑给予此书从选题立项、写作建议、修改完善等多方面的指导和鼓励。如果没有他们的热情支持和诸多帮助，这次著书的任务也不可能这样顺利地完成。

说到感言，作为这本书的主编之一，我庆幸有这一段难忘的经历，有这么多新老朋友的鼎力相助，借此机会一并感谢！我也衷心地祝福这所北京市唯一的特色、优质女子中学，希望她在未来的日子里永远闪耀着人类理性与智慧的辉光。

鄂文艳

2022 年 7 月

责任编辑：陈百万
封面设计：林芝玉
责任校对：陈艳华

图书在版编目（CIP）数据

高素质教师专业发展校本培训实践研究 / 北京师范大学实验华夏女子中学 编著；刘海霞，鄂文艳 主编．— 北京：人民出版社，2022.7
ISBN 978－7－01－024764－9

I. ①高… II. ①北… ②刘… ③鄂… III. ①师资培养－研究 IV. ① G451.2

中国版本图书馆 CIP 数据核字（2022）第 080092 号

高素质教师专业发展校本培训实践研究
GAOSUZHI JIAOSHI ZHUANYE FAZHAN XIAOBEN PEIXUN SHIJIAN YANJIU

北京师范大学实验华夏女子中学 编著
刘海霞 鄂文艳 主编

人民出版社 出版发行
（100706 北京市东城区隆福寺街 99 号）

中煤（北京）印务有限公司印刷 新华书店经销

2022 年 7 月第 1 版 2022 年 7 月北京第 1 次印刷
开本：710 毫米 ×1000 毫米 1/16 印张：24.25
字数：382 千字

ISBN 978－7－01－024764－9 定价：65.00 元

邮购地址 100706 北京市东城区隆福寺街 99 号
人民东方图书销售中心 电话（010）65250042 65289539